21世纪通用法学系列教材

保险法

（第二版）

LAW TEXTBOOKS FOR NON-LEGAL MAJORS

主　编　贾林青　朱铭来　罗　健

撰稿人　（以姓氏笔画为序）

丁凤楚　尹中安　史卫进　朱铭来　江　波

陈冬梅　张秀全　贾辰歌　贾林青　管贻升

中国人民大学出版社

·北京·

第二版修订说明

本书作为中国人民大学出版社的"21世纪通用法学系列教材"的组成部分，其出版之际正逢中国保险市场进入深化发展阶段，亦是经2009年第二次修改颁行的《保险法》(2015年4月第三次修正)对保险市场发挥规范调整作用达5周年之际。

众所周知，保险市场是现代社会经济的组成部分，它以向社会公众提供保险保障为职能而存在于众多经济领域之中；而保险法是以保险市场作为其调整对象所形成的具有相对独立性的法律规范体系，为保险市场的健康有序发展发挥着规范调整的作用。为此，保险立法必须适应保险市场的发展规律和特殊的专业技术性，并具有诸多的法律特点和独特的法律制度体系。学习《保险法》所需解决的首要问题就是，在运用基本的法律理论的基础之上，理解和掌握保险立法的特点和特定的制度内容。

不仅如此，保险市场的生命力就在于市场创新，这不仅表现为要通过保险产品的创新来满足社会公众的保险消费需求，还表现为通过保险组织形式的创新、保险经营运作模式的创新来促进保险市场领域的扩大和保险市场深度的拓展。现行《保险法》的适用已经步入第十一个年头，实践中诸多方面的创新给中国保险市场带来勃勃生机，像电子保单的适用、在线保险公司的获准登记营业、大型企业成立的自保公司、保险保障基金公司专职进行保险保障基金的运行等均已成为事实。同时，保险市场上的这些新事物亦带来一系列亟待解决的新问题，诸如互联网金融影响到《保险法》的制度适用以及对保险监管提出新的需要、保险市场上的反垄断等。保险立法应当为此建立相应的规范制度，为中国保险市场的健康发展提供有利的法律环境。

这些就成为本教材修订第二版时需要完成的任务：一方面，修订后的教材保持原版经过5年的使用所形成的保险法基本理论体系，确保大家学习、掌握保险法的诸多特点和各项基本制度。另一方面，将中国保险市场出现的新现象、新问题和新制度等吸收于本教材之中，以提升本教材的时效性和新颖性。具体变化表现如下。

(1) 将国务院保险监督管理机关发布的新规章和最高人民法院发布的《关于

适用〈中华人民共和国保险法〉若干问题的解释》（二）、（三）和（四）的新精神、新规定融入其中，增强本书解决实务问题的实用价值。

（2）增加了一部分"保险实例"，不仅填补了第一版教材中的空白处，更能够用相应的提示语或者简要分析来帮助大家理解和应用相关的保险法理论。

（3）增加一部分"实务知识"，介绍有关的新现象、新问题和新制度，以便大家了解中国保险市场的发展走向和未来趋势，扩大读者涉猎保险法律制度和保险实务的知识视野。

第二版修订由贾林清全面负责。

著者相信，本教材第二版的修订和出版，能够在保持本教材之理论水平的同时，提升其实践性和新颖性，从而提高大家学习保险法的效率和兴趣。

著　者

2020 年 1 月

编写说明

　　《中华人民共和国保险法》不仅是法律专业人才必须掌握和运用的法学知识，也是财经领域的学者和实务工作者进行财经理论研究、从事财经活动过程中应当了解和使用的法律工具。因此，我们将《保险法》一书纳入本系列教材之中。

　　中国的保险市场从无到有历经三十多年的过程，如今正步入深化发展阶段。国务院于2014年8月发布的《关于加快发展现代保险服务业的若干意见》（又称"新国十条"）提出，到2020年基本建成保障全面、功能完善、安全稳健、诚信规范，具有较强服务能力、创新能力和国际竞争力，与我国经济社会发展需求相适应的现代保险服务业。这预示着中国将由保险大国走向保险强国。其中，我国的保险立法作为重要的组成部分必然发挥重要的作用。已经作过两次修改的我国《保险法》，当然应当为实现这一宏伟目标而不断发展、完善，以便适应为中国保险市场的远大目标而提供良好的法律环境。

　　有鉴于此，本书的编写针对财经专业人员的实际需要，力求阐述保险法的基本理论，让大家掌握保险法的基本框架。同时，适应财经专业学习的诸多特点，结合中国保险市场的新情况、新变化和完善《中华人民共和国保险法》的要求，本书力求能够介绍保险实务中出现的新情况或者解决新问题的措施，结合笔者多年来研究保险法的点滴成果心得，探讨中国保险市场的热点问题，以便广大读者能够借助本书来了解和掌握我国保险市场的发展趋向，尤其是注重考虑我国保险立法的完善所涉及的理论基础和实践问题，并结合我国保险实践和司法审判中具有代表性的保险案例加以研究论证，用以增强本书的实用性和指导性，提高本书的理论深度和实用价值。

编著者

2014年11月

目 录

第四编　保险合同分论（下）

第五编　保险业法

第一编

保险法基础理论

21世纪通用法学系列教材

21 shiji tongyong faxue xilie jiaocai

保险法

第一章
保险制度概述

 本章概要

　　保险制度是商品经济发展到一定阶段的产物，其以自身特有的内容和特定的保障功能而成为国民经济中独立的经济部门。各国经济发展的经验充分地证明了保险制度具有不可取代的社会作用，无论是大陆法系国家还是英美法系国家，尽皆如此。本章以保险制度的基本概念为切入点，阐述保险的内涵、法律特征，并适当引入必要的保险学知识进行诠释，目的是让读者掌握保险的法律内涵和法律本质，故本章成为本教材的理论基础。

重点知识

　　保险的概念和特征
　　保险制度与相近制度的区别
　　保险制度的本质
　　保险制度的社会功能
　　保险的分类

第一节　保险的概念和特征

一、保险的概念

　　保险一词是来自西方国家的舶来品，英文称之为 insurance。那么，何为保险？在现代社会生活条件下，保险作为一项独立的社会经济制度，具有特定的含义。从经济学角度来讲，它是指面临同类危险的众多的社会单位或个人，集中一定的资产建立保险基金，以此对于因该危险事故的发生而造成的特定社会单位或个人的经济损失予以补偿的经营性活动。它已经成为现代经济社会不可或缺的、以向其他社会领域提供保险保障为任务的特定社会领域。甚至可以说，保险活动具有衡量现代社会经济发展水平的尺度作用，社会经济发展水平愈高，其保险愈发达。而从法律角度出发，保险是指投保人与保险人之间建立的一种保险合同关系，即根据保险合同约定，投保人向保险人支付保险费，而保险人对于约定的保险事故的发生造成承保财产的损失或被保险人生、老、病、死、残等承担保险责任的法律行为。

　　《中华人民共和国保险法》着眼于保险合同关系和保险运作的实际内容，将保险定义为"投保人根据合同约定，向保险人支付保险费，保险人对于合同约定的可能发生的事故因其发生所造成的财产损失承担赔偿保险金责任，或者当被保险人死亡、伤残、疾病或者达到合同约定的年龄、期限等条件时承担给付保险金责任的商业保险行为"（第2条）。

理解我国《保险法》第2条所表述的保险制度的概念，应当把握以下三个层次。

（1）保险是发生在保险人与投保人、被保险人或受益人之间的权利、义务关系（经济关系）。因为，保险关系得以建立的条件，首先来自面临风险的社会单位（社会组织、家庭或个人）为了减小或者避免风险发生造成的经济损失而期望以相应的成本（保险费）支出为代价，将相应的风险转移、分散的目的而实施的投保行为。相应地，由专门经营保险业务的保险人用全体投保人交纳的保险费组织保险基金，集中承担风险后果，使被保险人或受益人在发生损失时，从保险基金中获得补偿。所以，保险关系发生在特定的保险人和投保人、被保险人或受益人之间，并表现为保险法上的权利和义务关系。

（2）保险的适用范围涉及财产保险和人身保险两大类型。前者是以财产及其有关利益为保险标的，当保险合同约定的可能发生的保险事故发生而造成财产损失时，保险人承担向被保险人支付保险赔偿金的责任。后者则是以被保险人的寿命或身体作为保险标的，当发生保险事故或具备给付条件——被保险人死亡、伤残、疾病或者被保险人生存到约定的年龄期限时，保险人承担向被保险人或受益人支付人身保险金的责任。应当指出，保险人在财产保险中的保险责任是补偿性的，而在人身保险中的保险责任属于返还性和给付性的。

（3）《保险法》规定和适用的保险范围限于商业保险。这就是说，我国《保险法》仅适用于调整商业保险行为，即保险人按照经营的有偿性、公开性和自愿性的商业原则，从事以营利为目的的保险经营活动。其突出特点是保险人履行保险责任的对价条件是投保人交纳保险费，并追求在履行保险赔付责任后获取一定的盈利。因而，社会保险不属于《保险法》的调整范围。

二、保险的特征

上述保险立法的规定表明，保险为独立的社会经济制度。关于保险的诸多法律特征可以借助如下的保险事例予以说明。

[保险实例]

某财产保险公司经营家庭财产损害保险，按照该财产保险公司事先拟定的该家庭财产损害保险的格式条款，其承保的保险标的为被保险人所有的财产或者双方约定的在保险单上载明的代他人保管的财产或与他人共有/租用的财产等，包括：房屋及其冷暖、卫生、照明、供水等附属设备；家具、用具、衣服、行李、卧具等生活资料；家用电器、文化娱乐用品；农村家庭的农用工具、已收获的农副产品；非机动交通工具；个体劳动者的营业用器具、工具、原材料、商品等。但是，正处于危险状态下的财产、金银、首饰、珠宝玉器、货币、票证、有价证券、邮票、古玩、古书、字画、文件、账册、图表、技术资料、家畜家禽、花鸟虫鱼、烟酒、食品、计算机软件等价值高、物品小、出险后难以核实或无法鉴定价值以及无市场价值的财产，一般情况下不予承保。财产保险公司对于其承保的上述财产因约定的火灾、爆炸、雷电、洪水、冰雹、龙卷风、海啸、破坏性地震、地面突然塌陷、崖崩、冰凌、泥石流、空中运行物体坠落以及外来的建筑物和其他固定物体倒塌、暴风或暴雨使房屋主体结构（外墙、屋顶、屋架）倒塌等保险事故而发生的损失承担保险责任。

假设社会公众中有5万个家庭购买了该保险，与某财产保险公司签订了家庭财产保险合同，各个投保人按照约定的保险费率所交纳的保险费构成保险基金，而当其中的某一个或某几个家庭的家庭财产因约定的保险事故而遭受损失时，该财产保险公司从保险基金中支取相应的保险赔偿金予以赔偿。

该保险事例表明，保险活动采取保险合同的法律形式来固定投保人（被保险人）与保险人之间的保险经济关系，具有如下的法律特征。

(一) 保险以约定的危险作为适用对象

保险是对于危险而言的。社会生活中存在危险，才产生了用于处置危险的保险制度。现实生活中，人力不可抗拒的、不可预料的危险事故是广泛存在的，诸如各种自然灾害、环境污染，因人类的各种过失行为引起的火灾、交通肇事等意外事故，正所谓"天有不测风云，人有旦夕祸福"。而且，与社会经济的发展程度和科学技术的进步水平相适应，危险的具体范围也会有所变化，因为，伴随着社会经济的发展和科学技术的进步，人类抵御原有危险的能力必然不断增强，但又会产生新的危险，例如，伴随着核能的利用，飞机、汽车等代步工具的使用而出现的核泄漏事故、交通事故等。保险正是针对危险而建立的一种经济制度，离开了危险，保险就失去了存在的意义。

当然，保险并非涉及所有的危险，而应当是保险当事人约定范围内的将来可能发生的纯粹性危险[①]，因而，将来确定发生的危险、已经发生的危险事故、投机性危险等均不列入保险的范围。

(二) 保险以危险的集中和危险的转移作为运行机制

人类在社会生活中面临的各种各样的危险均是客观存在的。从微观角度来讲，这些危险是否发生，在何时、何地发生是不确定的；而在宏观上，这些危险是确定的。因此，人们才有寻求相应保障的需要，设计出保险制度，将其运行机制定位在危险的集中和转移。就保险人来讲，保险是将社会中大量存在的、分散的，由每个社会单位（社会组织、家庭或个人）所面临的危险集中到保险人处。对于投保人（被保险人）来讲，则是将本应由其独立承受的危险转移给保险人，并通过保险人的经营行为，转移给全体投保人（被保险人），由大家分担危险后果。

(三) 保险以科学的数理计算为依据

保险人经营保险不是盲目的，更不能仅凭主观臆断，而必须是以科学的数理计算为依据的。具体来讲，保险人是运用概率理论和大数法则，通过个别危险事故发生的偶然性，进行科学的总结，发现其发生的必然性。因为，概率论是通过研究可能发生也可能不发生的随机现象所包含的必然规律性，来为保险活动奠定科学的数理基础。而大数法则（又称"平均法则"）作为概率论的主要内容，是保险业赖以建立的数理依据，其基本内容是，个别事件的发生是不规则的，但若集合众多的同类事件来观察，却具有相应的规律性。保险业根据这一法则，将个别危险发生及其损失的不确定性，变为众多的同类危险发生及其损失的可预知性。保险业借助这些数理科学，可以把握各类危险的发生规律，预测保险责任范围及其可能造成的损失后果，以此为依据确定保险险种、保险责任范围以及与危险发生的频率、损失程度相适应的保险费率，实现保险活动科学、有序地运行和发展。

---

① 危险管理制度按照危险的损失性质，将其分为纯粹性风险和投机性危险。前者是指只有损失发生与否之结果的危险；后者则是指损失和获利的两种可能性并存的危险，如股票投资的风险。

[实务知识]

概率论（大数法则）在保险业务中的运用[①]

在自然界和人类社会中，与确定性现象并存的是不确定性现象，即在相同的条件下进行一系列的试验或者观察，每次的结果可能不止一个，无法预知确切的结果。典型例子是往空中抛掷一枚硬币，其落地结果可能是花面向上，也可能是数字面向上，而在每次抛掷之前无法肯定其结果。但在相同条件下，抛同一枚硬币的次数越多，其花面和数字面朝上的可能性（几率）越接近于1/2这个常数，两者的差额几乎为零。

此类不确定性现象，又称随机现象，通过一系列试验或者观察，可以发现其具有内在、必然的规律性。上述抛掷硬币现象即属于随机现象。概率论是研究和揭示随机现象的规律性的一门数学学科，著名的贝努里大数法则（又称大数定律）则是概率论的重要组成部分。

上述随机现象经常出现于保险领域内。保险针对的是风险，风险的发生与否具有不确定性，但是，大量的同类风险现象存在大数法则所揭示的内在规律性。因此，概率论在保险业务中的运用具有重要意义，成为保险赖以存在的数理基础。具体地讲：（1）概率论可以应用在保险费的厘定中，使保险费率尽量准确、合理。（2）运用概率论（大数法则）进行风险的分析和观察，可以正确地达到分散和转移风险的效果。（3）运用概率论，可以平均每一危险单位的风险责任，加强和完善保险公司的风险管理工作，促进防灾防损工作。

（四）保险以社会成员之间的互助共济为基础

保险是具有社会成员互助共济性质的社会活动，体现着"人人为我，我为人人"的思想意识，因为，各个保险关系并非彼此孤立存在，而是借助保险人的保险经营行为形成整体上的互助共济关系，即不论社会成员是否有意追求这种互助共济关系，只要他与保险人之间建立了保险关系，也就成为这种互助共济关系的一部分来接受保险保障。这意味着他将自己面对的危险转移给全体投保人（被保险人）的同时，也分担着其他投保人（被保险人）的危险。参加保险的社会成员越多，则危险及其损失后果越分散，其互助共济的作用也越明显。

（五）保险以经济补偿作为保险手段

保险人经营保险，为投保人（被保险人）提供保险保障，并非消灭危险，而是在保险事故发生后用货币方式给予经济补偿，以便被保险人迅速恢复正常的生产或生活。当然，保险的经济补偿功能，在财产保险和人身保险中的体现不尽相同，因为，财产保险针对可以用货币衡量其价值的财产及其有关利益，保险人可以用保险赔偿金弥补被保险人遭受的损失，而人身保险的对象是人的寿命和身体，无法直接用货币衡量其价值，故其保障作用只能根据双方当事人事先约定的数额给付保险金来表现。

（六）保险是一种商品经营活动

在现代生活中，广义上的保险有商业保险和社会保险之分。其中，商业保险是由《保险法》加以调整，具有平等自愿、等价有偿性质的保险经营活动，从而，区别于由国家社会保险法律调整的、具有强制适用效力的、非营利性的社会保险。本书内容即限于商业保险。

保险人作为专营保险商品的经营者，遵循平等自愿、等价有偿的商品经营原则，利用与投保人（被保险人）签订保险合同的形式，确立双务的保险关系，即投保人（被保险人）获取保

① 参见魏原杰、吴申元主编：《中国保险百科全书》，68页，北京，中国发展出版社，1992。

险保障与保险人根据科学计算所确立的保险费率收取的保险费构成的代价条件，构成保险关系的核心内容，俗称"买保险"。该保险费足以抵补保险人因保险事故所支出的保险赔付和保险经营所需费用开支，它是保险活动稳定发展的物质条件。

第二节　保险制度与相近制度的区别

保险作为意外风险的保障手段，具有诸多特点和独特功能。因此，应当将保险与相近的法律制度加以区别比较，以利于深入理解和把握保险的内涵与性质。

（一）保险与救济

救济是指国家、社会组织或个人向陷入经济困境的特定人或不特定人无偿提供物质帮助，使其维持生活的制度。它与保险都具有补偿人们因意外灾害事故所致损失的功能，但却是两种完全不同的社会保障手段，其区别表现在以下方面。

（1）救济在法律性质上是一种单方的无偿的赠与行为，救济方和被救济方之间不存在双向的权利、义务的制约，更无等价有偿的对价条件，即救济方在实施救济之前并不负有提供救济的义务，而被救济方亦无债权性质的给付请求权。而保险属于双务有偿的合同行为，双方之间基于保险合同的约定存在着具有法律约束力的权利、义务关系，并且，被保险人（受益人）实现保险请求权、要求保险人履行保险责任的对价条件，是投保人向保险人交付保险费。

（2）救济活动中的救济人可以是国家、社会组织或公民个人，只要自愿就可以成为救济人，法律对其资格并无其他限制。西方国家称其为慈善事业。依照中国有关的法律政策，国家提供的救济，称为社会救济；而社会组织或个人提供的救济，则称为捐赠。[①] 而保险活动中的保险人必须是依法经过审核，被批准经营保险业务的经济组织，且保险人在从事保险经营的过程中，还必须接受保险监管机关的监督和管理。

（3）救济的适用对象（被救济人）是不特定的，不受限制。不论是本国的、外国的，还是单位或个人，只要因意外灾害事故造成困难的，均可成为被救济人。而保险的保障对象只能是保险合同约定的特定的被保险人或受益人。

（4）救济的内容可以是实物或者金钱，均来自救济人自身的财力，也不需被救济人支付对价。而保险仅以货币作为保险人履行保险责任的内容，并要以投保人交纳的保险费形成的保险基金为前提，保险人依保险合同的约定从中提取相应的数额向被保险人或受益人支付保险赔偿金或人身保险金。

（5）救济的范围（数量）由救济人自愿决定。一般情况下，只有在意外灾害事故造成的经济困难达到一定程度时，救济人方才提供救济；并且，救济是以被救济人能够解脱困境、维持基本的生活水平为目的。而保险的补偿条件是保险合同约定的支付条件，保险的补偿范围以保险合同约定的保险金额为限，对于超过的损失部分，保险人不承担保险责任。

（二）保险与储蓄

储蓄是指社会组织或公民个人将其拥有的货币或有价证券的使用权让渡给银行，并从中依

---

① 参见孙光德、董克用主编：《社会保障概论》，28 页，北京，中国人民大学出版社，2000；《中华人民共和国公益事业捐赠法》。

法获取利息的行为。它与保险都具有以现有财产应对未来风险用以保证未来正常生产和生活的善后功能，但却是两种不同的理财手段，其区别在于以下几点。

（1）适用范围不同。储蓄是财产所有人依靠自己的财产积累，应付各种需要，包括补偿意外事故造成的损失，或用于其他各种情况。而保险的适用范围仅限于补偿意外事故造成的损失。

（2）法律性质不同。储蓄是储蓄人单独实施的具有个体单位性质的自助行为，原因是储蓄人以自己的财力积累，自行承担风险。而保险是多数社会单位共同实施的互助共济行为，即众多投保人通过保险将各自面临的风险转移给全体投保人共同承担，依靠全体投保人共同的财力（各自交纳保险费构成的保险基金）来应对意外事故造成的损失。

（3）实施条件不同。储蓄的适用是以存款自由、取款自由为原则，储蓄人只要符合约定的时间，且不需支付代价，便可在其存款范围内提取所存款项和获得利息。而在保险关系中，保险人履行保险责任具有不确定性，并且，一般情况下，保险人支付保险赔偿金或人身保险金所需条件是，被保险人或受益人必须具备合同约定的赔付条件并支付了保险费作为代价。

应当注意的是，随着保险业的发展，为了适应经济活动多样性的需要，兼有储蓄性质的保险险种日益增多，例如，被保险人在保险期内死亡或生存至保险期满均为给付条件的两全人寿保险，但它仍然保持保险特有的本质属性，与储蓄风马牛不相及。

（三）保险与赌博（博彩业）

赌博是指一种用财物作为赌注，以约定的不确定的偶然事件的发生与否作为给付条件来较量输赢的娱乐活动。在很多西方国家，以赌博为内容的行业称为博彩业，是其国民经济的组成部分。一般认为，赌博与保险都属于射幸行为，带有偶然性；而且，两者在具体的单位关系中表现为非对等的结果（前者是保险费数额与保险赔付金额的不对等，后者是赌本与获利结果的不对等）。但是，两者在本质上是根本不同的。

（1）性质不同。保险在任何国家或地区均是合法的，故为法律所保护。而赌博，除在个别国家和地区以外，在大多数国家为法律所禁止。

（2）目的不同。保险适用目的是保险人向被保险人或受益人提供保障，并且，这种保障是必然的——不论保险事故发生与否，其保障功能均应存在，只是表现形式不同而已，并非偶然性的射幸行为。而赌博的目的是一味地追求侥幸情况下产生的巨大利益。

（3）适用条件不同。保险的适用结果——被保险人或受益人获取保险赔付是有条件的，即投保人（被保险人）应当对保险标的具有保险利益，以防止牟取不当利益的道德危险。而赌博的适用结果——赢取巨大利益的不确定性是不受限制的，这恰恰是其吸引力之所在。

（4）作用不同。保险通过危险的集中和转移的运作机制，将不定的危险（偶然事件）变为必然的保障结果，达到分散危险、消除恐惧、消化损失、实现社会安定的效果。而赌博的客观效果是将一定的事件（赌注）变为不定的结果（收益的不确定性），是典型的投机行为，只能创造和增加危险，给社会产生的是消极作用。

由此可见，保险与赌博泾渭分明、迥然不同。特别要强调的是，保险作为一种保障性经济行为，是绝对不包含赌博（射幸）内容的。

（四）商业保险与社会保险

我国《保险法》的调整范围限于商业保险，故应将商业保险与社会保险加以区别。

社会保险是以国家或者国家授权机构作为社会保险人，依法向公民强制征收社会保险费建立社会保险基金，以对其中因年老、疾病、生育、伤残、死亡或失业而丧失劳动能力或失去工作机会的公民提供基本生活保障的社会保障制度，是用以克服社会风险的制度。

商业保险与社会保险都属于社会保障体制的组成部分，两者都是以提供经济保障为目的，均是具有保障作用的互助共济行为，并且，两者都是以风险的转移和集中作为运行机制。但是，它们的性质却截然不同。当前，随着我国《劳动法》的颁布和用工制度的改革，社会保险已与广大劳动者利益攸关，需要将商业保险与社会保险区别开来，因为，这两类保险的性质是不同的：商业保险制度解决的是保险人与投保人（被保险人）之间的保险商品交换关系，是一种等价有偿的商事合同。而社会保险属于社会福利制度，它运用社会保险基金，通过向劳动者提供基本经济帮助的形式，实现其社会保障作用。

［保险实例］

现年 56 岁的魏甲原在乙服装厂工作，从 2000 年 4 月开始参加了社会养老保险，每月按照工资总数的 5% 交纳相应部分的保险费，其余的保险费则按照国家有关企业职工养老保险的规定，由政府和用人单位负担。2002 年 4 月，魏甲在外地工作的儿子考虑到母亲日渐年老，身边无人照顾，于是，为魏甲向丙保险公司投保了保险金额为 20 000 元的长寿保险合同，趸交了 15 006 元保险费。2004 年，乙服装厂被政府主管部门宣布解体。2012 年 4 月，魏甲根据地方政府有关社会保障的规定，将档案转到职业介绍中心，并办理了社会保障金的"接续"手续，按照工资总额的 18% 补交了自乙服装厂解体至 2011 年年底其个人应承担的保险费部分。于是，魏甲领取了退休证，每个月从银行领取养老金。同时，丙保险公司根据长寿保险合同的规定，向被保险人魏甲支付了第二个 5 年期的人身保险金。

通过本实例，可以直接理解商业保险与社会保险之间的诸多区别，并且，能够准确区分两者的法律功能。

第三节 保险制度的本质和社会功能

一、保险制度的本质

各国保险界对于保险制度的本质众说纷纭，莫衷一是，存在着损失说[①]、非损失说[②]和二元说[③]共三种主要流派。这些学说均从某个具体方面来探讨保险的本质，各有所长。在保险实

[①] 损失说是将损失赔偿作为保险的本质，其中的代表性学说如英国的 A. 歇尔和德国的 E. A. 马休斯为代表的损失赔偿说、德国的 A. 华格纳在 19 世纪末期首创的损失分担说、产生于美国的当代保险业且为 A. H. 魏兰脱、休勃纳等学者所倡导的危险转移说等。

[②] 非损失说认为，保险的本质不在于损失赔偿，而应从其他方面加以论证。主要包括：（1）意大利商法学家费芳德提出的保险技术说，主张以保险的技术特性作为保险的本质。（2）最早由意大利学者戈比于 1894 年提出，后为德国学者马纳斯所发展的经济需要满足说，认为保险的本质在于满足人们因意外事故造成经济损失或资金困难而产生的需要。（3）以日本学者米谷隆之为代表的相互保险机构说，认为保险是一种相互合作基础上的金融机构。（4）奥地利学者胡布卡 1910 年提出经济保障说，认为保险的本质是提留经济后备，而对于可能遭受的事故损失提供经济保障。

[③] 二元说主张财产保险与人身保险具有不同的本质：前者是损害赔偿，后者是给付预定金额，故而不能一并解释。该学说为德国学者爱伦贝堡首倡，此后逐渐反映在德国、日本、法国、瑞士等国家的立法上分别给财产保险和人身保险下定义。

践中，因危险管理已成为独立的科学管理制度，对国民经济具有重要影响，故损失赔偿说仍被普遍接受。不过，需要指出的是，上述各种观点所论证的只不过是保险职能和作用的表现，而未能揭示保险的本质。

中国保险界从 20 世纪 50 年代到中国党的十一届三中全会之前，关于保险本质，主要有两种认识：一是保险基金说，认为保险是聚集财政资金的手段，通过收取保险费形成的保险基金是财政预算的组成部分。这种认识明显是受原苏联财政型保险理论的影响。二是保险福利说，提出保险是一种社会互助制度，可以增进人们的福利，故社会主义保险应具有福利性质而不以盈利为目的，是劳动保险的补充。[①]

应当说，上述两种观点的存在，对于中国保险业的发展均产生过消极作用，因为它们同样未能正确地解释保险的本质。笔者认为，关于保险制度的本质，应当从其本身具备的社会属性角度进行全面的分析、判断，以便于正确理解保险制度的社会地位和社会价值，这对于促进我国保险市场健康、有序地发展意义重大。因为，从社会学角度来讲，保险作为社会经济活动的组成部分，其所表现出来的社会关系本质上具有双重社会属性。

1. 保险制度的经济属性

保险是一种商品经济关系。在市场经济条件下，各种产品的生产都是为了进入市场交换，满足他人的需求（使用价值），同时，实现生产者追求的交换价值。不过，商品形态有多种，诸如实物商品、技术商品、劳务商品等，保险就属于劳务商品。

当然，保险商品是人类社会发展到一定阶段的产物。如前所述，自然灾害和意外事故等危险的存在，是产生保险的前提条件，但这仅是一种可能性，因为，一种产品必须有进行交换的供需双方才能成为商品，所以，将这种可能性转变为现实性的根本条件是社会生产力的发展。人类社会的进化和发展，逐渐为保险商品的再现奠定了相应条件，尤其是多次社会分工——农牧业的分工、手工业的分工及运输业独立的完成，形成了彼此之间的商品生产和商品交换关系。同时，每个商品生产者和所有者基于独立经济利益，出现了私有观念和私有制。这成为产生保险商品的社会基础。而在物质条件上，社会劳动生产率的提高，使得社会产品增加并且有了剩余；相应地，各个商品生产者和所有者针对其所有的剩余产品，有了寻求防灾防损保障的需要。可见，社会经济的发展为建立保险基金提供了物质前提，由此构成保险商品交换关系的需方。另外，伴随社会分工和商品经济的发展，人类劳动（包括社会生产活动和服务性劳动）得以用货币价值表现，于是，出现了专门经营劳务商品的保险人，其作为独立的商品经营者，成为保险商品交换关系的供方。

运用上述理论考察保险的历史沿革，可以看到，在前资本主义社会中，社会生产力低下，商品经济较为落后，尤其是在上古时期，产品没有剩余，人们尚无寻求保险保障的需要，加之当时人类抵御危险的能力薄弱，只能望灾兴叹。及至自然经济为主体的中世纪，也仅是在一些作为手工业和商业中心的城市存在着保险商品的原始形式，而且，用于预防灾害事故的后备基金多属于国家储备或社会公众互助性质的，不同于现代意义的保险基金。

只是在进入资本主义时期之后，社会化大生产促进了商品经济空前发展，也创造了上述产生保险商品所需的社会条件。其主要根源是日益激烈的资本主义竞争导致众多的资本主义生产

[①]　参见宋国华主编：《保险大辞典》，5～9 页，沈阳，辽宁人民出版社，1989。

企业在商品生产和商品流通领域中面临的风险更多、更复杂，从而产生了日益强烈的经济保障需要。而企业自行提取的后备基金既数量有限，又不稳定，更增加了企业的预付资本。所以，为了稳定企业的经营规模，维持资本主义社会的经济秩序和商业信用，获取更多的剩余价值，从产业资本和商业资本中便分离出一种独立的保险资本，形成了专门收取保险费来集聚保险基金、经营保险商品的保险行业。从经济学意义上说，保险资本是用于补偿保险事故造成的经济损失，它与商业资本一样，不会创造价值，更不产生剩余价值，只能是分享产业资本的剩余价值，但它又是现代社会经济生活中的必要组成部分。如今，在西方经济发达的国家中，社会成员为了保护其私有财产的安全和经济效益的稳定，纷纷求助于保险：从财产到人身，从物质损失到法律责任的承担，从投资风险到信用风险，保险无所不在。

在中国社会主义市场经济条件下，自然灾害和意外事故同样客观存在，各个企业作为独立的商品生产者和经营者，各个家庭作为基本的社会生活单位，均面临自然灾害和意外事故可能遭受的损失，仅靠自身储备是难以弥补的，也不可能完全由国家统包统补。因此，保险商品是必然存在的，经营保险商品的保险行业也就不可或缺。

2. 保险制度的法律属性

从法律角度分析，保险又是一种法律关系，是存在于保险人与投保人、被保险人之间的权利、义务关系。法律属性与商品属性并存于保险制度，因为：保险商品的社会职能是对被保险人予以经济补偿或经济给付，这决定了保险人与投保人、被保险人之间既有相互依赖的商品供需关系，又构成彼此对立的经济利益。从而，为了维持保险商品交换关系的正常发展，实现保险商品的社会职能，必然需要法律的调整和保护。这意味着保险既是商品经营活动，又是一种法律活动。立法者用法律手段，确立保险人与投保人、被保险人各自在保险商品交换活动中的权利和义务，确认和保护双方追求保险商品交换目的的有效实现。显然，法律的调控作用使得保险人与投保人、被保险人之间的保险商品交换关系获得平衡和协调，这是保险活动得以正常进行的必然要求。

站在投保人、被保险人的立场上理解保险，它是其生产和生活中所需要的一种转移风险的有效方法，同时又是其必须支付代价（保险费）才能获取的保障措施。但保险的经济补偿和给付职能又极易导致投保人、被保险人产生投机心理，期望借助保险谋取非法利益。因为危险发生的偶然性和不可预见性，投保人、被保险人在保险中支付的代价能否实际产生回报——得到保险赔偿或人身保险金——在投保之时是一种或然状态。而一旦确定保险人应承担保险责任，回报的金额——保险赔偿或人身给付的金额——往往高于保险费数额。为此，有可能出现投保人、被保险人采取各种非法手段，向保险人"骗赔"，或者投保人、被保险人为达到投保的目的而掩盖事实真相，骗取保险人的保险保障。诸如此类的行为，在保险业中统称为"道德危险"，其结果必然是损害保险人的合法权益。所以，为了防止保险领域中的"道德危险"，保护保险人的合法权益，必须用法律规范投保人、被保险人的行为，在确认被保险人获取保险赔偿或给付之权利的同时，规定投保人、被保险人所应承担的各项义务。其中，最大诚信原则和保险利益原则作为保险法律规范调整的精髓，贯穿于各项具体的法律规则之中，诸如强调投保人承担的如实告知义务、被保险人承担的通知义务和施救义务等，将投保人、被保险人的行为规范在诚实信用的范围，使其明白无误地知道保险仅仅是保险事故所致损失的补偿或给付手段，而非牟利方法，最终达到防止"道德危险"的发生、保护保险人合法权益的目的。

与此相对应，专营保险商品的保险人追求营利是无可厚非的。但是，由于保险人经营的保险商品属于风险行业，其保险经营活动具有典型的负债经营特点。保险人用于保险经营的资金主要来源于保险费收入，而其销售的保险商品不仅具有复杂的专业技术性，并且要求保险人相应地承担着在未来一定期间内对保险事故造成的保险标的损失予以赔偿或给付的责任，这一责任所涉及的货币支出金额因危险发生的不确定性而具有不稳定性，直接影响着保险人的盈利水平。那么，要处理好保险人的保险责任项下的货币支出与盈利水平此消彼长的矛盾，除了保险人提高自身的经营管理和资金运用的水平以外，法律调控也是不可缺少的手段。保险法以确保保险业特有的社会职能——经济补偿职能的实现为宗旨，强制性地规定了保险人的各项经营规则。从保险人的成立到经营保险产品的范围，从资金运用到保险合同条款的制定及保险费收入比率，从保险责任的履行到保险人的整顿和破产，均有具体的法律规则加以规范，将保险人的经营活动置于法律的强制监管范围之内。

应当强调的是，法律立足于公平、公正，维护保险商品交换关系双方之间的平等地位，用法律手段协调保险人掌握保险专业技术而投保人、被保险人对保险知识知之较少甚至一无所知导致的实际上的信息不对称的不平等地位，诸如赋予保险人的条款说明等法定义务，保险条款解释上适用有利于投保人、被保险人的规则等，从而，确保双方真正的平等地位，充分发挥保险业的保障价值，使保险人能够获取应得的经营利润。

由此可见，在现代社会生活中，不论是专营保险商品的保险人还是需要获取保险保障的社会公众，都应当把参与保险商品交换过程中所追求的物质性供需关系，依照法律的调整规则予以实施，并上升为双方当事人思想意识上的法律关系，即彼此在思想意识上知道自己所处的法律地位、享有的各项权利和应承担的各项义务，彼此权利和履行义务的法律标准，以及违约时应承担的法律责任。各方当事人受其法律理念支配而依法实现此法律关系的过程，也就是完成保险商品交换活动的过程。从而，借助法律关系这种思想意识性的社会关系所特有的国家强制力，确保保险人与投保人、被保险人从事平等、自愿、等价有偿的保险商品交换活动，实现保险商品的经济补偿职能，最终维持社会生产和生活的连续性与稳定性。

综上所述，保险作为一种社会关系，同时具有双重属性。在经济基础领域，保险活动是一种商品交换关系，属于物质社会关系。而从上层建筑角度来讲，保险又上升为法律关系，属于思想社会关系。两者相互依存，不可分离：前者是保险的经济本质；后者则是法律对保险予以调整以后所产生的法律后果，它决定于和服务于前者，又对前者具有保护和促进作用。只有认识保险的这种双重性质，才能真正理解保险制度的本质。

二、保险制度的社会功能

（一）保险是各国危险管理体系的组成部分

保险是现代社会生活的必要组成部分。综观世界各国，市场经济越发达、社会经济发展水平越高的国家，其保险业的发达程度也就越高。究其原因，在于保险与社会经济活动和社会成员的关系极为密切。

保险的存在是因危险的存在。在人类社会生活中，危险是指在一定的生产力条件下，人们不可预见却又可能遭受的损害或意外事件。应当说，人类社会的生存、发展过程就是不断地与大自然斗争的过程。在各种社会生产活动和社会生活中，人们始终面临着各种各样的危险，正所谓"天有不测风云，人有旦夕祸福"，其中，既有诸多的自然灾害，也有人为原因导致的各种意外事故。这些危险的存在和发生是必然的，不以人的意志为转移。当然，随着社会生产力的日益进步，人类利用科学技术与自然灾害和意外事故斗争的能力亦不断提高，可以降低各种自然灾害和意外事故发生的概率，防止或减少其造成的损害后果，却不可能避免其发生。同时，社会经济的发展和科学技术的进步，又不断增加新的危险因素。例如，汽车的利用在改变代步工具和运输手段的同时，也在世界范围内带来交通事故、环境污染等危险。又如，核能的利用结果，是劳动生产率的提高与核事故的并存。总之，企业生产风险、经营销售风险、家庭生活风险、法律责任风险、商业信用风险、社会和自然环境风险等，不一而足，危险已经涉足现代社会的各个领域。

相应地，各个国家均在国民经济总体中建立了相对独立的危险管理体系，专门从事危险研究和管理，从中认识危险发生的规律，采取必要的控制和处置危险的手段。这些手段主要包括：

（1）预防措施。着眼于认识危险发生的规律，采取有效措施防止或减少危险的发生及产生的损害后果。但此类措施依赖于社会经济发展水平和危险防范能力。

（2）抢救措施。它将已有的物资储备用于弥补危险发生后造成的损害后果，以维持社会生活的稳定。但其抢救效果取决于物资储备的规模。

（3）经济补偿措施。此类措施是前两类措施的结合，其内容是基于对危险发生规律的认识，建立相应的科学的储备基金，在危险发生后将其用于必要的经济补偿。可见，经济补偿措施的突出特点是既防患于未然，又有效补偿于危险发生之后，避免了一味依赖被动、盲目的物资储备的弊端。保险正是此类经济补偿措施的具体表现，即保险人根据对危险的科学计算，设计相应的保险险种，以收取的保险费建立保险基金，用于补偿因保险事故发生所造成的经济损失的经济补偿制度。

[保险实例]

实例一：公民甲25岁那一年为自己投保了人寿保险，约定其生存到65岁时开始按月向保险公司领取保险金。签约后，公民甲按年缴纳了保险费，一直到其过了65岁生日。嗣后，公民甲依据人身保险合同，能够每个月领取到5 000元保险金，用来填补其因退休而减少的工资收入，可以维持其家庭生活的稳定。

实例二：A布艺装饰公司以其厂房、机器设备和布艺装饰产品以及原材料等为保险标的，向B财产保险公司投保了企业财产损害保险，保险金额1 000万元，并缴纳了约定的保险费。保险责任期间内，A布艺装饰公司所在地区突降暴雨，城区发生内涝，导致积水淹没了厂区，致使部分布艺装饰产成品、原材料和机器受损，经B财产保险公估公司评估损失金额为680万元。A布艺装饰公司提出索赔请求后，B财产保险公司及时理赔，迅速向A布艺装饰公司支付了保险赔偿金，使其很快重新购置了相应的机器和原材料，恢复了正常的生产。

通过上述两个实例，大家可以直观地加深理解保险制度的社会功能在于保障被保险人在保险合同项下因保险事故的发生而遭受损害的保险利益。无论是人身保险还是财产保险，这种保障价值都是相同的。

（二）保险市场是市场经济的必要组成部分

市场经济是社会分工与商品生产者和经营者的独立性达到一定程度时，商品生产者和经营者以市场竞争方式，进行商品生产和商品交换的经济体制。从人类历史的发展轨迹来看，市场经济是社会生产力发展到一定水平、具备了相应条件的情况下产生的，它对社会发展起到重要的推进作用。可以说，当今世界各国，绝大多数是以市场经济作为基本经济形式的，尽管在不同的国家和地区，因历史文化传统、民族习惯以及本国政治制度、社会经济水平、自然条件等诸多因素的影响，市场经济的具体适用情况存在差异，形成不同的模式，出现了以日本为代表的社团式市场经济，以美国、英国为代表的自由企业式市场经济和以德国等欧洲大陆国家为代表的社会市场经济。[1]

不论是哪种市场经济的模式，都具有如下特点。

1. 市场经济将以市场法则调节市场行为作为核心内容

在市场经济条件下，公平、等价交换、竞争等原则都是通行的市场法则。因为，市场经济存在的首要条件就是承认市场主体的独立利益，鉴于彼此之间的利益冲突，市场主体只有按照公平、等价有偿等市场法则从事商品生产和商品交换，才能实现各自利益最大化。但是，追求利益最大化的目的与各个市场主体之间存在的个体能力差异的矛盾，促使其在公平竞争的环境下实施市场行为。可见，市场经济的实践创造了上述市场法则，反之，市场经济又在各项市场法则的调节作用中不断进步和发展。

2. 任何市场经济模式都包含着国家调节的成分

现在各国市场经济的生产社会化程度很高，市场竞争日益激烈，仅仅依靠市场法则的自发调节，难以充分实现社会资源的最佳配置和有效使用，还需要国家对市场活动加以干预和调节。尽管在不同的市场经济模式之下，国家干预和调节的程度不同，但是，国家根据宏观发展战略的要求，制定相应的方针、政策和法律规范，通过政府职能部门的调控手段，贯彻到市场经济活动中，引导市场经济的发展方向和良性循环，实现公平竞争，维护市场经济的正常秩序，则是普遍性的。

3. 现代各国市场经济的构成都表现为健全、复杂的市场结构体系

在现代经济条件下，商品生产是社会生产的基本形式。广泛存在的商品作为市场活动的客体，因其各自具有不同的使用价值，每类具体的商品，都会形成特定范围内的供需主体群。市场经济主体从事市场活动时，不仅要遵守市场运行的共同法则，还需要适用相应主体群之间从事商品运作的特殊规则和方法，因此，形成具有相对独立性的市场形态。那么，从市场经济的整体角度来讲，围绕着各类商品，表现为一系列相对独立的市场形态，诸如生产资料市场、生活资料市场、资金市场、技术市场、信息市场、房地产市场、运输市场、保险市场等。这些彼此相对独立存在的市场形态相互之间基于内在的必然联系，统一构成市场经济整体，这意味着市场经济是诸多市场形态统一构成的市场体系。通过市场经济的统一协调，实现对各种社会资源的优化配置，而任何一个单独的市场形态都无力完成这一协调功能。[2]

保险商品作为一种特殊的市场交换客体，具有独特的使用价值和交换规则，从而，围绕着保险商品交换构成一个相对独立的保险市场，成为市场经济体系中的一个重要环节。

首先，保险活动本身就是一个独立的市场形态，具备市场形态的各项构成要素。其中，保

---

① 参见丁云本、王新建主编：《社会主义市场经济实现论》，12 页，北京，中共中央党校出版社，1993。

② 参见上书，13 页。

险市场是以特定的商品形态——表现为服务形态的保险商品作为其市场客体；而保险市场的主体便是追求保险商品特定的使用价值和交换价值、参与保险商品交换活动的特定社会群体，包括经营保险商品的保险人和作为保险商品需求者的投保人、被保险人。

其次，保险市场是市场经济不可缺少的一个环节。前文已经论证市场经济是一系列独立存在又彼此联系的市场形态的统一整体，保险市场便是这些市场形态中的一个。因而，不仅要考察保险市场的独立性，更应当重视保险市场与其他各个市场形态之间的联系和影响，因为，保险市场的存在不是绝对的，保险商品交换也并非孤立的市场活动。

一方面，保险市场服务于其他各个市场形态。众所周知，人类的发展史就是与各种危险进行斗争的历史，为此，人类社会也在不断地摸索各种各样防御危险、灾害的措施和方法，更渴望能有一种消灾避难、解除后顾之忧的神奇力量。经过漫长的摸索和反复实践之后，人们发现保险是实现这一目标的最佳方案。它通过危险的集中和转移的方法为其他各个市场形态中的参与者解除后顾之忧。每个社会成员只要愿意，都可以作为投保人向保险人交纳一定的保险费，由集中起来的保险费构成保险人控制的保险基金。当其中某个或某几个被保险人因保险事故发生遭受损害的时候，保险人从该保险基金中按照约定提取相应的数额向受损害的被保险人进行保险赔付。保险的这一运作过程，就是危险的集中和转移的过程，即每个被保险人将本应由其个体承担的危险，以交纳一定的保险费为条件转移到保险人那里，也就将分散的危险集中于保险人处，实质上是由全体被保险人以交纳保险费的方式分担了某些被保险人遭受的危险结果。出于这一原因，构成现代市场经济的各个市场形态均离不开保险市场。参与商品交换的需方或供方都会考虑通过与其信赖的保险人签订保险合同，将其在相应的商品交换中可能面临的危险转移给保险人，以保证其商品交换活动的安全，避免或减少因危险发生所造成的损害后果。显而易见，保险已成为商品交换的参与者乐于接受并普遍适用的危险处置手段，有利于建立正常、稳定的商品交换秩序，故人们称其为社会经济活动的"稳压器"。

另一方面，保险市场的发展规模和经营水平又决定于其他市场形态的需求。由于保险市场是以其他各个市场形态中的商品交换活动作为服务对象的，所以，其他各类商品交换行为对保险需求的大小，也就直接关系到保险市场的发展水平。当然，影响保险需求的因素是很复杂的，诸如其他市场形态中的商品交换规模、国民收入水平的高低、社会公众风险意识和保险意识的高低、保险费率和银行利率水平、保险人的服务质量等均影响着保险需求。

总之，保险市场为市场经济体系中的一环，只有充分把握其与各个市场形态之间的联系和影响，才能发挥其应有的社会职能，在促进其他市场形态发展的同时，加快保险市场自身的进步。

[实务知识]

漫谈中国军人保险

军人保险一词，对中国大众来讲是比较陌生的，但是，它在中国已经存在了 13 年。中国的军人保险，是根据中共中央、国务院关于加快社会保障制度改革的要求和中央军委的有关决定，依据《中华人民共和国国防法》关于"国家实行军人保险制度"的规定，于 1997 年 3 月以解放军三总部联合组建中国人民解放军军人保险办公室为标志正式建立的。

军人保险就是政府设立专项保险基金，在现役军人遇到死亡、伤残、年老、退役等情况时，依据有关立法向其本人或者其家属给予一定经济补偿的社会保障制度。目前，已经形成军人伤亡保险、退役医疗保险和退役养老保险为内容的基本险种体系。这意味着中国军人保险就是以全体现役军人作为保障对象而向其提供保险保障的保险制度，具有分散和转移军人在从军期间面临的各种社会风险、维护军人合法权益、实现中国军队社会化的制度功能，是中国军队在新形势下的一项重大改革举措。

中国军人保险在实质上属于社会保险，应当被纳入中国军人社会保障体系的范畴之内。其与商业保险公司经营的商业保险的典型区别在于：中国军人保险是以国家为主体，由作为政府部门的军队以追求社会安全与稳定为目标，按照国家统一的军人保险政策，在军队范围内强制组织实施的社会保险制度。同时，军人保险要求全体现役军人参与，享受国家统一规定水平的保险待遇。从经济学角度讲，军人保险是以国家为责任主体，"依据法律规定，通过国民收入再分配"[①]，向其被保险人——现役军人提供的保险保障。

可见，军人保险与商业保险都具有保障功能，又表现出不同的法律特性。

第一，各自的适用目标存在差别。社会保险作为社会保障制度的组成部分，其基本功能"在于为整个社会经济的正常运行创造良好的环境，增加社会经济的有序性，使国民经济和整个社会有机体得以持续、稳定、均衡、协调地发展"[②]。其中的军人保险的保障功能具有双重属性，除了上述保障社会稳定的功能，还有维护国家安全的功能。而商业保险的基本保障功能限于促进社会稳定。

第二，各自的适用性质不尽相同。作为社会保险范畴的军人保险是构建于国家义务和社会互助基础上的、以我国的《国防法》及有关军人保险的法律法规为依据实施的、不以营利为目的的政府行为，具有突出的强制性，即由国家立法推行，全体现役军人均应当参加。而商业保险则是典型的保险商品经营活动，除强制保险外，其适用强调当事人的意思自治。

第三，各自的保险对象范围不同。军人保险由社会保险的保险功能决定，其适用对象限于特定的社会成员，即现役军人。商业保险则因其保险险种众多而涉及全社会的各类社会成员。

第四，各自的保障程度不一样。军人保险基于社会保险的性质，体现着满足被保险人基本生活需求的目标，强调与我国社会生产力发展水平和社会公众的正常生活水平相适应的"保障"效果，以维持保障对象基本的生存权，因此，军人保险的适用效果在于维持每个现役军人正常的生存所需的生活水平，并形成统一的法定标准。而商业保险的保障程度与投保人缴纳的保险费成正比关系，强调与具体的商业保险险种相适应的"补偿"和"给付"，《保险法》对其不作统一的硬性规定。

第五，各自适用上的灵活性存在差异。出于降低社会保险过高的执行成本的需要，军人保险的险种类型由有关立法统一确定，其基本保险限于军人伤亡保险、退役军人养老保险和医疗保险等，相对于商业保险较为单一，并且其适用标准亦严格统一。而商业保险的险种设计由保险市场的客观需要决定，其适用标准为双方当事人的意思表示一致，具有较强的灵活性。

不过，对于中国军人保险的运营模式，笔者认为，应当确立以国家组织、主持的社会保险为基础、以商业保险为补充的互补机制。

---

① 孙光德、董克用主编：《社会保障概论》，4 页，北京，中国人民大学出版社，2000。
② 同上书，34 页。

我国军队自 1998 年 7 月启动实施的军人保险是中国军队在新时期新形势下实施的一项重大改革，具有解决军人后顾之忧、维护军人合法权益的意义。不过，中国军人保险究竟采取何种模式才能够充分发挥其保障军人利益的功能，需要探讨。其中，商业保险公司能否介入军人保险以及介入程度，即商业保险公司在中国军人保险运营中的地位和法律规制，是亟待解决的法律问题。中国军人保险应以社会保险为基础，确保国家作为组织、主持者和责任主体的地位，维持军人保险的正常运营秩序。这已为美国、俄罗斯等西方国家的成功经验所证实。同时，允许商业保险公司适度介入中国军人保险，可以充分发挥商业保险公司在保险经营和保险资金运作方面的经验和优势，进一步提升军人保险的保障功能。

第四节 保险的分类

适应社会生活对于保险保障需求的多样性，保险活动也是丰富多彩的，存在诸多具体的类型。为此，保险法从不同的角度出发，对保险活动加以分类，以进一步反映保险活动的特点和本质。

一、财产保险与人身保险

这是以保险标的为标准而划分的保险种类。这是我国《保险法》对保险活动的基本分类。国外的保险法亦多适用此分类。[①]

财产保险是指以财产及其有关利益作为保险标的的保险类型。我国《保险法》第 12 条第 4 款规定："财产保险是以财产及其有关利益为保险标的的保险。"在保险实践中，作为财产保险之保险标的的财产及其有关利益，既包括有形的物质财产（如房屋、机器设备、家庭用具等），也可以是财产权利（如债权）、财产责任（如产品责任）、商业信用或其他经济利润（如预期利润）。这些财产及其有关利益可以是静止状态的，也可是动态的（如营运中的船舶、车辆，在途运送的货物等）。

基于上述财产及其有关利益具体种类的不同，与财产保险具体险种相适应，其进一步分为财产损害保险、农业保险、交通运输工具保险、运输货物保险、责任保险、信用保险和保证保险等。

人身保险是指以人（被保险人）的寿命或身体作为保险标的的保险类型。我国《保险法》第 12 条第 3 款规定："人身保险是以人的寿命和身体为保险标的的保险。"以人的寿命或身体作为保险标的是为了在被保险人因发生保险事故而导致其生命结束或因意外事故、疾病、衰老而丧失劳动能力时提供相应的保险保障。可见，人身保险可以针对人（被保险人）的生命的存续或终结，也可以针对人（被保险人）的身体机能因意外事故而遭受的损害（致伤、致残）或

---

① 保险立法采用财产保险关系和人身保险关系的分类方法始见于 1947 年的美国。此前，美国各州的保险立法多将保险关系分为四类，即火灾保险关系、海上保险关系、人寿保险关系和意外保险关系（前三种保险关系以外的所有涉及人身伤害或财产损害的保险关系之和）。自 1947 年美国保险监理官司联合会建议废除这种四类分法后，各州多立法代之以财产保险关系和人身保险关系的分类法。其他国家的保险立法亦有相似的分类法，如德国的保险立法（如1908 年的《德国合同法》）和法国的《保险立法》（如 1930 年的《法国保险合同法》）分为损失保险关系和人身保险关系，而日本的保险立法分为损害保险关系和人寿保险关系。

因患病而遭受的影响。与此相适应，人身保险包括人寿保险、意外伤害保险和健康保险三大险种。

上述保险标的的区别，导致财产保险与人身保险间存在诸多区别，具体表现如下。

（一）两者的保险保障功能不同

财产保险在其保险标的——财产及其有关利益——因保险事故造成损毁时，保险人通过保险赔偿实现保险保障作用。而人身保险在其保险标的——被保险人的生命或身体——因保险事故而死亡或伤残、丧失劳动能力、患病、年老退休时，以给付保险金的方式来达到保险保障的效果。

（二）两者的保险金额确定方法不同

财产保险的保险金额是根据投保财产的实际价值（生产成本或市场价格）来确定的，故在财产保险范围内，禁止超过投保财产实际价值的超额保险。与此不同，人身保险的保险标的——被保险人的生命或身体不能用金钱来衡量其价值，故多由双方协议确定，因此，人身保险不存在超额保险的问题，同一个投保人可以就同一被保险人的人身或生命投保多份人身保险。很多西方国家的人身保险公司采用美国保险学家休勃纳根据潜在财产计算人的生命价值的"生命价值法"确定人身保险的保险金额。在我国保险实务中，人身保险的保险金额是根据投保人依其需要提出的金额，并参考投保人的经济负担能力等因素来确定的。

（三）两者的保险期限不同

财产保险基本上是以一年作为保险期限，到期续保。而人身保险的多数险种（人寿保险）因其保险标的（被保险人的生命或身体）存在的长期性而成为长期性保险，长达几年、几十年，当然，有些人身保险险种（如健康保险和意外伤害保险）是短期保险。

（四）两者保险利益的认定不同

由于保险合同是向被保险人提供保险保障的法律形式，并非获利手段，而保险利益是其保险保障的对象，故保险利益是建立各种保险法律关系必备的前提条件。一般情况下，没有保险利益的人不能投保，保险公司也不会与其建立保险，当然，保险立法另有规定除外。财产保险所需的保险利益，既存在于投保之时，也存在于索赔之时。与此不同，建立人身保险所需的保险利益是为保险法所规定的血缘关系（如投保人与被保险人之间存在着配偶、子女、父母关系）或社会关系（如债权人以其债务人作为被保险人而以自己作为受益人投保人寿保险），故而强调投保之时，投保人与保险标的之间具有保险利益，一般并不刻意要求在保险人给付保险金之时存在保险利益。

（五）两者所涉及危险事故的性质不同

此区别不仅表现在人身保险与财产保险各自承保的危险事故不同，更表现在它们各自的危险性质截然不同，具体表现在：（1）人身保险的危险具有变动性，即随着被保险人年岁的增长，其死亡率也逐年增高。而财产保险中的危险一般是稳定的，不存在逐年增高的规律。（2）人身保险的危险诸如死亡、伤残、丧失工作能力的情况，便于调查、记录，各个国家可以依此制定死亡率表，从而以此为根据把握人身保险的危险规律性。而财产保险所涉及的危险，比如洪水、地震、爆炸、火灾、战争、车船和飞机失事的发生，是不确定的，其发生的随机性远大于规律性。

（六）两者保险费率的确定方法不一样

对于人身保险来说，其保险费率是依据预定的死亡率（生存率）、预定利率和预定费率来计算、确定的；意外伤害保险是根据被保险人所在不同地区、不同职业和工种的意外事故发生的概率来确定；而健康保险的保险费率是依据门诊率、住院率进行计算所产生。并且，基于人身保险的危险的变动性，人身保险费率也要逐年上涨。不过，为了避免被保险人因保险费率逐年递增而中途停保的"逆选择"，保险实务一般采取"均衡保险费法"。与此相区别，财产保险的保险费率，一般是根据承保财产的种类、用途、危险性大小、损失率高低和经营费用等因素制定；而且，由于财产保险法律关系的危险一般是稳定的，故其保险费率也是不变的。

二、补偿性保险和给付性保险

根据保险保障功能的不同，可将保险划分为补偿性保险和给付性保险。

补偿性保险是指此类保险的目的在于当保险标的因发生保险事故而遭受损害时，保险人按照事先约定，在保险金额范围内支付保险补偿金，用以弥补被保险人因此实际遭受的经济损失，帮助其尽快恢复生产或生活。换言之，补偿性保险的实现是以保险标的因保险事故所致的实际损失的存在为前提，并以双方约定的保险金额为限度。因此，如果保险标的在保险期限内没有受到损失或部分损失超过双方约定保险金额的限度，则保险人不支付保险补偿金。可见，补偿性保险的保障功能是用保险补偿金来补偿被保险人因保险事故而遭受的经济损失，这种补偿性的保险保障具有一次性的特点。在保险实务中，财产保险皆属于补偿性保险。基于补偿性，财产保险中的被保险人只能获得一次赔偿。与此相适应，财产保险适用中存在着代位求偿和委付等制度，这是与给付性保险的区别之一。同时，有些人身保险也属于补偿性保险，诸如意外伤害保险、疾病保险经常是在被保险人因发生意外事故而受到伤害或者患约定的疾病而支出医药费用或失去工作收入时，保险人按约定予以补偿。

给付性保险是指此类保险的目的在于保险人向享有给付请求权的被保险人或受益人支付人身保险金，以便维持其生活的稳定性和连续性。因此，给付性保险实现的条件限于保险事故的发生或双方约定的保险期限届满，而不以被保险人遭受实际损失为前提，也不论被保险人或受益人是否能够从其他途径得到补偿。大多数人身保险（尤其是人寿保险）属于受益性保险，即人身保险的投保人交纳的保险费作为储金存在保险人那里，保险人在保险合同期满时以人身保险金的名义返还给被保险人或受益人。由于人身保险的保险标的（人的寿命或身体）不能以货币价值来衡量，难以用货币评价其损失后果，所以，人身保险法律关系的适用，一般都是根据被保险人的特殊需要和交付保险费的数额，确定一个固定的保险金额。因此，投保人可以同时投若干个人身保险合同，不受法律限制，也不存在代位求偿问题，即存在第三人侵权行为，致使被保险人死亡、伤残的，被保险人或受益人在从第三人（责任人）处获得侵权赔偿的同时，仍有权要求保险人依法支付人身保险金。

三、自愿保险和强制保险

以保险的建立根据为标准，可将保险划分为自愿保险和强制保险。

自愿保险是指基于投保人与保险人双方的自愿协商签订保险合同而建立的保险类型。可见，其基础是投保人和保险人双方的自愿意志。在保险实践中，多数保险合同属于自愿保险，它的订立与否取决于当事人的意思表示。其中，投保人有权决定是否投保和选择保险人，他人不得干涉，相应地，保险人有权决定是否承保。自愿保险的适用取决于社会公众寻求保险保障的需求，体现了保险市场的固有属性和规律。

强制保险，是指根据相关法律的规定，双方当事人必须签订保险合同而建立的保险。因为，法定范围内的社会成员依法负有投保特定险种的义务，而保险人负有承保的责任。可见，强制保险法律关系的特殊之处在于，其订立与否不取决于当事人的意志，却为法律所强制。强制保险在各国保险市场均有存在，目的是落实各国统治者发展本国经济、实现进出口、稳定社会经济关系等政策。比如，根据我国有关法律的规定，私营企业必须为其雇佣职工投保人身意外伤害保险，各个旅行社在从业过程中必须投保责任保险等；而"交强险"更是我国第一个全国范围内统一适用的强制保险，拥有机动车辆的单位或公民个人必须投保该项强制适用的责任保险。

四、原保险和再保险

以危险转移的方式为标准，可将保险划分为原保险与再保险。

甲	乙	丙
投保人（被保险人）	（原）保险人	再保险人
	（分出人）	（分入人）
原保险合同关系	再保险合同关系	

[图示一]

原保险，是指由保险业以外的社会成员作为投保人，与保险人之间建立的保险类型。因而，原保险的保险人所承保的危险，来自于保险业以外的单位或公民个人在社会生产和生活中因保险事故发生造成的损失。保险人接受这种危险的转移，为此承担直接的保险责任。从事各类生产经营活动的经济实体和各个城乡居民均可与保险人签订保险合同，将相应的危险转移给保险人。这些保险相对于再保险法律关系而言，均为原保险。按其危险转移方式，又叫第一次保险。

再保险，是指原保险中的保险人，为避免或减轻其在原保险合同中承担的保险责任，将其承保危险的全部或一部分再转移给其他保险人所建立的保险类型。可见，再保险实际上是承保危险在保险人之间再次转移的法律形式。其中，原保险的保险人在再保险关系中处于投保人的地位，分出其承保危险的全部或部分，又称为分保业务，该保险人又叫分出人；接受分保的保险人就是再保险人，又叫分入人，对于其接受的再次转移的危险，向分出人承担相应的保险责任。我国《保险法》第28条第1款规定："保险人将其承担的保险业务，以分保形式部分转移给其他保险人的，为再保险。"再保险是以危险的再次转移为内容的，它的建立应当以原保险的存在为前提，故又叫第二次保险。

需要明确的是，原保险与再保险作为具体的危险转移方式，是两种相互独立的保险关系。因此，它们各自的保险人均独立地承担保险责任，即原保险中的原保险人向其相对的被保险人或受益人承担保险责任，而再保险中的再保险人向其再保险分出人（原保险的保险人）承担保险责任，从而，"原保险的被保险人或者受益人不得向再保险接受人提出赔偿或者给付保险金的请求"，同时，"再保险接受人不得向原保险的投保人要求支付保险费"，相应地，"再保险分出人不得以再保险接受人未履行再保险责任为由，拒绝履行或者迟延履行其原保险责任"（《保险法》第29条）。

[实务知识]

保险密度和保险深度——衡量保险业发展水平的两个指标[①]

保险密度和保险深度是瑞士再保险公司出版的杂志 *Sigma* 公布的世界范围内保险费收入在亿元以上的国家和地区的保险费统计资料时使用的两个指标。其中，保险密度是按照统计区域内的常住人口计算的人均保险费金额；保险深度则是保险费收入占国民生产总值的比率。保险密度标志着一个国家或者地区保险业务的发达水平，也反映了该地区的经济发展状况；而保险深度所反映的是商业保险在国民经济中的地位。

根据 *Sigma* 的统计，1989 年世界各国的保险业务情况是：瑞士的人均保险费是 2 376 美元，位居保险密度的第一名，第二名是日本（人均保险费 2 150 美元），第三名是美国（人均保险费 1 817 美元）。而 1989 年，中国的人均保险费为 2.4 美元。同时，1989 年，世界上保险深度居首位的是爱尔兰，保险费收入占国民生产总值的 10.42%；而中国的保险费收入占国民生产总值的 0.77%，在当年全世界的 65 个保险费收入在亿元以上的国家中位居第 60 位。

时隔 10 年的 1999 年，在保险密度的排行榜中，仍然是瑞士以 4 642.7 美元排名第一，此后的排名依次是日本、英国、美国；而在保险深度方面的排名中，第一位是南非（16.54%），第二位和第三位，则分别是英国（13.35%）和瑞士（12.84%），韩国则跃居第四位。同时，根据 *Sigma* 的资料，中国在 1999 年的保险费收入总额为 168.3 亿美元，人均 13.3 美元，保险密度位居世界第 16 位，保险深度则为 1.63%，排名第 58 位。到 2019 年年底，全球的平均保险密度是 595.1 美元，排名第一的是荷兰（6 554.6 美元），第二是瑞士（6 257.6 美元），第三是日本（3 979 美元）。全球的平均保险深度为 7.0%，列第一的是中国台湾地区（16.8%），第二是荷兰（13.6%），第三是英国（12.9%）。中国香港地区名列第五（11.0%），日本作为亚洲规模最大的保险市场，其保险深度为 9.9%。进入 2000 年以后，中国保险市场迈入高速发展的过程，其保险密度和保险深度也发生了重大变化。至 2017 年年底，中国的保费收入已达 3.66 万亿元，保费增长速度为 18%，保险密度为 2 646 元（约合 384 美元），位列全球第 46 位；保险深度为 4.57%，位列全球第 36 位。与改革初期的 1980 年相比较，38 年间，保险密度增长了 5 629 倍（1980 年为 0.47 元人民币），保险深度从 0.1% 增长到 4.57%。至 2019 年年底，中国（不含中国香港、澳门和台湾地区）的保险密度为 121.2 美元，居全球第 64 位；保险深度为 3.4%，居全球第 44 位。这说明国际保险市场的发展重心在北美、西欧、亚洲，而中国保险市场与国际保险市场之间的差距亦由此可见一斑。

▌练习与思考 ▌

1. 保险具有哪些特征而使其不同于其他社会制度？

2. 保险与社会保险制度有什么不同？

3. 保险与赌博行为有什么不同？

4. 如何理解保险制度的本质？

5. 如何理解和发挥保险制度的社会功能？

---

① 参见中国保险年鉴编辑委员会编：《中国保险年鉴·2001》，1146 页，北京，中国保险年鉴编辑部，2001。

第二章

保险法概述

 本章概要

在现代法律制度中，保险法既是民商法的组成部分，又因其自身特有的内容体系而成为一个独立的法律部门。无论是大陆法系国家还是英美法系国家，尽皆如此。本章以保险法的基本概念为切入点，阐述保险法的内涵、地位和调整对象，讲解保险法的适用范围和立法体例，并适当介绍保险法的发展历史，讨论指导保险法运用的各项原则。学习本章的目的在于，掌握保险和保险法的法律本质、保险法的地位和适用范围等基本问题，故本章是全教材的理论基础。

 重点知识

保险法的概念、地位和调整对象

保险法的适用范围和立法体例

现代各国保险立法的比较

调整保险法的诸项原则

第一节　保险法的概念、地位和调整对象

一、保险法的概念

保险法是调整保险关系的法律规范体系的总称。在此，保险关系是指基于保险合同而在各方当事人之间产生的权利、义务关系和国家对保险业实施管理监督过程中所产生的各种社会关系。

保险法概念的涵盖范围有广义和狭义之分。广义的保险法，在西方国家缘于其法律体系的公法和私法之分，亦包括保险公法和保险私法。其中，保险公法是指公法性质的保险法律规范，即国家用于调整社会公共保险关系的保险业法和社会保险法；而保险私法是指私法性质的保险法规，即调整保险活动当事人之间平等保险关系的保险合同法和保险特别法。[1]

在我国保险法理论上，有关保险法概念的范围界定不尽相同。第一种观点认为：广义的保险法是指一切有关保险的法律规范的总称，包括冠有保险名称的保险立法和其他相关的法律规范，又称为实质意义上的保险法；而狭义的保险法仅指冠有保险名称的保险立法，又称为形式

---

① 参见李玉泉：《保险法》，18页，北京，法律出版社，1997。

意义上的保险法。① 第二种观点认为：凡调整保险行为和调整保险业组织及活动的法律、法规和规章构成广义的保险法，包括公法范畴的保险业法、社会保险法和民商法范畴的保险契约法、保险特别法；而狭义的保险法，则专指保险契约法。② 第三种观点认为：广义保险法包括专门的保险立法和其他法律中有关保险的法律规范以及保险习惯、判例和法理等；而狭义的保险法是指保险法典或民商法中关于保险业和保险合同的法律规范。③ 第四种观点认为：广义的保险法是指以保险关系为调整对象的法律规范的总称，包括商业保险法和社会保险法；而狭义的保险法仅指以民商保险关系为调整对象的法律规范，即商业保险法。④ 本书在商业保险法意义上解释保险法的内涵。

二、保险法的地位

保险法的地位，是指保险法在整个法律体系中所处的地位。对此，世界各国基于各自的立法技术和不同法律文化的影响，尤其是不同的法理学派存在不同的理论观点，分歧的焦点是保险法能否作为一个独立法律部门跻身于法律体系之中，相应地，产生了不同的立法体例。应当强调的是，不论采取何种立法体例，无论是大陆法系国家还是英美法系国家，保险立法都采取成文法的形式。

首先，保险法是民商法的一部分。西方国家基于其法律分类上的公法与私法理念，根据保险法律规范之适用内容的不尽相同，而分别确认保险法的相关部分于不同的法律领域，其中，将用于规范、调整保险活动参与者之间保险权利和义务的保险合同法部分列入私法范围，而将专门调整保险行业经营管理活动的保险业法部分归入公法范畴。中国的法律体系没有公法与私法的分类，因此，确认保险法的地位也就不涉及公法或私法问题，一般认定保险法属于民商法的组成部分。

其次，保险法是相对独立的法律部分。民商法的历史传统和运作特点直接影响到保险法的地位。在大陆法系范围内，凡私法领域上实行"民商分立"法律模式的国家，如法国、德国、日本等，基于民法与商法是普通法与特别法关系的法律理念，保险法与公司法、票据法、海商法等一样，同属于商法的组成部分；凡私法领域实行"民商合一"法律模式的国家（地区），如瑞士、泰国及中国台湾地区等，保险法与民法是特别法与普通法的关系。与此不同，英美法系国家受其法系特点的影响，不存在大陆法系国家使用的"民法"和"商法"概念，但是，用于调整和规范各类商事活动的习惯法、判例法和成文法却极受重视，甚至成为英美国家法律体系中的精华，其中，涉及保险活动的保险法律制度，与保险活动对现代经济生活日益突出的影响相适应，在英美法中的地位越来越重要，并成为自成一体的法律规范体系。笔者认为，保险法是私法领域内专门以保险商品交换为调整对象的具有相对独立性的法律规范体系。

三、保险法的调整对象

保险法作为规范保险市场活动的法律规范体系，是以保险关系及与保险关系有关的社会关

---

① 参见庄文主编：《保险法教程》，2版，34页，北京，法律出版社，1993；徐卫东、杨勤活、王剑钊编著：《保险法》，26页，长春，吉林人民出版社，1994。

② 参见覃有土主编：《商法学》，426页，北京，中国政法大学出版社，1999。

③ 参见李嘉华主编：《涉外保险法》，20页，北京，法律出版社，1991。

④ 参见范健主编：《商法》，310页，北京，高等教育出版社、北京大学出版社，2000。

系为调整对象的。

保险法所调整的保险关系本质上是一种物质社会关系，因为，此种保险关系所体现的是社会成员针对客观存在的各种风险，寻求保险人为其财产或身体、寿命提供保险保障的物质需求，而此类物质需求的存在是客观的、普遍的，不仅直接关系到各个社会单位——公民个人、家庭或社会组织正常生活或生产的稳定，而且影响到社会政治、经济活动的秩序。

同时，保险法调整的保险关系又是一种商品交换关系。由于保险保障是一种专业技术性突出的行业，需要由具有相应专业知识和经营经验的保险人从事经营，而且，保险业作为国民经济的一个重要环节，是相对独立的保险市场，在此市场环境中，保险人按照平等、自愿、等价有偿的市场法则从事保险经营，因此，平等性、自愿性和等价性就成为保险关系的基本属性。所谓平等性，就是要求社会成员在参与保险关系时，应与保险人之间基于平等的法律地位建立和实现彼此的权利与义务。自愿性就是要求社会公众是否投保商业保险、与哪个保险人签订保险合同、签订何种保险合同，均由当事人自行决定。除了依据有关法律、法规的规定必须投保的强制保险以外，任何组织和个人都不得干涉或强制当事人投保商业保险。而对价性则意味着被保险人要获取保险保障，必须支付作为对价条件的保险费，该对价条件是保险人经营商业保险活动所追求的利益。

从保险实践的角度来讲，保险法予以调整的保险关系具体表现为以下类型。

（一）保险合同关系

在市场经济条件下，合同是人们从事商品交换的典型法律形式，最能体现商品流通的平等性、自愿性和等价有偿性的要求。因此，各类商业保险关系都采取保险合同的形式予以确立。保险法运用保险合同法律规则，规范参与保险活动的各方当事人的行为，依法建立和履行保险合同关系，实现保险保障的目的。故与保险业务活动的范围相适应，保险合同关系的适用范围最广泛。

（二）保险中介关系

保险经营特有的专业技术性及特有的经营机制，决定了各种保险合同的建立和履行往往需要借助各种保险中介人实施的中介服务行为。诸如，保险公司的保险展业活动，难以离开保险代理人的保险代理行为。而社会公众作为投保人，为了与保险人建立有效的保险合同关系、切实获得保险保障，又经常需要保险经纪人提供的风险评估、保险咨询、代为投保、协助索赔等保险经纪服务。不论是保险人还是被保险人，均会因履行保险合同的需要，委托保险公估人办理保险标的的查勘、鉴定、检验、估价、赔款理算等公估行为。因此，保险中介关系是保险关系的重要组成部分。

（三）保险监管关系

保险业的监督管理关系本身并非直接的保险关系，而是发生在国家保险监管机关与保险人及其他各类保险中介人之间的监督管理关系。但是，由于保险业从事的保险经营活动关系到国民经济的整体稳定，与各行各业之间的发展关系密切，尤其是保险业为金融领域的重要组成部分，各国均对保险业实施专门的监督和管理体制，故保险监管关系的存在是保险关系得以建立和实现的必要条件，因而被纳入保险法的调整范围。

[保险实例]

甲实业公司于 2015 年 5 月 15 日以其固定资产和流动资产为保险标的向乙保险公司投保了

一份"财产保险综合险合同"。按照约定，保险金额为300万元，保险责任期限自2014年5月16日至2015年5月15日。同年11月25日夜间，因与其相邻的某塑料制品厂的锅炉工处置炉渣不当引起大火，火灾殃及甲实业公司，其资产被付之一炬，损失共计380万元。

数日后，甲实业公司向乙保险公司递交了索赔申请书，要求乙保险公司赔偿380万元，乙保险公司表示只能按照保险合同约定的保险金额进行赔偿。由于双方不能达成一致意见，甲实业公司以乙保险公司和某塑料制品厂为被告向法院提起诉讼。双方在诉讼中的争议焦点是：乙保险公司是否应按照被保险人的实际损失380万元进行赔偿？某塑料制品厂是否应当承担民事赔偿责任？

法院的判决结论为：一是驳回原告要求乙保险公司赔偿380万元的诉求，理由是本案所涉及的财产保险合同约定的保险金额是300万元，则乙保险公司的保险责任应以该保险金额为限。二是驳回原告对某塑料制品厂的请求。某塑料制品厂不是本案所涉及的财产保险合同的相对人，原告对其提出的赔偿诉求与本案无关。

本案有助于大家理解保险法特定的调整对象和内容体系。因为，本案原告的诉求涉及保险合同的保险赔偿和民事赔偿两部分，而原告一并将其在保险合同纠纷案中提出，故其对某塑料制品厂的民事赔偿诉求当然不能在本案中获得支持。

第二节 保险法的内容体系与立法体例

一、保险法的内容体系

保险法出于有效规范和调整保险市场的立法目的，应当具备完备的法律规范制度，形成统一、协调的保险法律体系，一般包括如下内容。

（一）保险合同法律制度

保险合同法律制度是专门针对各类保险合同关系所适用的保险法律规范，是保险法的核心部分，具体包括有关保险合同的订立、履行、变更、解除的法律规范和保险合同各方当事人之权利、义务的法律规范。并且，财产保险合同关系和人身保险合同关系均列入保险合同法律制度的调整范围。中国现行的《保险法》不仅规定了保险合同法律制度的一般法律规则，还分别对财产保险合同和人身保险合同作出系统性规定，从整体上确立了中国的保险合同法律制度；而1992年11月7日通过的《海商法》第十二章专门就海上保险合同予以规定，亦成为保险合同制度的组成部分。

（二）保险业法律制度

保险业法律制度，又称保险业监管法律制度，它以保险监管关系作为适用对象，与保险合同法律制度并存，成为保险法的又一重要内容。虽然各国的保险业监督管理模式不同，具体的法律规范千差万别、繁简不一，但一般都涉及保险业的组织形式，保险组织的设立、经营管理、财务管理、资金运用，保险组织的解散与清算等内容。中国的保险业监管法律制度，首先是现行《保险法》第三章至第七章全面规定的保险业监督管理制度的内容，成为中国政府对保险市场实施保险业监督管理的法律依据。

（三）保险业特别法律制度

保险业特别法律制度是相对于保险合同法律制度和保险业监管法律制度而言的，专指用于规范某一类保险关系或调整某一特定保险法律问题的保险法律规范。例如，1906 年的英国《海上保险法》和各国海商法中有关海上保险合同的规定，就属于保险特别法律制度。

目前，与我国迅速发展的保险市场对法律调整的客观需要相适应，我国有关保险的特别立法日益增加。例如，由国务院颁布的《机动车交通事故责任强制保险条例》（2019 年修正）、《农业保险条例》（2016 年修订）、《存款保险条例》，由国务院保险监督管理机关颁行的《保险公司管理规定》（2015 年修订）、《保险专业代理机构监管规定》（2015 年修订）、《保险经纪机构监管规定》（2015 年修订）、《保险公估机构监管规定》（2015 年修订）等单行法规，亦可列入保险特别法律制度，成为我国保险法律体系的组成部分。

［实务知识］

存款保险——金融保护网的三大成员之一

在我国保险法领域，"存款保险"是一个全新的概念。顾名思义，该保险的适用对象是人们作为存款人借助储蓄方式存在银行的款项，表现为存款保险人在被保险人银行无法履行其基于储蓄合同而向存款人支付存款的义务时，先行在保险责任限额内向存款人予以赔付，然后依法向被保险人银行进行追偿或者对其组织实施破产清算、重整以及其他资产处置行为的制度。

从社会实践角度讲，存款保险应当是我国金融安全网的重要组成部分，因为存款保险的保障功能直接体现在其保障价值和根本的保障目标。存款保险的直接保障价值在于保险人依照存款保险合同保障的是被保险人——银行向存款人支付存款本息的能力，确保银行系统的稳定经营，维持银行业的社会信用度。而存款保险的根本保障目标，则是存款人的存款利益。分析存款保险的法律结构，我们不仅要看到其适用的直接效果是提升了银行作为付款义务人的支付能力，维护了银行的商业信誉和市场形象；更应当认识到存款保险的最终适用效果在于保护广大金融消费者的合法权益。各国政府设计和运用存款保险的初衷就在于，借助保险人在存款保险中向存款人履行保险赔偿责任来弥补存款人因银行无力支付存款本息而遭受的经济损失，避免让广大金融消费者承受银行在经营过程中所面临的市场风险，从而实现保护广大金融消费者权益的目标。可见，通过存款保险在金融市场上的适用，能够让社会公众对我国金融业树立信心，进而创造良好的金融市场环境。应当说，这才是建立存款保险的根本价值所在。

然而，要实现保护广大金融消费者权益的目标，就应当对应我国的金融市场构建金融安全网。总结各国金融市场运作发展的经验，受诸多因素的影响，金融市场面临的市场风险是不可避免的。因此，为了抵御市场风险的消极影响，减少甚至避免市场风险有可能造成的经济损失，以维持金融市场良好、稳定的经营秩序，建立金融安全网就成为必要的防范举措。各国的实践证明了，由存款保险与审慎的金融监管、中央银行的最后贷款人职能这"三道防线"构成的金融安全网对于维护金融市场稳定和保持社会公众对金融体系的信心确实具有重要作用。仅美国联邦存款保险公司近百年的运行经验就可予以证明，如在 2008 年的金融危机中，美国共有 42 家银行倒闭，依赖其金融安全网并没有发生大规模的挤提现象。

而就中国的情况来讲，在当今的中国金融市场上，承担最后贷款人功能的中央银行成立于 20 世纪 80 年代中期，负担审慎监管职责的银监会于 2003 年成立了，但中国的金融安全网中尚缺少存款保险机构专司的存款保险制度。其实，我国由四大国有银行为主的银行体系长期实行的是用国家信用担保的隐性存款保险是不争的事实，不过，这所掩盖的银行系统不良贷款巨大、资本充足率严重不足的弊端在我国社会主义市场经济的发展中日渐暴露，并显现了潜在的银行破产的风险。例如，1998 年海南发展银行因兑付危机而被关闭、2005 年青海省格尔木市的昆仑信用社等 8 家农村信用社因严重的支付危机而被撤销等，就是最好的例证。在无存款保险制度的情况下，国家处置这些事例中的风险后果，只能采取中央银行再贷款垫付款项来兑付个人储蓄存款本息的形式。有鉴于此，国务院早在 1993 年的《关于金融体制改革的决定》中提出，要建立我国的存款保险制度。此后，不仅于 1997 年成立了存款保险课题组，负责存款保险制度的论证和设计，还将"存款保险条例"的制定工作列入国务院立法计划。因此，建立存款保险制度就成为健全中国金融保险网的关键步骤。它可与中央银行的最后贷款人功能和银监会/银保监会的审慎监管功能相互分工、相互配合，共同实现金融安全网的社会功能，保障我国金融市场的安全高效运行和整体稳定发展。正是在此意义上，建立存款保险制度将使我国金融安全网变成现实，其与金融监管机构的审慎监管、中央银行的最后贷款人功能等构成的"三道防线"将为稳定我国金融市场秩序"保驾护航"。

存款保险的制度定位：实现银行业间"互助共济"的政策性保证保险。之所以将存款保险纳入保险范畴，是因为虽然存款保险带有明显的政策性，但其作为保险的类型之一，本质上仍然是银行业诸多投保人"互助共济"来转移各自在市场经营过程中面临的支付风险。同时，存款保险又因自身固有的特点而区别于一般商业保险，应当属于政策性保证保险。时至今日，《存款保险条例》已经由国务院于 2015 年 2 月 17 日予以发布，并于 2015 年 5 月 1 日起施行，为我国调整存款保险活动，实现稳定金融市场、防范存款风险提供了法律依据。

二、保险法的立法体例

当然，与保险法在各国法律体系中的地位相对应，保险法立法技术不尽相同，并在西方国家形成了三种主要的立法体例。

（1）制定单行保险法，并纳入商法典。自法国在 19 世纪初开创"民商分立"的法律体制之后，在诸如法国、德国等一些较早采取"民商分立"体制的国家，保险法律制度虽被归入商法范畴，但因当时社会经济发展水平的影响，其在民法典之外另行颁布的商法典中，有关保险的规定仅限于海上保险。此后，这些国家又根据需要，颁行专门的保险法，如 1930 年的法国保险合同法、1908 年的德国保险契约法。而英美法系各国的成文保险法，均表现为单行的保险法规，例如，英国所颁行的 1774 年《人寿保险法》、1906 年《海上保险法》和 1958 年《保险公司法》等。[①]

（2）将保险法纳入商法典之中。有些大陆法系国家，按其"民商分立"的立法体制，将保险法律制度作为商法的组成部分，直接纳入商法典中。例如，1899 年的日本商法典即如此：该商法典第三编第十章将保险作为一种商行为加以规定，包括损害保险[②]和生命保险。

（3）将保险法纳入民法典之中。有些采"民商合一"的国家，因将保险法律制度看作是民法范畴的一部分，故将其列入民法典中。例如，1942 年的《意大利民法典》即将保险作为合同的具体类型，规定于第四编"债"的第三章"各类契约"之中。

在中国法学界，与各种关于保险法的法律内涵的观点相适应，对其法律地位的看法亦不尽

---

① 1958 年的英国《保险公司法》已于 1982 年修订。

② 在日本保险业内，损害保险是指除了人寿保险以外的各种保险，包括财产保险、意外伤害保险和健康保险。

相同。第一种观点认为：保险法属于经济法的范畴。[1] 理由是：保险法调整的保险关系具有经济法的特征，既有国家对保险业的管理和监督，又有当事人之间平等、自愿的保险活动关系。第二种观点认为：保险法是民商法中的一项法律制度。[2] 理由是：保险法所调整的保险法律关系本质上是一种民事法律关系，属民法的调整对象，而保险法的调整方法和原则不过是民法的调整方法和原则在保险领域中的运用与延伸。第三种观点认为：保险法是独立的法律部门。[3] 理由是：保险法有特定的调整对象，包括保险当事人之间的保险合同关系和保险业的经营与监管关系，形成一个特定的整体，相应地，保险法成为适用于整个保险领域、由具有行业性质的保险基本法和规范具体保险活动的特别法所组成的法律部门体系。中国目前的保险立法即采取了单行保险法典的体例，将保险合同法与保险业法统一规定于现行《保险法》之中。笔者亦持此观点。

第三节　保险法的发展历史

一、保险立法的产生

保险法的产生和发展是与各国保险市场的历史进程相适应的。现有资料显示，现代意义的保险法发轫于14世纪位于地中海沿岸的各个海上贸易和海上保险发达的城市，其颁布了有关海上保险的成文法律，取代古已有之的涉及保险活动的散见的不成文的习惯法。[4] 其始作俑者当推1369年由热那亚政府颁布的《热那亚法令》。继而出现的1435年西班牙雅克一世颁布的《巴塞罗那法令》则规定了海上保险的承保规则和损失赔偿手续以及防止欺诈、禁止赌博等问题。而1523年的《佛罗伦萨法令》总结以往海上保险经验，制定了标准的保险单格式，明确了保险商与船东及货主之间的权利和义务，并拟定了船东向保险商索赔的程序。这些便构成了现代意义的海上保险法规。

二、保险立法的发展

随着哥伦布发现新大陆[5]，海上贸易中心逐步从地中海地区转向大西洋沿岸，海上保险业和海上保险法得到进一步的发展。1556年西班牙国王菲力普二世颁布法令，确立保险经纪人制度，对保险经纪人实施管理；1563年，又颁布了由航海法令和海上保险两部分内容构成的

---

[1] 参见庄咏文主编：《保险法教程》，2版，38页，北京，法律出版社，1993。

[2] 参见李玉泉：《保险法》，22页，北京，法律出版社，1997。

[3] 参见关浣非：《保险与保险法》，38页，长春，吉林人民出版社，1990。

[4] 虽然古代欧洲早已针对客观存在的互助共济制度适用约定俗成的习惯法，甚至有的国家或地方政府颁行了相应的法令，诸如公元前18世纪的《汉穆拉比法典》和公元6世纪的《查士丁尼法典》中均包含了冒险借贷的内容，公元前2世纪至公元前3世纪适用于爱琴海中的罗德岛（Rhodos）的《罗德海法》所规定的共同海损制度，为海上保险法奠定了基础，但均不构成完整的保险法。

[5] 哥伦布于1492年奉西班牙统治者之命，率船西行，探索通往东方印度和中国的海上航路，结果横渡大西洋，到达巴哈马群岛、古巴、海地等岛。后又三次西航（1493年、1498年、1502年）到达牙买加、波多黎各诸岛及中美、南美洲大陆的沿海地带。

安特卫普①法典。1681 年法国国王路易十四颁布《海事条例》②，其第三编为海上保险，具体规定了海上保险规则，后被编入 1807 年的《法国商法典》。1701 年，德意志汉堡市颁布了海损及保险条例。这些都使保险法日益得到完善。

作为判例法国家的英国，因其优越的地理位置而成为新的海上贸易和海上保险中心后，在很长时期内是运用商业习惯法处理海上保险纠纷，其成文的保险法出现较晚。1756 年到 1778 年，英国首席法官着手收集、整理欧洲各国的海上保险案例及国际惯例，并将商业实务和普通法相结合，编订了海上保险法草案。1906 年，英国颁布了《海上保险法》，并附有劳合社的船、货保险单格式样本。该法此后成为世界各国海上保险法的蓝本，对海上保险产生了极大的影响。

在海上保险法在各国逐步形成并完善的同时，以火灾保险为中心的陆上保险法规及保险业法规也在一些国家出现。1701 年，德国为发展各城市的火灾保险合作社发布了法令，如有关在普鲁士全境实施强制火灾保险的特别条例。1901 年颁布的《民营保险业法》对于德国当时保险业的发展产生了重要作用。英国也在保险业法方面制定了较多的法规。1769 年，英国政府以法规形式批准了劳合社的规章制度后，又于 1779 年批准劳合社保险单正式启用。1862 年，英国政府颁布了《保险公司法》，对各类保险公司注册登记的内容和程序均予以明确规定。同时，适应责任保险的发展，英国于 1846 年颁布《致命事故法令》，于 1880 年颁布《雇主责任法令》，成为当时雇主保险的适用依据。1774 年，英国政府颁布《人寿保险法》，确立人身保险行业的经营规则和监督管理制度。同时，欧洲各国适应再保险事业的发展，亦多有相应的保险法规，诸如 1731 年德国的《汉堡法令》、1737 年西班牙的《贝尔堡法》和 1750 年瑞典政府的法令等，均准许本国保险公司经营再保险业务。③

综上所述，保险法的发展经历了海上保险法规先于陆上保险法规、财产保险法规先于人身保险法规的过程。

三、现代各国的保险法

20 世纪以后，迅速发展的现代工业和科学技术促使世界各国的保险市场急剧发展，于是相应的保险立法也不断完善，在各国法律体系中的地位日渐重要。由于各国法律传统、法律渊源和立法技术的不同，各自保险立法在内容和形式上就各有特色。根据它们的特点，可归纳为以下三大保险法体系：

(一) 法国法系

保险法的法国法系，以法国的保险立法为代表，其特点是陆上保险适用民法典，而保险业法则适用商法典。其中，法国的《海上保险法》被编入 1807 年的《法国商法典》。陆上保险，因最初的规模较小，适用 1804 年《法国民法典》有关"射幸契约"的规定，后改而适用《保

---

① 安特卫普现为比利时港口城市，原为西班牙的殖民地。
② 1681 年《海事条例》首创将海上保险制度列入海商法的立法体例。
③ 唯独英国因认为再保险词义不明确，为避免与重复保险相混淆，于 1746 年颁布法律予以禁止，直到 1864 年才开始解除。

险合同法》。① 至于保险业法，其主要内容规定在《法国商法典》之中，另以单行保险业法为补充。

西班牙、比利时、葡萄牙、土耳其等国家的保险立法基本上采取了法国的上述立法体例，属于法国法系。

（二）德国法系

保险法的德国法系，以德国的保险立法为代表，其特点是立法体例采取保险合同法与保险业法并重。相比较而言，德国保险立法晚于法国，其海上保险制度纳入了 1897 年的《德国商法典》，而陆上保险制度适用 1908 年的《保险合同法》。同时，德国于 1901 年另行公布的《保险业监督法》和 1931 年的《再保险监督条例》一并构成独立的保险业法。

日本、瑞士、奥地利、瑞典、意大利等国家的保险立法基本采取德国的保险法体例。值得一提的是日本和意大利的保险立法：日本的保险立法始于 19 世纪末期。1890 年的《日本商法典》分别规定了陆上保险合同和海上保险合同，后由 1899 年新商法典予以完善。至于保险业法，更为日本政府所注重，1900 年公布《保险业法》（1939 年修订后适用至今），还颁布适用于保险展业的《保险募集收缔法》（1948 年）和适用于外国保险业的《外国保险人法》（1949 年）。而原属于法国法系的意大利保险立法，后吸收德国法系特色，其主要表现为在制定 1942 年民法典时，吸纳商法典内容，并参考德国、瑞士的保险体例，将陆上保险写入债权编，将海上保险纳入 1942 年航行法。至于保险业的监督管理，则适用 1923 年的《保险业法》。

（三）英美法系

英美法系的保险法，是以英国和美国为代表的。同属判例法国家的英国和美国，在保险立法范围内，制定一系列成文法。与法国法系和德国法系相比较，英美法系保险立法的特点是保险业方面的成文法很完善。

英国的保险市场形成较早，但自 1906 年颁布《海上保险法》，始运用成文法取代习惯法来规范保险活动，此后，英国相继颁布了《简易人寿保险法》（1923 年）、《保险公司法》（1958 年）。目前，英国施行的《保险公司法》是经 1982 年修订的，同时，英国 1969 年的《公司法》第二部分亦对保险公司作出规定。1975 年的《保单持有人保护法》、1977 年的《保险经纪人法》等，均从各自的角度对保险业实施监督和管理。不过，英国保险业法的特点在于侧重行业自我管理的宽松监管模式。只是自 20 世纪 70 年代以来，政府对保险业的监管力度明显加强。当然，除了成文法，判例法仍然是英国保险法（尤其是除海上保险以外的财产保险）的重要组成部分。

美国作为判例法系的又一代表，其保险立法又存在诸多特点：一是采用联邦政府和州政府的双重立法体制，二是其保险业法强调政府对保险市场实施严格的监督管理。根据美国 1945 年 15 号法令的规定，保险业的监管和课税属于各州政府的职权，从而，其保险法的立法权归于各州政府，故美国至今尚无全国统一的保险立法，而各州订立的保险法的具体内容不尽相同，但其共同点是从保护消费者利益的观念出发，强调对被保险人的保护，并以对保险业实施严格监管为内容。与此相适应，各州均设立了保险监管官，对各州的保险业行使行政监管权。

---

① 法国政府为了满足保险市场的发展需要于 1904 年着手拟订《保险合同法》，终于 1930 年 7 月公布、施行，适用于再保险以外的各种陆上保险。

不过，经美国全国保险监管官协会①的协调，在保险业法范围内制定和适用全国性的保险费率制定法、公平交易法等，各州法院则从保险单的解释及裁判保险纠纷的角度对保险业实施司法监管。当然，相比较而言，美国的加利福尼亚、北达科他、南达科他和蒙大拿四州的保险立法具有保险合同法的性质，而纽约州的保险法是各州中最为完备的保险业法。

四、中国保险业与保险立法

(一) 中国保险业发展的诸阶段

产生于欧洲的保险行业，对于中国来讲，是伴随着西方殖民主义者的经济入侵而传入的舶来品。其在中国的历史尤以 1949 年 10 月作为重要的分水岭，因为，1949 年 10 月 1 日成立的中华人民共和国，使中国保险业进入了一个新的发展时期。

新中国保险业历经 1949 年至 1958 年的建立时期、1958 年至 1979 年的基本停滞时期后，从 1979 年开始，进入了全面恢复时期和多元化发展时期，其标志是中国保险市场已初具规模，形成了全国性和区域性保险公司以及外资保险公司并存的多层次、多元化的竞争性保险经营体系，充满了生命力和竞争力。2005 年作为中国保险业全面改革开放的第一年，外资保险公司的数量由加入 WTO 前的 18 家、44 家分支公司，增加到 40 家保险公司、90 家分支公司，128 家外资保险机构在华设立了 192 个代表机构和办事处。世界上主要跨国保险金融集团和发达国家的保险公司都已进入中国保险市场。

步入 21 世纪以后，中国保险市场日渐成熟，逐步进入深化发展的阶段。深化保险企业的股份制改造，完善保险公司治理结构，实施保险市场细分战略，走专业化经营之路，就是该阶段的基本要求。并且，中国保险市场规模的不断扩大也是其深化发展的客观标志。据统计，截止到 2019 年 12 月，已有 178 家保险公司参与市场经营活动，其中，中资保险公司为 128 家（含 16 家保险资产管理公司），外资保险公司 50 家（含 21 家外资财险公司和 29 家外资寿险公司），有 21 个国家和地区的 127 家外资保险公司在华设立了 147 个代表处。

(二) 中国的保险立法与保险监管制度的发展

1. 保险立法不断完善

随着中国保险业务的恢复和中国保险市场的发展，中国的保险立法从分散、薄弱不断走向完善，呈现出如下历史轨迹。

1982 年 7 月施行的《中华人民共和国经济合同法》专门规定了财产保险合同。这是新中国首次颁行的有关保险业务的实质性法律规范。此后，与《经济合同法》配套的《财产保险合同条例》由国务院于 1983 年 9 月颁布并实施，它对于财产保险合同的订立、变更和转让，投保人和保险人的义务等全面加以规定。

1985 年 3 月，国务院颁布的《保险企业管理暂行条例》是新中国的第一个有关保险业的法律文件，对于加强保险业监管、促进保险业的健康发展具有重要意义。

1992 年 11 月，第七届全国人大常委会通过的《中华人民共和国海商法》专章规定"海上保险合同"，成为调整中国的海上保险活动的法律依据。

---

① 美国全国保险监管官协会成立于 1871 年，由各州的保险监管官组成。该协会每半召开一次会议，负责协调各州保险法规和保险监管官的行为。

1995 年 6 月，第八届全国人大常委会颁布的《中华人民共和国保险法》是中国保险法体系得以确立的标志（2002 年 10 月 28 日和 2009 年 2 月 28 日全国人大常委会对其进行了两次重要修改，2014 年、2015 年全国人大常委会为与相关制度的改革相配套而对其进行局部修正）。该法作为中国保险立法的基本法，不仅确立了中国保险法律制度的基本原则，还对保险合同制度和保险业监管制度进行了全面规定，成为规范中国保险市场经营活动、保护保险当事人合法权益、促进中国保险业健康发展的重要保障。此后，为了充分发挥《保险法》的调整和规范作用，有关政府机关相继颁布一系列保险法规，补充和完善保险法律规范体系，尤其是 2009 年 2 月 28 日经第十一届全国人大常委会第七次会议对《保险法》的修订。此次对 1995 年《保险法》的修订篇幅较大，原因之一是为了适应中国保险市场发展、变化的需要，原因之二是回应由 2008 年集中爆发的世界性金融危机引起的加强金融监管的呼声。具体表现在：在《保险法》的保险合同部分的篇幅大体不动的前提下，就其规定内容有较大修改，而对于保险业法部分，不仅增加了条文篇幅，更是完善了监管制度体系。诸如，中国保监会于 2010 年 2 月通过的《保险资金运用管理暂行办法》（已失效）、5 月 21 日发布的《再保险业务管理规定》（2015 年修订），2015 年 7 月 22 日发布的《互联网保险业务监管暂行办法》，2018 年 1 月发布的《保险资金运用管理办法》，2019 年 12 月 1 日公布的修订后的《健康保险管理办法》等，都是与此相配套的部门规章。

2010 年 10 月 28 日，第十一届全国人大常委会第十七次会议通过《中华人民共和国社会保险法》（2011 年 7 月 1 日起施行，2018 年修正）。2012 年 4 月 27 日，经第十一届全国人大常委会第二十六次会议通过的《中华人民共和国军人保险法》（2012 年 7 月 1 日生效），对于我国的广大军人及成千上万的军人家属而言是一件意义重大的事情，它使我国的现役军人可以依法获取相应的社会保险保障。

2012 年 11 月 12 日，国务院发布《农业保险条例》（2013 年 3 月 1 日起施行，2016 年修订）。2019 年 3 月 2 日，国务院公布修正的《机动车交通事故责任强制保险条例》，进一步增强了该条例的严谨性，充分表明政府对于交强险有效适用的高度重视。

而在司法审判领域，最高人民法院针对现行的 2009 年《保险法》在保险审判中的适用需要，于 2009 年 9 月 21 日发布《关于适用〈中华人民共和国保险法〉若干问题的解释（一）》，于 2013 年 5 月 31 日发布《关于适用〈中华人民共和国保险法〉若干问题的解释（二）》，于 2015 年 11 月 25 日发布《关于适用〈中华人民共和国保险法〉若干问题的解释（三）》，于 2018 年 7 月 31 日发布《关于适用〈中华人民共和国保险法〉若干问题的解释（四）》，这些都为保险审判活动提供了具体的裁判依据。

2. 保险监管体系日益加强

中国现行的保险监管体制也是几经演变、发展而来的。20 世纪 50 年代初，中国人民银行是保险业的主管机关。自 1952 年开始转由财政部负责保险业的监管。而从 1959 年停办国内保险业务至 1985 年年初的 25 年间，中国人民保险公司在行政上成为中国人民银行国外业务局的一个处，这意味着中国人民银行既经营保险业务，又负责对保险业的领导和管理。根据 1985 年 3 月《保险企业管理暂行条例》的规定，中国人民银行重新执行保险监管职能。1998 年 11 月 14 日，为了适应中国金融体制改革的深化和中国保险业的发展需要，落实银行、保险、证券分业经营、分业管理的方针，国务院决定成立中国保险监督管理委员会，它是全国商业保险的主管部门，作为国务院的直属事业单位，根据国务院的授权而履行统一监督管理中国保险市场的职能，其具体任务是：依法对保险企业的经营活动进行监管，维护保险市场秩序，保护被保险人的利益，培育和发展保险市场，促进保险业的公平竞争，防范和化解保险业风险，完善中国保险市场体系。这一作用已为中国保险监督管理委员会成立以来的实践所证明。

时至今日，我国的保险监管体系得到明显的提升和加强。这集中表现在以下三个方面。

一是保险监管职能进一步强化。先是为了适应中国金融体制改革的深化和中国保险业的发展需要，落实银行、保险、证券分业经营、分业管理方针的需要，1998 年 11 月 14 日，国务院决定成立中国保险监督管理委员会，由其取代中国人民银行而专司对保险市场的监督管理职能。如今，出于实现国家治理体系和治理水平现代化的需要，2018 年 3 月 13 日，国务院机构改革方案提请第十三届全国人大一次会议审议，决定将银监会和保监会的职责整合，组建中国银行保险监督管理委员会，不再保留银监会和保监会。同年 4 月 8 日，中国银保监会正式挂牌，其主要职责就是维持银行业和保险业的正常经营秩序，整合监管资源，提高监管效率和监管水平，适应我国金融市场的发展需要。

二是保险监管模式的科学性在不断提高。借鉴国外实施以偿付能力监管为核心的现代保险监管的成功经验，我国的保险监管实质上自 2003 年启动了偿付能力监管制度体系建设工作，到 2007 年年底，基本上搭建起具有中国特色的第一代偿付能力监管制度体系，推动了保险公司完善资本管理理念，提高经营管理水平，防范风险，促进了我国保险业的科学发展。随着国际金融保险监管改革的不断深化和我国保险市场的快速发展，中国保监会于 2012 年 3 月 29 日发布《中国第二代偿付能力监管制度体系建设规划》，决定以中国国情为基础，借鉴国际经验，坚持风险导向，完善偿付能力监管制度，增强保险业防范、化解风险的能力，启动中国第二代偿付能力监管制度体系（简称"偿二代"）的建设工作，构建资本充足要求（主要是定量监管要求）、风险管理要求（主要是与偿付能力相关的定性监管要求）和信息披露要求（主要是与偿付能力相关的透明度监管要求）的"三支柱"监管制度体系。

三是与对保险市场实施政府监管的同时，中国保险业的自律制度也已经建立和逐步完善。全国各地区基本上都成立了保险业自律组织——保险行业协会，而全国性的保险业自律组织——中国保险行业协会作为自愿结成的非营利性社会团体，于 2001 年 2 月 23 日经中国保监会同意并在民政部登记注册成立。其在我国保险领域制定全保险行业的自律规则，规范同业间竞争，沟通保险信息，在全行业范围内履行自律、维权、服务、交流、宣传的职责。2015 年，中国保监会发布的《关于深化保险中介市场改革的意见》明确确立了尚处于筹备状态的中国保险中介行业协会承担自律管理职能。应当说，自律制度的建立和发展，对于维持中国保险市场和保险中介市场的建设和正常发展秩序，促进保险同业之间共同发展，保证公平竞争发挥了独特的作用，已成为中国保险监管体制的重要组成部分。

第四节　调整保险法的诸项原则

保险法的基本原则是贯穿整个保险法律规范体系、指导各项保险法律制度适用的根本性行为规则，也是人们对于保险制度适用经验的总结，是对保险的基本性质和社会功能的总结。因此，保险法基本原则的价值在于指导性，保险市场上的各个具体的保险活动都必须符合保险法基本原则的要求。保险法的各项基本原则都体现着正义、公平等社会道德理念，其适用有助于克服保险法律条文因立法技术的不周延而导致的局限性，弥补成文法的不足，提升保险法的可操作性。

一、最大诚信原则

（一）最大诚信原则的法律内涵

诚实、信用是市场经济活动正常进行的基本条件之一，成为民、商事法律的首要原则。但是，保险市场的特殊性，决定着其较之一般民事活动，需要的诚信程度更高、更为严格，以至于很多国家的保险立法将该原则加以强化，提升为适用于保险领域的最大诚信原则，又称"绝对诚信原则"。

从市场经济角度来讲，诚实和信用原本是社会公众从事商品交易活动所应当遵守的道德准则，但上述道德准则纳入民商法领域内，就上升为法律规则。其中，"诚实"，是要求合同的任何一方当事人在签订合同和履行合同过程中，对另一方当事人不得有隐瞒、欺骗行为；"信用"，则要求参与商品交易的任何一方当事人都必须以信为本，认真地、善意地、全面地履行其所承担的义务。应当说，民商法的诚实、信用原则是高度抽象的概念，是道德理念的具体化、法律化的结果，它要求民事主体在诚实、守信的基础上从事商品交易活动，达到平衡当事人之间的利益以及当事人的个体利益与社会整体利益的效果。因此，诚实、信用原则在民商法体系中处于具有强制效力的统领所有法律规范的"一般条款"地位，被尊称为"帝王条款"，系君临全法域之基本原则。[①]

保险市场作为市场经济的组成部分，同样接受诚实、信用原则的约束，因此，把握其如下法律内涵，对于正确理解和运用该原则具有重大意义。

（1）该原则要求各方当事人应本着真实无欺的态度设立、变更或消灭保险法律关系，不得损害他人或社会利益。

（2）该原则要求各方当事人应按照诚实、守信的规则行使权利、履行义务，用以平衡彼此之间的利益关系，对于当事人在保险交易过程中所为的不诚实、不守信行为予以抵制和纠正，以防止当事人之间的利益平衡由此被破坏。

（3）该原则通过具体法律规则的适用，针对实质上不平衡的保险关系，在当事人之间进行权利、义务的再分配，矫正由保险交易活动的专业技术性、掌握市场信息和有关事实情况的不对称性、保险合同格式性和附和性等因素所造成的利益失衡状态，最终实现真正平衡的利益关系。诸如，约束投保人的如实告知义务、赋予保险人合同解除权、法定的保险合同条款解释规则，无不反映出最大诚信原则的精神。

（二）最大诚信原则的适用内容

最大诚信原则在保险实务适用中，主要包括投保人的告知义务和保证以及要求保险人应当遵循的弃权与禁止反言规则。

告知在国际保险市场上又称为"披露"，是指保险活动各方当事人应就法定范围内的事项如实向对方当事人予以陈述。保险合同所要求的告知涉及双方当事人，其典型表现是投保人在

---

① 参见史尚宽：《民法总论》，300 页，台北，正大印书馆，1980。

签订保险合同时，应将其知道或推定应该知道的有关保险标的的重要情况如实向保险人进行陈述，作为保险人判断是否接受承保和确定保险费率的重要依据。我国《保险法》第 16 条和《海商法》第 222 条均规定了投保人承担的告知义务。

保证是最大诚信原则的又一内容，一般适用于投保人，指的是投保人向保险人作出的履行某种特定义务的承诺。诸如，承诺其船舶在开航时具有适航性的，构成"适航保证"等保证适用的典型例证。保证在法理上是从属于保险合同的附随义务，是保险合同的组成部分。根据保证的表现形式，分为明示保证（以保证条款的形式列入保险合同）和默示保证（投保人按照法律或惯例应当予以承诺的事项）。保证的适用目的是保护当事人的合法权益，防止保险领域中的道德危险行为。各国法律确认了保证为最大诚信原则的组成部分，我国保险实务中同样加以运用。

至于弃权和禁止反言，在保险法上是相互对应的两个概念。弃权是指保险合同一方当事人以明示或默示的意思表示放弃其得以行使之权利的行为。而禁止反言原本是英美衡平法的原则，被适用于保险领域，是指已经放弃权利的合同一方当事人不得再向对方主张此权利。例如，投保人在投保时填写的"健康告知书"告知患有高血压病，但是，保险人因疏忽而未严格审查便按照一般条件予以承保，并签发了保险单。这意味着保险人放弃了其在签约过程中享有的加费承保或拒绝承保的权利，便不得在出险时主张加费或解除合同。弃权是禁止反言的前提，禁止反言则是弃权引起的法律后果。通过弃权和禁止反言的适用，体现保险法的最大诚信原则。

[实务知识]

保证条款在海上保险合同中的适用①

海上保险中的保证制度源于英国的海上保险实践。根据英国 1906 年《海上保险法》的规定，保证是指被保险人作出的正式承诺，即被保险人承诺对某些事项的作为或者不作为，或者履行某些条件，或者肯定抑或否定某些事实情况的存在。我国《海商法》所规定的海上保险合同部分虽然在很大程度上借鉴了英国 1906 年《海上保险法》，但涉及保证制度的仅有 1 个条文，即第 235 条。对该条文的分析表明我国《海商法》确认保证条款在海上保险合同中的适用效力。不过，其内容过于简单笼统，导致司法实践中对海上保险的保证条款的识别与适用缺乏明确统一的标准。

一般认为，海上保险的保证制度完全不同于担保法上的保证制度，因其具有如下的两个基本特征：一是该类保证应当是承诺性保证。我国司法实践中，一般按照保证事项发生的时间为标准，将投保人对于过去或现在某一特定事项的存续与否的确认性保证，纳入被保险人的告知义务来处理。而投保人对于将来某一特定事项存续与否的承诺性保证，才为海上保险的保证条款的内容。二是该类保证应当具有免责性。无论是英国 1906 年《海上保险法》还是我国《海商法》，均赋予了保险人以海上保险合同的解除权，并且，保险人对自保证条款被违反之时起发生的保险事故一概不负责任。当然，我国《海商法》也允许保险人采取修改承保条件、增加保险费等处理措施。

这也就涉及海上保险的保证条款在司法实践中的如下适用问题。

---

① 参见蔡福军、俞建林：《海上保险保证条款的法律适用》，载《中国海商法年刊》，2011（1）。

首先，辨别海上保险合同的保证条款与除外责任条款的问题。这两个条款都属于保险人控制风险的条款，但也有明显区别。其一是法律功能的差异。除外责任条款用于明确保险人不承担保险责任的范围，目的在于限制保险人的承保风险。而保证条款是针对被保险人的特定行为或者保险标的的特定状态存在与否，目的在于防止承保风险因被保险人的特定行为或者保险标的的特定状态发生不应有的变化而发生改变。其二是法律后果不尽相同。除外责任条款强调的是，对于保险标的因除外责任事项而发生的损失，保险人无须承担保险赔偿责任。而保证条款被违反后，引发的是保险人之合同解除权得以行使，并且保险人对此后发生的保险标的的损失不予赔偿。

其次，保证条款生效需要特别条件。由于我国《海商法》第235条未就保证的生效作出规定，司法解释就成为司法实践中认定保证条款的生效问题的依据。根据最高人民法院于2004年4月8日公布的《涉外海事审判实务问题解答（一）》第158条对此问题的解释意见，保险人在其向被保险人提供的保险单中声明的保险条款和免除责任条款，一经投保人签字确认，视为保险人履行了特别告知义务。这成为当前法官认定保证条款效力的依据。对此条件，有的学者解释为，保险人履行了《保险法》第17条所要求的明确说明义务。

最后，认定被保险人违反保证条款以存在因果关系为条件。依据英国1906年《海上保险法》和我国《海商法》的规定，判断和认定被保险人违反保证条款，无须证明违反行为与保险标的遭受损失之间存在因果关系。但是，国际上对此的质疑日益扩大，有些国家的立法也对此进行了调整。例如，美国的部分州法院已经开始采用因果关系的标准，即保险人须证明违反保证的行为是造成损失的原因，法院才支持其主张被保险人违反保证的诉求。[1] 英国的《2002/2003国际船舶保险条款》也已在部分保证条款中强调因果关系。

二、保险利益原则

（一）保险利益原则的法律内涵

保险利益原则是保险法特有的基本原则，其内涵就是要求保险关系的"投保人或者被保险人应当对保险标的具有法律上承认的利益"（《保险法》第12条）。笔者认为，保险利益应当是指投保人或被保险人与保险标的之间存在的经济利害关系。按照英国学者约翰·T. 斯蒂尔的解释，"保险利益是产生于被保险人与保险标的物之间的经济联系，并为法律所承认的、可以投保的一种法定权利"[2]。只有存在着保险利益，保险标的因保险事故造成损毁、灭失时，投保人或者被保险人享有的相应经济利益才会遭受损害，保险人提供的保险保障才可产生积极作用，防止投保人获取非法利益，故又被称为可保利益。

因此，各国保险法普遍将保险利益原则作为保险合同订立和履行的法律依据。我国《保险法》将其纳入"保险合同"一章，成为调整保险合同关系的一项法律原则。

适用保险利益原则，应具备如下条件。

（1）保险利益应当是法律承认的经济利益。投保人或被保险人作为保险合同当事人依法可以主张的经济利益，才属于保险利益。而违反法律的利益、通过不正当手段获取的利益，不构

---

[1] 详见刘轶：《海上保险中的保证制度研究》，上海，海事大学，2006。

[2] ［英］约翰·T. 斯蒂尔著，孟兴国等译：《保险的原则与实务》，3页，北京，中国金融出版社，1992。

成保险利益。

（2）保险利益是确定存在的经济利益，即能够运用货币予以计量的、确定的、客观存在的、合法的经济利益，并非主观臆断、推测可能获得的利益。

（3）保险利益的存在是与保险合同直接相关的。它既是保险合同生效的依据，更是保险人履行保险责任的前提。

（4）我国《保险法》强调投保人或者被保险人应当依法具有保险利益，从而，防止保险领域中出现道德危险和投机行为。

（二）保险利益原则的适用价值

保险利益原则的确立由来已久，时至今日成为国际保险市场的通用原则之一。这取决于其在保险领域的适用意义。

（1）保险利益原则限制着保险人的保险赔偿责任范围，防止超额保险，有利于充分实现保险合同的保障作用。保险利益是保险人履行赔偿责任的依据，成为实施保险赔偿的最高限额。如果保险合同的保险金额超过保险利益，超过部分应当无效。

（2）保险利益原则杜绝利用保险进行赌博，防止出现道德危险，有利于维持保险秩序，促进保险市场良性发展。如果投保人对保险标的始终没有保险利益而能获得保险赔付的话，实质上是一种赌博行为。而被保险人在保险合同订立之后，为图谋保险赔偿而故意损坏保险标的或在保险事故发生时人为扩大损失程度的行为，必然直接损害保险制度的宗旨和功能，构成道德危险。有鉴于此，为了消除保险领域内的消极因素，保险利益原则应运而生。比如英国1906年《海上保险法》规定，不能证明存在保险利益的保险单无效。此举可以有效地防止保险领域的赌博行为和道德危险。

通过上述适用意义可知，保险利益原则的着眼点在于防止假借保险合同牟取不当利益，维持保险活动的保障功能。因此，保险利益原则实为诚信原则在保险领域中的具体表现。

[保险实例]

2012年3月12日，某法院审理了A实业公司与王某的债务纠纷案，并调解结案。调解书确认，将王某所有的车牌号为×××554的奥斯莫比牌小轿车的所有权转让给A实业公司用以抵偿王某所欠债务。A实业公司又于2012年7月8日将该车的所有权以向其股东退还股权的方式转给C造船公司。C造船公司未办理该轿车的过户登记手续。2012年11月14日，C造船公司的工作人员到D保险公司的北京代办处办理该轿车的投保事宜，将该轿车所有权的上述变更情况向D保险公司如实讲明后，双方商定以该轿车行驶证上所登记的车主王某作为投保人，并签订了机动车辆保险合同。在D保险公司向C造船公司签发的保险单上载明：投保人是王某；保险期限从2012年11月14日中午12时起至2013年11月14日止；保险险别：车辆损失险、第三者责任险。保险合同还特别约定：加保北京—上海的临时保险。同年12月5日，C造船公司的工作人员驾驶该辆小轿车在河北省112线行驶中因判断失误而与对面驶来的车辆相撞。交通管理部门认定C造船公司应对该交通事故负主要责任。于是，C造船公司及时向D保险公司报了案，又将该轿车送往D保险公司指定的某汽车技术服务中心进行修理，修理费共计161 122元。因C造船公司拖欠修理费，某汽车技术服务中心诉至法院，法院经审理后认定C造船公司是该辆小轿车的实际所有权人，判决C造船公司给付某汽车技术服务中心汽车修理费151 122元，并支付滞纳金。在此期间，王某向D保险公司提出索赔要求，而D保险公司以王某并非该轿车的所有权人、对保险标的无保险利益为由，向王某发出了"拒赔通知书"。于是，王某以D保险公司为被告，提起了诉讼。诉讼中，法院追加C造船公司为第三人。开庭时，C造船公司提出，本公司的工作人员在与D保险公司办理投保时，明确告知了该轿车没有办理过户等情况，取得D保险公司同意后，以王某的名义与D保险公司签订了保险合同，并交纳了保险费，故该保险合同应真实、合法、有效，因此，D保险公司理应向其履行保险责任。

显然，本案充分反映了保险利益原则的法律内涵和适用价值，只有对保险标的具有保险利益的人才能享有保险赔偿请求权。

三、损失补偿原则

（一）损失补偿原则的法律内涵

损失补偿原则是指保险人对于保险标的的因保险事故造成的损害在保险金额范围内进行保险赔偿以补偿被保险人遭受的实际损失。显然，损失补偿原则是保险制度的保障职能的法律表现，因为，保险补偿的目的，是使被保险人得到的保险赔偿基本能够弥补其因保险事故造成的保险金额范围内的实际损失，借此及时恢复其正常的生产或生活，保障被保险人原有状态不变。

理解损失补偿原则的法律内涵，应把握如下三个要点。

（1）保险人的保险赔偿以被保险人遭受实际损失为前提，因此，无实际损失，则无保险赔偿。

（2）保险人的保险赔偿以保险责任为根据，因而，无保险责任的损失部分，便无保险赔偿。

（3）保险人的保险赔偿以保险金额为限度。由于保险金额是保险费的对价条件，保险人作为保险商品的提供者，对保险金额范围内的保险利益提供保险保障。这意味着被保险人在保险金额范围内所损失的保险利益可以获得补偿，但不能觊觎通过保险来获取不当利益。

可见，损失补偿原则作为保险法的基本原则，集中体现了保险制度的宗旨，符合现代保险市场的客观需要，故为各国保险立法所确认，并在保险市场上被普遍适用。不过，该实际损失并非指保险标的的本身的损失，而是指被保险人因保险事故所引起的保险利益的实际损失。保险人在该损失存在的情况下，始得履行保险责任，保险合同的保障作用由此彰显。

（二）损失补偿原则的适用范围

1. 损失补偿原则在财产保险合同中的适用

一般认为，损失补偿原则当然适用于财产保险合同领域，这是毋庸置疑的。但是，为了确保保险合同之保障目的的实现，当事人在保险实务中执行损失补偿原则时，应当注意与各类财产保险合同的具体特点相一致。

第一，针对定值保险合同，保险人应按照双方约定的保险金额进行保险赔偿。

第二，针对于不定值保险合同，保险人应按照实际损失进行赔偿，其根据是各国保险立法的规定或有关保险市场的惯例。

第三，针对超额保险合同，若其保险金额大于保险标的的实际价值，对于其超过实际价值的部分，被保险人没有保险利益，因此，遵循损失补偿原则的要求，各国均作出限制性规定。我国《保险法》第55条第3款规定："保险金额不得超过保险价值。超过保险价值的，超过部分无效"。为此，保险人应当在保险价值范围内，按照实际损失进行保险赔偿。与此同理，保险人对于重复保险，也是按照保险价值承担保险赔偿责任。如果重复保险的保险金额总和超过保险价值的，各保险人按照实际损失进行保险赔偿，赔偿金额总和不得超过保险价值。而且，各保险人应按其保险金额与保险金额总和的比例承担赔偿责任。

第四，损失补偿原则的法律精神意味着保险赔偿限于弥补被保险人遭受的实际损失。因此，排除被保险人的双重获赔权，并由此派生出代位求偿规则和委付规则，通过被保险人向保险人转让追偿权或保险标的所有权而将损失补偿原则贯彻始终。

2. 损失补偿原则在人身保险合同中的适用

保险界传统观点认为，损失补偿原则的适用限于财产保险合同，而不适用于人身保险合同。因为人身保险合同的给付性、返还性使然。笔者则认为，损失补偿原则同样适用于人身保险合同，因为：人身保险合同也是建立在经济补偿基础之上，只不过其补偿机制有别于财产保险合同。需要强调，保险人按人身保险合同约定的保险金额向被保险人或受益人支付的人身保险金同样是补偿性的，只不过不是补偿被保险人的寿命或身体，而是补偿因被保险人的生、老、病、死所损失的经济利益。

在此，不妨借鉴美国保险学家S.S.休布纳有关人寿保险性质的"生命价值说"的思想[1]：一人的财产包括现实财产（一人实际拥有的房屋、汽车等财产）和潜在财产（一人因生命的存续而可以获得的工资、其他劳动报酬等经济价值）两部分。前者是财产保险承保的对象，后者则是人身保险所保障的被保险人具有的潜在财产的经济利益。当一人在生命结束、患病、伤残或年老而丧失劳动能力时，必然损失相应的潜在财产。保险人按照人身保险合同的约定给付人身保险金，正是补偿被保险人损失的保险利益——潜在财产。所以说，损失补偿原则也适用于人身保险合同。

四、近因原则

(一) 近因原则的概念和意义

近因原则是为了认定保险责任而专门设立的一项基本原则，其内涵是指保险人对于承保范围内的保险事故作为直接的、最接近的原因所引起的损失，承担保险责任，而对于承保范围以外的原因造成的损失，不负赔偿责任。英国1906年《海上保险法》第55条第1款规定，"根据本法规定，除保险单另有约定以外，保险人对于由其承保危险近因造成的损失，承担赔偿责任；但是，对于非由其承保危险近因造成的任何损失，概不承担责任"。可见，保险法上的近因，就是保险事故与损害后果之间的因果关系。英美法称之为近因原则，我国法律谓之因果关系。

保险实践证明，近因原则是国际保险市场必不可少的法律原则，它几乎为各国保险法所接受。我国《保险法》并未明文规定近因原则，但其第22条至第25条有关保险赔付的规定和《海商法》第251条关于海上保险的保险人支付保险赔偿的精神均体现了近因原则。而保险实务中，保险人在确定是否承担保险责任时，普遍按照近因规则——由于承保的近因造成的损失后果——确定保险责任的承担。

---

[1]　参见［美］S.S.休布纳著，陈克勤译：《人寿保险经济学》，北京，商务印书馆，1934。

各国保险法普遍重视近因原则，根源是其对保险活动的正常进行、保障功能的实现具有重要的指导意义。由于保险活动涉及的风险事故错综复杂，因危险事故导致保险标的损失的原因往往不止一个。保险人出于其保险商品经营的性质和自身利益的需要，不可能对这些致损原因全部承保，需要根据各种危险事故的性质、发生概率及与损害后果的关系，予以分类研究，设立相应的保险险种，确立各自所承保的危险范围。当损失发生后，保险人从致损原因与损害后果之间的因果关系入手，认定直接造成损失或最接近损失后果的原因是否属于其承保范围，进而判断是否承担赔偿责任。因此，近因原则是确认保险人之保险责任的主要依据，既可以防止无限制地扩大保险人的保险责任，又可以避免保险人任意推卸应当承担的保险责任。

（二）近因原则的适用

1. 近因的适用标准

虽近因原则广泛适用于保险领域，但如何认定致损近因尚无统一标准，具体的论证方法多种多样，主要有三种：一是最近时间论。它将各种致损原因按发生的时间顺序进行排列，以最后一个作为近因。二是最后条件论。它将致损不可缺少的各个原因列出，以最后一个作为近因。三是直接作用论，即将对于致损具有最直接、决定性作用的原因作为近因。如果保险事故是作为直接原因造成保险标的的损失，保险人承担保险责任。如果保险事故并非造成保险标的损失的直接原因，则保险人不承担保险责任。这一方法在保险界得到普遍认可。

2. 近因的认定方法

根据近因原则的要求，认定近因的关键，在于寻找致损的因果关系。对此，各国保险实践逐渐总结出若干行之有效的规则，用于对近因的认定，作为确定保险人是否承担保险责任的根据。

（1）单一原因导致的损失。若导致保险标的损失的，仅限于一个原因，该原因即为近因。那么，认定保险人是否承担保险责任，就取决于该致损原因是否属于保险合同约定的保险事故。

（2）多种原因导致的损失。如果是多种原因导致保险标的损失的，就应从多种致损原因中确认处于支配地位、具有决定性作用的原因是近因。下面仅以1918年雷兰德船运公司诉诺威治联合火灾保险协会一案[①]为例，说明多种原因导致损失对近因认定具有典型意义。

[保险实例]

第一次世界大战的1918年间，雷兰得船运公司所有的一艘投保了船舶保险合同的船舶在驶往哈佛港的途中，被敌国军舰的鱼雷击中。为了躲避灾难，该艘船舶被拖进风平浪静的法国勒阿弗尔港。此后，港口当局因担心该伤船沉在码头泊位上，遂令其驶往港外，故该船被移至港口以外。由于港区以外的海面没有防护设施，海浪较大，在海浪的冲击之下，该船沉入了海底。雷兰得船运公司依据船舶保险合同向保险人诺威治联合火灾保险协会提出索赔要求，但是，得到的却是拒赔通知书，理由是保险船舶沉没的近因是被敌方军舰的鱼雷击中，属于船舶保险合同约定的责任免除事项。雷兰得船运公司则提出，导致船舶沉没的近因应是海浪冲击，属于保险责任的范围，保险人应承担保险责任。于是，雷兰得船运公司诉至法院。法院经审理

---

① 英国学者约翰·伯茨在其所著《现代保险法》中列举了此案例。参见［英］约翰·伯茨著，陈丽洁译：《现代保险法》，158页，郑州，河南人民出版社，1987。

后认为，导致船舶沉没的近因是被鱼雷击中而非海浪冲击。显然，导致本案的船舶沉没的原因包括鱼雷击中和海浪冲击。从时间上看，距离船舶沉没最近的原因是海浪冲击。但是，对于船舶沉没起到决定作用的是鱼雷击中，船舶被鱼雷击中后始终没有脱离危险境地，而海浪冲击仅是促使船舶沉没的一个条件。因为，本案所涉及的船舶保险合同约定敌对行为属于责任免除事项，所以，保险人不承担保险责任。

本案完全体现出近因原则的适用对于保险责任的认定具有的法律意义。尤其是不能仅仅限于导致损失原因的时间顺序，而应当立足于致损原因与损失后果之间的作用。按照这一标准分析近因，对于保险合同的双方当事人是公平的。当然，社会生活的复杂性和多样性，使得保险标的损失所涉及的因果关系错综复杂，这意味着保险人在判断、认定保险事故的近因时不可能轻而易举。因此，在保险实务中，运用近因原则判定近因、确认保险责任时，应当结合保险个案的具体情况，实事求是地进行分析，并且，遵守保险市场的有关惯例，才能得到正确的结果。

[实务知识]

与时俱进的中国《保险法》

中国《保险法》自1995年10月1日施行，至今已进入第二十五个年头，对于规范、调整中国保险市场、促进保险业的正常发展有着重要的作用。尤其是《保险法》始终洞察中国保险市场的发展进程，及时地在2002年和2009年进行了两次大的修改，表现出顺应中国保险市场的变化之需而与时俱进的优越性。

当然，中国《保险法》的这两次修改间隔7年，但各有不同的社会背景，立法修改的侧重点亦有重大区别。相比较而言，第一次修改《保险法》的2002年10月，正是中国保险市场初具规模之时，亟待有关保险业法实施全面的规范、调整；同时，中国于2001年12月加入世界贸易组织，根据世界贸易组织相关协议在金融服务领域内确立的"推进公平、自由的服务贸易，削减服务贸易壁垒"宗旨，在保险业方面兑现所作出的逐步开放的承诺，也需要保险立法为保险市场提供良好的法律环境。为此，此次修改《保险法》的工作集中在保险业法部分。而第二次修改《保险法》的2009年2月，适逢中国保险市场逐步从形成阶段走向深化发展的阶段，其标志就是中国保险市场的内部和外部环境均发生重大改变：一方面，社会公众对丰富的保险产品种类和周到的保险服务形式的需求更加突出；另一方面，保险业的市场竞争环境已经建立，保险公司要想获取稳定的市场地位、赢取更高的经济效益，不仅要借鉴国际保险市场先进的保险经营经验，提高自身的经营管理水平，还必须借助科学的、符合保险实务需要的保险合同条款。有鉴于此，《保险法》的第二次修改侧重在保险合同制度，极大地提高了保险合同制度的科学性和严谨性，更加适应了中国保险市场的现实需要。

应当说，这两次修改《保险法》的实践充分表现出保险立法作为商事立法的一部分，因适应商事活动灵活多变的需要而具有动态化特色。

时至2020年，2009年《保险法》的适用已经步入第十一个年头。其间，中国保险市场进入深化发展的阶段，出现诸多新情况、新现象和新问题，政府也发布了相应的新政策、新举措。这些都对《保险法》提出了新的需要，从而，为了与时俱进，对《保险法》的再一次全面修改已经全面展开。原中国保监会向有关部门提交了"第三次修改保险法的征求意见稿"，中国法学法亦委托中国保险法研究会递交了"第三次修改保险法的专家意见稿"。可见，第三次全面修改《保险法》的工作正紧锣密鼓地进行着，让我们期待着新版《保险法》的出台，以适应中国保险市场的发展需要。

练习与思考

1. 什么是保险法？
2. 如何理解保险法的地位？
3. 保险法的调整对象是什么？
4. 保险法的内容有哪些？
5. 如何理解诚信原则在保险法中的地位和作用？
6. 如何理解保险利益原则的内涵和适用环节？
7. 近因原则于对保险责任的认定有什么影响？

21 世纪通用法学系列教材

21 shiji tongyong faxue xilie jiaozai

保险法

第二编

保险合同总论

第三章

保险合同概述

 本章概要

保险合同制度是保险法的核心，它是各种保险商品交换活动的法律表现形式。保险合同作为民、商事合同的一种，具有诸多法律特点。因此，本章的学习在保险法体系中具有极为重要的意义。通过学习本章，应当掌握保险合同的基本法律问题，包括保险合同的概念和各个法律特征、保险合同的种类以及保险合同的法律适用等要点，为学习具体的保险合同种类建立必要的理论基础。

重点知识

保险合同的概念
保险合同的法律特征
保险合同的分类
适用于保险合同之法律的效力范围

第一节　保险合同的概念与特征

一、保险合同的概念

保险合同，又称为保险契约。我国《保险法》第 10 条第 1 款规定："保险合同是投保人与保险人约定保险权利义务关系的协议。"也即投保人与保险人之间达成的，投保人负有向保险人给付约定的保险费，保险人对于保险标的在保险期限内面临的保险危险提供保障义务，并在保险事故发生时，于保险金额和实际损失的限度内，给付被保险人或受益人保险金，或赔付损失的协议。

保险合同是商业保险运作的法律形式。我国《保险法》第 2 条规定："本法所称保险，是指投保人根据合同约定，向保险人支付保险费，保险人对于合同约定的可能发生的事故因其发生所造成的财产损失承担赔偿保险金责任，或者当被保险人死亡、伤残、疾病或者达到合同约定的年龄、期限等条件时承担给付保险金责任的商业保险行为。"根据该条规定，保险人对被保险人承担财产损失赔偿义务的保险合同为损失填补性的保险合同，保险人对被保险人或受益人承担给付保险金义务的保险合同为定额给付性的保险合同。财产保险合同是典型的损失填补性保险合同，人身保险合同可以是定额给付性保险合同，也可以是损失填补性保险合同，这取决于保险合同条款的具体约定：凡是以实际损失的发生或实际支出为赔付条件的人身保险合同，如医疗费用保险合同、丧葬费用保险合同等，应是损失填补性保险合同。而生存保险合同、死亡保险合同、残疾保险合同、婚嫁金或教育金保险合同等，应是定额给付性保险合同。

保险合同虽然属于债权合同的范畴，但与其他债权合同存在着明显差异。我国现行《合同法》未规定保险合同，而现行《保险法》对保险合同作了系统和具体的规定。因此，处理保险合同实务和保险合同纠纷时，应首先适用《保险法》关于保险合同的特别规定，《保险法》对保险合同无特别规定时，应适用《合同法》的一般规定。

［保险实例］

2017 年 11 月 14 日，A 教育软件技术有限公司与甲财产保险公司签订保险合同，双方约定：保险人为甲财产保险公司，被保险人及投保人为 A 教育软件技术有限公司；保险期限为 1 年，自 2017 年 11 月 15 日 12 时起至 2018 年 11 月 15 日 12 时止；保险标的为被保险人在保险合同期限内生产并在 2018 年 1 月 15 日前销售给产品使用人的"××家庭教师软件"（高中 3.0 版）；保险责任为在保险合同有效期限内，依照被保险人拟订的"'××家庭教师软件'（高中 3.0 版）使用细则"中规定的应当由 A 教育软件技术有限公司承担的赔偿费用，甲财产保险公司在赔偿限额内予以赔偿；保险金额为 14 万元，每套赔偿限额为 2 000 元；投保人应当交纳的年保险费为 28 万元整；保险合同签订时一次缴清保险费 14 万元，并于 2018 年 1 月 15 日前缴清二期保险费 14 万元；双方还约定有其他权利、义务。[①]

本保险合同约定的内容充分体现了保险合同的保障性特色——既不同于其他各类民、商事合同，更与侵权责任制度存在明显的本质差异——帮助大家理解保险合同独特的法律价值。

二、保险合同的特征

（一）有名性

经过长期的保险实践，保险立法与理论对保险合同已有明确的规范和认识。各国一般将保险合同作为有名合同的一种，通常将其规定在保险法、保险合同法或商法典中。我国《合同法》未明确规定保险合同，而是由《保险法》专设保险合同一章，用 67 条的篇幅对保险合同的一般内容和人身保险合同及财产保险合同的特殊内容作了较为全面的规定，使其构成我国民、商事合同制度的组成部分。

（二）诺成性

以合同的成立是否须交付标的物为标准，将保险合同分为诺成性合同与实践性合同。诺成性合同，是指不以给付标的物为成立要件的合同，又称为不要物合同。实践性合同，则是指以交付标的物为成立要件的合同，又称为要物合同。只要投保人与保险人就保险合同的内容意思表示一致，保险合同即告成立，因此，保险合同是诺成性合同。我国《保险法》第 14 条规定："保险合同成立后，投保人按照约定交付保险费，保险人按照约定的时间开始承担保险责任。"虽然在保险实务中，保险合同的投保人通常须于合同成立时或保单签发前一次缴清保险费或者缴纳首期保险费，但这并不意味着保险合同是实践性合同，因为，它并非保险合同成立的前提，而仅仅是保险合同生效的要件。我国台湾地区学者刘宗荣也认为："保险契约并非无偿契约，在立法政策上不须刻意阻止或避免债务之发生以减低保险人之责任，因此宜采取诺成性契

---

① 参见詹昊编著：《新保险法实务热点详释与案例精解》，4 页，北京，法律出版社，2010。

约理论，换言之，保险契约之成立，不以要保人交付保险费为必要，但保险契约之生效，是否以交付保险费为必要，可由当事人自由约定，唯实务中多约定保险契约须待交付保险费之后，才能生效。"[1] 保险合同的诺成性与保险合同的双务性是相辅相成的。保险合同的实践性观点，不仅缺乏立法和理论依据，而且与保险合同的双务性相抵触。[2]

[案例分析]

2015 年 7 月 25 日，J 和其妻 Y 在甲人寿保险股份有限公司业务员的动员下，填写了"终身寿险投保单"，并预交了首期保险费。J 投保的保险金额为 50 万元，Y 投保的保险金额为 100 万元。之后 J 夫妇出差到杭州，8 月 6 日出游，路遇大雨，下午 5 时左右 J 夫妇所乘轿车与一辆大车相撞，两人不幸身亡，遗下老母陈某和 3 岁儿子 Z。

8 月 15 日，陈某凭着死者遗留的两张保险费收据，向保险公司报案，并要求全额赔付 150 万元保险金。保险公司以投保人未体检、保险合同尚未成立为由拒赔，但鉴于本案的特殊性，同意按两投保人不需体检的最高保险金额 30 万元理赔，并表示可以考虑追加 8 万元作为特殊照顾费。但因双方未能协商一致，陈某作为原告 Z 的法定代理人，委托律师于 2016 年 1 月 25 日向 A 市中级人民法院起诉。

在法院庭审中，被告方认为该保险合同并未成立，理由是：第一，投保人填写投保单、预交首期保险费只是要约的构成部分，并不表示保险费预交后保险合同就成立。第二，按照保险条款的规定，两投保人投保的保险金额应先体检后核保再承保，而投保人尚未体检。因此，保险公司无法确定最终的保险金额和保险费用，保险合同并未成立。第三，投保单应加盖"同意承保"章，加盖公司章不能表示公司已承保。公司未加盖"同意承保"章，保险合同尚未成立，自然谈不上承担任何保险责任。对此，原告方针锋相对地提出，该保险合同已经成立，保险公司应赔付 150 万元。其理由为：第一，投保人填具投保单并交付首期保险费，使作为保险合同成立的充要条件之一的要约阶段已经完成。保险公司收取首期保险费就表示其接受投保单，是保险公司承诺的具体表现与证明。第二，投保人未体检的过错在于保险公司，保险公司既未通知投保人体检，也未对体检前这段时间内可能发生的情况作出严谨规定。况且体检只涉及保险费问题，即使拒保也是身体疾病原因，而投保人死亡纯属意外，与身体疾病无关。第三，投保单上注明："投保人和被保险人填写完本投保单和健康告知书后，请向我公司业务员交纳首期保险费，并索取临时收据。保险计划书、保险费正式收据及保险证将延后 1 至 5 天呈送。"事实上，从投保人填具投保单、交纳首期保险费之日起至投保人死亡时止，早已超过 5 天，投保单上的核保栏内迄今仍是空白，未载明拒保或缓保。这说明保险公司已经以加盖公司章的方式承保，保险惯例上称之为默示表示的承诺。

本案集中说明了保险合同的成立与生效是理论上和实务中值得研究的重要问题，这涉及在法律属性上保险合同究竟是实践性合同还是诺成性合同的认定。因此，大家通过本案可以予以思考。

（三）有偿性

以当事人取得权利是否需要给付对价为标准，将保险合同分为有偿合同与无偿合同。在保

---

① 刘宗荣：《保险法》，43 页，台北，三民书局，1995。
② 参见温世扬主编：《保险法》，51～52 页，北京，法律出版社，2007。

险合同中，被保险人获得保险保障以投保人缴纳保险费为对价，保险人承担保险保障义务以收取保险费为对价。因此，保险合同是有偿合同。虽然在保险实务中有"买保险"之说，但保险合同与买卖合同有着本质区别：买卖合同属于转移所有权类的合同，保险合同则属于金融服务类合同。不仅如此，买卖合同中出卖物的价值与买受的价格之间是一种等价关系，保险合同中保险费与保险金之间差别悬殊，这是由保险危险的概率所决定的，并不意味着不公平。

温世扬等学者认为："保险为多数人分担少数人损失的互助共济行为，保险人作为危险承担者，如果没有保险费的征收与积累，保险基金将成为无源之水，保险人则无力对被保险人因保险事故的发生而遭受的损失予以填补。保险合同以约定交付保险费为有效要件，倘若没有关于交付保险费的约定，保险合同将归于无效。有鉴于此，保险人不得以保险合同作为赠予的标的，无偿赠予投保人。故而，保险合同与民法上的赠予有异。"[①]

（四）双务性

以当事人之间是否互负对待给付的义务为标准，将保险合同分为单务合同和双务合同。双务合同是当事人互负对待给付义务的合同。保险合同是双务合同，投保人负有给付保险费的义务，固无疑义，但保险人所负义务究竟为何种义务，学说上则不无争议。江朝国先生将其归纳为两种观点：一是金钱给付说，认为保险人之给付以保险事故发生为要件，多以给付金钱为保险赔偿，是附停止条件的保险金给付义务，而投保人负无条件之保险费给付义务。二是危险承担说，主张保险人之义务并非始于保险事故发生之时，而是于整个保险期间内保险人均负有无条件的相互给付义务——承担危险之义务，而非仅在保险事故发生时负金钱给付的义务。他认为，金钱给付说只着重于保险事故发生时的金钱给付，不足以涵盖保险的功能及意义，不无片面之处，而危险承担说比较全面，能够合理解释保险事故发生前的危险承担与保险事故发生时的金钱给付，克服了金钱给付说的缺点，因此被尊为通说。[②] 陈欣教授也认为："购买保险只是取得了一种在整个保险期间的保障，将来被保险人遭受了承保损失、符合赔付条件时才可能获得赔偿。除了欺诈，正常人购买保险并不是为了遭受损失，而是为了减少或避免对可能发生的经济损失的忧虑和担心。"[③]

保险合同的双务性特点，决定了合同法关于双务合同的规定原则上应适用于保险合同，但如果保险合同或保险法有另外的约定或规定，则从其约定或规定。例如，保险合同中因投保人须在投保时或合同成立时一次缴纳全部保险费或首期保险费、续期保险费分期缴纳，而保险人的赔付义务以保险事故发生为条件，因此，双务合同的同时履行抗辩权、先履行抗辩权规则并不适用。再如，我国《保险法》第36条关于分期缴纳保险费的保险合同中，投保人缴纳续期保险费宽限期、宽限期届满未缴费导致保险合同中止后果的规定，第37条关于保险合同复效的程序、条件及后果等问题的特别规定，投保人迟延给付保险费应优先适用这些特别规定。

［保险实例］

2017年2月5日，甲农场就其所有的75辆机动车与乙保险公司签订了机动车辆保险合同，保险期限为1年，并交纳了94 600元保险费。同年5月，保险公司会同交通管理部门对甲农场

① 温世扬主编：《保险法》，46页，北京，法律出版社，2007。
② 参见江朝国：《保险法基础理论》，32～33页，北京，中国政法大学出版社，2002。
③ 陈欣：《保险法》，3版，8页，北京，北京大学出版社，2010。

的机动车辆进行安全检查，发现其中 10 辆车超过了大修期限，处于带病行驶状态。为此，乙保险公司就该 10 辆车向甲农场发出停产大修的书面建议。但是，甲农场并未采纳。此后，其中 2 辆带病行驶的货运卡车发生肇事，造成车身全损共计 14 万元。甲农场向乙保险公司提出保险索赔，然而，得到的是一纸"拒赔通知书"，理由是被保险人甲农场未接受乙保险公司的停产大修建议，违反了保险合同规定的义务。但是，甲农场认为，是否修理车辆是企业的经营管理问题，与保险合同无关，所以，乙保险公司对于其车辆损失应当予以赔偿。遂形成了保险纠纷。

借助本实例，可以全面理解保险合同具有的有偿性和双务性的特点，各方当事人分别享有相应的权利并承担相互对应的义务，各方得以行使权利的对应条件是依约履行各项义务。

（五）不要式性

依合同是否须采取某种特定的方式方可成立，将保险合同分为要式合同与不要式合同。要式合同是指须依特定方式为意思表示的合同；不要式合同是意思表示不受特定方式限制的合同。保险合同是要式合同还是不要式合同，理论上一直存在争议。一种观点认为，保险合同属于典型的不能及时清结的合同，应当采取一般书面形式或特殊书面形式，因此，保险合同是要式合同。另一种观点认为，虽然保险合同通常采取书面形式，但并不以书面形式为必要，因此，保险合同为不要式合同。有学者认为，在我国保险立法上，保险合同经历了从要式性向不要式性的嬗变和发展。[①] 早在 1906 年英国的《海上保险法》第 21 条就规定："保险人接受被保险人的要保申请后，无论当时是否出具保险单，海上保险合同即视为已经成立。"当事人意思表示一致，保险合同即可成立，则是大陆法系国家保险立法的通例。笔者赞同保险合同是不要式合同的观点，它有助于保护投保人、被保险人的利益。保险合同成立与否的标准只能是当事人是否就保险合同的内容达成一致的意思表示，而非保单或保险凭证的签发与否。因此，我国《保险法》第 13 条规定："投保人提出保险要求，经保险人同意承保，保险合同成立。保险人应当及时向投保人签发保险单或者其他保险凭证。""保险单或者其他保险凭证应当载明当事人双方约定的合同内容。当事人也可以约定采用其他书面形式载明合同内容。"

（六）附合性

"依据当事人双方在订立合同时所处之地位，可将合同划分为议商合同与附合合同。议商合同，是由当事人双方在平等的基础上，经过充分协商而订立的合同。附合合同，则是由一方当事人提出合同的主要条件，另一方当事人要么从整体上接受他方的条件，要么不接受他方的条件，没有商量的余地（take or leave it）。"[②] 保险合同因其技术性、团体性、定型性，通常由保险人或其行业协会事先拟定保险条款，经保险监管机构批准或备案，而成为要约邀请的内容。投保人受保险人或其代理人的要约引诱，向保险人或其代理人申请投保。投保人投保时通常只能接受或不接受，而不能与保险人讨价还价。因此，保险合同是附合合同。"针对保险合同的附合性特征，为保障投保大众，国外立法例大多以特别立法对保险合同的内容和解释加以必要约束。"[③] 如德国之《一般定型化营业条款法》规定了意外条款排除原则、不明条款解释

---

① 参见范启荣：《保险合同从要式性向不要式性之立法发展》，载《现代法学》，1996（5）。
② 温世扬主编：《保险法》，48 页，北京，法律出版社，2007。
③ 同上书，49 页。

原则及内容控制原则。①

（七）射幸性

"有偿合同又可分为实定合同与射幸合同。所谓射幸，是指当事人因特定行为而引致的损益，于合同订立之时尚不能加以确定。"② 以保险事故的发生为给付保险金条件的保险合同，因保险事故的发生具有不确定性而与赌博合同、博彩合同一样，均为以小博大，同属民法上的射幸合同。③ 当然，保险合同与赌博合同在法律和道德评价上有本质的区别，保险合同与博彩合同在技术要求和目的功能上也有明显的不同。由于保险合同的射幸性，保险立法规制保险合同时非常重视对保险客户道德危险的控制和保险费率合理性的监管。

（八）保障性

保险合同是投保人为保障自己或他人未来一定时期内经济生活的安定而与保险人签订的协议。与其他债权合同最大的不同在于，它着眼于未来的损失补偿和经济需求，而非眼前的消费和享受，投保人以自己能够承受的小额的保险费支出，换取保险人对保险期间内发生保险事故所致经济损失或需求给付保险金的确切承诺，消除了对危险的焦虑和恐惧，获得了精神上的安宁和法律上的保障。因此，保险合同的基本性质在于，它是以保障被保险人或受益人未来经济生活安定为目的的保障性合同。

（九）属人性

保险合同承保被保险人财产或人身上的特定危险，当这些危险变成现实时，保险人按照约定赔付被保险人的损失，给付约定的保险金。其所承保危险不仅与保险标的的状况、特性相关，且涉及被保险人的个体情况。被保险人无论是自然人、法人或非法人团体，其行业领域和自身诸多情况各不相同，都可能对保险标的上的危险产生积极或消极的影响，增大或降低危险程度，特别是当投保人或被保险人有明显或重大的道德风险时，可能诱发保险事故的发生，危害保险人和被保险人整体的利益。因此，保险合同是建立在个人性质基础之上的合同。保险合同的属人性，不仅表现在保险人核保时，需花费精力和成本对投保人、被保险人进行审核，以决定是否承保和以何种费率承保，而且决定了保单权益的转让时，保险人根据投保人的及时通知而对于因保单转让所显著增加的保险危险，有权要求增加保险费或解除合同。正如美国宾夕法尼亚州最高法院在施皮勒一案的判决书曾指出的："保险合同是像结婚证书一样具有个人性质的合同。"④

［实务知识］

由一起打赌引发的伤害案件谈射幸合同

在合同法理论上，实定合同与射幸合同是以在订立合同时当事人所承担的给付义务的实施是否确定（或者说以合同的履行是否确定）为标准所划分的合同类型。其中，实定合同是指合

---

① 参见江朝国：《保险法基础理论》，39～43页，北京，中国政法大学出版社，2002。

② 温世扬主编：《保险法》，47页，北京，法律出版社，2007。

③ 对于保险合同的此一属性，也有学者认为，应当将其认定为实定合同，不应将射幸性作为保险合同的特性（详见贾林青：《保险法》，3版，83页，北京，中国人民大学出版社，2009），或者兼具实定性和射幸性特征（详见李祝用：《保险合同性质新论》，载贾林青、许涛主编：《海商法保险法评论》，第2卷，176页，北京，知识产权出版社，2007）。

④ ［美］所罗门·许布纳等著，陈欣等译：《财产和责任保险》，48页，北京，中国人民大学出版社，2002。

同订立时当事人承担的给付义务已经确定履行的合同。与此不同，射幸合同是指在订立时当事人的给付义务是否履行尚未确定，需要依赖当事人约定的偶然事件出现的合同。这一分类的法律意义在于，实定合同一般要求等价有偿，显失公平的合同可能被撤销，而射幸合同是否公平不能简单地以是否等价来衡量。

为了进一步理解上述合同分类的价值，下面分析一起由打赌引发的伤害案件：2013 年 2 月的某日，建筑工人刘某与杨某、郭某等人吃饭喝酒时，相互吹嘘自己的"武功"。他们来到施工工地上，刘某提出表演用嘴叼起装满石子的塑料桶行走的"真功夫"，杨某、郭某表示不信。于是，双方约定：双方各拿 20 元钱，如果刘某用嘴叼起装满石子的塑料桶行走到指定位置，刘某就赢 20 元，反之，刘某就输 20 元。在工友们的围观下，刘某第一次成功地完成用嘴叼起装满石子的塑料桶并行走，因而赢取了 20 元。此时，刘某又夸口说能够叼起更重的石子桶、走得更远，杨某、郭某还是不信。双方再次设立相同的赌局。不过，刘某这一次叼起加重后的塑料桶走到一半距离时摔倒在地，因刘某的失败，杨某、郭某赢回了 20 元。刘某因受伤而被送入医院治疗，经诊断为"颈椎体骨折伴不全性截瘫，颈六椎体脱位，需长期卧床，还需要手术治疗"。8 天后刘某出院。为此，双方产生争议，诉至法院。刘某被有关检察技术鉴定中心鉴定为一级伤残。刘某的损失费用为医疗费、误工费、住院伙食补助费、护理费、伤残补助费、鉴定费、后续医疗费等，共计 126 509.54 元。

法院经审理认为：原告刘某和被告杨某、郭某作为赌局的参与者，都应当预见到用嘴叼起装满石子的桶行走会造成原告身体伤害的结果，但原告刘某因过于自信而主动要求表演，并与被告打赌，还主动要求增加重量和距离而导致其受伤致残，具有较大的过错，应承担本案的主要责任，即 60% 的责任。两被告对原告的危险表演不但不劝阻，反而积极参与，并出钱与原告赌输赢，对由此造成的损害后果也应承担一定责任，即各自承担 20% 的责任。两被告是共同侵权人，应当相互承担连带赔偿责任。遂判决：被告杨某、郭某各自赔偿原告刘某 25 301 元；驳回原告刘某的其他诉讼请求。

就本案来讲，涉案的当事人之间所达成的协议就是典型的射幸合同。如前所述，在我国的现实生活中，射幸合同的存在是客观的，诸如，彩票合同、奖券合同、有奖销售合同以及期货合同、期权合同、远期外汇买卖合同、股权指数交易合同等金融衍生工具合同，此外，处于热门状态的对赌协议因其就融资企业的未来股权价值进行或然性约定，是一种"估值调整机制"，也具备射幸合同的属性。目前，对这些射幸合同的调整，我国只有政策性文件，尚缺乏明确、统一的法律制度。但上述打赌引发的伤害案件表明，司法实践中对于不损害国家、社会和第三人利益的赌博等射幸合同之效力，是予以确认的。

至于保险合同是否属于射幸合同，主流观点是予以肯定的，笔者对此则不敢苟同，因为：射幸意即"侥幸"，就是碰运气。相应的，射幸合同就是突出一方当事人所支付的代价而所获取的只是一个机会。如果据此认定保险合同是射幸合同，也就意味着投保人在保险合同项下支付保险费，换来的是有可能获取远远大于保险费数额的保险赔偿。这种不确定性就完全有可能刺激投保人为实际取得保险赔偿而为或者不为，而这是根本违背保险制度提供保险保障的宗旨的。而且，从保险人承担保险责任来看，在单个保险合同中保险人承担保险责任会因保险事故发生的或然性而存在不确定性，但总体上而言，保险人承担保险责任是必然的。故而，应当确认保险合同属于实定合同，而非射幸合同。

第二节　保险合同的分类

一、人身保险合同与财产保险合同

根据保险标的的性质不同，保险合同可以分为人身保险合同与财产保险合同。在我国《保险法》上，人身保险合同与财产保险合同是保险合同的最基本的分类。

人身保险合同是以人的寿命和身体为保险标的的保险合同。在我国，人身保险合同一般分为人寿保险合同、健康保险合同和意外伤害保险合同。我国《保险法》第95条规定，"人身保险业务，包括人寿保险、健康保险、意外伤害保险等保险业务"。

财产保险合同是以财产和财产利益为保险标的的保险合同。这是从广义上而言的，不仅包括以有形财产利益为保险标的的狭义上的财产保险合同，即财产损失保险合同，而且包括以无形财产利益为保险标的的责任保险合同、信用保险合同、保证保险合同。我国《保险法》第95条第1款第3项规定，"财产保险业务，包括财产损失保险、责任保险、信用保险、保证保险等保险业务"。

[保险实例]

仅举两个保险实例进行比较，帮助大家理解财产保险合同与人身保险合同的法律区别。

实例一：甲企业以其厂房、机器设备、产成品、原材料等财产作为保险标的向乙保险公司投保了（企业）财产损害保险合同，合同约定保险金额为人民币1 000万元，合同期限为1年，保险期限自2012年8月1日至2013年7月31日。

2016年3月10日，由于突然遭遇暴雨和泥石流，甲企业的厂房坍塌，机器设备、库存产品和原材料的损失共计人民币800万元。乙保险公司依照保险合同的约定，向甲企业赔付了保险赔偿金800万元，不仅补偿了甲企业的经济损失，更使甲企业获得及时恢复生产的能力，为其尽快实现正常的生产经营创造了条件。

实例二：甲、乙婚后生一子丙。当丙3个月时，其母甲为其投保了子女婚嫁金保险，每月保险费10元，从甲的工资中由甲所在单位为保险公司代扣代交。当丙6个月时，甲、乙双方协议离婚，丙随甲共同生活，乙一次性支付给甲3 000元作为丙的抚养费。丙在1岁时因病夭折，保险公司依约给付甲1万元保险金。乙获悉后请求与甲平均分割1万元保险金，遭甲拒绝，遂诉诸法庭。

法庭经审理查明，甲共为丙支付保险费100元。法庭认为，在甲、乙夫妻关系存续期间因双方无相反约定，甲的工资收入应被视为夫妻共同财产。因此，前4个月的40元保险费应被视为以夫妻共同财产支付。虽然夫妻双方已经离婚，孩子与甲一起共同生活，但根据我国《婚姻法》的规定，夫妻离婚后，父母与子女的关系并不消灭。按照民法之权利、义务相一致的原则，甲为丙支付的100元保险费中有乙的20元，乙有权分得10 000元保险金的1/5即2 000元。遂判决甲于判决生效后10日内付给乙2 000元，对于乙的其他诉讼请求不予支持，诉讼费由甲承担2/5、乙承担3/5。

人身保险合同与财产保险合同分类的意义在于：（1）为落实保险公司不得同时兼营财产保险业务与人身保险业务的规则奠定基础。我国1995年《保险法》禁止同一保险人兼营财产保险业务和人身保险业务。2002 年修订之后虽原则上禁止，但有例外，即经营财产保险业务的保险公司经保险监督管理机构核定，可以经营短期健康保险业务和意外伤害保险业务。现行《保险法》第 95 条第 2 款坚持了这一规定。（2）为实现保险人的代位求偿权创造条件。我国《保险法》第 60 条规定了保险人在财产保险合同中的代位求偿权，同时第 46 条规定了人身保险合同的保险人不得享有向第三者追偿的权利。财产保险合同与人身保险合同的分类是实现保险人代位求偿权的前提。

二、损失补偿性保险合同与定额给付性保险合同

根据保险金给付的不同性质，保险合同可以分为损失补偿性保险合同与定额给付性保险合同。对于这一分类我国不仅应当在理论上予以明确，并应在法律上作出明确规定。

损失补偿性保险合同是指以补偿被保险人的经济损失为目的的保险合同，它以被保险人的经济损失为前提，无损失，即无补偿。虽然财产保险合同都是损失补偿性的保险合同，但损失补偿性保险合同与财产保险合同并非同义词，因为，除财产保险合同之外，某些人身保险合同也是损失补偿性的保险合同，如以被保险人实际医疗费、住院费的支出为保险金给付前提的医疗费用保险合同、意外伤害保险合同虽然不是财产保险合同，却是损失补偿性保险合同。

定额给付性保险合同是指不以实际经济损失的发生为前提，只要约定的保险事故发生，保险人即应给付约定数额的保险金，以满足被保险人或受益人的经济需求的保险合同。定额给付性保险合同都是人身保险合同，但并非所有人身保险合同都是定额给付性保险合同，凡是损失补偿性的人身保险合同，都不是定额给付性保险合同。死亡保险合同、年金保险合同、残疾收入保障保险合同、重大疾病保险合同等人身保险合同属于定额给付性保险合同。

区分损失补偿性保险合同与定额给付性保险合同的意义在于，有助于切实贯彻损失补偿原则，合理确定损失补偿原则的适用范围。从理论上说，损失补偿原则可以作用于整个损失补偿性保险合同领域，而非局限于财产保险合同领域。由于我国《保险法》未规定损失补偿性保险合同，所以有人认为，损失补偿原则仅适用于财产保险合同，不适用于人身保险合同。此外，《保险法》禁止人身保险合同的被保险人享有代位求偿权的规定也不尽科学，有悖于损失补偿性保险合同与定额给付性保险合同的分类。

三、为自己利益的保险合同与为他人利益的保险合同

根据投保人投保的目的是为自己的利益还是为他人的利益，将保险合同分为为自己利益的保险合同与为他人利益的保险合同。

一般而言，在财产保险合同中，投保人和被保险人为同一主体时，投保人享有保险金的请求权和受领权，该保险合同系为自己利益而订立的保险合同；投保人与被保险人非为同一主体时，被保险人享有保险金的请求权和受领权，该保险合同系为他人利益而订立的保险合同，即为被保险人利益而订立的保险合同。

在人身保险合同中，如果投保人既非被保险人又非受益人，则该保险合同系为他人利益而订立的保险合同；如果投保人同时为被保险人，则该保险合同系为自己利益而订立的保险合同；在单纯的生存保险合同中，如果投保人不同时为被保险人，则该保险合同系为他人利益即为被保险人利益而订立的保险合同；在单纯的死亡保险合同中，如果投保人不同时为受益人，

则该保险合同也是为他人利益而订立的保险合同。

保险合同的此一分类的意义在于：（1）当投保人与被保险人为同一主体时，保险合同的订立仅需投保人与保险人双方意思表示一致即可，无须经过他人同意。当投保人与被保险人非为同一主体时，在财产保险合同中，保险合同的订立，应通知被保险人；在人身保险合同中，应经被保险人或其监护人书面同意，并认可保险金额和保险受益人，不得损害被保险人的利益。（2）当保单权益转让时，如投保人与被保险人为同一主体，原则上仅需保险人批注即可；若投保人非为被保险人，则尚需经被保险人书面同意。人身保险合同的受益人变更时，应通知保险人，并经被保险人同意；仅有投保人的同意，即使通知保险人，亦不产生受益人变更的效力。

四、自愿保险合同与强制保险合同

根据保险合同的订立是否出于当事人自愿，保险合同分为自愿保险合同和强制保险合同。

自愿保险合同是基于投保人与保险人自愿协商所签订的保险合同。在保险实践中，多数保险合同均属于自愿保险合同，它的订立与否完全取决于当事人的意思表示。其中，投保人有权决定是否投保和选择保险人，他人不得干涉，保险人相应地有权决定是否承保。自愿投保合同适应了社会公众寻求保险保障的各种需求，体现了保险市场的固有属性和运行规律。

强制保险合同则是指在法律规定范围内的社会成员负有投保特定险种的义务，而保险人负有承担的责任，双方当事人依法必须签订相应的保险合同。可见，强制保险合同的特殊之处在于其订立与否不取决于当事人的意志，而为法律所强制。强制保险合同在各国的保险市场上均有存在，目的是作为各国政府发展本国经济、实现进出口政策、稳定社会经济关系的配套措施。比如，根据我国有关法律和有关主管部门的规定，各旅行社必须投保游客意外伤害责任保险合同；私营企业雇用职工，必须为其投保人身意外伤害保险合同；尤其是自 2006 年 7 月 1 日第一个在全国范围施行的机动车交通事故责任强制保险，适用于拥有机动车的单位或者公民个人，其均须依法投保机动车交通事故责任强制保险合同。

五、原保险合同与再保险合同

根据危险转移的方式，保险合同分为原保险合同与再保险合同。

原保险合同是由非经营保险业务的社会成员作为投保人与保险人之间订立的保险合同。原保险合同的保险人所接受的危险，来自于保险业以外的单位或公民个人在社会生产和生活中因保险事故所造成的直接损失。凡从事各类生产经营活动的经济实体和各个城乡居民均可与保险人订立各种保险合同，将相应的危险转移给保险人。这些保险合同相对于再保险合同，均为原保险合同。按其危险转移方式，又叫第一次保险合同。

再保险合同是指原保险合同中的保险人，为避免或减轻其在原保险合同中承担的保险责任，将其承保危险的全部或一部分再转移给其他保险人所订立的保险合同。再保险合同实际上是承保危险在保险人之间再次转移的法律形式。其中，原保险合同的保险人在再保险合同中处于投保人的地位，以缴纳再保险费为代价，分出其承保危险的全部或部分，保险业务上称为分保；接受分保的保险人则作为再保险人，对于其接受的再次转移的危险，向分出人承担相应的保险责任。正如我国《保险法》第 28 条第 1 款所规定的："保险人将其承担的保险业务，以分保形式部分转移给其他保险人的，为再保险。"再保险合同是以危险的再次转移（分散）为内容的，它的订立和适用以原保险合同的存在为前提，故又叫第二次保险合同。

需要说明的是，原保险合同与再保险合同作为不同的危险转移方式，是相互独立的两种保险合同关系，其各自的保险人均独立地承担保险责任，从而，"再保险接受人不得向原保险的投保人要求支付保险费"，同时，"原保险的被保险人或者受益人不得向再保险接受人提出赔偿或者支付保险金的请求"，相应地，"再保险分出人不得以再保险接受人未履行再保险责任为由，拒绝履行或者迟延履行其原保险责任"（《保险法》第29条）。

第三节 保险合同的法律适用

一、保险合同法律适用的基本含义

保险合同的法律适用，广义上包括保险合同当事人、关系人在订立、履行保险合同时，司法机关或仲裁机构在处理保险合同纠纷时，如何适用相关法律、法规，确立保险合同关系、实现保险合同的目的，或解决保险合同纠纷；狭义上则仅指在保险合同发生纠纷时司法机关或裁判机构如何适用保险法律、法规的实体规范，解决纠纷，落实保险合同设定的基本权利和义务。本节主要从狭义上使用保险合同法律适用的概念。

二、保险合同法律适用的基本原理

根据法理学关于法律效力的一般原理，法律效力包括效力范围、效力等级、非规范性法律文件的效力、法律行为的合法性或有效性。人们通常仅在效力范围和效力等级意义上讨论法律效力。

（一）效力范围

效力范围包括对象效力、空间效力、时间效力。对象效力是指法律对人的效力，即法律对哪些自然人、法人和其他组织适用的问题。我国《保险法》第3条规定："在中华人民共和国境内从事保险活动，适用本法。"第6条规定："保险业务由依照本法设立的保险公司以及法律、行政法规规定的其他保险组织经营，其他单位和个人不得经营保险业务。"因此，在我国设立保险组织，经营商业保险业务，订立、履行保险合同，处理保险合同争议，应适用我国保险法的规定。空间效力是指法律的地域效力。我国《保险法》作为规范保险活动的基本法律，在全国范围内具有法律效力。时间效力包括生效时间、失效时间及溯及力。我国《保险法》第185条规定："本法自2009年10月1日起施行。"按照法律不溯及既往的原则，我国《保险法》原则上对于《保险法》生效之前的保险合同不具有法律效力。

（二）效力等级

效力等级是指在不同效力级别的规范性法律文件中选择适用时应当遵循的规则，主要有以下几项。

1. 效力渊源规则

效力渊源规则是指不同等级主体制定的法律有不同的法律效力，在适用不同等级的法律渊源时，如果下级的规范与上级的规范抵触，不应适用下级规范；如果效力较高的规范只作一般规定，而效力较低的规范规定更为具体且不相抵触，则可援用效力较低的规范。

2. 特别法效力规则

特别法效力规则是在一般法与特别法之间选择并适用法律时的规则。通常我们采用"特别法优先于普通法"的规则，但该规则仅在特别法与一般法处在同等效力渊源的情况下采用。我国《保险法》关于保险合同的具体规范，相对于我国《合同法》《民法总则》关于合同的一般规范，属于特别法规定，应当优先适用。因此，在处理保险合同纠纷时，首先适用《保险法》关于保险合同的具体规定，《保险法》对保险合同无特别规定的，可以适用《合同法》的一般规定。若《合同法》也未作规定，则应适用《民法总则》关于法律行为的一般规定。我国《保险法》关于保险合同的规定相对于我国《海商法》关于海上保险合同的规定，前者属于一般法，后者属于特别法，故《保险法》第182条规定："海上保险适用《中华人民共和国海商法》的有关规定；《中华人民共和国海商法》未规定的，适用本法的有关规定。"

3. 解释法效力规则

法定解释与被解释的法律通常具有同等法律效力，但若解释与被解释的法律之间存在抵触，则仍依被解释的法律。如《最高人民法院关于适用〈中华人民共和国保险法〉若干问题的解释》（一）至（四）与被解释的《保险法》应具有同等效力，该司法解释不应违背被解释的《保险法》的立法目的和基本原则，否则，仍应依被解释的《保险法》的规定。

4. 前后法效力规则

后法优于前法是一般规则，但后法为普通法、前法为特别法时，优于前法之规定非以后法所规定之事项为目的，前法仍然有效。如前所述，《海商法》关于海上保险合同的规定为特别法，《保险法》关于保险合同的规定为一般法，因此，虽然《保险法》是生效在后的新法，《海商法》是生效在先的旧法，但《海商法》关于海上保险的规定仍然有效，并优先适用。

5. 选择法效力规则

强制性规范与任意性规范，是根据规范的效力强弱程度进行的划分。强制性规范不允许当事人选择适用，任意性规范允许当事人选择适用。如我国《保险法》第12条第2款关于财产保险的被保险人在保险事故发生时对保险标的应当具有保险利益的规定，就属于强制性法律规范，不允许当事人变更或约定排除适用。而《保险法》第13条第3款的规定——"依法成立的保险合同，自成立时生效。投保人和保险人可以对合同的效力约定附条件或者附期限。"——则属于任意性规范，当事人可以对合同的效力附条件或者附期限，从而使依法成立的合同具有追溯至合同成立前的效力，或延期到合同成立后一定期限届满或条件成就时生效。

三、保险合同法律适用的司法解释

为正确审理保险合同纠纷案件，切实维护当事人的合法权益，最高人民法院十分重视对《保险法》的司法解释工作。截至目前，最高人民法院分别于2009年9月21日、2013年5月31日、2015年11月25日、2018年7月31日发布了《关于适用〈中华人民共和国保险法〉若干问题的解释》的（一）至（四）［以下分别简称为《解释（一）》《解释（二）》《解释（三）》《解释（四）》］，其解释内容也分别涉及2009年2月28日修订后的现行《保险法》与原《保险法》的衔接问题、保险合同的一般规定部分、人身保险合同部分和财产保险合同部分。仅就《解释（一）》而言，解决新、旧《保险法》的衔接问题的规则包括以下几项。

（一）保险合同法律适用的原则规定

《解释（一）》第1条第1款规定："保险法施行后成立的保险合同发生的纠纷，适用保险法的规定。"这是对 2009 年《保险法》之时间效力的进一步规定，也是新法优于旧法规则的具体体现。继而规定："保险法施行前成立的保险合同发生的纠纷，除本解释另有规定外，适用当时的法律规定；当时的法律没有规定的，参照适用保险法的有关规定。"该条第 2 款规定："认定保险合同是否成立，适用合同订立时的法律。"这实际上是法律不溯及既往规则的进一步体现，并对于合同是否成立的法律适用问题作了更为具体和明确的规定，即无论保险合同订立于 2009 年《保险法》施行前还是施行后，合同是否成立的法律依据均应为合同订立时的法律。换言之，订立于 2009 年《保险法》施行前的，应适用原《保险法》关于保险合同成立的规定；订立于 2009 年《保险法》施行后的，则适用 2009 年《保险法》关于保险合同成立的规定。

《解释（一）》第 6 条规定："保险法施行前已经终审的案件，当事人申请再审或者按照审判监督程序提起再审的案件，不适用保险法的规定。"如此规定不仅符合当事人预期的法律后果，有助于稳定保险合同法律秩序，也体现了法律不溯及既往的观念，符合法律效力的基本原理。

（二）保险合同法律适用的特别规定

为了衔接新、旧《保险法》的法律适用，更好地维护保险合同秩序，保护当事人的合法权益，《解释（一）》对于 2009 年《保险法》施行前成立的保险合同发生的纠纷的适用法律，作出了特别规定。

《解释（一）》第 2 条规定，"对于保险法施行前成立的保险合同，适用当时的法律认定无效而适用保险法认定有效的，适用保险法的规定"。这一解释体现了鼓励交易的原则，有助于实现当事人利益的最大化。

《解释（一）》第 3 条规定："保险合同成立于保险法施行前而保险标的转让、保险事故、理赔、代位求偿等行为或事件，发生于保险法施行后的，适用保险法的规定。"虽然保险合同成立于 2009 年《保险法》施行前，但保险标的的转让、保险事故的发生、保险理赔、代位求偿等行为发生于 2009 年《保险法》施行后的，应按照行为发生时的法律即 2009 年《保险法》的规定，规范相关行为，处理相关纠纷。而第 4 条规定："保险合同成立于保险法施行前、保险法施行后，保险人以投保人未履行如实告知义务或者申报被保险人年龄不真实为由，主张解除合同的，适用保险法的规定。"这一解释的法理与第 3 条的相同，并因新法增加了弃权、禁止抗辩规定，更有利于保护保险客户的权益。

《解释（一）》第 5 条规定："保险法施行前成立的保险合同，下列情形下的期间自 2009 年 10 月 1 日起计算：（一）保险法施行前，保险人收到赔偿或者给付保险金的请求，保险法施行后，适用保险法第二十三条规定的三十日的；（二）保险法施行前，保险人知道解除事由，保险法施行后，按照保险法第十六条、第三十二条的规定行使解除权，适用保险法第十六条规定的三十日的；（三）保险法施行后，保险人按照保险法第十六条第二款的规定请求解除合同，适用保险法第十六条规定的二年的；（四）保险法施行前，保险人收到保险标的转让通知，保险法施行后，以保险标的转让导致危险程度显著增加为由请求按照合同约定增加保险费或者解除合同，适用保险法第四十九条规定的三十日的。"

这些规定给上述期限的适用确定了起始日期，妥当衔接了新法与旧法，省却了适用上述期限确认始期产生的举证成本，避免了不必要的争议。

[实务知识]

核能保险

第二次世界大战以后，人类在和平利用核能源领域取得了巨大进展，包括放射线在医学方面的运用、核能发电、核能船舶等，标志着核能源的利用范围不断扩大。我国亦于 20 世纪 80 年代先后兴建了秦山核电站、大亚湾核电站。然而，核能源的利用也带来严重的核风险，大家记忆犹新的原苏联切尔诺贝利核电站事故所造成的人身和财产的巨大损失，以及由此给人类居住环境造成的核污染，应是核风险的典型实例。

核风险向保险业提出了一个严肃课题，不过，各国的商业保险公司面对核风险多望而却步，一般都把核风险列入责任免除的范围。直到 20 世纪 60 年代，因日本颁布了《原子能损失补偿法》和《原子能损失补偿合同法》（1961 年）、英国颁布了《核装置法》（1965 年），才相继在日本、英国、法国、美国、加拿大等国家出现了共同承保核能保险的保险集团，用以对付核能的巨大风险。

以日本为例，按照各自的适用范围，其核能保险包括：（1）核能设施赔偿责任保险，承保核能设施因发生事故而造成他人的人身伤害和财产的灭失、坏损、污损等损失；（2）核能运输赔偿责任保险，承保在国家间运输核燃料物质因发生事故而造成的损失；（3）核能动力船舶航运者赔偿责任保险，承保核能动力船舶在国家间的运输活动期间发生事故所造成的损失；（4）核能财产保险，承保核电站、核燃料物质的加工和再处理设施发生事故造成的损失。根据日本法律的规定，上述四类核能保险中，前三种属于强制保险，第四种则是自愿保险。

客观地分析我国保险市场的现状，包括核能保险在内的巨灾保险制度尚待探讨和发展，以便构建我国财政支持下的多层次巨灾风险分散机制。正是在此意义上，国务院于 2014 年 8 月 13 日发布的《关于加快发展现代保险服务业的若干意见》明确提出，建立巨灾保险制度，发展核能保险巨灾责任准备金制度。

练习与思考

1. 保险合同具有哪些法律特点？
2. 保险合同有哪些分类？
3. 财产保险合同有哪些特点？
4. 人身保险合同有哪些特点？
5. 如何理解强制保险的内涵和特点？
6. 如何看待原保险合同与再保险合同的适用关系？

第四章

保险合同的法律构成

 本章概要

　　保险合同的价值在于将具体的保险活动加以固定，并使其具有法律约束力。当然，其首要条件就是保险合同应当因具备诸多元素而成立。本章的内容就是讲解构成保险合同所需的主体、客体、保险标的，以及构成保险合同内容的权利、义务及相关的解释规则、表现形式等法律制度。学习本章的目的在于，理解和掌握构成保险合同的主体的地位、特点和范围，其客体与保险标的的内涵和相互关系，各方当事人所承担的各项权利和义务的内涵与作用；同时，把握适用于保险合同的解释规则、表现形式等。

重点知识

　　保险合同的主体内涵和种类
　　保险合同的客体与保险标的的概念和区别
　　保险合同的主要内容
　　保险合同的解释规则
　　保险合同的表现形式

第一节　保险合同的主体

一、保险合同主体的含义与范围

（一）保险合同主体的含义

　　保险合同的主体、客体、内容是保险合同法律关系的三个构成要素。保险合同的主体有广义与狭义之别：广义上的保险合同主体包括投保人、保险人、被保险人、受益人。我国《保险法》第10条第2款规定了投保人，第3款规定了保险人，并在第三章对保险公司作了具体规定，第18条第3款规定了受益人。狭义上的保险合同主体仅指保险合同的当事人，即投保人和保险人。本章从广义上对保险合同的主体进行分析。

（二）保险合同主体的范围

　　从广义上看，保险合同的主体①包括以下两类人：第一类是保险合同的当事人，即订立保

---

　　① 对于保险合同的主体范围，学术界存在不同看法：一种看法认为，保险合同包括当事人和关系人，笔者即持此种观点；另一种看法认为，保险合同的主体就是包括保险人、投保人、被保险人和受益人等当事人，不存在关系人之类型。参见贾林青：《保险法》，4版，51页，北京，中国人民大学出版社，2011。

险合同的主体，包括投保人和保险人。第二类是保险合同的关系人，即虽非保险合同的当事人，但在保险合同中享有一定的权利，包括被保险人和受益人。

二、保险合同的当事人

（一）投保人

投保人，又称要保人，是指向保险人提出投保请求，在保险合同成立后负有缴纳保险费的义务，享有变更、解除、终止保险合同权利的人。我国《保险法》第 10 条第 2 款规定："投保人是指与保险人订立保险合同，并按照合同约定负有支付保险费义务的人。"

虽然投保人是与保险人相对应的保险合同的一方当事人，但与保险人通常须为法人不同，投保人可以是自然人、法人或非法人团体。

投保人通常是保单持有人，但保单持有人不以投保人为限，被保险人、受益人也可以是保单持有人。保单持有人的概念主要适用于英美法系的人寿保险合同中，保单持有人的权利，既不同于投保人的权利，也不同于被保险人或受益人的权利，它通常包括变更受益人、领取保单红利、利用保单现金价值、指定保单新的持有人、领取保险金等。[①]

投保人是否必须具有完全民事行为能力？我国《保险法》对此未作明文规定，但根据《民法总则》关于民事行为能力的规定以及保险合同的特点，笔者认为，投保人应为完全民事行为能力人，限制民事行为能力人、无民事行为能力人不应作为投保人。限制民事行为能力人与保险人订立保险合同的，须经其法定代理人追认或同意，合同始生法律效力。

投保人是否应对保险标的具有保险利益？我国《保险法》对此作了肯定性的规定。其第12 条第 1 款规定："人身保险的投保人在保险合同订立时，对被保险人应当具有保险利益。"该条第 2 款规定："财产保险的被保险人在保险事故发生时，对保险标的应当具有保险利益。"可见，投保人具有保险利益的要求并无必要，但投保人投保时应当告知被保险人或征得被保险人同意，投保人兼为被保险人时除外。

投保人向保险人或保险代理人提出投保的请求，并在保险合同成立后负有按期缴纳保险费的义务，享有依照法律或合同的规定变更、解除或终止保险合同的权利。如果投保人不同时为被保险人或受益人，则其不因投保人的地位或已尽保险费缴纳义务而享有保险金请求权和受领权。

（二）保险人

保险人，又称承保人，是指依法设立的，与投保人订立保险合同，并根据保险合同的约定享有收取保险费的权利，负有保险保障义务，承担赔偿或者给付保险金责任的人。也即"保险人是指与投保人订立保险合同，并按照合同约定承担赔偿或者给付保险金责任的保险公司"（《保险法》第 10 条第 3 款）。

在各国，有限责任公司、股份有限公司以及保险合作社等是保险人经营保险业通常采取的组织形式，相互保险公司也得到一些国家的承认，而英国还存在个人形式的保险人，但其并非简单的商个人，并有严密的管理和较高的信誉。我国《保险法》第 6 条规定："保险业务由依

---

① 参见［美］小罗伯特·H. 杰瑞、道格拉斯·R. 里斯满著，李之彦译：《美国保险法精解》，157 页，北京，北京大学出版社，2009。

照本法设立的保险公司以及法律、行政法规规定的其他保险组织经营，其他单位和个人不得经营保险业务。"第183条规定："保险公司以外的其他依法设立的保险组织经营的商业保险业务，适用本法。"第94条规定："保险公司，除本法另有规定外，适用《中华人民共和国公司法》的规定。"这意味着我国保险公司不仅可以采取股份有限公司的形式，还可以采取有限责任公司形式，且不限于国有独资公司。

保险人作为经营保险业务的组织，必须是依法设立的保险机构，并有保险经营许可证。在各国法律上，未依法设立的保险机构从事保险经营活动，非保险机构从事保险经营活动，在外国设立的保险组织未获本国保险经营许可和登记注册即在本国承保风险，签发"地下保单"等现象均被禁止；而依法设立的保险机构也不得超越经营范围从事保险经营活动。各国保险法为了规范保险市场，保护投保人、被保险人和保险人的合法权益，促进保险业的健康发展，都对保险人的设立、变更、解散、破产、经营、监管等作了具体的规定，如我国《保险法》第三章。

［实务知识］

自保公司在中国的存在和发展

自保公司是指非保险业的大型企业投资设立的附属保险机构，是一种专门为其母公司提供保险服务的组织形式，又称"专业自保公司""自营保险公司"等。按其投资关系，自保公司一般情况下归属于其母公司，母公司的保险需求和保险决策直接影响和左右着自保公司的自保业务运营。而就其服务宗旨而言，自保公司的设立目的，是服务于母公司的保险需要，为母公司及其下属公司提供保险服务，包括直接承保母公司及其下属公司的保险保障，或者间接地向其母公司及其下属公司的风险处置提供再保险服务。

可见，自保和购买一般的商业保险是企业进行风险处置的两种不同财务处理方法。与一般商业保险相比较，自保不仅可以降低保险成本，并借助所在地国家或者地区针对自保活动的税收优惠政策来节省税收支出；更能够通过自保公司的承保而获取大于商业保险公司承保范围的保险保障，并由于采取风险自留形式而促使其提升减灾防损的意识。相对于商业保险而言的自保机制出现于19世纪中期，例如，美国的船舶所有人为对抗劳合社的海上保险的限制而于1840年成立的体现自保意识的大西洋相互保险社。至于设立专业自保公司则始于20世纪20年代末到30年代初，直到20世纪60年代才普及发展，而借20世纪80年代中期肇始于美国商业保险市场的责任保险危机挫伤购买商业保险积极性的时机，自保公司达到空前发展，众多跨国公司都选择在保险税负较轻的国家或者地区设立自保公司。到2007年，全球的自保公司超过5100家，在自保公司最发达的美国，500家最大公司中90%的都拥有自保公司，英国的200家最大公司中80%的拥有自保公司。截至2017年年底，全球共有6600多家自保公司，保费的规模为500多亿美元，占全球总保费的10%。世界500强企业中80%的企业拥有自保公司。可见，大型跨国企业普遍选择自保公司作为风险管理工具，特别是石油和天然气开采、制药化工、医疗服务这三个行业的自保使用率最高。

中国大地上出现自保公司，是中国社会主义市场经济深化发展的客观需要，也是中国保险市场走向成熟的标志之一。2000年，中国海洋石油总公司（简称"中海油"）采取与国际接轨的保险集中管理的模式，率先由其下属的2家海外全资子公司共同出资在香港注册成立一家自保公司——中海石油保险有限公司，专业负责承保中海油及其子公司、分公司在日常经营活动中涉及的各项风险。其十余年的运行经验证明了自保公司作为中国大型企业的风险管理措施的必要性和可行性。而据 2012 年 9 月的媒体报道称，中石油已然获得中国保监会批准，筹建我国内地第一家专业自保公司，并于 2013 年年底开始正式经营。这表明自保公司在中国经济领域中即将出现因国内大型企业设立而增多的情况。

需要指出的是，虽然中国保监会已经在《中国保险业发展"十二五"规划》中提出"试点设立自保公司，丰富市场主体组织形式"，但是目前国内尚无有关自保公司的法律法规，有关自保公司的税收政策不明确，对自保公司的监管职责不清晰等因素，势必影响到自保公司在中国的发展，加之，自保公司虽能产生一定的积极作用，但也存在相应的风险，尤其是受限于国内企业的规模和财力，故中国未来自保公司的扩容还需时日。

三、保险合同的关系人

（一）被保险人

被保险人是指其财产或人身受保险合同保障的人。我国《保险法》第 12 条第 5 款规定："被保险人是指其财产或人身受保险合同保障，享有保险金请求权的人。投保人可以为被保险人。"这一规定通常情况下是正确的，因在财产保险合同中，被保险人是其财产受保险合同保障，并享有保险金请求权的人；而人身保险合同中，被保险人是其人身受保险合同保障，并通常享有保险金请求权的人。但在单纯的死亡保险合同中，被保险人仅仅是其人身受保险合同保障的人，并不享有保险金的请求权，享有保险金请求权的人不是被保险人，而是受益人。

被保险人应当是具有民事权利能力的人。财产保险合同的被保险人可以是自然人、法人或非法人团体，人身保险合同的被保险人则限于自然人。

被保险人为自然人时，可以是完全民事行为能力人、限制民事行为能力人或无民事行为能力人。一般而言，在财产保险合同中，被保险人为限制民事行为能力人或无民事行为能力人时，投保并不因此受到额外的限制，但在人身保险合同中，则要受到较多的限制。我国《保险法》规定：投保人不得为无民事行为能力人投保以死亡为给付保险金条件的人身保险，保险人也不得承保。父母虽然可以为其未成年子女投保人身保险，但因被保险人死亡给付的保险金总和不得超过国务院保险监督管理机构规定的限额。以死亡为给付保险金条件的合同，未经被保险人同意并认可保险金额的，合同无效。按照以死亡为给付保险金条件的合同所签发的保险单，未经被保险人书面同意，不得转让或者质押。父母为其未成年子女投保的人身保险合同，即使含有以死亡为给付保险金条件，也不必经被保险人同意并认可保险金额。[①] 这些限制是为了更好地保护被保险人的利益，防范和降低死亡保险给被保险人带来的道德风险。

被保险人可以是投保人，也可以不是投保人。在保险实务中，投保人兼被保险人和不兼被保险人这两种情形在人身保险合同中都很常见，但在财产保险合同中投保人兼任被保险人的情形比较多见，不兼任被保险人的情形较为少见。

---

① 参见我国《保险法》第 33 条、第 34 条的规定。《关于父母为其未成年子女投保以死亡为给付保险金条件人身保险有关问题的通知》（保监发〔2010〕95 号）规定，父母为其未成年子女投保的人身保险在被保险人成年之前，各保险合同约定的被保险人死亡给付的保险金额总和、被保险人死亡时各保险公司实际给付的保险金总额按以下限额执行：（1）对于被保险人不满 10 周岁的，不得超过人民币 20 万元；（2）对于被保险人已满 10 周岁未满 18 周岁的，不得超过人民币 50 万元。

关于被保险人对保险标的是否应具有保险利益，笔者认为，在财产保险合同中被保险人对保险标的应具有保险利益，一旦失去保险利益，保单就会失效；而人身保险合同中，实际上并不存在所谓的保险利益，要求被保险人对自己的身体和寿命具有保险利益并无多大的意义。

（二）受益人

受益人，又称保险金受领人，从广义上说，是指保险合同中享有保险金请求权的人。因此，享有保险金请求权的被保险人也是受益人。如此，无论人身保险合同还是财产保险合同，都存在受益人。从中义上说，受益人是指人身保险合同中有权受领保险金的人。我国《保险法》未规定财产保险合同的受益人，仅在第18条第3款中规定："受益人是指人身保险合同中由被保险人或者投保人指定的享有保险金请求权的人。"我国台湾地区学者刘宗荣也主张："受益人一词只用于人身保险，财产保险不适用之：理由是于人身保险，因保险事故而刻意请求保险给付之人，未必因保险事故而遭受损失，因此有受益人概念；反之，在财产保险，保险事故发生而得请领保险给付之人，恒为保险事故发生而遭受损失之人，保险给付之功能只在填补损失而已，因此无受益人之概念。"[1] 在保险理论上和保险实务中，人们更多的是在狭义上使用受益人的概念。狭义上的受益人，也是通常意义上的保险受益人，仅指被保险人身故时有权根据保险合同约定的金额领取保险金的人。保险理论界和实务界也是从狭义上使用受益人这一术语的。在一个保险事故发生时，如果被保险人和作为受益人的第三人都生存，则保险金应给付被保险人，而非作为受益人的第三人。

[保险实例]

2016年3月，村民陈A以自己为被保险人，向B寿险公司投保了递增养老保险。投保时，陈A考虑到与前妻所生的大儿子虽已成家立业，但因他的两个孩子都年幼，家庭负担较重，便将大儿子指定为身故受益人。2018年年初，陈A因患癌症住院治疗。住院期间，陈A的大儿子只是偶尔去医院探望父亲，而其同父异母的弟弟却放下所有的事情，日夜守护在父亲身边，精心照料。数月后，陈A的病情恶化。临终前陈A想到自己病重期间全靠小儿子精心照顾，又想到小儿子尚未结婚，今后自己再也无法帮助小儿子成家立业，便想将自己投保的保险金受益人更改为小儿子。陈A让小儿子将当地村民委员会主任找到病床前，在其面前立下口头遗嘱，内容是将保险金受益人变更为小儿子，并请村委会做遗嘱见证人，向B寿险公司证明遗嘱的内容。次日，陈A的病情进一步恶化，经抢救无效而去世。

陈A去世后，其两个儿子因保险金的归属问题产生了争议。大儿子按照其持有的保险资料，提出，保险单白纸黑字写着自己是父亲指定的唯一保险金受益人，应由自己来领取人身保险金。小儿子则认为，父亲临终前已用立遗嘱方式变更了受益人，自己有村委会的证明材料，可以证明父亲的遗嘱内容，故自己才是保险金受益人。陈A的两个儿子都向B寿险公司提出了领取赔偿金的申请，B寿险公司经研究后认为，陈A生前没有向保险公司履行变更受益人的必要手续，其所立遗嘱不应产生变更保险合同的法律后果。因此，B寿险公司将10万元保险金付给了保单上所记载的身故受益人，即陈A的大儿子。陈A的小儿子对B寿险公司的做法不满，便向人民法院提起诉讼，要求按照陈A的遗嘱领取保险金。

上述案情介绍表明，本案争议的焦点问题是，被保险人能否通过遗嘱的形式来变更保险合

---

[1] 刘宗荣：《保险法》，60页，台北，三民书局，1995。

同中的指定受益人。

通过本案，大家可以深入理解人身保险合同的受益人的产生根据、法律地位以及变更受益人的法律规则。

笔者认为，应从狭义上界定保险受益人，但不应局限于指定受益人，还应包括法定受益人，两者虽然在产生的原因上和受益顺序上存在差异，但本质上并无不同。

我国《保险法》第18条第3款第二句规定："投保人、被保险人可以为受益人。"我国台湾地区"保险法"第5条亦规定，要保人或被保险人均得为保险受益人。不是被保险人的投保人作为受益人应无疑义，但被保险人能否作为保险受益人，值得探讨。笔者认为，投保人可以为保险受益人，但规定被保险人可以为保险受益人则欠妥，因为：保险受益人并非存在于所有的人身保险合同中，而仅存在于生存保险之外的人身保险合同中。虽然在疾病保险、意外伤害保险和生死两全保险中，如保险事故发生而被保险人仍生存时，其享有领取保险金的权利，但保险事故发生而被保险人死亡时，约定其享有领取保险金的权利，其也无法享有和行使。此时，享有领取保险金权利的人只能是被保险人之外的人。进而言之，虽然被保险人与保险受益人均享有领取保险金的权利，但二者领取保险金的前提条件不同：被保险人只有在生存时才能享有领取保险金的权利，保险受益人则只有在被保险人死亡时才能享有领取保险金的权利。不应将二者混淆一谈而得出被保险人亦可为保险受益人之结论。因此，保险受益人只能是被保险人之外的人，而不能是被保险人本人。

关于投保人是否可以作为受益人，笔者认为，只要投保人不是被保险人，就不妨碍其作为受益人，但这并不意味着投保人缴纳了保险费就是当然的受益人。投保人是否为受益人，应根据受益人的产生规则加以确定。投保人虽然有权指定受益人，并可以指定自己为受益人，但非经被保险人或其监护人书面同意，其指定不生法律效力。

关于受益人是否应对保险标的具有保险利益，笔者认为，如前所述，人身保险合同中并不存在所谓的保险利益，因此，也不存在受益人是否应具有保险利益的问题。

关于受益人是否应以被保险人的法定继承人为限，笔者认为，法定受益人应以法定继承人为限，指定受益人则不以此为限，法定继承人可以被指定为受益人，法定继承人之外的人也可以被指定为受益人。

受益人为自然人时应具有民事权利能力，尚在母腹中的胎儿也可以成为受益人，但以分娩时为活体者为限。受益人可以是完全民事行为能力人，也可以是限制民事行为能力人或无民事行为能力人。

受益人不以自然人为限，法人、非法人团体也可以被指定为受益人。但法人或非法人团体为其成员投保人身保险时，并非当然的受益人。其是否为受益人，同样应依受益人产生的规则加以确定。

保险合同的受益人，根据被保险人或投保人的指定，可以是一人或者数人。若受益人为数人，被保险人或投保人可以确定其受益顺序和受益份额；未确定受益份额的，各个受益人按相等的份额享有受益权（《保险法》第40条）。

如果非保险人一方的各位当事人相互之间就指定受益人事宜存在不同意见，经过投保人与被保险人协商仍然不能形成一致意见的，就应当按照《解释（三）》第9条第2款的规定来认定："当事人对保险合同约定的受益人存在争议，除投保人、被保险人在保险合同之外另有约定外，按以下情形分别处理：（一）受益人约定为'法定'或者'法定继承人'的，以继承法规定的法定继承人为受益人；（二）受益人仅约定为身份关系，投保人与被保险人为同一主体的，根据保险事故发生时与被保险人的身份关系确定受益人；投保人与被保险人为不同主体的，根据保险合同成立时与被保险人的身份关系确定受益人；（三）受益人的约定包括姓名和身份关系，保险事故发生时身份关系发生变化的，认定为未指定受益人。"

在保险合同有效期限内，被保险人可以变更受益人，而投保人欲变更受益人时须经被保险人同意。受益人的变更意味着受益权归属的改变，故《保险法》要求被保险人或投保人在变更受益人时应当书面通知保险人，由保险人在保险单或者其他保险凭证上批注或者附贴批单，才产生法律效力（《保险法》第41条）。当然，投保人与被保险人之间在处理变更受益人的问题时，理应优先考虑被保险人的意愿。对此，《解释（三）》第10条第3款规定："投保人变更受益人未经被保险人同意，人民法院应认定变更行为无效"。不仅如此，投保人或者被保险人变更受益人的，还应当通知保险人才发生变更的法律效力，所以，"投保人或者被保险人变更受益人未通知保险人，保险人主张变更对其不发生效力的，人民法院应予支持"（第2款）。

第二节 保险合同的客体和保险标的

一、保险合同的客体

民事法律关系的客体是民事法律关系的三个构成要素之一，"是指民事权利和民事义务所指向的对象"，"主要有五类，即物、行为、智力成果以及商业标志、人身利益和权利"[1]。

虽然保险合同本质上也是一种债权关系，但保险法学界通常并不像民法学界界定"债权法律关系的客体是行为"[2] 那样，将保险合同的客体界定为保险人提供的保险保障行为。目前保险法学界对保险合同之客体的认识并不统一，主要有四种观点。

一是保险利益说。我国台湾地区学者一般认为，保险利益是保险合同的标的，并有别于保险标的[3]；保险利益为保险契约成立之前提要件。[4] 我国大陆学者庄咏文先生认为，"特定的保险标的是保险合同订立的必要内容。但是保险合同订立的目的并非保障保险标的的本身，也就是将保险标的投保后并不能保证保险标的的不发生损失，问题在于发生损失后，得到补偿。保险合同实际上保障的是被保险人对保险标的的所具有的利益，即保险利益"，"因此，保险合同的标的（客体）不是物本身，而是物上的保险利益"[5]。有学者持有同样的观点，并进一步论证了"保险合同的客体应当是保险利益"[6]。

二是保险标的说。有学者认为，保险合同的客体就是保险标的[7]，即物及其有关利益或者

---

① 王利明主编：《民法》，40页，北京，中国人民大学出版社，2010。
② 同上书，41页。
③ 参见桂裕：《保险法论》，65页，台北，三民书局，1981。
④ 参见施文森：《保险法总论》，43页，台北，三民书局，1994。
⑤ 庄咏文主编：《保险法教程》，62页，北京，法律出版社，1986。
⑥ 贾林青：《保险法》，61页，北京，中国人民大学出版社，2009。
⑦ 参见胡文富：《保险法通论》，96页，北京，中国检察出版社，1998。

人的生命和身体。①

三是保险保障说。李嘉华认为，保险合同关系是一种债的法律关系，其客体是保险人向被保险人的保险利益提供保险保障的行为，而不是保险利益本身。② "保险合同的客体应当是行为，即保险人向被保险人就保险标的提供保险保障的行为。""在保险合同关系中，无论是投保人（包括被保险人和受益人），还是保险人，在请求对方当事人履行合同义务时，均是请求其为某种特定行为，而不能直接支配保险标的、保险利益或者保险基金。"③

四是统一体说。有学者认为，保险合同的客体不是单纯的保险标的或保障行为，而是保险标的和体现一定物质利益的行为的统一体。④

合理界定保险合同的客体，不仅对于正确区分保险合同法律关系与其他合同法律关系具有理论意义，而且对于区分不同类型的保险合同也具有重要的理论价值。笔者赞同保险保障说，理由在于：首先，该学说明白易懂，与债的客体在理论上保持了协调和一致，能够自圆其说；其次，该学说从客体上区分了保险合同与其他合同的给付内容，彰显了保险合同的保险保障性质。关于保险客体的其他观点存在明显或潜在的不足：于保险利益说，因财产保险利益与人身保险利益存在较大的差异，保险利益的概念、特点、要件、功能等主要是财产保险利益的抽象，而非人身保险利益的反映，更何况大陆法系有些国家的保险立法根本不承认人身保险利益的概念。于保险标的说，貌似合理，但其一方面混淆了保险合同的客体和保险的客体，另一方面人为地将被保险人这一保险合同的主体贬低为保险合同的客体。统一体说也不过是保险标的说与保险利益说的混合。

二、保险标的

保险标的又称保险对象，是指保险合同保障的具体财产及其有关利益或者人的寿命和身体等。在财产保险合同中，保险标的又称保险标的物，是指保险合同保障的特定财产，如房屋、机动车辆、企业财产、家庭财产等。在责任保险合同中，保险标的是指作为消极利益的被保险人潜在的民事赔偿责任。在人身保险合同中，保险标的是指保险合同保障的被保险人的生命、身体和健康利益。我国《保险法》第12条第3款、第4款规定："人身保险是以人的寿命和身体为保险标的的保险。""财产保险是以财产及其有关利益为保险标的的保险。"第65条第4款规定："责任保险是指以被保险人对第三者依法应负的赔偿责任为保险标的的保险。"

虽然保险标的不是保险合同的客体，但保险标的的条款仍是保险合同必须具备的条款。⑤ 我国《保险法》第49条、第51条、第52条还对财产保险合同中保险标的的转让、安全及危险增加等事项作出了具体规定。

[保险实例]

2015年8月7日，T公司与某保险公司签订财产保险合同。T公司作为投保人向该保险公司投保航空一切险：保险标的物为集成电路，投保金额为72 500美元，装载运输工具为飞机，

---

① 参见李玉泉：《保险法》，123页，北京，法律出版社，2003。
② 参见李嘉华主编：《涉外保险法》，99页，北京，法律出版社，1991。
③ 温世扬主编：《保险法》，68页，北京，法律出版社，2007。
④ 参见黄明华主编：《中国保险法理论与实践》，54页，北京，经济科学出版社，1996。
⑤ 参见我国《保险法》第18条。

起运时间、地点规定为 2015 年 9 月 23 日自新加坡至中国香港。保险合同签订的当日，T 公司按保险合同的规定向某保险公司交纳了保险费。10 月 5 日，T 公司向某保险公司报案，以投保货物在运输途中丢失为由向某保险公司提出索赔要求。接到报案后，某保险公司向承运人某航空公司作调查，得到的书面答复是，该批货物已于 7 月 30 日下午运抵中国香港，后该批货物下落不明。据此，某保险公司向 T 公司发出了拒赔通知书。T 公司以双方签有保险合同，其已按合同规定交纳了全部保险费，理应获赔为由诉至法院，要求某保险公司赔偿其经济损失。诉讼中，T 公司陈述：其与某保险公司签订保险合同之前已通过空运方式将该批货物自新加坡运出，后因货物下落不明，为保证其经济利益不受损失，而于 2015 年 8 月 7 日与某保险公司签订了保险合同。

在本案诉讼中双方的争议焦点是投保人对投保标的是否具有保险利益。T 公司认为，其作为投保货物的所有权人有权与某保险公司签订保险合同，在签订合同时并不能确认该批货物已经丢失，而保险人接受了投保，故某保险公司理应赔偿其经济损失。某保险公司则认为，依据查明的事实，投保人在与其签订保险合同时，对投保标的物已丧失保险利益，保险人有权据此拒赔。

借助本案，可以切实理解保险合同的客体（保险利益）与保险标的（投保货物）之间的联系和区别。

第三节　保险合同的主要内容和解释规则

一、保险合同的主要内容

保险合同的内容，就是保险合同所约定的当事人及关系人的权利与义务，并主要体现在保险合同的基本条款上。因此，可以从保险合同当事人及关系人的权利、义务与保险合同的基本条款两个不同角度来理解保险合同的内容。不过，保险合同订立过程中，保险人承担的条款说明义务和投保人或被保险人的如实告知义务等，是保险法赋予当事人的合同成立前的法定义务（缔约义务），而非当事人约定的合同成立后的合同义务，也非保险合同的内容。

（一）当事人及关系人的权利和义务

1. 保险人的权利和义务

（1）收取保险费的权利。

保险费是保险人承担保险保障责任的对价。保险人按照保险合同约定的金额、方式、地点收取保险费是其基本的合同权利。保险费收入是保险公司基本的收入来源之一，也是保险基金的主要来源。基于人寿保险合同的储蓄性以及其通常保险费较高、保险期限较长、投保人可能发生的经济状况恶化等因素，为保护投保人的利益，我国《保险法》第 38 条规定："保险人对人寿保险的保险费，不得用诉讼方式要求投保人支付。"

（2）承担保险责任的义务。

承担保险责任是保险人在保险合同中的基本义务。保险责任名为责任，实为义务，与民法上的民事责任有本质区别。民事责任是民事主体违反约定或法定的民事义务后所应当承担的不利法律后果。保险责任则是保险人按照合同约定向相对人应当承担的合同义务，保险人承担保险责任是履行合同义务的行为，而非违反合同义务的后果。保险事故发生或保险期限届满时，保险人应按照保险合同的约定和保险法的规定及时理赔。保险人未及时履行我国《保险法》第23条第1款规定的理赔义务的，除支付保险金外，应当赔偿被保险人或者受益人因此受到的损失。此处的赔偿损失属于保险人承担的违约责任。

保险人承担保险责任以保险合同约定的保险事故发生或保险合同约定的保险期限届满为前提。前者如财产保险合同中约定的保险财产在保险期限内因保险危险导致的毁损、灭失，或人身保险合同中被保险人在保险期限内因保险危险如疾病、意外伤害等所造成的残疾、死亡、医疗费用支出等，保险人应按合同约定赔付损失或给付保险金；后者如人寿保险合同中被保险人生存到合同约定的保险期限届满之日，保险人应给付被保险人生存保险金等。

保险人承担保险责任以保险合同约定的保险金额为限，在损失补偿保险合同中不得超过保险事故造成的实际损失。

（3）承担必要和合理的施救费用的义务。

根据现代保险制度积极保险的观念，为防止和减少保险危险发生所造成的损失，被保险人有法定和约定的施救义务。为调动被保险人施救的积极性和补偿被保险人因施救而增加的合理支出，我国《保险法》第57条第2款规定："保险事故发生后，被保险人为防止或者减少保险标的的损失所支付的必要的、合理的费用，由保险人承担；保险人所承担的费用数额在保险标的损失赔偿金额以外另行计算，最高不超过保险金额的数额。"

2. 投保人的权利和义务

（1）交纳保险费的义务。

如果投保人并不是被保险人或受益人，则其仅有交纳保险费的义务，而无请求和受领保险赔款或保险金的权利。我国《保险法》第14条中规定，"保险合同成立后，投保人按照约定交付保险费"。第35条规定："投保人可以按照合同约定向保险人一次支付全部保险费或者分期支付保险费。"财产保险合同中的保险费，投保人通常在合同成立时或成立后一次交付给保险人；人身保险合同的保险费则通常采取分期交纳的方式，在合同订立时交付首期保险费，合同成立后分期交纳续期保险费；短期人身保险合同中通常一次缴清保险费，但长期寿险合同中也有采取一次缴清保险费即趸交方式的。

虽然交纳保险费是投保人的基本义务，但保险人通常不得拒绝不是投保人的被保险人或受益人为维持保单效力而交纳保险费，除非投保人有明确的相反的意思表示，如投保人意欲或已经表示退保。

而且，考虑到现实生活的复杂多样性，也应当允许他人代为缴纳保险费，只要投保人主观上知道或者应当知道他人代交费的事实，并没有异议，就应当视同投保人履行了缴纳保险费义务，因此，《解释（三）》规定第7条："当事人以被保险人、受益人或者他人已经代为支付保险费为由，主张投保人对应的交费义务已经履行的，人民法院应予支持。"

（2）合同变更、解除、终止、复效的权利。

与保险人享有合同的变更权、解除权、终止权类似，投保人也依法享有保险合同的变更权、解除权、终止权甚至复效权。不同的是，除投保人与保险人双方合意变更或解除合同外，保险法通常对保险人的此类权利严格限制，而对投保人的此类权利较少限制。如我国《保险法》第15条规定："除本法另有规定或者保险合同另有约定外，保险合同成立后，投保人可以解除合同，保险人不得解除合同。"第50条规定："货物运输保险合同和运输工具航程保险合同，保险责任开始后，合同当事人不得解除合同。"

投保人行使合同的变更权、解除权、终止权时，应当注意不得与我国《保险法》的有关规定相抵触，例如，投保人行使保险合同解除权的，就必须遵守我国《保险法》第50条的规定："货物运输保险合同和运输工具航程保险合同，保险责任开始后，合同当事人不得解除合同。"

（3）保险单质押和转让的权利。

投保人通常是保险单的所有人和持有人，投保人有权转让和质押保险单，但不得违反我国《保险法》的有关规定："按照以死亡为给付保险金条件的合同所签发的保险单，未经被保险人书面同意，不得转让或者质押。"（第34条第2款）

3. 被保险人和受益人的权利与义务

（1）被保险人的权利和义务。

第一，按照保险合同的约定，受保险人的保险保障，在发生约定的保险事故或保险期限届满时，请求或受领保险赔付或保险金，是被保险人的基本权利。通常情况下，财产保险合同中请求和受领保险赔付的权利应由被保险人享有，人身保险合同中请求和受领残疾保险金、失业保险金、生存保险金、重大疾病保险金、医疗费用赔付的权利应由被保险人享有。

第二，为行使受领保险赔付或保险金的权利，被保险人负有出险通知和在索赔时效期间内提出索赔的附随义务，诸如我国《保险法》第21条规定的通知义务、第22条第1款规定的提供有关证明和资料的义务、第26条规定的诉讼时效义务等。

第三，被保险人负有减损防灾的义务。虽然被保险人在保险期间享有保险合同的保险保障，但为促进社会总财富的增加，预防和降低被保险人的道德风险，《保险法》规定了被保险人的防灾减损义务。该法第51条第1款规定："被保险人应当遵守国家有关消防、安全、生产操作、劳动保护等方面的规定，维护保险标的的安全。"该条第3款规定："投保人、被保险人未按照约定履行其对保险标的的安全应尽责任的，保险人有权要求增加保险费或者解除合同。"此外，该法第57条第1款规定了"保险事故发生时，被保险人应当尽力采取必要的措施，防止或者减少损失"的义务。而且，被保险人履行施救义务并不以产生实际的施救效果为前提，因此，被保险人只要在力所能及的范围内采取了必要的施救措施就构成履行《保险法》第57条规定的施救义务，从而，被保险人"请求保险人承担为防止或者减少保险标的的损失所支付的必要、合理费用"，而"保险人以被保险人采取的措施未产生实际效果为由抗辩的，人民法院不予支持"[《解释（四）》第6条]。

第四，被保险人负有危险增加的通知义务。危险增加的通知义务是为了在保险合同存续期间保险标的的危险程度显著增加而非临近时，平衡可能失衡的保险人与保险客户的利益，《保险法》于第52条赋予被保险人的一项义务，即："在合同有效期内，保险标的的危险程度显著增加的，被保险人应当按照合同约定及时通知保险人，保险人可以按照合同约定增加保险费或者解除合同。保险人解除合同的，应当将已收取的保险费，按照合同约定扣除自保险责任开始之日起至合同解除之日止应收的部分后，退还投保人。""被保险人未履行前款规定的通知义务的，因保险标的的危险程度显著增加而发生的保险事故，保险人不承担赔偿保险金的责任。"

至于认定被保险人履行该项通知义务所需的"危险程度显著增加"之条件，《解释（四）》第4条第1款给出了法律标准：人民法院认定保险标的是否构成《保险法》第52条所规定的"危险程度显著增加"时，"应当综合考虑以下因素：（一）保险标的用途的改变；（二）保险标的使用范围的改变；（三）保险标的所处环境的变化；（四）保险标的因改装等原因引起的变化；（五）保险标的使用人或者管理人的改变；（六）危险程度增加持续的时间；（七）其他可能导致危险程度显著增加的因素"。不过，上述认定标准却排除了如下情况，即"保险标的危险程度虽然增加，但增加的危险属于保险合同订立时保险人预见或者应当预见的保险合同承保范围的，不构成危险程度显著增加"。

第五，人身保险合同中的同意权。为保护被保险人的利益，防范和减少人身保险诱发对被保险人的道德风险，我国《保险法》赋予被保险人以下同意权。首先，该法第31条第2款规定："被保险人同意投保人为其订立合同的，视为投保人对被保险人具有保险利益。"其次，该法第34条第1款规定："以死亡为给付保险金条件的合同，未经被保险人同意并认可保险金额的，合同无效。"再次，该条第2款规定："按照以死亡为给付保险金条件的合同所签发的保险单，未经被保险人书面同意，不得转让或者质押。"最后，该法第39条规定："投保人指定受益人时须经被保险人同意。投保人为与其有劳动关系的劳动者投保人身保险，不得指定被保险人及其近亲属以外的人为受益人。"

（2）受益人的权利。

在人身保险合同中，受益人享有身故保险金的请求权和受领权。而生存保险金、失业保险金、残疾保险金、重大疾病保险金、医疗费用赔付的请求权和受领权则由被保险人享有。因我国《保险法》规定的人身保险合同的受益人仅限于指定受益人，故该法第42条规定："被保险人死亡后，有下列情形之一的，保险金作为被保险人的遗产，由保险人依照《中华人民共和国继承法》的规定履行给付保险金的义务：（一）没有指定受益人，或者受益人指定不明无法确定的；（二）受益人先于被保险人死亡，没有其他受益人的；（三）受益人依法丧失受益权或者放弃受益权，没有其他受益人的。"此时，受领保险金的人可能是被保险人的继承人，也可能是被保险人的债权人。但此时保险金的分配实质上属于被保险人之遗产的分配。

在财产保险合同中，通常不使用受益人的概念，但实务中有时将贷款合同中的贷款方作为保证保险合同、房屋保险合同等财产保险合同中的受益人，此时，实质上是被保险人将其对保险赔付的请求权和受领权事先转让给贷款人，属于债权转让性质。

4. 投保人、被保险人、受益人的维护保险标的安全的义务

这是《保险法》赋予投保人、被保险人及受益人的一项法定义务。例如，财产保险法律关系的"被保险人应当遵守国家有关消防、安全、生产操作、劳动保护等方面的规定，维护保险标的的安全"（《保险法》第51条第1款）。而人身保险合同的投保人、受益人故意造成被保险人死亡、伤残、疾病的，会引起保险人不承担保险责任或受益人丧失受益权的结果，至于被保险人自杀的，除法定情况外，保险人不承担保险责任（《保险法》第43、44条）。确立该义务的宗旨在于，防灾防损，防止出现道德危险。保险人对于未按保险合同的约定履行其对保险标的安全应尽的责任的投保人、被保险人，有权要求增加保险费或者解除合同。

与此相对应，保险人有权对保险标的的安全状况进行检查，及时向投保人、被保险人提出消除不安全因素和隐患的书面建议。而投保人、被保险人应当接受保险人的检查，并根据保险人的书面建议采取相应的措施消除不安全因素和隐患。显然，对保险标的的安全漠不关心和放任危险存在都是未履行上述义务的表现，义务人要承担相应的法律责任。

另外，笔者认为，维护保险标的安全的义务不应当局限适用于财产保险法律关系，而应当

扩大适用于人身保险法律关系，即除当事人另有（例如自杀条款）约定以外，投保人、被保险人均应承担维护被保险人之身体或者生命安全的义务，不得任意剥夺。这有利于维护社会关系的稳定，是保护公民（特别是处于弱势地位的未成年人、精神病人）的生命安全的客观需要。

（二）保险合同的条款

保险合同的条款与保险条款并非同一概念。保险条款是指由保险人事先拟定，并经保险监督管理机关批准或备案，就不同险种投保人、被保险人、受益人和保险人的权利、义务等基本事项所作的具体规定。在保险合同成立前，经批准的保险条款对投保人而言，相当于保险人的要约邀请。在保险合同成立后，保险条款成为保险合同的主要内容，对投保人和保险人双方都具有法律约束力。保险合同的条款是保险合同的主要内容，但保险合同的内容不以保险条款为限，而是建立在当事人自由协商基础上的意思表示一致。

1. 保险合同条款的分类

（1）基本条款与附加条款。

根据保险合同条款的性质不同，可将其分为基本条款和附加条款。保险合同的基本条款，又称为普通条款，是指保险人在事先准备或印就在保险单上，根据不同险种对保险合同当事人的权利和义务等基本事项的规定，构成了保险合同的基本内容。保险合同的附加条款，又称为单项条款或特约条款，是指保险合同当事人双方在基本条款的基础上所附加的，用以扩大或限制基本条款的特别约定，构成了保险合同的补充内容。

基本条款是保险合同必须具备的条款，而附加条款是投保人和保险人根据其特殊情况和需要特别约定，用以补充基本条款的不足。但无论基本条款还是附加条款，一旦订入保险合同，就对当事人具有同等的法律约束力。但在保险实务中，基本险与基本条款、附加险与附加条款并非同一概念。基本险与附加险的关系是两个险种的关系，附加险的承保是以基本险的承保为前提的。无论基本险还是附加险，都有各自的基本条款，基本条款之外有无附加条款则视具体情形而定，不可一概而论。

（2）法定条款与任意条款。

根据保险条款产生的依据不同，可将保险条款分为法定条款和任意条款。法定条款是指法律规定必须具备的条款。我国《保险法》第18条第1款规定："保险合同应当包括下列事项：（一）保险人的名称和住所；（二）投保人、被保险人的姓名或者名称、住所，以及人身保险的受益人的姓名或者名称、住所；（三）保险标的；（四）保险责任和责任免除；（五）保险期间和保险责任开始时间；（六）保险金额；（七）保险费以及支付办法；（八）保险金赔偿或者给付办法；（九）违约责任和争议处理；（十）订立合同的年、月、日。"此类条款应当被理解为法定条款。

法定条款也可以表现为禁用条款，如保险人不得放弃财产保险合同中法律对保险利益的要求，保险人不得接受未经被保险人或其监护人书面同意的死亡保险、健康保险、意外伤害保险投保，保险人不得对保单生效之日起法定期限内被保险人的自杀承诺给付保险金，等等。我国《保险法》第19条规定："采用保险人提供的格式条款订立的保险合同中的下列条款无效：（一）免除保险人依法应承担的义务或者加重投保人、被保险人责任的；（二）排除投保人、被保险人或者受益人依法享有的权利的。"

任意条款，又称为选择条款，是指由投保人和保险人自由选择的条款。我国《保险法》第

18条第2款有关"投保人和保险人可以约定与保险有关的其他事项"的规定，可以理解为任意条款。保险合同中的保证条款、违约责任条款等，也都是任意条款。

[保险实例]

2016年1月，欧阳甲向乙保险公司投保了"平安永乐"和"平安长寿"两份人身保险，投保人、被保险人均为欧阳甲。其中，"平安长寿"险投保书所记载主要内容为：主险平安长寿保险金额为5万元，保险费为5 335元；附加险人身意外伤害险保险金额为10万元，保险费为400元；住院医疗险保险金额为1万元，保险费为260元，每期交纳保险费合计5 995元。此后，乙保险公司向欧阳甲出具了两份人身保险单。但是，其中的平安长寿保险单上将意外伤害保险的保险金额10万元错打为100万元。2016年至2018年欧阳甲按约定交纳了各项保险费。2014年3月，乙保险公司告知欧阳甲，由于保险单上的保险金额打为100万元，而欧阳甲一直按照保险金额10万元交付保险费，故要求欧阳甲追交保险费，否则，乙保险公司将变更人身意外伤害险保险金额为10万元。对此欧阳甲未予同意，坚持继续履行原保险合同。此后，欧阳甲在交纳2015年度保险费时，乙保险公司拒收。欧阳甲诉至法院，认为乙保险公司在订立合同过程中存在欺骗行为，要求确认保险合同无效。

围绕着本案，双方争议的焦点集中在保险合同与保险单的关系上。欧阳甲认为，保险单即为保险合同，是保险合同成立的实质性标志，双方均应按照保险单记载的内容履行，但乙保险公司在合同成立3年后告知其补交保险费，该行为带有欺骗性质，因此，保险合同应归于无效。而乙保险公司则认为，保险合同不仅仅是指保险单，保险单只是保险合同的一个组成部分，而投保书、核保手续等记载了双方约定的文件都属于保险合同的范围，双方的权利、义务应以保险合同的约定为准，而并非简单地以保险单的记载为准，因此，该保险合同是有效的，并应按照订立合同时的实际约定金额10万元履行，不存在因欺诈导致合同无效的问题。

通过本案，可以理解保险合同条款的法律属性和适用问题，同时，也可以深入地把握保险合同与保险单之间的关系。

2. 保险合同的常见条款

（1）当事人和关系人。

保险合同应载明保险人、投保人、被保险人、受益人的姓名或名称及其住所，在人身保险中还应当载明被保险人的性别、年龄、职业、身份证号等。这关系到保险合同的权利、义务的归属。

（2）保险标的。

保险标的是作为保险对象的财产及其有关利益或者人的寿命和身体。在财产保险中，保险合同应载明保险财产的名称、类别、所在位置，而在定值保险合同中，除此之外，还应载明保险财产的保险价值。在人身保险中，保险合同应载明作为保险标的的被保险人的身份信息。

（3）保险金额。

保险金额是保险人按照保险合同的约定于保险事故发生时应给付被保险人或其受益人的金额，是保险人承担保险责任的最高限额。在财产保险中，保险金额不得超过保险标的的价值，超额保险的部分不受法律保护。在人身保险中，保险金额通常没有限制，在投保人承担保险费的经济能力、保险需求及保险人承保能力的基础上，由当事人双方具体约定。保险人或保险监督管理机构规定了保险金额限额的，保险合同的保险金额不得超过该限额。

（4）保险费。

保险费是投保人按照保险合同的约定应当支付给保险人的金额，是保险人承担保险责任的对价。保险费的多少取决于保险费费率和保险金额的高低。

保险费的缴纳方式主要有一次缴纳和分期缴纳两种。在财产保险合同中，保险费通常于合同成立时一次付清。在人身保险合同中，有趸交和分期缴纳两种方式，通常采取分期缴纳的方式，投保人在合同成立时须缴清首期保险费。

我国《保险法》第 38 条规定："保险人对人寿保险的保险费，不得用诉讼方式要求投保人支付。"很多学者认为，这是因为人寿保险是资本性保险，具有储蓄性。但笔者认为，事实上并非所有的人寿保险都具有储蓄性，寿险中的生死两全保险和终身死亡保险就是资本性保险。[①]

法律规定人寿保险的保险费不得用诉讼方式要求投保人支付，并不会损害保险人的利益，因为当投保人不按期缴纳首期保险费后的到期保险费时，保险人可以借助于保险合同效力的中止、保险合同的解除等规则，维护自己的利益。虽然法律并不禁止保险人以诉讼方式要求投保人支付其他保险合同的保险费，但实务中也罕见保险人通过诉讼方式收取的案例。这是因为，以诉讼方式收取保险费不仅耗时、费力、成本昂贵，而且对保险人的信誉会产生负面影响。保险人收取保险费通常是在事先而非事后，即使出现欠费情形，保险人也可以通过积极或消极的方式，如保单不生效、合同解除、拒赔抗辩或从赔款中事先扣除等，维护自己的利益。

（5）保险责任。

保险责任，又称为保险危险，是指保险合同载明的保险人对保险标的上的损失或损害应当承担保险赔付或给付责任的危险范围。保险责任本质上不是民事责任或民事赔偿责任，而是危险保障责任或危险保障义务。根据保险险种之间的关系，保险责任可以分为基本险责任与附加险责任。根据保险责任的性质，可将其分为基本保险责任与特约保险责任。根据保险责任的具体范围不同，可将其分为单一险责任、综合险责任和一切险责任。单一险责任是指保险人仅对某种特定危险承担保险保障责任；综合险责任是指保险人在一个保险合同中对多种危险承担保险保障责任；一切险责任则是指保险人承担除外责任之外的一切危险的保险保障责任，而非保险人对任何危险都承担保险保障责任。

（6）责任免除（除外责任）。

责任免除，又称除外责任，是指根据法律或合同规定，保险人不负赔偿责任的危险范围。如果说保险责任是对保险危险的一般规定，那么责任免除则是从保险危险中剔除部分危险，或仅仅是为了避免投保人、被保险人的误解。如在死亡保险中，保险人应对被保险人的死亡承担保险责任，但根据我国《保险法》第 44 条的规定，被保险人自保险合同成立之日起两年内自杀身亡的，保险人不承担保险责任。再如团体人身意外伤害保险条款，一方面在保险责任中规

---

① 我国台湾地区学者刘宗荣认为："生存保险及期间死亡保险并非资本性保险，盖被保险人能否生存到保险期满或是否在保险期间内死亡，属于不确定的事实，因此保险事故未必发生。此两种保险之保险人的给付义务不确定，不具备储蓄性及投资性。""资本性保险具有储蓄及投资性质，而储蓄及投资行为须出诸要保人自愿，不得强迫为之，因此其保险费不得强制请求。至于非资本性保险，理论上则可强制请求，唯事实上，由于非资本性保险，不论是生存保险或定期死亡保险，其保险事故未必发生，因此，保险费较低，一般多为一次给付，在要保人为第一次保险费给付前，由于保险契约尚未生效，权利义务尚未发生，除非以法律另外赋予请求权，保险人无从强制要保人为保险费之给付；在要保人为第一次保险费给付后，其保险费给付义务已完全履行，因此，不发生第二期之后保险费强制履行问题。"（刘宗荣：《保险法》，52、378～379 页，台北，三民书局，1995。）

定保险人对于被保险人因意外伤害造成的残疾或死亡承担保险责任，另一方面又在除外责任中规定被保险人因疾病死亡或残疾，保险人不承担保险责任。

（7）保险期间。

保险期间是指保险人承担保险责任的期间，即保险人对于该期间发生的保险危险所致的保险标的上的损害承担保险责任，对该期间之前或之后发生的保险危险所致的损害不承担保险责任。

财产保险合同的保险期间通常较短，一般为一年。人身保险合同的保险期间长短不一，短者几十分钟，长者几十年甚至终身。保险期间通常有两种计算方法：一种是按日历上的年、月、日计算。在我国保险实务中①，中长期的人身保险合同通常规定：保险合同自保险人同意承保、收取首期保险费并签发保险单的次日开始生效；除另有约定外，合同生效的日期为保险人开始承担保险责任的日期。如果保险人签发保单的日期为 2016 年 3 月 6 日，保险期间为一年，则其保险期间自 2016 年 3 月 7 日零时起至 2017 年 3 月 6 日 24 时止。保险合同也可以对保险期间作出这样的明确约定："本保单的保险期间为一年，自 2016 年 3 月 6 日零时起，至 2017 年 3 月 5 日 24 时止。"第二种是以某一事件的始末为保险期间，如海上货物运输保险以一个航程为保险期间。

3. 保险合同的特约保险条款

除上述法定条款以外，投保人和保险人还可以根据实际情况，就与保险有关的其他事项作出约定，诸如免赔额条款、退保条款、保证条款、无赔款优惠条款、危险增加条款、通知条款、索赔期限条款等。可以说，特约条款是对保险合同基本条款的补充或者更改。

在保险市场上，常见的特约条款包括以下几种。

（1）补充条款（supplementary clause），又称追加条款。它是指当事人为了扩展或者限制保险合同的基本条款而约定的补充条款，以便适应特殊的保险需要。通常做法是，由投保人或者被保险人填写变更申请书，并经保险人认可后，加注在格式化的保险单的空白处或者将印制的补充条款加贴在保险单上，从而，使其成为保险合同的一部分，称为批注（endorsement）。按照国际保险市场的惯例，保险合同的补充条款在适用效力上优先于基本条款。

（2）共保条款（coinsurance clause）。它是指保险人与投保人双方约定保险事故造成保险标的损失的特定部分，由双方共同承担。这意味着保险人在保险事故造成保险标的的损失达到约定的比例时始得承担保险责任，否则，被保险人要自行承担相应的损失部分。

适用共保条款的目的在于，督促被保险人为了保险标的的安全而尽到其注意义务，以利于保险人实施风险控制，因为，保险人与被保险人共同分担保险事故所致保险标的的损失，可以提高被保险人对于风险防范的谨慎程度。实践中，共保条款适用于财产保险合同，而人身保险合同中鲜有适用。

在保险合同订有共保条款的情况下，投保人不得就其自担损失的部分另行投保。但保险人同意投保人另行投保的，视为放弃共保条款。

（3）保证条款（warranty clause）。它是指基于双方当事人在保险合同中的约定，被保险人向保险人作出的特别承诺。换句话说，它是保险人要求被保险人在保险责任期间应当予以遵守

---

① 在英国，如果一份保险合同保险期间表述为"从 2017 年 3 月 6 日至 2018 年 3 月 6 日"，则保险期间包括最后一日，但不包括第一日，即保险期间自 2017 年 3 月 7 日开始。

的承诺。其承诺内容可以是某一事项的作为或者不作为，也可以是确保某一事实的存在或者不存在。实践中，保证条款大多适用于海上保险，例如，船舶适航保证、不改变航程和不绕航保证等。并且，保证有明示保证和默示保证之分。明示保证是以条款形式列明于保险单上。默示保证则是按照行业惯例而约束着被保险人的。两者具有同等的约束力。为此，各国保险立法或者有关的同业协会往往对保证条款作出规定，并将遵守保证条款视为被保险人的法定义务。被保险人违反保证条款的，保险人有权解除保险合同。

（4）协会条款（institute clause）。它是指由有关的行业协会经过协商一致制定的保险合同条款。在国际保险市场上，它特指英国伦敦保险人协会拟订和颁布的海上保险条款，如协会船舶保险条款、协会货物运输保险条款、协会运费保险条款等。这些协会条款具有修改、补充或者限制保险单基本条款的作用，是当前国际海上保险市场通用的条款。

二、保险合同的解释规则

（一）保险合同解释的含义与目的

保险合同解释是指受理保险合同纠纷的法院或仲裁机构，在合同条款含义模糊时，为确定当事人的权利与义务，依法对保险合同条款及其相关资料所作的具有约束力的分析和界定。

保险合同条款的模糊，即保单条款出现疑义，主要有"三大类情形：语义不确定、编排含混和外部信息引发歧义"[①]。合同语义不确定包括字义模糊、词义模糊和句法模糊三种情况。合同结构编排含混即合同结构不清晰的情况，"多发生在保单中除外责任条款的位置不适当，不足以引起被保险人的注意，结果误导了或未能使被保险人充分了解保单规定的承保范围"[②]。外部信息即合同以外的信息，如投保人从保险人或其代理人那里收到有关保险的信息，可能与书面保单条款不一致，导致合同含义模糊。

保险合同条款解释的目的，不是为合同双方订立新的合同，而仅仅是澄清和确定模糊的合同含义，落实缔约双方的真实意图，确定当事人的权利、义务，排除欺诈性的权利主张。"法官不能挖空心思去制造歧义，这是一项确定不移的法律原则。"[③]

（二）保险合同解释的具体规则

1. 文义解释规则

文义解释是指对于保险合同条款所使用的文字或词语，应当按照其通常的含义解释。其基本标准是：日常用语按照普通词义，即如果词句有普遍接受的含义，则应当采纳此种含义；技术用语按照技术含义，即技术性的条款应当按照该技术领域内的理解来解释；法律用语按照已经确定的法律含义。如"暴风""暴雨"等词语系技术用语，并非指很大的风或雨，根据《企业财产保险条款》的规定，暴风是指风力在 17.2 米/秒以上的风；暴雨是指每小时降雨量达 16 毫米以上，或连续 12 小时降雨量达 30 毫米以上，或连续 24 小时降雨量达 50 毫米以上。

2. 目的解释规则

目的解释是指应从签约背景、条款上下文、合同整体等方面，进行合乎逻辑的分析和推

---

① ［美］小罗伯特·H. 杰瑞、道格拉斯·R. 里斯满著，李之彦译：《美国保险法精解》，4 页，北京，北京大学出版社，2009。

② 陈欣：《保险法》，3 版，30 页，北京，北京大学出版社，2010。

③ ［美］小罗伯特·H. 杰瑞、道格拉斯·R. 里斯满著，李之彦译：《美国保险法精解》，16 页，北京，北京大学出版社，2009。

理，以探究当事人订约的真实意愿，确保这种意愿的实现。为此，不应拘泥于条款中的片言只语而孤立地进行解释，更不能曲解合同的条款而歪曲当事人的真意。

当保险合同正文上的条款、边页上的条款和附页上的条款出现矛盾，或构成保险合同的一套文件对相同事项的规定因笔误等原因产生矛盾时，法庭或仲裁机构应遵循目的解释原则，确定以哪一个条款或词语为标准、何者具有优先的效力。

第一，手写的措辞优于打印的措辞，打印的措辞优于铅印的措辞。印刷的文字被认为是最基本的，因为保单总是铅印好的，然后需要修改时再打印，在最后的时刻需要修改又来不及打印时则手写。对于铅印字体和字体的颜色，不给予优先权，因它们只是为了强调，不具有法律上的重要意义。

第二，单独协商或额外增加的条款的效力优于格式条款的效力。附加在保单上的条款优先于保单边页上的条款，保单边页上的条款优先于保单正文中的条款。为了防止产生争议，保单中常常规定，当保单的普通条款和附注的特别条款有矛盾时，以附注的特别条款为准。如果存在几个附注条款，或者在综合保险的情况下，存在几个不同的承保约定或保险责任，为了避免可能产生的争议或矛盾，保险合同中会规定一个"首要条款"。首要条款中的规定优先于任何与之不符的其他条款。

第三，明示条款的效力优于默示条款的效力，无论默示条款是来源于履约过程、交易过程还是贸易习惯。

第四，保险合同中的数字主要出现在保单上的保险费、保险金额、现金价值等方面，相同项目的记载不一致时，大写数字应优先于小写数字。

第五，当保险单与投保单、暂保单等文件不一致时，保险单具有优先的效力。

3. 不利解释规则

保险合同通常属于格式合同，条款由保险人事先拟定，因此，不利解释规则，又称为不利于保险人的规则或疑义利益规则，是指"如果合同条款能够合理地作出一种以上的解释，那么，法庭将采用较为不利于该条款拟定方、而较有利于仅仅是该条款的接受方的解释"。"法庭的出发点是：造成含义模糊的一方应该对这种'含糊'情况负责；同时，需要防止造成'含糊'的一方利用这种含糊，并期望法庭做有利于自己的解释。"[1] 我国《保险法》第 30 条确立了保险合同的不利解释规则："采用保险人提供的格式条款订立的保险合同，保险人与投保人、被保险人或者受益人对合同条款有争议的，应当按照通常理解予以解释。对合同条款有两种以上解释的，人民法院或者仲裁机构应当作出有利于被保险人和受益人的解释。"[2] 而美国学者詹姆斯·费舍尔

---

① 陈欣：《保险法》，3 版，33 页，北京，北京大学出版社，2010。

② 在美国联邦上诉法院所审理的 Vlasto v. Sumitomo Marine & Fire Insurance Co. (Europe), Ltd. 案中，"争议点是被保险人所作的保证应当作何解释。被保险人的保证是：'（承保建筑物的）三楼是看门人的居所。'而当建筑物发生火灾时，看门人所住的地方仅占三楼的一部分，其余的地方都让给一所按摩院用于经营了。保险人认为被保险人违反了保证，因为三楼并不是仅供看门人居住。可是，主审法官的看法是：被保险人有理由认为，保险人之所以要求有一位全职看门人住在建筑物内，是为了在发生火灾或遇有宵小之辈滋事时能有人出面处理；至于这位看门人是不是把整个三楼都作为居所，这个问题和上述目的毫无关系。保险人争辩说，这项保证的目的是确保三楼不会租给那些高风险的租户。但是，因为保险人对于其他楼层并没有同样的要求，同时也因为他根本没有把这个目的告诉被保险人，指望被保险人知悉这项保证的目的是不合理的。于是，法官认定，这项保证仅仅是要求三楼有看门人居住，而不是要求三楼只有看门人居住"（［美］小罗伯特·H. 杰瑞、道格拉斯·R. 里斯满著，李之彦译：《美国保险法精解》，15 页，北京，北京大学出版社，2009）。

教授则对不利解释规则作出另一种表述：保障条款应当从宽解释，而除外责任条款应当从窄解释；保单应当按照门外汉的理解来进行解释；保单应当可能按照有利于赔付的方向解释。[1]

在我国保险司法实务中，一些法官置其他解释规则于不顾，将不利解释规则作为唯一或首要的解释规则，导致不利解释规则的滥用，违背了保险合同解释的基本目的。有鉴于此，有学者主张，保单异议首先应当按照通常理解来解释，而不利解释原则处于第二位解释规则的地位。[2] 笔者基本赞同这种看法，文意解释、目的解释规则等属于第一位的解释规则。

［保险实例］

甲作为被保险人于 2017 年 3 月向乙保险公司投保了终身重大疾病保险合同。根据合同条款的规定，保险金额是 6 000 元，而被保险人在保险责任生效以后，患有该保险合同列举范围内的重大疾病而住院治疗的，按保险金额给付保险金；同一条款中还规定：被保险人因患列举范围内的重大疾病而死亡的，按保险金额的 5 倍给付保险金。2019 年 6 月，甲因心肌梗死急性发作而入院治疗，12 天后因病情突变而死亡。于是，甲的妻子丙作为甲在终身重大疾病保险合同中指定的受益人向乙保险公司提出索赔申请。乙保险公司表示心肌梗死属于保险合同列举的 10 种重大疾病之一，理应履行保险责任，但是，在给付数额上，双方之间产生歧义：丙要求按保险金额的 5 倍支付保险金 30 000 元，理由是甲是因患保险合同约定的重大疾病而导致的死亡。而乙保险公司认为，甲患心肌梗死而住院治疗属于保险责任约定事项，则应按保险金额给付保险金 6 000 元。

如前所述，终身重大疾病保险合同是乙保险公司提供的格式条款。因此，通过本案，可以充分理解保险合同条款的适用情况，尤其是在各方当事人对于保险合同条款的含义和适用存在不同解释的时候，应按照保险法规定的法律解释原则解决当事人之间的争议，尤其是应当把握不利解释规则的适用条件和适用方式。

4. 补充解释规则

有学者认为，如果法庭使用了一切解释方法之后仍无法确定保险合同条款或词语的真正含义，则法庭可以接受合同以外的证据，对合同进行补充解释。这些证据包括：第一，合同双方的行为。合同双方的行为常常是双方意愿的有力证据。第二，商业习惯与惯例，如合同双方以往对这种合同的实际履行情况或类似交易做法、一个地区或一个行业的行业交易惯例。[3]

5. 合理期望规则

合理期望规则是指法庭应保护投保人、被保险人和受益人对有关保险合同所提供的承保范围的合理期望。[4] 适用该规则必须具备以下条件：第一，适用合理期望规则的被保险人应是普

---

① See James M. Fischer, "Why Are Insurance Contracts Subject to Special Rules of Interpretation?：Text Versus Context", 24 *Ariz. St. L. J.* 1004 (1992). 转引自［美］小罗伯特·H. 杰瑞、道格拉斯·R. 里斯满著，李文彦译：《美国保险法精解》，16 页，北京，北京大学出版社，2009。

② 参见贾林青：《论异议解释原则的法律取向》，载《保险研究》，2007 (1)。

③ 参见陈欣：《保险法》，3 版，33～34 页，北京，北京大学出版社，2010。

④ "弱化版"的合理期待主张，保单歧义是运用合理期待规则的先决条件，该规则不能凌驾于明白无误的保单措辞之上。"加强版"的合理期待规则认为，该规则不仅仅是一项解释合同的原则，其适用并不以存在歧义为前提。法官可以自行认定并适用一个合理第三人客观上会持有的合理期待，哪怕保单条款本身清楚地指向相反的结果。参见［美］小罗伯特·H. 杰瑞、道格拉斯·R. 里斯满著，李之彦译：《美国保险法精解》，20～23 页，北京，北京大学出版社，2009。

通的、没有经验的保险消费者。第二，被保险人的期望必须是合理的期望。"合理期待原则不会照顾被保险人的所有期待。换而言之，不能容许被保险人想怎么解释就怎么解释，被保险人的期待应该具有客观合理性，这是合理期待原则的核心要求。"① 被保险人的合理期望，不仅需要客观合理性，而且必须是被保险人实际主观所期望的。如果被保险人能够阅读和理解保单条款，并有足够的时间这样做，但却没有采取本来可以澄清事实的措施，那么，他以合理期望为理由提出权利主张就缺乏说服力。第三，只有不能适用其他规则解释时，方可适用合理期待规则。如果被保险人的期望来自于保险代理人的不实宣传时，被保险人的主张可以归因于保险人的不实陈述或欺诈。如果被保险人的期望是由于相信保险人关于满足被保险人的保险需求所作的口头承诺，则可以适用失权规则对抗保险人。

[实务知识]

保险法上的合理期待原则的理解和适用

合理期待原则是美国保险法首创的保险合同解释理论，一经提出就在法学界和保险实务界产生了巨大的震动，出现了赞同与质疑、批评的声音。英美国家被广泛认可的将合理期待原则运用于保险审判的案件，为 1961 年的新泽西州法院审理的 Keivit v. Loyal Protection Life Insurance Company 案。在该案中，被保险人购买了一份意外伤害保险，保单规定：对"意外人身伤害所直接导致的且不掺杂任何其他原因的损失"予以赔付，但"疾病所导致或者可归因于疾病的损失"除外。被保险人因罹患帕金森氏综合征而致残，而当他帕金森症发作时，恰好遭遇了意外事故。法院以"当公众购买保险时，他们有权得到合理期待的、全面的保险保障"为由，支持了"对最好的人寿保险不熟悉的"被保险人的理解，不支持保险人的理解，判定保险人向被保险人进行保险赔付。② 而且，合理期待原则经常会出现在保险案件的判决之中，但是，其具体的适用标准始终未能统一，表现出法官拥有自由裁量权。不过，其共同点仍然存在于——法院是运用合理期待原则来保护保险知识少得可怜的保险消费者，而不是在具体的谈判中来调整双方当事人之间的权利义务关系。概括英美学者的看法和分析，我国有的学者将合理期待原则表述为："只要投保人、被保险人或受益人在保险合同订立时，对保险人提供的保险保障产生了客观上的合理期待，此时无论保险人是否以保险合同明确将这种合理期待排除在外，法院都应当优先保护投保人、被保险人或受益人合理期待"③。

需要强调的是，合理期待原则不同于异议解释原则。明确区分这两者，是将合理期待原则适用于司法实践应当解决的首要问题。有的学者认为，合理期待原则是在异议解释原则基础上发展而来的；也有学者提出，两者之间存在数学上的交集。④ 笔者的看法是：合理期待原则与异议解释原则是各自独立的用于解释保险合同条款的法律规则，应当明确区分彼此的适用关系：如果双方当事人对于保险条款的含义存在两种以上的解释，则法院应当适用异议解释原则处理保险纠纷。而在保险合同条款的语义明确、含义清楚的情况下发生保险纠纷时，法官针对合同条款的规定内容与投保人、被保险人的理解相差甚远的案情，应当运用合理期待原则进行

---

① ［美］小罗伯特·H. 杰瑞、道格拉斯·R. 里斯满著，李之彦译：《美国保险法精解》，23 页，北京，北京大学出版社，2009。

② 参见上书，19～20 页。

③ 史卫进：《"保险空白期"成因与治理规则比较研究》，262 页，北京，法律出版社，2013。

④ 梁鹏：《保险人抗辩限制研究》，285 页，北京，中国人民公安大学出版社，2005。

裁判，保护投保人、被保险人的合法权益。正如英美学者所归纳的，"事实上，异议解释原则这种传统的解释工具与合理期待原则之间的区别在于，前者是致力于解决当事人之间含混的问题，后者致力于法官为被保险人寻找保障"[①]。

第四节　保险合同的表现形式

在我国，保险人签发的保险单是保险合同的典型表现形式，而暂保单在正式保单签发前具有与正式保单同等的效力。此外，保险凭证、批单、非格式化书面协议等，也是保险合同的表现形式。

一、保险单

（一）保险单的含义

保险单，简称保单，是在投保人与保险人订立保险合同后，由保险人向投保人签发的保险合同的正式书面凭证。根据大多数国家的法律规定，保险合同的主要表现形式是保险单，在保险业务中被普遍适用；并且，均要求保险人在保险合同订立之后，及时向投保人签发保险单，作为保险合同成立的书面证明。正如我国《保险法》第13条第1款的规定。

保险单不同于投保单。后者又称投保书或要保书，是投保人向保险人或其代理人订立保险合同的书面申请。投保单是由保险人事先准备的、具有统一格式的书据。投保单的填写，不论是出于投保人的主动，还是出于保险人或其代理人的邀请，均不影响投保单的要约性质。

保险单也不同于预收保险费的临时收据。在人身保险合同实务中，保险业务员在收到投保人的投保书和预交的首期保险费后，会给投保人出具一份临时收据而非正式发票。一些投保人误将该收据理解为保险人同意承保或保险合同成立并生效的证据。在保险法理论上也不乏律师持有这种观点，认为收费即承诺[②]，就意味着保险人同意承保，保险合同因此成立并生效。无论国外还是国内的人身保险实务中，保险人于投保人投保时预收首期保险费都是一种非常普遍的习惯做法，但这并不意味着人身保险合同自投保人预交首期保险费时即告成立。通常，保险公司在预收保险费的临时收据上都声明其对于被保险人在保险人同意承保前或保险单签发前发生的保险事故不承担任何责任，故收取保险费本身不能构成承诺，不会创制出有约束力的保险合同关系。从性质上说，投保人在递交投保申请时缴纳保险费的行为，只相当于预存一笔钱，表明投保人很认真地寻求与保险人建立保险合同关系。如果投保人撤回要约（亦即撤回投保申请），这笔保险费是需要全额退还给投保人的。[③]

如果认为人身保险合同成立于保险人预收首期保险费时，无疑是对保险人核保权的剥夺，将严重损害保险人的利益，危及人身保险业的生存。可以说，核保是保险人不可剥夺的权利，不经核保程序，没有保险人同意承保的意思表示，人身保险合同是不可能成立的。

---

① 黎建飞：《保险法的理论与实践》，155页，北京，中国法制出版社，2005。

② 参见郭钢锋：《收费即承诺——从保险的基金特性论寿险契约之生效》，载《上海保险》，1998（6）。

③ 参见［美］小罗伯特·H. 杰瑞、道格拉斯·R. 里斯满著，李之彦译：《美国保险法精解》，40页，北京，北京大学出版社，2009。

（二）保险单的类型

1. 标准保单

在保险业发展的初期，保险单的内容完全由当事人自由协商确定。随着保险业务的迅速发展，受保险习惯、保险立法和保险协会条款等影响，保险单的内容出现了标准化的趋势，并逐渐形成各种标准保单。其内容通常包括申明部分、定义部分、承保约定、除外责任、保险条件和其他条款等。申明部分主要包括投保人、被保险人需要申报的情况和保险人需要申明的与所提供的保障范围有关的情况，如保单号码，保单的起讫日期，保险人、保险代理人的名称，投保人、被保险人、受益人的姓名或名称、住所，承保标的所在的地点和状况，主险和附加险的名称，保险金额，保险费和保险费率，免赔额或免赔率等。定义部分规定了保单条款所使用的一些词语的特定含义。

2. 电子保单

近年来，随着电子商务的发展，我国保险实务中出现了不同于传统书面纸质保单的新型保单——电子保单。所谓电子保单，是指投保人与保险人按照保险公司在其互联网上设定的投保、核保、承保流程，以数据电文为载体而形成的保险单。其投保、核保、承保流程不同于传统保险合同的订立流程，实务中主要有网上业务流程和卡式业务流程等形式。

产生电子保单的网上业务流程，是指保险人在网站上对其产品进行宣传，投保人通过互联网按照保险人设定的程序进行投保，通过网银或者其他方式缴费，保险人通过网上系统进行核保、承保并生成电子保单。

产生电子保单的卡式业务流程，是指保险人通过业务员或者保险代理人电话、邮件或面对面的宣传，消费者购买相应保险产品的自助保险卡、领取产品说明手册后，在保险公司网上自助激活保险卡，通过保险公司的网上数据电文审查后生成电子保单。因此，产生电子保单的卡式业务流程分为两个阶段：一是消费者与保险业务员或代理人之间交易自助保险卡的行为，二是保险卡购买人或受让人或其受托人登录保险公司网站激活保险卡的行为。

交易自助保险卡时，要向客户一并交付产品说明手册，其中一般载有产品激活程序、激活期限、注意事项、保障内容、投保对象、保险费与份额限制、投保规定、保险责任、责任免除、索赔指引等内容，并摘录部分保险条款。

自助保险卡的激活程序，就是持卡人或其受托人按照卡式业务的投保流程，通过网上操作，即登录保险公司网站主页后，点击自助卡投保，再点击注册，输入卡号和密码，进入该险种的投保声明页面，经保险公司的网上数据电文审核程序审核通过后，自动生成电子保单的过程。激活过程中，投保人须根据保险公司网上的提示内容，逐项点击"同意"并"确定"后，才能进入后续的激活程序，直至出现电子保单信息样本，再经点击确认后结束激活流程，生成并下载打印的电子保单。

[保险实例]

原告Z等诉称：2017年3月12日，保险营销员X代理甲保险公司向其推销一份"家福乐（B款）"的家庭自助保险，保险费150元，并将一张家庭自助保险卡交给Z。自助保险卡正面"保障项目"部分载明：意外伤害保险金额为150 000元，意外伤害医疗保险金额为5 000元，意外住院津贴30元/天，保险期限为1年，保障全家。该卡背面印制的内容有：卡号、密码；投保流程：登录某某网址点击自助卡激活投保——输入卡号、密码——填写投保信息——确认获得电子保单号码接收或打印电子保单；持卡人需在本卡有效期内按照投保流程进行投保，本卡所对应的保险合同于本卡激活次日零时起生效，对于保险合同生效前所发生的意外伤害保险公司不承担保险责任。2017 年 10 月 20 日，Z 驾驶着普通二轮摩托车外出，其妻乘坐在该摩托车后座上。该摩托车行驶途中发生了交通事故，致 Z 和其妻受伤，其妻经送医院抢救无效死亡。交警部门认定：该道路事故属交通意外事故，Z 及其妻均无责任。此后，原告凭据上述家庭自助保险卡向甲保险公司索赔未果，遂诉至法院，请求法院判令被告甲保险公司赔偿保险金52 390 元。

被告甲保险公司辩称：本案所涉电子保单的保险期限自 2017 年 10 月 30 日起至 2018 年 10 月 29 日，但由于 Z 在其本人及其妻受伤的交通事故发生之前，并未上网激活该自助保险卡，表明 Z 和其妻因交通事故而受伤的事实发生在保险合同成立、生效之前，即未发生在保险责任期限内，故不构成保险事故，保险公司不应理赔。请求法院驳回原告的诉讼请求。

保险营销员 X 作为本案的第三人未到庭，但其庭前通过原告代理人向法庭递交了陈述意见，称涉案的电子保单是其作为乙保险代理有限公司的员工期间向原告 Z 出售的，属于职务行为，与其个人无关。对此，原告 Z 的意见是，Z 已于 2018 年 10 月 30 日要求保险代理公司协助理赔时，委托其代为激活了案涉自助保险卡。因此，原告认为保险代理人未及时履行代激活自助保险卡的义务，其行为存在过错，并因此要求保险代理公司承担赔偿责任。

可见，本案的争议焦点为：本案所涉交通事故是否发生在保险人承担保险责任的责任期限之内，是否构成保险事故？激活自助保险卡是否应当由原告 Z 本人实施，而保险代理人是否有代激活的义务？

显然，本案例有助于结合我国的保险实务来理解电子保单作为新兴的保单模式的法律特点和适用情况，其中，需要重点考虑的是：(1) 购买自助式保险卡之行为的法律性质；(2) 激活自助保险卡行为的法律价值；(3) 如何看待激活保险卡与保险合同成立或生效之间的关系？

(三) 保险单的作用

1. 保险单是保险合同成立的重要的书面证据

投保人持有的保险单是证明当事人之间存在保险合同关系的书面证据。除非能够证明保险单是伪造或变造的，保险人无法否认投保人、被保险人或受益人提供的保险单的证据效力。不过，切忌将保险单作为保险合同成立的唯一证据，或错误地得出在保险人签发保险单之前保险合同不成立的结论。因为，保险合同的当事人可以约定采取保险单之外的其他书面形式，而且，根据我国《保险法》第 13 条的规定，自保险人同意承保至保险人签发保险单或其他保险凭证之前的期间，当事人之间仍然存在着保险合同关系。因此，没有保险单并不意味着保险合同关系必然不存在。

2. 保险单是确定保险合同权利和义务的书面依据

虽然保险单载明了当事人双方约定的合同内容，是保险合同最重要的组成部分，并可据此确定保险合同当事人、关系人的具体权利和义务，保险人和投保人、被保险人应当按照保险单记载的合同内容履行义务、行使权利，但保险单本身并不等于保险合同，因为：保险合同的内容除了保险单上载明的之外，还包括投保人的投保单、保险人对保险单的批单等所记载的内容，保险合同也可以采取保险单之外的当事人约定的其他书面形式，甚至非书面形式。因此，这些形式载明的内容也是确定保险合同内容的依据。

3. 保险单是保单所有人或持有人享有保险权益的重要证据

保险权益又称保单权益或保单利益，通常包括保险事故发生后请求和受领保险给付或赔付的权利、退保的权利、领取保单现金价值的权利、保单质押的权利、保单转让的权利等。保单权益通常属于投保人享有，投保人将保单权益的部分或全部转让给被保险人或受益人、第三人的，则由被保险人、受益人或第三人享有部分或全部保单权益。英美保险法和保险实务中有保单持有人或保单所有人的称谓，我国《保险法》上使用了投保人、被保险人、受益人的概念。一般而言，投保人更接近保险单所有人的概念，被保险人、受益人更接近保单持有人的概念。

4. 保险单是保单所有人在某些情形下可以转让的保险证券

保险单具有证券作用。在某些特定的财产保险中，保险单可以被制作为指示证券或无记名证券，随保险标的物所有权的转移而转移，保险标的物的受让人依保险单而享有保险权益。如海上货物运输中的保险单可以随着货物提单而转移。在人身保险特别是人寿保险中，具有现金价值的保险单可以作为权利证券转让或质押。

（四）保险单的转让

在财产保险中，保险单通常随着保险标的的转让[①]而转让，即随着保险标的的转让，保单权益转让给受让人。财产保险合同的保险标的因继承、赠予、买卖等原因发生转让者，保单上原被保险人的权利和义务可以按照法律规定或合同约定的程序发生变更，转让给保险标的的受让人。我国《保险法》第49条第1.2.4款规定："保险标的转让的，保险标的的受让人承继被保险人的权利和义务。""保险标的转让的，被保险人或者受让人应当及时通知保险人，但货物运输保险合同和另有约定的合同除外。""被保险人、受让人未履行本条第二款规定的通知义务的，因转让导致保险标的危险程度显著增加而发生的保险事故，保险人不承担赔偿保险金的责任。"

在人身保险合同中，受益人的变更可导致保单权益的转让。人身保险合同成立后，投保人可以变更受益人，投保人与被保险人不是同一人的，应经被保险人同意。我国《保险法》第41条规定："被保险人或者投保人可以变更受益人并书面通知保险人。保险人收到变更受益人的书面通知后，应当在保险单或者其他保险凭证上批注或者附贴批单。""投保人变更受益人时须经被保险人同意。"第34条第1款规定："按照以死亡为给付保险金条件的合同所签发的保险单，未经被保险人书面同意，不得转让或者质押。"

二、暂保单

（一）暂保单的含义和内容

暂保单，又称为临时保险单，是指在保险单或保险凭证签发之前，保险人向投保人签发的临时保险证明。

暂保单的内容较保险单简单，仅载明被保险人的姓名或名称、保险标的、承保险种、保险金额、保险期限等主要事项，有关保险责任、责任免除及当事人的权利和义务等内容则以嗣后签发的保险单的规定为准。

---

① 保险标的转让与保险合同利益的转让、保险合同本身的转让是三个既有区别又有联系的问题。参见［英］约翰·伯茨著，陈丽洁译：《现代保险法》，107~114页，郑州，河南人民出版社，1987。

（二）暂保单的适用和效力

签发暂保单不是订立保险合同的必经程序和必要形式，而是特别情形下的特殊程序。在保险实务中，适用暂保单的情形主要有以下几种：一是保险人在保险代理人接受投保人的投保申请而尚未办妥保险单手续之前，可以向投保人签发暂保单；二是保险公司的分支机构因其经营权限或内部程序的限制，在接受投保申请后、获公司批准之前，可以向投保人签发暂保单；三是在投保人与保险人双方已就保险合同的主要条款达成协议，但因某些原因不能出具保险单，如尚有某些条件需要继续协商，或保险人对承保危险尚需进一步查证，以确定相应的保险费率，或需要微机统一处理等；四是保险人在出具保险单或保险凭证前，可先出具暂保单，作为出口贸易结汇的凭证之一，证明出口货物已经办理保险。

在国外人身保险实务中，保险代理人当收到首期保险费时，通常签发一种不同于暂保单的附临时保障的保险费收据。这种收据既不同于一般的保险费临时收据，也不同于暂保单。一般的保险费临时收据，仅仅证明保险人收到了作为或相当于首期保险费的款项，而不提供任何保险保障，在收据背面通常印有"保险人对保险单签发之前的被保险人发生的保险事故不负保险责任"，而附临时保障的保险费收据却对核保期间被保险人的某些风险提供保险保障。但这并不意味着保险合同已经成立，或与暂保单具有同样效力，因为，保险人所提供的保险保障可能仅仅针对被保险人的意外死亡，并且保险金额也远远低于保险单约定的保险金额。一旦保险人承保或拒保，临时保障就会同时失去效力。

保险人签发的暂保单在正式保单签发前具有与正式保单同等的效力，虽然暂保单不是正式保单，但保险人签发暂保单即意味着保险合同成立。暂保单的法律效力通常与正式保单完全相同，但有效期较短，通常从 15 日到 30 日不等，具体期限由保险人在暂保单上加以规定。在暂保单载明的有效期内或正式保单签发前，如果发生约定的保险事故，保险人应依约承担保险赔付责任。当正式保单交付时，暂保单即自动失效。正式保单签发前，保险人也可以终止暂保单的效力，但须提前通知投保人。

暂保单的适用，既有助于保险人抓住有利商机，招揽保险客户，扩大保险业务，又有助于保险人在暂保单的有效期内合理评估风险，及时作出科学的核保结论。保险人进退有据：对于符合承保要求的客户可以签发保险单，对于不符合承保要求的客户可终止暂保单的效力。

暂保单的适用，对保险客户也是非常有利的：它合理分配了投保后、保险单签发前的被保险人的保险风险，为被保险人提供了与正式保单一样的短期保险保障。

虽然暂保单具有上述积极作用，但保险人绝不会对所有投保申请都签发暂保单。签发暂保单是保险人的权利，而非义务；是保险合同订立的特殊情形，而非普遍现象或正式保单签发前的必经程序。

三、保险凭证

（一）保险凭证的含义和内容

保险凭证，又称为小保单，是指简化的保险单，即简化的保险合同文本。

在保险凭证上不附印保险合同的条款，仅记载投保人或被保险人的姓名或名称、保险凭证号、保险险种、保险金额、有效期限等主要内容，保险凭证的内容，均以同一险种的保险单的内容为准。

（二）保险凭证的适用与效力

保险凭证通常在下列情况下使用：第一，保险人承揽团体保险业务时，由于其出具的保险单一般由团体负责人保管，所以保险人须对团体的成员分别签发保险凭证，作为他们参加保险的证明。第二，在运输货物保险中，通常除了签订预约保险合同外，还应对每一笔运输货物单独出具保险凭证。第三，对于机动车辆第三者责任险等强制保险，为便于被保险人随身携带，供有关部门检查，保险人通常出具保险凭证。第四，在保险实务中，还有一种简化的保险凭证——联合凭证。它主要适用于国际贸易中保险公司与外贸公司的合作，是国际贸易的发货票与保险单的结合形式，即在发货票的一角附印承保险别和保险金额，由外贸公司在出具发货票时一并办理，其他项目，如货物名称、数量等，均以发货票所列为准。保险事故发生后，按承保险别有关条款理赔。

保险凭证与保险单的效力完全相同，也是正式的保险文本，而非临时的保险凭证。

四、批单

（一）批单的含义和内容

批单是当事人在保险合同有效期间内变更合同条款时采用的书面证明文件，它是保险人根据投保人的要求，并经保险人同意后，由保险人签发的，确认当事人双方所变更的保险合同内容的法律文书。

一般情况下，保险人可在原保险单或者保险凭证上进行批注，也可以由保险人另行出具一张格式性批单，粘贴在保险单或保险凭证上，并加盖骑缝章。批单副本则由保险人粘贴在原保险单的单底上，以备理赔时核查。批单一经出具，就成为保险合同的重要组成部分。

保险人签发批单时，应先列明其基本项目，如批单日期、批单号码、保险单号码、被保险人或投保人名称、保险金额等，然后，再将批改的内容载入批单。在保险实务中，保险人往往事先制作与其开展的保险业务相配套的各种格式化批单，供投保人在变更保险合同时选择使用，其格式内容涉及具体险种险别中可能变更的各项内容。

（二）批单的适用与效力

我国《保险法》第20条规定："投保人和保险人可以协商变更合同内容。""变更保险合同的，应当由保险人在保险单或者其他保险凭证上批注或者附贴批单，或者由投保人和保险人订立变更的书面协议。"批单适用的情形通常有：因保险危险程度的显著增加或减少而引起的保险费费率的提高或降低、保险费的增加或减少；保险标的内容的改变或范围的增减；保险金额的提高或降低；保险标的所有权的转移或坐落地点的改变；保险期限的延长或缩短；保险受益人的变更，等等。

批单上批改的内容，应当是法律和相应的险种险别允许批改的。我国《保险法》第41条规定："被保险人或者投保人可以变更受益人并书面通知保险人。保险人收到变更受益人的书面通知后，应当在保险单或者其他保险凭证上批注或者附贴批单。""投保人变更受益人时须经被保险人同意。"如未经被保险人同意，则保险人不予批注。如果批单变更的事项涉及保险金额的增加或保险责任的扩大的，则应在保险人与投保人均不知有任何事故发生之前申请批改，如果投保人已知事故发生而隐瞒真相，骗取保险人出具批单的，则保险人可主张批单无效或撤销。

批单本质上是保险人为了对保险单或保险凭证内容进行变更而出具的一种书面凭证。变更保险合同通常由投保人提出申请，经保险人同意后，由保险人出具批单。批单一经出具，就产生相应的变更保险合同的效力，当事人应当按照批单所变更的保险合同的内容履行合同义务，享受合同权利。

五、非格式化书面协议

根据我国《保险法》第13条第2款的规定，保险合同当事人除采用保险单或者其他保险凭证载明双方约定的合同内容外，也可以约定采用其他书面形式载明合同内容。

在大型企业的特别财产或大型赛事活动的特别风险的保险实务中，保险人会根据投保人的特别要求，为其"量体裁衣、量身定做"特别的保险条款。这种保险合同不可能是格式化的保险条款，只能是非格式化的一对一的书面保险协议。由于这类保险合同条款所涉及的险种并非基本险种，与社会公众利益关系也不密切，所以，根据我国《保险法》第135条的规定，其保险合同条款不必事先呈请国务院保险监督管理机构批准，但应当报国务院保险监督管理机构备案。

[保险实例]

2013年2月9日，甲以本人为被保险人向A保险公司投保了某款两全保险（分红型），受益人一栏为空白，保险期间5年，保险金额11 000元，意外身故保险金按3倍基本保险金额给付，保险费1 000元。其中，责任免除条款规定，被保险人无合法有效驾驶证驾驶或驾驶无有效行驶证的机动车的，保险人不承担赔偿责任；但是，保险合同、责任免除条款以及保险条款的释义中，均没有对机动车的认定标准作出规定。甲在投保单的投保人签名处签字，并于当日足交了全额保险费，保险合同于次日生效。

2016年9月5日，甲因交通事故意外死亡，交管部门于2016年9月28日出具的交通事故认定书认定：2016年9月5日5时40分左右，案外人丙驾驶轿车由南向北行驶至某十字路口，遇有甲驾驶未经登记的轻便二轮摩托车由西向东行驶，相撞发生交通事故，丙负事故主要责任，甲负次要责任。甲的法定继承人乙要求A保险公司按保险合同约定，向其赔偿意外身故保险金33 000元。因A保险公司答复拒赔，乙遂诉至法院，请求法院判令被告A保险公司履行保险责任。

庭审中，原、被告双方的分歧集中在A保险公司是否应当承担保险责任，而争议的关键在于案涉被保险人甲驾驶的车辆是否属于机动车。鉴于保险条款中没有对机动车的认定标准作出规定，双方就该保险条款所称的机动车如何定义存在不同解释。原告乙认为，涉案事故车辆的产品说明书及产品检验合格证均显示，涉案车辆为助力车。主观上被保险人没有违反保险条款规定的恶意，客观上涉案排量为48cc的车辆无须在交管部门登记，亦无法取得机动车号牌，不应根据责任免除条款理解为机动车而适用责任免除条款来免除A保险公司的保险责任。被告A保险公司则认为，根据交管部门出具的交通事故认定书、物证检验意见书，以及交通事故车辆技术检验报告，涉案车辆为轻便摩托车，应解释为机动车辆，符合责任免除条款中规定的免责情形，故保险人不承担赔偿责任。

学习本案的实务价值在于，有利于理解保险人履行保险责任所需条件，并实际掌握认定保险责任归属有可能涉及的复杂情况。

[实务知识]

从劳氏 S. G. 保险单到新的海上保险单——海上保险的一次"悄悄的革命"

劳氏 S. G. 保险单（劳氏船货保险单）从 1779 年开始在伦敦保险市场上采用，至 1795 年已在英国保险市场上取代了其他所有的海上保险单而一枝独秀，成为船舶保险与货物运输保险的标准格式化保险单。1749 年，劳氏 S. G. 保险单又被扩大适用于运费保险。而英国的 1906 年《海上保险法》将劳氏 S. G. 保险单列为该法附件一，并推荐为签订海上保险合同的范本。此后近一百年间，劳氏 S. G. 保险单不仅左右着英国的海上保险市场，而且为各国的海上保险单所参考或者仿效。英国海上保险市场对世界海运市场和保险市场的垄断性影响由此可见一斑。

劳氏 S. G. 保险单作为格式化保险单包括 16 个标准条款：（1）说明条款；（2）转让条款；（3）不论灭失与否条款；（4）保险单生效期限或航程起始条款；（5）保险标的条款；（6）船舶和船长名称条款；（7）保险责任的开始、继续、终止条款；（8）停留条款；（9）保险金额和估价条款；（10）承保危险条款；（11）施救整理条款；（12）放弃条款；（13）约束条款；（14）保险费条款；（15）证明条款；（16）附注条款。

不过，在适用劳氏 S. G. 保险单的同时，海上运输市场和海上保险市场出现重大发展变化，劳氏 S. G. 保险单的局限性也日渐显现。于是，人们不断听到指摘劳氏 S. G. 保险单的声音，其中，联合国贸易和发展委员会在 1975 年提交的"海上保险—海上保险合同的法律和文件问题"报告，对劳氏 S. G. 保险单的批评最为尖锐，由此触动了英国海上保险市场。

为了确保其在海上保险市场的主导地位，作为一种回应，英国设计了新的标准格式保险单，拟定新的保险条款，并自称这是一次"悄悄的革命"。具体过程是，由劳合社的海上保险人成立的"劳氏保险人协会"与"伦敦海上保险人协会"组成"联合货物委员会"和"联合船舶委员会"，起草新的保险单和保险条款。修改的着眼点主要有：一是用现代的含义、明确的语言取代过时且晦涩难懂的内容，二是移植劳氏 S. G. 保险单有价值的内容。1982 年 1 月 1 日，英国伦敦保险市场启用新的海上保险单和新的协会货物保险（A、B、C）条款。继而，自 1983 年 10 月 1 日启用新的协会船舶（定期/航次）保险条款。相应地，劳氏 S. G. 保险单相继从 1983 年 4 月和 10 月起退出了英国伦敦海上保险市场。自此，劳氏 S. G. 保险单终于结束了其辉煌的历史使命。而新的海上保险单取代劳氏 S. G. 保险单，完全是如今海上运输市场和海上保险市场的客观要求。

练习与思考

1. 什么是保险合同的主体？如何认定其范围？
2. 保险合同的客体与标的有什么区别？
3. 保险人在保险合同中的义务是什么？
4. 如何适用不利解释原则？
5. 保险单的地位和作用是什么？

第五章

保险合同的订立、生效与效力变动

本章概要

　　保险合同合法、有效是当事人实现其签约目的的前提，因此，研究和把握保险合同的效力表现，就是学习本章的任务。保险合同在保险实务中的适用情况复杂多样，其效力会受到各种因素的影响而发生合同变更、转让和解除，甚至出现保险合同特有的效力中止（失效）和恢复（复效）。这些是学习本章所需掌握的法律要点。并且，应当结合保险实务，理解保险合同的成立、生效，合同的变更、解除，以及失效和复效等法律现象的适用情况。

重点知识

　　保险合同的订立程序（投保与承保）

　　保险合同的成立与生效

　　订立保险合同过程中的缔约义务（如实告知义务与条款说明义务）

　　保险合同之保险责任的开始

　　保险合同效力的中止与复效

　　人身保险合同的转让

　　财产保险合同的转让

　　保险合同的解除原因与解除效果

第一节　保险合同的订立

一、保险合同的订立程序

　　我国《保险法》规定，保险合同的订立程序包括投保和承保两个阶段，但我国《合同法》规定，合同的订立程序是由要约和承诺组成。因此，关于保险合同的订立程序的内容，应当结合《保险法》和《合同法》两者的规定予以理解和分析。

　　（一）投保

　　1. 投保的概念和法律性质

　　所谓投保，是指投保人以订立保险合同为目的，向保险人提出要求订立保险合同的意思表示。投保人可以自行向保险人投保，也可以委托其代理人向保险人投保。保险经纪人也可以根据投保人的委托，代理投保人与保险人进行保险合同的谈判与磋商。投保应当是投保人的自愿行为，不受任何他人的干涉。除了法律和行政法规规定的强制性保险以外，保险公司和其他单位不得强迫投保人订立保险合同。

保险合同的订立是投保人提出投保请求，要求与保险人订立保险合同，保险人在接收到投保请求后，通过核保作出同意承保与否的意思表示。因此，在一般意义上，投保人的投保行为具有合同法上的要约属性，投保人提出投保请求后、在保险人作出承保前，投保人可以随时撤销投保请求。但在约定有犹豫期（犹豫期指自投保人收到保险合同并签字之日起的 10 日内）的人身保险合同中，投保人在犹豫期内可以请求撤销保单，收回全部已缴纳保险费，保险公司只收不超过 10 元的工本费。[①]

投保人的投保不能完全等同于要约。在下列情况中，投保人作出的投保行为不是要约而是承诺，而保险人的承保构成了要约：一是保险人以柜台销售保险的，如机场代销的航空旅客意外伤害保险、客运机构代销的乘客意外伤害保险等，代销机构出售保险单为要约，乘客出资购买为承诺；二是保险人向投保人作出放弃核保权的续保保险单，即在保险期间届满前，保险人向投保人发出续订通知的，该续订通知即为要约，投保人对续订通知的接受为承诺。[②]

2. 投保的方式

通常，投保行为表现为投保人填妥书面投保单并将投保单交付给保险人或保险人的代理人。法律亦允许投保人采用书面形式以外的其他投保方式，如投保人可以口头、电话、互联网或其他电子数据传输等方式向保险人提出投保请求。

投保人是通过填写和交付投保单的方式，向保险人提出投保请求，所以投保单中应当载明相关保险合同的基本内容，如保险险种、保险标的、保险金额、保险期间、投保人和保险人的基本情况等。投保单是由保险人依固定格式事先印制，投保人按要求自行填写和签字、盖章后向保险人提交。如有他人代为填写的，只要投保人在投保单上的签字、盖章，具有如同投保人自行填写的法律后果。

3. 投保行为的限制

为防止引发道德危险，保护被保险人的人身安全和财产利益，我国《保险法》对投保人的投保行为施以限制：一是投保人不得为无民事行为能力人投保以死亡为保险金给付条件的人身保险，但父母为未成年子女投保的除外；二是父母为其未成年子女投保以死亡为给付条件的人身保险的，其死亡给付保险金额总和不得超过保险监督管理机构规定的限额。

[保险实例]

2017 年 11 月 30 日，A 与保险公司签订了一份人身保险合同，投保人为 A，被保险人为 B（A 之弟），生存受益人为 B，死亡受益人为 A；保险险种为：（1）福安保险，保险金额为 40 000 元，保险费为 1 400 元，保险期间为终身；（2）康宁终身保险，保险金额为 20 000 元，保险费为 586 元，保险期间为终身；（3）康宁终身保险附加住院补贴保险，保险金额为 3 600 元，保险费为 50 元，保险期间为 1 年。上述各保险险种的保险责任均自 2017 年 11 月 30 日零时起。投保时，A 未就被保险人 B 患有糖尿病的事实在投保书上如实填写，并代 B 在投保书的"被保险人签字"一栏中签字。2018 年 11 月 2 日，被保险人 B 因病去世，A 以受益人的身份向

---

① 参见中国保监会《关于合理购买人身保险产品的公告》（保监公告〔2012〕6 号）。
② 参见韩长印、韩永强：《保险法新论》，93 页，北京，中国政法大学出版社，2010。

保险公司索赔。同年12月18日，保险公司向A发出"赔案处理通知书"，内容为：因A在投保时未尽如实告知义务，保险人不承担保险责任，并不退还保险费。

2018年12月，A以保险公司不履行人身保险的合同义务为由，对其提起诉讼，要求保险公司依照人身保险合同的约定给付保险金。本案的争议焦点是，A以其弟B为被保险人投保人身保险合同，但是，A代签字的效力应如何认定。

借助本案，可以从被保险人签字的角度，理解投保人、被保险人与保险人、保险代理人等签约的参与者在订立保险合同过程中的地位，以及代签字行为对保险合同效力的影响。

(二) 核保

1. 核保的概念

核保是指保险人在对保险标的的信息全面了解和核实的基础上，对风险进行评判与分类，进而决定是否承保和适用何种费率的审核行为。在保险实务中，核保是保险人决定是否承保的核心环节。保险人通过建立核保制度对投保人的投保进行审核，一方面，可以排除不合格的保险标的，防止带入不具有可保性的风险，从而有效控制被保险人所转嫁的风险水平；另一方面，可以辨别保险标的的危险程度和危险类别，按不同标准进行承保和适用费率，保障保险人的营业收益。因此，核保在保险营业中是确保承保业务质量的关键，严格规范核保工作，是降低赔付率、增加盈利的重要手段，也是衡量保险人经营管理水平的重要指标。

2. 核保的内容

在保险实务中，主要是通过对以下信息了解和掌握来完成核保工作的：一是投保人在投保时告知的资料，其中，投保单和风险询问表是最原始的保险记录，保险人可以从投保单和风险询问表的填写事项中获得信息，以对风险进行选择。二是保险人的业务员或代理人在销售过程中所获取的大量有关保险标的的情况。其寻找准客户和进行销售的活动实际上就开始了核保过程，必要时核保人员可以向销售人员直接了解情况。三是对于投保单上未能反映的保险标的的物和被保险人的情况，可以进一步向投保人了解。四是对保险标的、被保险人面临的风险情况进行核定和查勘，称为核保查勘。在人身保险中委托或指定医疗机构对被保险人健康状况进行医学体检，用以了解和掌握保险标的和被保险人的实际情况。

3. 核保决定的作出

保险人专设核保机构对投保人和保险标的进行核保，除个别短期险种外，核保是保险人承保前的必经程序。根据核保机构的核保结论，保险人对于不符合承保条件的予以拒保，并通知投保人不予承保；保险人对于符合承保条件的，作出承保的决定，或者对于基本符合承保条件的，作出加费承保决定，承保后应签发保险单或保险凭证送达投保人。

4. 暂保单

暂保单是指对于投保人自投保之时起至保险合同成立时止的期间内发生的保险事故，保险人承诺对被保险人给予提供相当于保险合同约定的保险责任的临时性保险合同。通常，暂保单是在正式保险单签发之前，保险人向投保人签署的临时性保险合同。保险人以出具暂保单或作出暂保承诺的方式成立临时性保险合同。暂保单这种临时性保险合同的效力自出立时起成立至保险人作出承保时止或自暂保单出立时起满30天终止。

暂保单的出立不是订立保险合同的必经程序，但暂保单的出具可以使保险人有足够的时间进行核保和对风险进行评估，从而决定是否签发正式保单，但如果保险人经全面评估后，认为拟承保风险太大而不宜承保的，可以不承保，从而不受长期承保义务之约束；暂保单的出具也能给被保险人尤其是急需保险保障之人提供临时保险，被保险人可以立刻获取保险保障；也可以起到防止投保客户在保险人核保期间被其他保险人挖走的作用。[1]

（三）承保

1. 承保的概念和法律性质

所谓承保，是指保险人对投保人的投保请求表示接受的行为。承保可以口头、书面方式作出，也可以其他明示的方式作出。多数情况下，保险人作出的承保构成了合同法上的承诺，保险人承保的法律后果是保险合同成立。但如果保险人在承保时修改或增减了投保人的投保事项或条件而予以承保，其修改或增减投保人的投保事项或条件部分的承保应属于保险人提出的反要约，应当由投保人作出承诺。因此，不能将保险人的承保一概认定为合同法上的承诺。

2. 承保的方式

根据保险法的规定，承保的方式是由保险人作出同意承保的意思表示，它通常是以书面形式作出承保，也可以以口头或电子数据传输等方式作出承保。

在保险实务中，因财产保险和人身保险的差异，承保方式有所不同：对于短期的财产保险合同、健康保险合同和意外伤害保险合同的承保，可以由保险人内设的核保机构核保后予以承保，也可以由保险人授权的保险代理人和保险营销员直接办理承保事宜；但对于重要的财产保险合同、人寿保险合同、长期的健康保险合同和意外伤害保险合同的承保，应当是在通过保险人内设的核保机构核保后，保险人办理承保手续，保险代理人和保险营销员无权作出承保决定。

3. 推定承保

在保险实务中，保险人在收到投保单和保险费后的合理期限内既未作出承保决定，又未作出拒保决定，是否能认定保险合同已经成立？我国合同法理论认为，承诺不能以默示方式作出，且我国《保险法》也没有对承保作出期限上的限定，因此结论是不能认定保险合同成立。但是从保护投保人、被保险人和受益人的利益的立场，笔者认为，我国《保险法》应当借鉴韩国《保险法》的经验[2]，设立一个合理期间为保险人的承保期限，以使保险人在收到投保单和保险费后有充分时间进行核保并考量作出承保与否的决定；在超过合理期间保险人仍未作出承保或拒保决定的，出于保护投保人信赖利益的需要，参照最高人民法院关于推定合同成立的司法解释的规定[3]，应当推定保险合同已经成立，保险人自该合理期间届满时起承担保险责任。

之所以针对上述"保险人未在合理期间完成核保并通知投保人，视为同意承保"的问题，笔者主张适用推定保险合同成立的观点，原因是保险合同是保险人事先拟制条款而由投保人选择是否投保的附合性合同，在保险人收到投保单和保险费后的合理承保期限内既未作出承保决定又未作出拒保决定的情况下，认定保险合同成立，是保护投保人、被保险人和受益人利益的

---

[1] 参见温世扬：《保险法》，2版，78页，北京，法律出版社，2007。

[2] 《韩国商法》第638条之二规定：若无其他约定，保险人应自接到投保人填写的保险合同的要约及支付全部或一部分保险费时，应于30日内向对方发送承诺与否的通知。但是，人寿保险合同的被保险人应当接受体检时，该期间应从接受体检之日起计算。保险人在依前款规定的期间内，怠于发出承诺与否的通知，视为已予以承诺。

[3] 最高人民法院《关于适用〈中华人民共和国合同法〉若干问题的解释（二）》第2条规定：当事人未以书面形式或者口头形式订立合同，但从双方从事的民事行为能够推定双方有订立合同意愿的，人民法院可以认定是以合同法第十条第一款中的"其他形式"订立的合同。但法律另有规定的除外。

一项有效措施。这能够使我国《保险法》在克服"保险空白期"问题上与国际通行规则接轨。

4. 承保的法律后果

根据我国《保险法》第 13 条的规定，投保人提出保险要求，经保险人同意承保，保险合同成立。因此，保险人作出承保决定的法律后果是保险合同成立。一般情况下，保险人作出的同意承保的意思表示应当与投保人的投保要求一致，即形成意思表示一致，保险合同才成立。但保险人作出的同意承保的意思表示修改了投保人的投保要求时，保险合同是否成立？笔者认为，参照《合同法》第 37 条的规定①，在保险人承保前已经收取了投保人支付的保险费的情况下，应当认定为当事人意思表示"拟制合致"，保险合同成立。

保险人作出同意承保的意思表示，不能等同于保险人签发保险单或保险凭证，保险单或其他保险凭证的签发是保险合同成立的证明。根据我国《保险法》第 13 条关于"投保人提出保险要求，经保险人同意承保，保险合同成立。保险人应当及时向投保人签发保险单或者其他保险凭证"的规定，保险单或其他保险凭证应当是保险人在作出同意承保的意思表示的保险合同成立后，依法及时向投保人签发的法律文件。签发保险单或其他保险凭证是保险人在保险合同成立后的合同义务。

二、投保人在保险合同订立时的如实告知义务

(一) 投保人之如实告知义务的概念与性质

1. 投保人的如实告知义务

告知义务是指投保人或被保险人在保险合同成立之前依法承担的特别义务。各国保险法均规定，投保人或被保险人在保险合同订立时，应当将与保险标的有关的重要事项，如实告知保险人，即作出如实的陈述和说明。我国《保险法》第 16 条亦确立了投保人的告知义务。

投保人的如实告知义务制度的功能在于，通过投保人对保险标的或被保险人的风险说明和陈述，使保险人较全面地了解保险标的或被保险人的风险状况，以准确地预估危险。投保人履行告知义务是保险在技术上的特殊要求，因为保险人所承保的危险是处于不确定状态的危险，只有投保人就有关保险标的的重要事实向保险人如实地作出陈述和说明，保险人才能对保险标的物的危险发生程度进行正确的估计以决定是否承保，并且依此合理确定保险费率的适用，计算应收保险费。

2. 投保人的如实告知义务的性质

其一是先契约性。我国《保险法》第 16 条②规定，告知义务是在保险合同成立前投保人应当承担的法律义务。因此，告知义务不属于合同义务，而是投保人在保险合同订立前应当承担的法定义务。其二是法定性。投保人如实告知义务的产生依据是法律的规定，因此，这一义务属于投保人的法定义务，而不是保险合同当事人的约定义务。不论当事人是否在保险合同中作出约定，投保人均须依法履行，不得被任意免除如实告知义务，例如，签订人身保险合同时，保险人要求被保险人到指定的医疗服务机构进行体检。但是，这类体检是保险人提供的保险服务，并非保险法赋予的义务，因此，它不能替代投保人承担的如实告知义务，故而，"保险合

---

① 《合同法》第 37 条规定：采用合同书形式订立合同，在签字或者盖章之前，当事人一方已经履行主要义务，对方接受的，该合同成立。

② 我国《海商法》第 222 条要求被保险人承担如实告知义务。

同订立时，被保险人根据保险人的要求在指定医疗服务机构进行体检，当事人主张投保人如实告知义务免除的，人民法院不予支持"[《解释（三）》第5条第1款]。其三是间接性。虽投保人的如实告知义务是法定义务，但保险人不能强制投保人或被保险人履行该义务。在投保人违反如实告知义务时，保险人不能请求损害赔偿，而仅能对违反义务人课以一定不利益之法律上的拘束，以收间接强制其行为之效果。[①]

（二）投保人如实告知义务的履行

（1）如实告知的内容。各国保险法均规定，告知义务人履行告知义务，应当以与保险标的有关的事实为内容，但仅限于重要事实。所谓应当告知的"重要事实"，在采用书面询问主义的立法例下，是指保险人就保险标的或者被保险人的有关情况提出的询问，告知义务人对该询问的内容负有如实告知义务；对于保险人书面方式提出的询问以外的事项，告知义务人不负有告知义务。在采用主动申告主义的立法例下，评价"重要事实"的标准是影响谨慎的保险人确定保险费或决定其是否承保的每种情况，告知义务人除对于保险人所询问的事项负有告知义务外，对于保险人虽未询问但足以影响预估危险的事项，告知义务人就其所知事实也负有主动告知的义务。

（2）我国《保险法》采用书面询问主义的立法例，其规定的投保人或被保险人如实告知的内容，仅限于保险人提出询问的投保人知道或者应当知道的事项。在保险实务中，保险人设计的交由投保人或被保险人在投保时填写的风险询问表、告知书，是保险人"提出询问"的书面形式。但保险人在询问表、告知书等上面采用"其他""除此以外"等兜底式询问方式的，应视为保险人没有询问。而且，如实告知的内容，应限于保险合同成立前所发生的事实，因为，告知并非保险契约的一部分，保险合同成立后的事实不在告知范围。

（3）如实告知义务的履行期限。各国保险法规定，告知义务的履行期限应当以保险合同成立时为限，具体是指自投保人提出投保申请时起，至保险合同成立时止。[②] 因此，投保人或被保险人承担的如实告知义务，是以保险合同成立时为限，在保险合同成立后，投保人或被保险人的如实告知义务即告终止。在保险合同成立时之前，均为告知义务履行期。

（三）违反如实告知义务的法律后果

如实告知义务是投保人的法定义务，各国保险法对于违反如实告知义务的后果，多采取解约主义立场，我国《保险法》亦如此，因此，如果投保人违反如实告知义务，保险合同的成立和生效并不受到影响，而产生如下法律后果。

（1）投保人故意不履行如实告知义务的法律后果。投保人故意隐瞒事实，不履行如实告知义务，足以影响保险人决定是否同意承保或者提高保险费率的，保险人有权解除保险合同；保险人对于保险合同解除前发生的保险事故，不承担赔偿或者给付保险金的责任，并不退还保险费。

（2）投保人因重大过失未履行如实告知义务的法律后果。投保人因重大过失未履行如实告知义务，足以影响保险人决定是否同意承保或者提高保险费率的，保险人有权解除保险合同；投保人因重大过失未履行如实告知义务，对保险事故的发生有"严重影响"的，保险人对于保

---

① 参见陈云中：《保险学》，178页，台北，五南图书出版公司，1985。

② 参见覃有土、樊启荣：《保险法学》，139页，北京，高等教育出版社，2003。

险合同解除前发生的保险事故，不承担赔偿或者给付保险金的责任，但可以退还保险费。

在此，"严重影响"是指未告知的事项对于引发保险事故的发生起到主要的、决定性的作用。因此，如果保险事故的发生并非投保人未告知的事项所引发，可以认定为该未告知的事项对保险事故的发生没有严重影响，保险人不得以投保人未履行告知义务为由解除保险合同或者拒绝承担保险责任。

（四）违反投保人如实告知义务的解除权行使限制

（1）不可抗辩条款。根据我国《保险法》第 16 条第 3 款的规定，不可抗辩条款的内容为：投保人违反告知义务时的保险人合同解除权，自保险人知道有解除事由之日起，超过 30 日不行使而消灭；自保险合同成立之日起超过两年的，保险人不得解除合同；发生保险事故的，保险人应当承担赔偿或者给付保险金的责任。显然，不可抗辩条款之机理，在于通过限制保险人行使抗辩权利的期间，来保障被保险人的合理期待和信赖利益。[1]

（2）保险人失权规则。保险人失权又称禁止反言，是指保险人针对某一事实向投保人或被保险人所作的错误陈述为投保人或被保险人所合理依赖，以至于允许保险人不受此陈述约束将损害投保人或被保险人的利益时，保险人只能受其陈述的约束而失去反悔的权利。[2] 根据我国《保险法》第 16 条第 6 款的规定，保险人失权规则的内容为：保险人在合同订立时已经知道投保人未如实告知的情况的，保险人不得解除合同；发生保险事故的，保险人应当承担赔偿或者给付保险金的责任。

三、保险人的订约说明义务和明确说明义务

（一）订约说明义务和明确说明义务的概念与性质

1. 订约说明义务和明确说明义务的概念

所谓订约说明义务，是指在保险合同订立过程中，保险人负有的就以格式条款订立的保险合同的条款向投保人进行提示和解释其含义的义务。所谓明确说明义务，是指保险人在与投保人签订保险合同时，对于保险合同中的免责条款，除了在保险单上提示投保人注意外，还应当对其内容及其法律后果等，向投保人作出解释，以使投保人明了该条款的真实含义和法律后果的义务。在各国保险法上，也有与之此类似的醒意义务[3]的规定。

设立订约说明义务和明确说明义务的目的之一是，平衡保险合同当事人的地位，公平保护投保人的利益，防止保险人利用自己的超然地位，损害投保人作为保险消费者的合法权益；目的之二是，贯彻最大诚信原则。各国保险法根据最大诚信原则，规定了保险人的订约说明和明确说明义务，用以与投保人的如实告知义务相对应，达到构筑保险人与投保人在最大诚信义务上的平衡效果。

2. 保险人订约说明和明确说明义务的性质

根据我国《保险法》的规定，保险人订约说明和明确说明义务的性质是：（1）先合同性。订约说明义务和明确说明义务是保险人在保险合同订立时所负有的法律义务。保险人应当在保

---

① 参见樊启荣：《人寿保险契约之不可抗辩条款研究》，载《商业经济与管理》，2008（3）。

② 参见陈欣：《保险法》，89 页，北京，北京大学出版社，2000。

③ 醒意义务又称为特别提请注意义务，是指格式合同的提供人负有的采取书面方式提请相对人注意免责条款的存在的义务。

险合同成立之前履行这一义务，但保险人是否履行该义务并不影响保险合同的成立。（2）法定性。订约说明义务和明确说明义务是保险人的法定义务，是保险法规定的所有保险人均应承担的义务。保险人在订立保险合同时应当主动履行订约说明义务和明确说明义务，不得以合同约定的方式予以限制或免除。

应当强调的是，我国《保险法》第 17 条第 1 款和第 2 款规定的说明义务存在法律差异。前者可以称为一般说明义务，涉及保险人提供的格式条款的所有内容。而且，衡量保险人是否依法履行其保险条款说明义务，应当以一般人的理解程度为标准，即保险人对保险条款的说明，能够让一般的社会公众明了保险条款的内容。后者则称为明确说明义务，其适用范围限于格式条款中免除保险人责任的条款，而且，保险人所给予的说明不是一般的说明，有一个"明确说明"的程度要求，即"保险人对保险合同中有关免除保险人责任条款的概念、内容及其法律后果以书面或者口头形式向投保人作出常人能够理解的解释说明的，人民法院应当认定保险人履行了保险法第 17 条第二款规定的明确说明义务"［《解释（二）》第 11 条第 2 款］。而且，投保人针对保险人履行了明确说明义务，"在相关文书上签字、盖章或者以其他形式予以确认的，应当认定保险人履行了该项义务"［《解释（二）》第 13 条第 2 款］。之所以如此规定，是出于保护投保人和被保险人的利益、平衡其与保险人之间利益冲突的考虑，也为保险审判提供明确的认定依据。此外，保险审判中涉及保险人的一般说明义务与明确说明义务的履行与否问题时，举证责任的承担是不同的。根据《解释（二）》第 13 条第 1 款的规定，"保险人对其履行了明确说明义务负举证责任"，而对于是否履行了《保险法》第 17 条第 1 款的说明义务却不承担举证责任。

［保险实例］

2016 年 10 月王某与某保险公司签订了人身保险合同，王某作为投保人和被保险人投保了重大疾病保险。其中，保险公司承保的疾病范围包括心肌梗，双方当事人关于该疾病约定的条件是，必须同时具备三项医学指标。保险合同签订后，王某依约交纳了保险费。2017 年 3 月王某患病，经医院诊断为心肌梗，王某住院接受治疗。2017 年 9 月出院后，要求保险公司按照人身保险合同的约定予以赔付。但是，保险公司认为王某所患疾病不符合保险合同约定的指标条件，遂拒赔。为此，王某诉至法院，要求保险公司给付保险金。在法院审理期间，法官考虑到双方当事人约定的有关承保心肌梗死的三项指标为医学指标，故委托法医鉴定中心对王某所患疾病是否符合三项指标实施法医鉴定。鉴定意见为，王某所患疾病系心肌梗，但不同时具备三项医学指标。王某在庭审中对鉴定结论不持异议，但提出：保险合同中所列三项医学指标为常人所不能知道的指标，应理解为保险公司的免责条款。关于该条款在双方签订保险合同时，保险公司未对王某作出解释和说明。依法律规定，该条款无效，保险公司不能以此为由进行抗辩。就该条款在保险合同订立时是否作出说明，保险公司不能举证，该保险合同的书面文本上也无关于该条款的特别提示或说明的内容。法院就该三项指标与通常意义上心肌梗的区别询问有关专家，有关专家认为同时具备三项指标，高于通常对心肌梗死的诊断标准。

通过本案，可以对保险合同的签订有直观的认识，特别是可以加深对于双方当事人在签约过程中所承担的各项缔约义务的内容以及适用情况的认识，因为，本案的争议焦点在于，针对被保险人王某所患疾病，保险公司能否援用保险合同所规定的免责条款，而其所涉及的重要问题是保险公司是否履行了法定的条款说明义务。

（二）订约说明义务和明确说明义务的履行

1. 订约说明义务和明确说明义务的内容范围

我国《保险法》第17条第1款规定，订立保险合同，采用保险人提供的格式条款的，保险人向投保人提供的投保单应当附格式条款，并向投保人说明合同的内容。因此，所谓保险人订约说明义务的内容，表现为保险人有义务将其提供的格式保险合同条款的内容以书面或口头方式提请投保人注意，向投保人进行提交和解释。其范围是格式保险合同所涉及的全部保险条款和事项，保险合同条款以外的事项不在保险人的说明范围。

至于明确说明义务的内容，《保险法》第17条第2款规定，对保险合同中免除保险人责任的条款，保险人在订立合同时应当在投保单、保险单或者其他保险凭证上作出足以引起投保人注意的提示，并对该条款的内容以书面或者口头形式向投保人作出明确说明；未作提示或者明确说明的，该条款不产生效力。因此，对免责条款的保险人提示和明确说明就是该项义务的内容。其目的在于，通过保险人对免责条款的特别提示和明确说明，使投保人在保险合同订立前对保险条款的免责条款有全面的了解，防止其因无知、无意识或错误的行为，造成丧失保险合同项下权利的不良后果。其范围则是，对保险合同中约定的免责条款有义务进行提示和明确说明义务。其中，"免责条款"是指保险合同中的减轻或免除保险人责任的约定条款以及有关免赔率、免赔额等部分或者全部免除保险人责任的条款，但是，不包括在保险合同中引用的法律、法规规定的保险人不承担责任的法定事项。[1]

那么，如何判断和界定免除保险人责任条款的范围呢？《解释（二）》第9条予以了明确："保险人提供的格式合同文本中的责任免除条款、免赔额、免赔率、比例赔付或者给付等免除或者减轻保险人责任的条款，可以认定为保险法第十七条第二款规定的'免除保险人责任的条款'"（第1款）。但是，"保险人因投保人、被保险人违反法定或者约定义务，享有解除合同权利的条款，不属于保险法第十七条第二款规定的'免除保险人责任的条款'"（第2款）。上述规定的适用目的是，便于投保人准确了解保险条款内容的含义，并在此基础上判断相应的格式条款是否符合自己实际投保的需要，进而决定是否投保以及投保哪类保险合同。保险人承担的保险合同条款内容的说明义务及于其授权的保险代理人。

2. 明确说明的方式

所谓明确说明，是指保险人在与投保人签订保险合同之时或者之前，对于保险合同中所约定的免责条款，除了在保险单上提示投保人注意外，还应当以书面或者口头形式对有关免责条款的概念、内容及法律后果等，向投保人或其代理人作出解释，以使投保人明了该条款的真实含义和法律后果。关于提示的方式，保险人应当在投保单、保险单或者其他保险凭证上作出足以引起投保人注意的提示，如黑体加粗等方式。关于明确说明的方式，保险人可以采用口头、书面或电子数据传输等方式向投保人作出说明。[2]

---

① 参见江苏省高级人民法院《关于审理保险合同纠纷案件若干问题的讨论纪要》第1条。

② 山东省高级人民法院《关于审理保险合同纠纷案件若干问题的意见（试行）》第11条规定：保险人对履行提示和明确说明义务承担举证责任。保险人在投保单、保险单或其他保险凭证上对免除保险人责任条款有显著标志（如字体加粗、加大或者颜色相异等），或者对全部免除保险人责任条款及说明内容单独印刷，并对此附有"投保人声明"或单独制作的"投保人声明书"，投保人已签字确认表示对免责条款的概念、内容及法律后果均已经明了的，一般应认定保险人已履行提示和明确说明义务。但投保人有证据证明保险人未实际进行提示或明确说明的除外。

不仅如此，鉴于现代信息技术在我国保险市场上的广泛适用，《解释（二）》第 12 条还明确规定："通过网络、电话等方式订立的保险合同，保险人以网页、音频、视频等形式对免除保险人责任条款予以提示和明确说明的，人民法院可以认定其履行了提示和明确说明义务"，以适应我国保险市场发展的实际需要。

当然，确认保险人履行明确说明义务时，保险人因履行了明确说明义务而主张减轻或免除保险责任的，应对明确说明义务的履行负有举证责任。因此，保险人有必要采取必要的方式保全其履行义务的证据。

3. 说明的程度

在订约说明义务项下，说明的程度应是保险人就格式保险合同条款的内容向投保人作出解释，使其了解相关内容。在此，保险人的说明是否应当以投保人对保险合同条款完全理解为限？我国《保险法》对此未作规定。理论上的通说认为，保险人对格式保险条款的说明应达到使一般正常人理解为限。

在明确说明义务项下，保险人对免责条款的明确说明程度，应当做到"对有关免责条款的概念、内容及其法律后果等，以书面或者口头形式向投保人或其代理人作出解释，以使投保人明了该条款的真实含义和法律后果"[1]。在保险司法实践中，通常是以投保人对保险的认知水平作为裁量尺度进行考量，确定保险人向投保人提供的保险合同免责条款的文件提示、解释及投保人的确认签字是否达到明确说明的程度。而且，"明确说明"的程度要求，应当达到"保险人对保险合同中有关免除保险人责任条款的概念、内容及其法律后果以书面或者口头形式向投保人作出常人能够理解的解释说明的，人民法院应当据此认定保险人履行了保险法第十七条第二款规定的明确说明义务"[《解释（二）》第 11 条第 2 款]。而且，投保人针对保险人履行了明确说明义务，"在相关文书上签字、盖章或者以其他形式予以确认的，应当认定保险人履行了该项义务"[《解释（二）》第 13 条第 2 款]。之所以如此规定，是出于保护投保人和被保险人的利益、平衡其与保险人之间的利益冲突的考虑，也为保险审判提供明确的认定依据。此外，保险审判中涉及保险人的一般说明义务与明确说明义务的履行与否问题时，举证责任的承担是不同的。根据《解释（二）》第 13 条第 1 款的规定，"保险人对其履行了明确说明义务负举证责任"，而对于是否履行《保险法》第 17 条第 1 款的说明义务并不承担举证责任。

（三）保险人违反订约说明义务和明确说明义务的法律后果

在保险合同订立中，保险人对保险合同的一般格式条款未尽说明义务，因《保险法》未规定其法律后果，故不构成影响保险合同效力的因素。

在保险合同订立中，保险人对保险合同格式条款中的免除保险人责任条款未尽提示或明确说明义务的，该未作提示或者明确说明的免责条款不产生法律上的效力，即保险人不得以未作提示或明确说明的免责条款的约定主张免除或减轻保险责任。

应当注意的是，在保险人的分支机构与投保人订立保险合同的时候，不能以其他分支机构已与该投保人订立相同种类的保险合同所履行的订约说明义务，来认定该保险人对本保险合同也履行了保险法规定的订约说明义务；也不能以保险人或其代理人在前一保险合同中履行了订

---

[1] 最高人民法院政策研究室《关于对保险法第 17 条的"明确说明"应如何理解的问题的答复》（法研［2005］5号）。

约说明义务，来认定该保险人对后一保险合同也履行了订约说明义务。

第二节　保险合同的生效与保险责任的开始

一、保险合同的生效

(一) 保险合同的生效

所谓保险合同的生效，是指已经成立的保险合同在当事人之间产生法律约束力。法律之所以规定合同生效，是因为当事人的意志符合国家的意志和社会利益，因此，国家赋予当事人的意志以约束力。[1] 因此，保险合同生效意味着保险合同的当事人必须按照保险合同的约定行使权利和承担义务，保险人应当按照保险合同约定履行风险转嫁的承诺。如当事人一方不履行合同约定的行为即构成违约，应当承担违约责任。

(二) 保险合同生效的要件

《保险法》第13条第3款规定："依法成立的保险合同，自成立时生效。投保人和保险人可以对合同的效力约定附条件或附期限。"因此，保险合同符合以下三种形式要件之一的，即产生法律效力。

1. 保险合同自成立时生效

保险合同的成立与保险合同的生效是保险合同订立的不同阶段。保险合同的成立解决的是保险合同是否存在的问题，属客观的事实判断；而保险合同的生效解决的是对保险合同肯定或否定的评价，属于法律的价值判断。[2]《保险法》第13条第1款第一句规定："投保人提出保险要求，经保险人同意承保，保险合同成立。"因此，保险人对投保人提出的订立保险合同请求予以同意承保即为保险合同成立，而保险合同生效是指已经成立的保险合同在当事人之间产生法律约束力。

因此，保险合同在没有约定生效的期限和条件时，保险合同自成立时生效，这是保险合同生效的法定要件。因为当事人订立保险合同的目的在于实现合同所创设的权利和利益，保险合同订立是保险合同生效的前提，如果保险合同不生效，则其订立的保险合同毫无意义。

[保险实例]

2018年6月，王某从他人手中购得一辆旧面包车，雇用张某为驾驶员，在市区与县城间从事客运。由于该车车况较差，司机张某多次向王某提出停运修车，但是，王某均未同意。2018年9月29日上午，张某告知王某该车刹车不灵而不能出车。王某则强调国庆节前夕处于客流高峰，不能停运，等到节后再修车。当日下午，张某驾驶该车在营运中与他车相撞，造成直接经济损失六千余元。10月6日，王某为了骗取保险赔偿，找到县城某运输公司负责保险代理业务的赵某，经过一番串通，赵某代为王某出具了保险手续，并将投保的时间提前到9月28日。此后，王某向保险公司提出索赔要求。保险公司在理赔过程中，根据知情人的举报，查明事故车无刹车和车主王某采取倒签保险单的手法骗取保险赔偿的事实后，拒绝赔偿。

---

① 参见覃有土：《保险法概论》，18页，北京，北京大学出版社，2001。
② 参见李玉泉、邹志洪：《保险法学——理论与实务》，124页，北京，高等教育出版社，2007。

应当说，本案对于理解保险合同的法律效力具有重要的反面价值，表明保险合同的签订是一种严肃的法律行为，各项法律条件从不同角度调整、规范当事人的签约活动，构成完整的法律条件体系。因此，当事人必须依法实施，才能产生法律认可的效力，确保保险保障功能的实现。

因此，理解和运用上述有关保险合同成立与生效的法定标准，需要把握如下要点。

（1）保险合同作为民商事合同的具体类型之一，其签订程序同样需要按照我国《合同法》的规定，经历要约和承诺两个阶段。只不过在保险市场长期的经营过程中，逐渐形成保险行业公认的习惯概念，具体而言，签订保险合同的被要约称为投保，即"投保人提出保险要求"。相应地，其承诺被称为承保，即"保险人同意承保"。而衡量投保与承保的法律标准，就是我国《合同法》和《保险法》的有关规定。

（2）保险合同成立于要约（投保）和承诺（承保）完成之时，因为，按照合同法的基本理论，"保险合同的签订过程，是投保人和保险人意思表示趋于一致的过程"①。也就是说，投保人提出保险要求，这一意思表示依法构成要约；而保险人同意承保的意思表示，依法构成承诺，表明双方针对签订保险合同形成了意思表示一致，最终达成了协议，保险合同当然自此成立。

不过，《保险法》仅仅用"同意承保"来表述签订保险合同所需的承诺环节，过于概括、笼统，难以满足保险实务的需要。原因是，在我国的保险业务流程中存在着保险人的内部核保环节，该环节需要占用一定的时间。由此引发的问题是，衡量保险人"同意承保"，是以保险人收到投保人的投保要求（抑或收取全部或者部分保险费）的时间为标志，还是以保险人完成内部核保工作（抑或签发保险单或者其他保险凭证）为标志。对此，《保险法》未作进一步的规定。笔者的看法是，着眼于保护投保人、被保险人获取保险保障的利益需要，应当以保险人收到投保人的投保要求（抑或收取保险费）的时间作为保险合同成立的标志，除非保险人在完成内部核保工作后主张投保人、被保险人不符合承保条件，并举出相关证据加以证明。

如果以保险人完成内部核保工作、签发保险单或者其他保险凭证作为保险合同成立的标志，就会出现"保险空白期"问题，形成自投保人交付投保文件或者缴纳保险费给保险人至保险人完成核保并签发保险单之前的这段时间内发生保险事故的，没有保险人之保险责任提供保险保障的局面。如何解决这一问题？《解释（二）》第4条给出了司法审判的依据："保险人接受了投保人提交的投保单并收取保险费，尚未作出是否承保的意思表示，发生保险事故，被保险人或者受益人请求保险人按照保险合同承担赔偿或者给付保险金责任，符合承保条件的，人民法院应予支持；不符合承保条件的，保险人不承担保险责任，但应当退还已经收取的保险费"。当然，"保险人主张不符合承保条件的，应承担举证责任"。

（3）保险合同的生效时间，一般情况下，是保险合同成立之时。可见，保险合同一般情况下，是将保险合同依法成立之时作为其生效的时间。但是，出于实际需要，投保人与保险人可以在签订保险合同的时候，针对保险合同的生效事宜，另行约定所附条件或者所附期限。据此，保险合同的生效时间就是所附条件成就或者所附期限届至之时。

（4）保险人应当及时向投保人签发保险单或者其他保险凭证。需要指出，《保险法》第13

① 《中华人民共和国保险法》（实用版），北京，中国法制出版社，2015。

条第 1 款这一句，意味着保险人签发保险单或者其他保险凭证的签单行为，并非保险合同的签订程序本身，更不要将其理解为保险人同意承保（承诺）的组成部分，而是独立于保险合同签订的独立行为。笔者认为，应当将此认定为保险人在保险合同签订过程中承担的缔约义务。

2. 附条件保险合同自所附条件成就时效力产生或消灭

我国《保险法》第 13 条第 3 款规定，投保人和保险人可以对保险合同效力附条件。所谓附条件的保险合同，是指保险合同的当事人在保险合同中约定某种事实状态，并以其将来发生或者不发生作为合同生效或消灭的限制条件的保险合同。因此，附条件的保险合同成立后，保险合同并不生效或消灭，而在所附条件成就后保险合同生效或消灭。

保险合同附条件可分为附生效条件和附解除条件两种形态：（1）附生效条件的保险合同，是指保险合同约定的使保险合同的效力发生或者不发生的条件。此种保险合同在成立后并不当然产生法律约束力，而是在所附生效条件成就时保险合同生效，也即约定的生效条件成就之前，合同的效力处于不确定状态，保险合同不生效；当生效条件成就后，保险合同生效。（2）附解除条件又称附消灭条件，是指对于具有效力的保险合同，当保险合同约定的条件成就时，保险合同的效力归于消灭；若确定该条件不成就，则该合同仍确保其效力。

在保险实务中，对于能否将保险费的交付约定为保险合同的生效要件，存在理论争议。有学者以为，将保险费的交付约定为保险合同的生效条件，纯粹属于当事人意思自治的范围，法律并未禁止，且有利于防范投保人道德风险的发生。还有学者认为，投保人交付保险费的行为，既是成就保险合同所附条件的行为，也是履行合同义务的行为。① 笔者认为这两种观点均不妥当。如将支付保险费约定为保险合同生效条件，会有保险合同没有生效但却强制投保人缴纳保险费的法律后果，这有悖保险合同的双务、有偿合同性质，也违反了支付保险费义务是投保人在保险合同生效后的合同义务的规则。对此，我们应借鉴韩国保险法的规定②，即：一是用法律规定的方式，将保险合同生效后的保险费的缴纳义务规定为合同成立后即履行的义务；二是依法用法定的方式确定支付保险费与合同生效或终止之间的关系，防止保险人滥用制订保险条款的优势地位而设定不利于投保人的保险费缴纳与保险合同生效的关系的保险条款。

3. 附期限的保险合同自所附期限届至时效力产生或终止

所谓附期限的保险合同，是指附有将来确定到来的期限作为保险合同的条款，并将该期限到来作为保险合同产生效力或者终止效力时点的保险合同。在附期限的保险合同成立后，保险合同并不生效或终止，而是在所附期限成就时，保险合同生效或终止。保险合同所附期限是当事人约定的未来的某个时间点，它包括生效期限和终止期限。附生效期限的，保险合同自约定期限届至时生效；附终止期限的，保险合同自约定期限届满时终止。

在保险实务中，以始期作为保险合同生效时点的约定较为常见，如保险业普遍采用的"零时起保"条款，设定保险合同生效的时间为保险合同成立日的次日零时起或约定的未来某一日的零时起的时点。再如健康保险合同中的约定犹豫期间、人寿保险合同中的延期承保等都是附期限的保险合同。上述均是以始期为保险合同生效的临界点，凡始期届至保险合同生效，对所

---

① 参见温世扬：《保险法》，2 版，95 页，北京，法律出版社，2007。

② 《韩国商法》第 650 条规定："合同签订之后，投保人应及时支付全部或第一期保险费；投保人未支付的，若无其他约定，自合同成立起经过两个月后，应视为合同已终止。在约定的期间内未交付继续保险费时，保险人可以规定一定的期间催告该他人支付保险费，未经催告，则不得解除，或者终止合同。"

发生的保险事故，保险人应承担保险责任。但对于始期届至前发生的保险事故，保险人不承担保险责任，除非合同约定或法律规定保险人对保险合同生效前的保险事故承担保险责任，例如保险人签发暂保单。

二、保险责任的开始

（一）保险责任的开始

通说认为，所谓保险责任开始是指保险合同约定的保险人开始承担保险责任的时间。其依据为：一是《保险法》第14条规定的"保险合同成立后，投保人按照约定交付保险费，保险人按照约定的时间开始承担保险责任"。二是《保险法》第18条规定保险合同应当记载的法定事项包括"保险期间和保险责任开始时间"。在此，通说所主张的保险责任开始仅是狭义的概念，它只阐明了基于保险合同约定而形成的保险责任开始，而没有涵盖法定的保险人开始承担保险责任的情形，如追溯保险，等等。

因此，保险责任开始就是根据保险合同的约定或法律特别规定而确定的保险人承担保险责任的开始时间。它包括根据意思自治原则，由保险合同约定的保险人开始承担保险责任的时间；也包括基于保护被保险人利益而形成的法律特别干预中所确定的保险人开始承担保险责任的时间。而保险合同的生效就是已经成立的保险合同在当事人之间产生法律约束力，它意味着保险合同当事人必须按照约定来行使权利和履行义务，任何一方不履行合同约定即构成违约。

基于上述，保险责任开始与保险合同生效的关系是：保险合同的生效是保险人承担保险责任的必要条件，即保险合同不生效，保险人无须承担保险责任，也不存在保险责任开始的问题。但是于保险合同生效时保险人并不必然开始承担保险责任：若当事人没有特别约定保险责任开始时间，保险责任开始时间与保险合同生效时间是一致的；若当事人另行约定保险责任的开始时间，则保险责任的开始时间以保险合同的约定为准。因此，保险合同的生效时间并不当然是保险责任的开始时间。

通常情况下，保险合同生效是保险责任开始的前提，保险责任开始的时间才是被保险人真正享受保险合同保障的开始时间。如许多保险公司的人身保险条款多规定："被保险人在本合同生效（或最后复效）之日起180日内，患本合同所指重大疾病、因疾病而身故或因疾病造成身体高度残疾，本公司不承担保险责任。"这是人身保险合同约定的"保险责任等待期"。"等待期"通常约定为合同生效后90日至180日。此时的保险合同虽然已经成立、生效，但是对于在等待期期限内发生的事故保险人不承担保险责任，而自等待期届满时起，保险人对于发生的保险事故开始承担保险责任。

应当将"等待期"与"犹豫期"相区别。"犹豫期"是存在于健康保险等人身保险中的用语，又称冷静期，表现为投保人在收到保险合同后法定时间（如10天）内，如不同意保险合同内容，可将合同退还保险人并申请撤销。"犹豫期"是保险合同中设定的一项保护投保人利益的条款，是赋予投保人在收到保险合同后的一定时间内，因不同意保险合同的内容而行使撤销权的规则。原因是基于保险条款复杂、涉及知识面较广的特点，同时为了防止保险代理人误导客户，保险公司为保护投保人和被保险人的合法权益而设定的。因此，保险合同中设定的犹豫期，不仅不影响保险合同的成立，也不影响保险合同的生效和保险责任的开始。

[保险实例]

A人寿保险公司的营销员甲曾多次登门拜访，向刘乙宣传祥和定期保险的好处是：交费少，保障高，投保两年后还可以转换为公司的其他险种。在保险有效期间内，如被保险人身故，公司按保单载明的保险金额给付保险金。此后的2017年1月19日，刘乙作为投保人为其丈夫赵丙投保了25份10年期的、保险金额为25万元的祥和定期保险，并当场将第一年的保险费715元及附加医疗险保险费170元共计885元交给了保险营销员甲。保险营销员甲按照刘乙提供的户口本填写了××号投保单，并开具了首期保险费预收收据。办完这一切手续后，甲告知刘乙过几天将保险合同正式文本及投保单送过来。但保险营销员甲自走后再也没有向刘乙送保险合同及投保单。

2017年11月9日晚间，刘乙的丈夫赵丙在回家途中遭遇车祸，当场死亡。刘乙及时通知了A人寿保险公司。料理完丈夫的丧事后，刘乙持户口本、身份证、丈夫死亡证明书、户籍注销凭证等资料向A人寿保险公司提出理赔申请，A人寿保险公司要求刘乙出具与该保险公司所签的保险合同。这时，刘乙才想起保险营销员甲并没有给自己送保险合同。于是，刘乙找到甲，甲却告诉她因为投保单上没有赵丙本人的签名，A人寿保险公司并没有接受刘乙的投保，也就没有出具保险合同。经与A人寿保险公司协商，A人寿保险公司只同意退还保险费和给予适当赔偿。

刘乙因不满A人寿保险公司的答复而于2018年9月11日，一纸诉状将A人寿保险公司告上法庭，要求A人寿保险公司履行合同理赔25万元。

庭审过程中，双方争执的焦点集中在：刘乙和其丈夫赵丙与A人寿保险公司之间的保险合同是否成立？

原告刘乙认为：本案所涉保险合同依法成立。理由是经A人寿保险公司的保险营销员甲向刘乙进行保险宣传后，刘乙向A人寿保险公司明确表达了投保意愿，并交纳了相应的保险费，已经实际构成对保险公司的投保要约，保险公司的保险营销员在收取首期保险费并开具加盖A人寿保险公司印章的收据后，应视为A人寿保险公司对刘乙之要约的承诺。根据《保险法》有关"投保人提出要约、保险公司作出承诺合同成立"的规定，该保险合同已经成立。至于保险营销员甲是否将保险费交给公司，那是保险公司内部管理问题，不能以此否认保险合同的依法成立。尤其是，A人寿保险公司直到被保险人死亡时均未作任何表示，从而，其长期不作明确答复，应视为已接受了原告的投保要约，双方合同应当认定成立。

被告A人寿保险公司的看法截然不同：其与刘乙之间的保险合同并未成立，因为双方没有签订保险合同。至于保险营销员甲虽然收了首期预交保险费后，长期不交公司又不退还，构成一种侵权之债，并不存在保险合同义务。本案所涉及保险合同是以死亡为给付保险金条件的险种，因其未经被保险人赵丙本人亲笔签名，保险公司无法为其承保，且《保险法》规定，"以死亡为给付保险金条件的合同，未经被保险人书面同意并认可保险金额，合同无效"。同时，被告A人寿保险公司提出，虽然保险营销员甲代收了刘乙交纳的首期预交保险费，但不能据此认定保险合同成立，因为，该预收收据明确载有"公司声明"：（1）本收据为暂收收据。若本公司同意承保将出具保险费正式收据，如不同意承保，预收保险费无息返还。（2）本保险自本公司所签发保险单上载明的保险责任开始生效，本公司签发保险单和出具保险费正式收据之前，保险合同不成立，本公司不负担任何保险责任。根据《保险法》有关"投保人提出要约，保险公司作出承诺合同成立，有特别约定，依特别约定"的规定，由于保险公司一直未向投保人出具保险费的正式收据和保险单，说明双方的保险合同没有成立。

法院经审理后认为：原告刘乙在被告向其进行祥和定期保险的宣传并发出要约邀请时，已明确表示了为丈夫投保该险种的意愿，并履行了被告要求的全部义务，而被告 A 人寿保险公司在与原告刘乙协商订立合同的过程中未完全履行条款说明义务，即直接以刘乙的丈夫赵丙为被保险人办理了投保单，并要求原告刘乙交纳了首期保险费，更由保险营销员甲违规代签了被保险人的名字。但是，被告 A 人寿保险公司在远远超过合理期限的时间内不作承保与否的答复，也不提供保险合同，有明显的过错，应对于由此造成的投保人损失负完全赔偿责任。故判决被告 A 人寿保险公司赔偿原告 25 万元的保险金损失。

本案所引发的思考就在于，本案中投保人交纳了保险费是否等于保险合同成立。因此，借助本案，不仅可以直观地体会保险合同的缔结过程，更能理解保险合同的成立与生效。

（二）保险合同约定保险责任的开始

保险期间又称为保险责任的起讫，它包括保险责任的开始时点和终止时点，是通过约定保险期间的方式，确立保险人承担保险责任的期限。应当注意的是，保险责任的起讫与保险合同的有效期限是两个有着不同内涵的概念，前者是保险人依约承担保险责任的期限，后者是保险合同效力的存续期限。保险合同之保险责任的开始，通常是以下列方式加以约定的。

（1）约定具体的时日为保险期间的开始。在保险合同中通常约定"保险期间自投保后次日零时起"等"零时"约定为保险期间的开始时间。但该种约定方法会使投保人在投保后、保险合同生效前的时段内得不到保险保障，因此，中国保监会明确要求："各公司可在交强险承保工作中采取以下适当方式，以维护被保险人利益：一是在保单中'特别约定'栏中，就保险期间作特别说明，写明或加盖'即时生效'等字样，使保单自出单时立即生效。"①

另外，在疾病保险合同和人寿保险合同中，通常约定 90 日至 180 日的等待期届至之日为保险责任的开始时间，对于在等待期内发生的保险事故保险人不承担责任。其目的在于防止被保险人将投保前因存在既往病症而产生的医疗费用转嫁给保险人。

（2）以保险费的支付作为保险期间的开始。在保险法上，投保人依保险合同约定支付保险费与保险责任开始并无关联，但保险实务中，保险合同约定支付保险费作为保险责任开始的时点，已是保险业的惯例。如企业财产综合险和基本险的保险条款均约定："约定一次性交付保险费的，投保人在约定交费日后交付保险费的，保险人对交费之前发生的保险事故不承担保险责任。"这是以保险费的支付作为保险责任承担的条件，应当确认该约定是有效条款。

（3）以保险单的送达为保险期间的开始。保险合同还可以约定保险期间自保险单送达投保人时起开始，如采用邮寄方式送达保险单的，应当自该保险单投邮时起保险期间开始。但是如果约定以保险单送达之日为保险期间的开始，而保险单又没有在保险单所载明的时间之前送达，就会产生保险单的年度计算问题：保险期间是以保险单记载的时间为起点计算年度还是以送达之日为起点计算年度？美国的判例中，大多数法院是以保险人出具的保险单记载的时间为

---

① 中国保监会《关于加强机动车交强险承保工作管理的通知》[保监厅函〔2009〕91 号] 规定，各公司可在交强险承保工作中采取以下适当方式，以维护被保险人利益：一是在保单中"特别约定"栏中，就保险期间作特别说明，写明或加盖"即时生效"等字样，使保单自出单时立即生效。二是公司系统能够支持打印体覆盖印刷体的，出单时在保单中打印"保险期间自×年×月×日×时……"覆盖原"保险期间自×年×月×日零时起……"

保险期间的开始时间。①

（4）以某一特定事件发生时为保险期间的开始。保险合同也可以约定特定事件发生时为保险期间开始。如 2009 年 2 月生效的伦敦协会《标准货物保险条款》规定："本保险责任开始于被保险货物在仓库或在储藏的地方首次被移动为了把货物马上装上运输工具开始运输的时候……"理解这一保险责任开始的条件应为"货物在仓库被马上装上运输车辆和其他运输工具，开始运输之中"②。

（三）保险责任开始时间先于保险合同成立的特别规则

1. 暂保保险制度

暂保保险是指保险人对于投保人自投保并预交保险费之时起至保险合同成立时止的"空白期"内发生的保险事故，承诺对被保险人给予提供相当于保险合同约定的保险责任的临时性保险。

通常，暂保保险的保险责任是以保险人出具暂保单或作出暂保承诺的方式确立的时点为起始点，在投保人预交保险费和填写投保单后不超过 30 天内或正式保险单出具前，保险人承担暂保责任。在约定期限届满时或正式保险单出具后，暂保单即自动失效。

2. 强制临时保险制度

所谓强制临时保险制度，是指在投保人预交了全部保险费或首期保险费后、保险人出具正式保单前，法律强制保险人自收取保险费时起为被保险人提供临时保险保障的制度。强制临时保险制度源于美国判例法。鉴于该制度是对被保险人和受益人的最有效的保护，各国保险法均予以采纳。

强制临时保险的保险责任开始时点是保险人预收保险费之时。我国台湾地区"保险法施行细则"第 4 条第 2 款规定："财产保险之要保人在保险人签发保险单或暂保单前，先交付保险费而发生应予赔偿之保险事故时，保险人应负保险责任。"该条第 3 款规定："人寿保险人于同意承保前，得预收相当于第一期保险费之金额。保险人应负之保险责任，以保险人同意承保时溯及预收相当于第一期保险费金额时开始。"此规定为完善的强制临时保险制度。

3. 追溯保险制度

所谓追溯保险，是指在法律规定的情形下，将保险责任的开始追溯到保险合同成立前的某一个时间点，保险人对于保险合同成立前的保险事故承担保险责任的保险合同。

该制度起源于英国的海上保险。我国《海商法》第 224 条规定："订立合同时，被保险人已经知道或者应当知道保险标的已经因发生保险事故而遭受损失的，保险人不负赔偿责任，但是有权收取保险费；保险人已经知道或者应当知道保险标的已经不可能因发生保险事故而遭受损失的，被保险人有权收回已经支付的保险费。"这显然体现出追溯保险制度的立法精神，因为，追溯保险的内涵是"保险人与被保险人在订立保险合同时均不知道保险标的已经发生保险事故而遭受损失，或者保险标的已经不可能因发生保险事故而遭受损失的，不影响保险合同的效力"③。据此，追溯保险的保险责任开始时点为，被保险人和保险人在订立保险合同时均不知道保险标的已经发生保险事故而遭受损失的时点。

---

① 参见陈欣：《保险法》，2 版，111 页，北京，北京大学出版社，2006。
② 杨良宜：《海上货物保险》，377 页，北京，法律出版社，2010。
③ 最高人民法院《关于审理海上保险纠纷案件若干问题的规定》第 10 条。

第三节　保险合同效力的中止（失效）和恢复（复效）

保险合同效力的中止和恢复，是保险人在投保人不履行交付保险费义务时所能采取的救济措施之一。它只适用于人身保险合同，不适用于财产保险合同。

一、保险合同的中止

保险合同的中止，又称失效，是指在人身保险合同的有效期间内，因发生法定情形而使合同的效力暂时停止。保险合同中止的法律后果是，对于在保险合同中止后的期间内发生的保险事故，保险人不承担保险合同约定的保险责任。

根据我国《保险法》第 36 条的规定，合同约定分期支付保险费，投保人支付首期保险费后，除合同另有约定外，投保人自保险人催告之日起超过 30 日未支付当期保险费，或者超过约定的期限 60 日未支付当期保险费的，合同效力中止，或者由保险人按照合同约定的条件减少保险金额。

虽然人身保险人合同中止，保险合同的效力处于暂停状态，但是在保险合同中止前催告之日起超过 30 日或者超过约定的期限 60 日的宽限期内发生保险事故的，保险人应当按照合同约定给付保险金，但可以扣减欠交的保险费。

在保险实务中，人身保险合同中止，会给不符合复效条件的被保险人带来不可逆转的利益损害。虽然对于符合中止条件的，保险法允许由保险人按照合同约定的条件减少保险金额，但是保险人往往愿意通过建立保险费自动垫付条款来取代中止保险合同的适用。所谓自动垫付保险费条款适用于分期缴费的长期人寿保险合同中，是关于投保人如逾期未缴保险费，保险人将以保单项下积累的责任准备金自动垫缴保险费的约定。自动垫付保险费条款的内容包括：一是投保人逾期未缴保险费，保险人自动以保单项下积累的责任准备金垫缴保险费。二是在垫缴保险费期间，保险合同仍然有效，如果发生保险事故，保险人仍给付保险金，但要从中扣回垫缴的保险费及利息。三是投保人应补缴所欠保险费及利息，如果在责任准备金垫缴完毕时投保人仍未补缴保险费及利息，则保险合同终止。

二、保险合同的恢复

保险合同的恢复，又称复效，是指已经被中止效力的人身保险合同，因符合法律规定的条件，经投保人申请，由保险人同意后恢复保险合同效力的行为。在保险实务中，人身保险合同的复效应当符合如下条件。

（1）保险合同中止后的两年内，可以恢复保险合同的效力。根据我国《保险法》的规定，保险合同中止之日起两年内没有复效的，保险人有权解除合同。由此自保险合同中止之日起两年内，保险人不得解除保险合同。在此期限内，保险人应当根据投保人的请求，与投保人协商保险合同复效的条件并达成协议。但是自保险合同效力终止之日起两年内，双方没有达成复效协议的，保险人有权解除保险合同，并应当按照合同约定退还保险单的现金价值。

（2）被保险人应当符合保险人的承保条件。保险合同效力中止后两年内，投保人申请复效的，应当根据保险人的要求对被保险人进行身体的医疗检查，在被保险人的检查结果符合保险人所规定的承保条件时，保险合同方可以复效。

（3）保险人与投保人就保险合同的复效达成协议，投保人补交保险费和逾期利息后，保险合同的效力恢复。保险合同的复效协议应由投保人与保险人协商一致，在投保人将保险合同中止前未交纳的保险费予以补交后，保险合同复效。在保险司法中，虽投保人未与保险人达成复效协议，但保险人已经接收了投保人支付的逾期保险费的，也视为双方已经达成复效协议。

保险合同复效是在达成复效协议、投保人补交保险费和支付逾期利息之次日起，恢复人身保险合同的效力。根据《保险法》第44条的规定，以被保险人死亡为给付保险金条件的合同，自合同成立或者合同效力恢复之日起两年内，被保险人自杀的，保险人不承担给付保险金的责任，但被保险人自杀时为无民事行为能力人的除外。应当注意的是，此自杀条款的规定中，合同的效力恢复与合同成立有着同等的效力。

此外，保险合同效力的中止与恢复是相对应的。保险合同效力中止是适用合同复效的前提，但是，保险合同效力的中止并非一定使保险合同复效。适用保险合同复效的目标仍然是着眼于稳定双方之间的人寿保险合同的效力，因此，《解释（三）》提出了审判依据："保险合同效力依照保险法第三十六条规定中止，投保人提出恢复效力申请并同意补交保险费的，除被保险人的危险程度在中止期间显著增加外，保险人拒绝恢复效力的，人民法院不予支持"（第8条第1款）。

需要注意的是，保险合同效力的中止仅是保险合同效力的暂时丧失，因此，在保险合同效力中止的过程中发生保险事故的，保险人不承担保险责任，亦无须返还保险费。当然，这一法律后果的出现，是以保险合同的效力未依法恢复为前提的，因为，保险合同效力的恢复，标志着保险合同自效力恢复之时起重新具有法律效力，双方当事人的保险权利和义务又处于法律强制力的约束之下。

第四节　保险合同的转让

一、保险合同转让的概念

所谓保险合同的转让，是指保险合同当事人将其合同权利与义务部分或全部转让给第三人的行为。保险合同的转让使原保险合同的一方不再受合同的约束，而由新的一方当事人参加并承接保险合同的权利与义务，因此，保险合同的转让实为保险合同的主体变更。

保险合同的转让原因，通常包括保险合同的标的转让、继承或者保险合同当事人的混同、破产等原因。关于保险合同转让的法律效力，在保险合同没有特别约定的情况下，是对保险合同权利与义务的概括转让，受让人继受保险合同的权利和义务。在我国保险法上，财产保险合同和人身保险合同中关于保险合同转让的规定，是各不相同的。

二、财产保险合同的转让规则

财产保险合同转让，通常是因保险标的物之所有权发生转移而导致的，财产保险合同的主体因保险标的物的所有权的转移而变更。按照我国《保险法》的规定，保险标的转让的，保险标的的受让人承继被保险人的权利和义务。保险标的转让的，被保险人或者受让人应当及时通知保险人，但货物运输保险合同和另有约定的合同除外。当然，财产保险合同之被保险人变更，除了双方当事人将保险标的转让这一原因，还有被保险人死亡而让继承人依法继承或者依法受赠作为保险标的之遗产这一原因。正如《解释（四）》第3条规定的，"被保险人死亡，继承保险标的的当事人主张被保险人的权利和义务的，人民法院应予支持"。考虑到经济生活中财产转让情况的复杂多样性，确认保险标的的转让引发被保险人的变更，首先是按照《物权法》第9条规定的不动产的转让"经依法登记，发生效力"和第23条规定的动产转让"自交付时发生效力"，但是，如果发生"保险标的已交付受让人，但尚未依法办理所有权变更登记"的情况，也应当产生受让人承继被保险人身份的效果，所以，"承担保险标的的毁损灭失风险的受让人依照保险法第四十八条、第四十九条的规定主张行使被保险人权利的，人民法院应予支持"［《解释（四）》第1条]。

保险标的的转让导致危险程度显著增加的，保险人自收到被保险人或者受让人的通知之日起30日内，可以按照合同约定增加保险费或者解除合同。保险人解除合同的，应当将已收取的保险费，按照合同约定扣除自保险责任开始之日起至合同解除之日止应收的部分后，退还投保人。被保险人、受让人未履行保险标的的转让的通知义务的，因转让导致保险标的的危险程度显著增加而发生的保险事故，保险人不承担赔偿保险金的责任。

但是，对于货物运输保险，因其保险标的是具有流动性的运输中的货物，如果强调通知保险人，就必然妨碍商品交易的正常进行，因此，保险法和海商法均对货物运输保险和海上货物运输保险标的之转让适用特殊规则，即原被保险人的权利与义务自动由原货物所有人转移至货物受让人。

三、人身保险合同的转让

在人身保险合同中，其保险标的是人的生命或健康，具有不可转让性，但是寿险合同上的利益是可以自由转让的。根据保险法的规定，依照以死亡为给付保险金条件的合同签发的保险单，未经被保险人同意，不得转让或者质押。

寿险合同中保险利益的转让或质押，是由寿险保险单作为有价证券的性质所决定的。由于寿险保险单具有现金价值，寿险保险单的转让或质押，通常表现为保险单现金价值的转让或质押。在保险单转让或质押实现时，受让人或质押权人有权解除寿险合同获得保险单的现金价值。但在保险实务中，寿险合同的转让或质押，多是约定基于转让和质押将寿险合同的受益人变更为受让人或质押权人。因此，被保险人与受让人进行人身保险合同利益转让或质押需变更受益人时，应当适用受益人变更的规定。

因寿险保险人的资格消灭而引起的人寿保险合同转让，是保险合同的概括转让，受让人应当承担保险合同的全部权利、义务和责任。根据保险法的规定，经营人寿保险业务的保险人被依法撤销或者被依法宣告破产的，其持有的人寿保险合同及责任准备金，必须转让给其他经营人寿保险业务的保险人；不能同其他保险人达成转让协议的，由中国保监会指定经营人寿保险业务的保险人接受转让。因转让而受让或者因中国保监会指定而接受转让的人寿保险合同及责任准备金的保险人，应当依法维护被保险人、受益人的合法权益。实际生活中导致变更受益人的情况十分复杂，因此，能够产生受益人变更效力的，需要根据实际情况分别把握。对此，《解释（三）》分别予以规定，成为保险审判的裁判依据：第一，变更受益人的意思表示自变更的意思表示发出之时生效。因此，"投保人或者被保险人变更受益人，当事人主张变更行为自变更意思表示发出时生效的，人民法院应予支持"（第 10 条第 1 款）。第二，变更受益人应当通知保险人，反之，"投保人或者被保险人未通知保险人，保险人主张变更对其不发生效力的，人民法院应予支持"（第 10 条第 2 款）。第三，变更受益人应当是在保险事故发生以前。这是平衡保险人与非保险人间之利益的需要，因此，"投保人或者被保险人在保险事故发生后变更受益人，变更后的受益人请求保险人给付保险金的，人民法院不予支持"（第 11 条）。

第五节　保险合同的解除

一、保险合同解除的概念

所谓保险合同的解除，是指保险合同当事人在保险合同成立后，因一定事由行使解除权而消灭保险合同的效力的法律行为。

保险合同的解除，应由根据法律规定或合同约定享有合同解除权的当事人行使解除权，方可解除保险合同。由于保险合同解除权具有形成权的属性，故只要权利人行使解除权，即产生解除保险合同的效力。解除权中依法律规定的事由而行使的称为法定解除权，因保险合同约定的事由而行使的称为约定解除权。此外，解除保险合同的，还必须是依法享有该项解除权的人。这意味着解除权人的身份具有法定性。例如，投保人基于其承担和履行缴纳保险费的义务而理应享有保险合同的解除权，因此，《解释（三）》第 17 条规定："投保人解除保险合同，当事人以其解除合同未经被保险人或者受益人同意为由主张解除行为无效的，人民法院不予支持，但被保险人或者受益人已向投保人支付相当于保险单现金价值的款项并通知保险人的除外。"

二、投保人的解除权行使

除法律另有规定或保险合同另有约定外，保险合同成立后，投保人可以解除保险合同。根据我国《保险法》的规定，投保人在保险合同有效期内解除保险合同不属于违约。因为，保险合同是附合性合同，投保人对保险合同的订立只有投保和不投保的选择权，而且，保险合同是为投保人和被保险人利益而设立的，所以法律赋予投保人以任意解除权，投保人可以根据自己的意愿解除保险合同。

（1）投保人的人身保险合同解除权。在人身保险中，投保人解除合同的，保险人应当自收到解除合同通知之日起 30 日内，按照合同约定退还保险单的现金价值。但人身保险合同中约定有犹豫期，投保人在犹豫期内解除保险合同的，保险人应当退还全部保险费，只收取不超过10 元的工本费。

（2）投保人的财产保险合同解除权。在财产保险中，保险责任开始前，投保人要求解除合同的，应当按照合同约定向保险人支付手续费，保险人应当退还保险费；保险责任开始后，投保人要求解除合同的，保险人应将已收取的保险费，按照合同约定扣除自保险责任开始之日起至合同解除之日止的应收部分后，退还投保人。保险标的发生部分损失的，自保险人赔偿之日起 30 日内，投保人可以解除合同。

（3）投保人解除权行使的限制。投保人的解除权应当依法行使，不得违反法律、法规的规定。投保人解除权行使的限制包括：（1）货物运输保险合同和运输工具航程保险合同，保险责任开始后，投保人不得解除合同（《保险法》第50条）。（2）强制性保险合同（如机动车辆交通事故责任强制保险）成立后，投保人不得解除保险合同。[①]（3）投保人为第三人利益而订立的保险合同，投保人解除合同时，应当及时通知被保险人，被保险人可以取代原投保人而维持保险合同的效力。[②] 同样，对于非保险人一方行使保险合同解除权虽然保险法并未给予过多的法律限制，但强调当事人的真实意思，特别是在投保人与被保险人、受益人为不同法律主体的情况下。例如，《解释（三）》第2条规定：被保险人以书面形式通知保险人和投保人撤销其依据《保险法》第34条第1款规定所作出的同意投保人为其投保以死亡为给附条件的人身保险合同之意思表示的，可以认定为保险合同因被保险人的意思表示而解除。

三、保险人解除保险合同的法定事由

根据《保险法》第15条的规定，保险人只有在具备法定和约定的解除合同的事由时，方能行使解除权。具体的解除合同情形主要有以下几种。

（1）投保人不履行告知义务，致保险合同解除的。根据《保险法》第16条第2款的规定，投保人故意不履行告知义务或因重大过失未履行告知义务，足以影响保险人决定是否同意承保或者提高保险费率的，保险人有权解除保险合同。根据《保险法》第32条第1款的规定，投保人申报的被保险人年龄不真实，并且其真实年龄不符合合同约定的年龄限制的，保险人可以解除合同，并按照合同约定退还保险单的现金价值。

（2）投保人和被保险人未履行安全维护义务，致保险合同解除的。根据《保险法》第51条第3款的规定，财产保险中，投保人、被保险人未按照约定履行其对保险标的的安全应尽的责任的，保险人有权增加保险费或解除保险合同。

（3）保险标的的危险程度显著增加，致保险合同解除的。《保险法》第49条第3款规定，因保险标的转让导致危险程度显著增加的，保险人自收到通知之日起30日内，可以按照合同约定增加保险费或者解除合同。同时该法第52条还规定，在保险期限内，保险标的危险程度显著增加的，被保险人应当及时通知保险人，保险人有权要求增加保险费或者解除保险合同；被保险人未履行通知义务的，因保险标的危险程度显著增加而发生的保险事故，保险人不承担保险责任。

（4）投保人、被保险人或受益人谎称发生保险事故或故意制造保险事故，致保险合同解除的。根据《保险法》第27条的规定，在保险期间内，有下列行为之一的保险人有权解除保险合同，并且不退还保险费：一是被保险人或受益人在未发生保险事故的情况下，谎称发生保险事故，向保险人提出赔偿或给付保险金请求的；二是投保人、被保险人故意制造保险事故的。

（5）因保险标的发生保险事故致部分损失，保险人赔偿后解除保险合同的。根据《保险法》第58条的规定，保险标的发生部分损失的，自保险人赔偿之日起30日内，除合同另有约定外，保险人可以解除合同，但应当提前15日通知投保人。

（6）人身保险合同中止后未达成复效协议而解除保险合同的。根据《保险法》第37条的

---

① 参见韩长印、韩永强：《保险法新论》，118页，北京，中国政法大学出版社，2010。
② 参见邢海宝：《中国保险合同法立法建议及说明》，253页，北京，中国法制出版社，2009。

规定，因投保人未按期支付保险费而中止效力的，自保险合同效力中止之日起满两年，经投保人与保险人协商未达成复效协议的，保险人有权解除合同，照合同约定退还保险单的现金价值。

四、保险人解除权行使的限制

（1）保险合同成立后，除有法律另有规定或合同另有约定保险人有解除权的情形外，保险人不得解除保险合同。

（2）保险人以明示或默示方式放弃解除权的。明知投保人未履行告知义务，仍收取保险费或者支付保险赔偿的，保险人不得以被保险人未如实告知重要情况为由请求解除保险合同。

（3）保险人的解除权行使逾越了法定除斥期间的。投保人有未履行告知义务或年龄误告的，保险人的解除权自保险人知道有解除事由之日起，超过30日不行使而消灭。自合同成立之日起超过两年的，保险人不得解除合同；发生保险事故的，保险人应当承担赔偿或者给付保险金的责任。

（4）于货物运输保险合同和运输工具航程保险合同，保险责任开始后，保险人不得解除合同。

[实务知识]

电子保单引发保险合同成立与生效的认定标准之争

现代信息技术的迅猛发展，促使借助互联网进行的电子商务——以电子形式在信息网络上进行的商品交易和服务活动——日益兴起，并逐步形成了网络经济。中国网络经济方兴未艾的标志之一，就是电子保单这一新型金融服务形式的兴起。自2005年4月1日中国人民财产保险股份有限公司签出国内第一张电子保单至今，电子保单已被越来越多的保险公司作为保险服务的新模式推向保险市场。

然而，由于其与传统的保险交易方式存在诸多区别，电子保单在运用过程中也引发许多新的法律问题，向有关法律和司法实践提出了挑战，其中，认定电子保单的成立与生效就是亟待解决的问题。

所谓电子保单，是指保险公司借助电子数据交换形式订立的保险合同，是利用互联网技术进行保险经营所构成的保险交易关系。在我国目前尚无电子商务合同立法的情况下，只能参照立法的规定精神，我国《合同法》第11条借鉴联合国国际贸易法委员会的《电子商务示范法》[①]的精神，确认电子商务合同为书面合同。因为用来表现电子商务合同的数据电文，可以起到传统的以文字记载之书面合同的所有功能，且数据电文所包含的信息可以随时找到和查阅，所以电子保单应当被视为书面保险合同的特殊形式。这一新型载体与传统的纸质保险单具有同等意义，其典型特征就是保险交易的无纸化——投保人无须填写纸质投保单，保险公司也不再出具纸质保险单或者保险凭证，而是用数据电文表现保险合同的内容。

因此，在保险法理论上和司法实践中，对于认定电子保单所涉及保险合同的成立与生效的时间，存在诸多看法。司法实践中的观点有三：（1）认为电子保单项下的保险合同自保险人收

---

① 联合国国际贸易法委员会作为国际范围内电子商务领域重要的立法机构，于1996年在联合国大会上以第51/162号决议通过《电子商务示范法》。

到保险费时成立并生效。因为，保险公司在电子保单运用中收取保险费，应当视为同意承保。(2) 认为此类保险合同自投保人持有的保险卡被激活时成立和生效，因为，该保险合同涉及的被保险人和保险责任期间自此时得以确定。(3) 认为此类保险合同自投保人缴纳保险费时成立和生效，因为，激活保险卡仅仅是确定具体的被保险人和保险责任开始的时间。

而保险法专家又提出如下观点：(1)"预约与本约说"，即电子商务的交易环节应为预约，而激活保险卡和生成电子保单环节构成本约，其所涉及的保险合同自本约完成时成立和生效。(2)"买卖说"。该观点将购买电子保单看作是一个保险合同的买卖过程，其买卖行为完成，就是保险合同成立和生效的时间。而笔者持"承诺说"，即基于电子保单借助互联网实现保险交易的特点，确认保险公司在互联网上推出保险产品的数据电文属于符合要约条件的要约，而投保人的投保行为构成签订保险合同的承诺，保险合同自投保人完成投保行为时成立和生效。

可见，电子保单导致认定其项下的保险合同成立和生效的时间需要重新加以研究，而不宜简单适用《合同法》规定的合同成立与生效的一般规则。

练习与思考

1. 如何认定订立保险合同所需的投保和承保的法律性质与意义？
2. 认定保险合同成立与生效的法律依据是什么？
3. 认定保险责任开始的法律依据是什么？
4. 如何适用保险合同失效与复效的法律标准？
5. 人身保险合同和财产保险合同在转让上有什么区别？
6. 保险合同的法定解除权有哪些？如何行使法定解除权？

第六章

保险合同的履行

 本章概要

　　履行保险合同的核心内容是享有保险金请求权的被保险人或者受益人行使该请求权的行为，以及保险人依约履行保险责任向被保险人或者受益人支付保险赔偿金或人身保险金的行为。在保险实务中，前者被称为索赔，后者被称为理赔。其他各项义务的履行则是索赔和理赔的前提条件。显然，索赔和理赔是保险合同得以实现的具体途径。因此，学习本章的目的就是，掌握索赔和理赔的概念与法律性质、索赔的条件和程序、理赔的程序，以及人身保险合同的索赔、理赔的特殊表现等保险法律理论。

 重点知识

　　保险合同履行的内涵和法律特征

　　保险人和投保人、被保险人在保险合同履行中的权利与义务

　　保险合同之索赔的含义、法律性质和程序

　　保险合同之理赔的含义、法律性质和程序

　　人身保险合同的理赔

第一节　保险合同履行概述

一、保险合同履行的概念与特征

　　1. 保险合同履行的概念

　　所谓合同的履行，是指当事人完成合同的行为，或当事人实现合同内容的行为。保险合同的履行是指保险合同当事人根据合同约定全面完成各自承担义务，以满足他人权利实现的行为总称。保险合同作为合同的一种，是以转嫁投保人、被保险人和受益人的风险为目的的合同，因此，保险合同的履行是保险人为投保人、被保险人和受益人提供风险保障，与投保人、被保险人和受益人执行合同义务的过程。

　　在保险制度已经成为社会保障制度的重要组成部分的社会主义市场经济体制中，保险合同成立是以保险合同内容的实现为目的，而保险合同内容的实现是保险合同义务的执行，当保险合同约定的全部义务得到全面执行时，保险合同的社会保障功能也就得到实现。因此，保险合同的履行是保险法律制度的核心内容之一。

　　2. 保险合同履行的特征

　　基于保险合同的博弈特性，保险合同的履行有着不同于一般合同履行的以下特征。

（1）保险合同履行中的金钱义务不对称性。在保险合同中，投保人所缴纳的保险费与保险事故发生后保险人赔偿或给付的保险金是不对称的。因此，如果被保险人不按常规履行合同或故意制造事故，会使保险公司承担正常概率之上的赔付率，从而产生保险市场的逆向选择问题：在保险金处于一般水平时，低风险类型的消费者投保后得到的效用可能低于他不参加保险时的效用，因而这类消费者会退出保险市场，只有高风险类型的消费者才会愿意投保。当低风险消费者退出后，如果保险金和赔偿金不变，保险公司将亏损。为了不出现亏损，保险公司将不得不提高保险费。这样，那些不大可能碰到事故的顾客认为支付这笔费用不值得，从而不再投保，高风险类型消费者就会把低风险类型消费者"驱逐"出保险市场。[①]

（2）保险人危险承担义务的隐性履行。保险制度是保险人以收取保险费为条件，承担和转嫁被保险人的风险的经济安排。相对于投保人承担支付保险费义务，保险人负有危险承担义务。所谓保险人的危险承担义务，不仅体现为保险事故发生后保险人所承担的赔偿和给付保险金的义务——不论是填补具体损害还是填补抽象损害，而且体现在保险合同生效后至保险事故发生之前，即发挥其作用。换言之，保险事故发生之前借由保险人之危险承担，被保险人得免于精神上或经济上之忧虑。[②] 因此，保险人的危险承担义务包括保险事故发生后的保险责任承担和保险合同生效后、保险事故发生前的精神慰藉。所以，除具有储蓄性的人寿保险外，于保险期间届满后未发生保险事故的保险合同，保险人无须退还保险费。

［保险实例］

叶某以自己为被保险人，于 2010 年 8 月 1 日向保险公司投保主险为平安康泰终身保险，附加寿险为附加重疾，附加短险为意外伤害、意外伤害医疗的保险，其中，意外伤害保险金额为 60 000 元，并指定其妻子郑某为上述保险合同的身故受益人。2015 年 1 月 23 日凌晨，叶某在家中突然死亡。经某急救中心现场病情评估神志不清、心脏骤停、无自主呼吸，当班医师宣布已死亡。当天，亲友将被保险人叶某死亡的事件通知保险公司，该公司工作人员到场查勘并要求郑某书写了死者的死亡经过说明。2015 年 3 月，郑某向保险公司申请理赔。2015 年 4 月 12 日，保险公司拒绝赔付附加短险"意外伤害"60 000 元。2015 年 5 月，郑某诉至法院，要求被告支付"平安附加意外伤害保险"项下的保险金 60 000 元。

法院认定：在叶某死亡后，保险合同的受益人郑某在保险合同约定的期限内向保险公司报案并提供了其所能提供的有关证明和资料。叶某和郑某已按合同约定履行了自己的义务。保险公司在接到报案后派出工作人员到现场进行调查，其后，保险公司根据"死亡经过说明"、"××市死亡人员证明书"和"××省急救中心医疗记录单"等材料认定叶某的死亡并不属于保险合同所约定的"外来的、突发的、非本意的、非疾病的使身体受到伤害的客观事件"，不予给付意外伤害保险金。根据"猝死"的医学定义可知，"猝死"只是死亡的一种临床表现形式，并不是死亡的具体原因。只有通过法定的鉴定机构对死者尸体进行检验，才能查明死者的真正死亡原因。作为商业保险公司，被告本身并不具备死亡鉴定资质，也无法查明死者死亡的具体原因，其在接到报案后，理应通知死者的家属保全尸体，并通过有资质的鉴定机构对尸体进行

① 参见胡希宁、步艳红：《"信息不对称"与经济学的理论创新——2001 年度诺贝尔经济学奖理论述评》，载《光明日报》，2001 - 11 - 20。

② 参见江朝国：《保险法基础理论》，4 版，341 页，台北，瑞兴图书股份有限公司，2003。

检验。但保险公司工作人员到达现场后只要求郑某书写了死者的死亡经过说明，并未履行上述协助、指导义务，导致在死者尸体火化后死亡原因无法查明的后果，保险公司对此有过错，应承担由此产生的不利后果。在最终不能排除叶某是由于意外伤害死亡的情况下，保险公司拒赔意外伤害保险金的理由不能成立。

本案的实务价值在于，有利于理解保险人履行保险责任所需条件，并实际掌握认定保险责任归属有可能涉及的复杂情况，进而，把握保险法律原则对保险合同履行的指导意义。

二、投保人或被保险人的义务履行

（一）支付保险费义务的履行

依照保险合同的约定支付保险费，是投保人在保险合同中的法定义务。在保险实务中，投保人是根据保险人的要求支付保险费，通常在投保人填妥投保单、交付给保险人的同时，根据保险人或其代理人的要求，投保人将保险费预付给保险人；投保人也可以在保险合同成立后，根据合同约定向保险人支付保险费。保险费可以是一次性支付，也可约定为分期支付。具体来讲，投保人支付保险费按财产保险合同和人身保险合同而有所不同。

1. 关于财产保险的保险费的支付

根据《保险法》的规定，投保人交付保险费应当按照保险合同的约定，在规定的期限向保险人支付保险费。如根据海商法的规定，海上保险合同的保险费，投保人应当在保险合同订立后立即支付，否则，保险人有权拒绝签发保险单证。

保险合同生效后，投保人未按约定交纳保险费，除合同另有约定外，保险事故发生后，保险人不能以投保人拖欠保险费为由免除其应承担的保险责任，但可以扣减欠交的保险费。保险合同约定按已交纳保险费与应交保险费的比例承担保险责任的，保险人应当依照其约定的已交纳保险费与应交保险费的比例承担保险责任。[①]

2. 关于人身保险的保险费的支付

根据《保险法》的规定，人身保险合同的投保人应当及时缴纳保险费。投保人于合同成立后，可以向保险人一次支付全部保险费，也可以按照合同约定分期支付保险费。保险合同约定分期支付保险费的，投保人应当于合同成立时支付首期保险费，并应当按期支付其余各期的保险费。

人身保险合同约定分期支付保险费，投保人支付首期保险费后，除合同另有约定外，投保人自保险人催告之日起超过 30 日未支付当期保险费，或者超过约定的期限 60 日未支付当期保险费的，合同效力中止。由于保险合同中止会给投保人带来的法律后果是，保险合同中止期间发生保险事故的，保险人不承担责任，为避免因逾期缴纳保险费导致被保险人不能获得保险保障，我国《保险法》还规定，对于有前述逾期缴纳当期保险费的情形，投保人与保险人在保险合同中约定不适用法定中止规定的，由保险人按照合同约定的条件减少保险金额。

3. 保险费预付的特别规则

预付保险费是指投保人根据保险人的要求，于保险责任生效前向保险人支付保险费的预付款行为。各国保险法均承认保险人有权在保险责任生效前预收保险费。通常，保险人预收保险

---

① 参见山东省高级人民法院《关于印发审理保险合同纠纷案件若干问题意见（试行）》第 3 条。

费发生在寿险展业过程中，保险人在接到投保人的投保申请书后，会在预收首期保险费，对被保险人体检、进行核保程序后，作出是否同意承保的决定并通知投保人。在财产保险业务中也存在预收保险费的现象，但不及寿险业务那么普及。但近年来，保险监督管理机构为规范财产保险的承保行为，控制和防范虚挂应收保险费、违规支付手续费等违法行为，实行"见费出单"①，可见，财产保险中的预收保险费也成为常态。

保险人收取的投保人预付保险费，在保险责任开始前应属于投保人权益，而在保险责任开始后转为保险人的保险费收入。但是，在保险合同订立过程中保险人接受了投保人提交的投保单并收取了保险费，尚未作出是否承保的意思表示，发生了应予赔偿或给付保险金的保险事故的，最高人民法院认为应当作如下处理：（1）被保险人符合承保条件（按照保险业的通常标准进行判断），应认定保险合同成立，保险人应当承担保险责任。（2）被保险人不符合承保条件，应认定保险合同不成立。保险人主张不符合承保条件的，应承担举证责任。[《解释（二）》第4条]

但是，由于人身保险合同需要被保险人在指定机构进行体检，所以人身保险合同不因保险人预收保险费而当然成立。由保险人指定机构进行体检的被保险人没有达到保险人规定的承保体检标准，保险人预收保险费后在合理期限内拒绝承保的，应当及时通知投保人退还投保人预交的保险费。②

4. 保险费支付违约的后果与救济

除法律另有规定或者保险合同另有约定外，保险合同成立后，投保人未按照约定交付保险费的，应当承担违约责任；发生保险事故的，保险人应当承担保险责任。

财产保险合同约定以投保人交付保险费作为合同生效条件的，投保人已交付部分保险费但未交足的，应认定合同已经部分生效，保险人按已交保险费与应交保险费的比例承担保险责任。③ 财产保险合同中投保人未按约定支付保险费的，保险人对投保人未支付的保险费享有债权。

但人身保险合同中，投保人未按约定支付保险费的，《保险法》规定，保险人不得用诉讼方式请求投保人支付，但人身保险的保险人得以中止保险合同效力或降低保险金额的方式进行救济。

（二）危险增加的通知义务

保险合同的订立，是基于已有可保危险的存在。但保险合同有效期间内保险标的的危险程度是处于不断变动状态的，为使投保人的义务与保险人所承保保险标的的危险程度处于平衡，法律要求被保险人（投保人）应对保险标的的危险增加承担通知义务，同时赋予保险人享有依法律规定或合同约定增加保险费或解除合同的权利。这是情势变更原则在保险法上的体现。

《保险法》第52条规定：在合同有效期内，保险标的的危险程度显著增加的，被保险人应

---

① "见费出单"是指保险公司业务系统根据相关支持系统（如银联、保险公司的总公司财务系统等）的全额保险费入账反馈信息，实时确认并自动生成唯一有效指令后，保险公司业务系统方可打印正式保单。参见中国保监会于2008年6月30日公布的《关于加强保险公司应收保费管理有关事项的通知》。
② 参见北京市高级人民法院《关于审理保险纠纷案件若干问题的指导意见（试行）》第1条。
③ 参见广东省高级人民法院《关于审理保险纠纷案件若干问题的指导意见》第2条。

当按照合同约定及时通知保险人，保险人可以按照合同约定增加保险费或者解除合同。保险人解除合同的，应当将已收取的保险费，按照合同约定扣除自保险责任开始之日起至合同解除之日止应收的部分后，退还投保人。

《保险法》第49条第3、4款规定：因保险标的转让导致危险程度显著增加的，保险人自收到被保险人或者受让人关于转让的通知之日起30日内，可以按照合同约定增加保险费或者解除合同。被保险人或受让人未履行关于转让的通知义务，因转让导致保险标的危险程度显著增加而发生保险事故的，保险人不承担赔偿保险金的责任。

应当注意的是，认定危险程度显著增加应当从三个方面予以考虑。

（1）保险标的所处的危险状态需增加至达到严重程度。危险状况之改变必须对保险人有重要性之影响始足当之，而依学理，判断其是否具有重要性时，须依一般观点或依该特定保险类型之性质，假设于危险增加之情况下，任何一个保险人都会要求提高保险费或不愿受原保险合同约束。因此，如果危险程度仅是轻微或一般加重，对保险人履行义务并无影响，则被保险人无须履行通知义务。

（2）保险标的的危险程度显著增加有不可预见性，即危险程度的显著增加是保险人在订约时无法预见的，未在保险人预估风险之内，没有将该增加的危险程度作为厘定保险费的基础。

（3）保险标的的危险显著增加处于持续状态，投保人、被保险人或保险标的受让人知道危险显著增加。如果危险状态只是一时改变，继而消失、恢复原状的，则不属于危险程度显著增加。因此，对于危险程度显著增加的认定，应当以是否足以影响保险人决定是否同意承保或者提高保险费率为判断标准。

（三）维护保险标的安全的义务

投保人或被保险人在保险合同有效期内，有维护保险标的安全的义务，以预防那些本来可以避免的损失。只要被保险人遵守了国家有关消防和安全生产等方面的规定，就履行了该项义务。但是，保险标的的安全与不安全具有相对性，任何财产的绝对安全是不存在的，不能将被保险人维护保险标的安全的义务范围扩张至"保证保险标的不发生危险事故"。

通常，投保人或被保险人的安全维护义务的具体内容是由保险合同加以约定的，是投保人或被保险人对于履行保险合同中关于维护保险标的安全的义务作出的特别承诺。因此，根据《保险法》第51条第1、2款的规定，投保人或被保险人应当遵守国家有关消防、安全、生产操作、劳动保护等方面的规定，维护保险标的的安全。根据合同的约定，保险人可以对保险标的的安全状况进行检查，及时向投保人、被保险人提出消除不安全因素和隐患的书面建议。有学者认为，保险法规定的安全维护义务应视为保险合同的保证。所谓保证，创自英国保险法，是指承诺性保证，即被保险人凭此应当履行某种行为或不为某种行为，或者满足某种条件，或者肯定或否定某一事实状态存在或不存在。保证必须严格遵守，无论它对风险是否重要，否则，除保险单中另有明文规定外，从被保险人违反保证之日起，保险人解除责任，但不妨碍在违反保证之前产生的任何责任。[①]

我国《保险法》关于安全维护义务的规定，是为了防止在投保人或被保险人投保之后，由

---

① 参见李玉泉：《论海上保险法中的"保证"制度》，载《中国海商法年刊》，第15卷，2页，大连，大连海事大学出版社，2005。

于有了保险的保障，追求利益最大化的投保人或被保险人就有可能对保险标的漠不关心，或者在保险金额超过保险价值之时期望保险事故的发生。因此，通过构建法定的和约定的保险标的安全维护义务，以使投保人或被保险人履行对保险标的的善良管理人义务。

根据我国《保险法》的规定，被保险人履行维护保险标的安全义务的标准是遵守国家有关消防、安全、生产操作、劳动保护方面的规定。因此，投保人或被保险人对于保险合同约定的安全维护义务的执行是履行保证条件。在保险实务中，为使投保人和被保险人的安全维护义务得到全面落实，保险人依据保险合同的约定有权对保险标的的安全状况进行检查，及时向投保人、被保险人提出消除不安全因素和隐患的书面建议。如果保险人行使检查权，又未就保险标的的不安全状况提出建议，则视为保险人认可保险标的是安全的。

根据我国《保险法》第 51 条第 3、4 款的明确规定，投保人、被保险人未按照保险合同约定履行其对保险标的的安全应尽责任的，保险人有权要求增加保险费或者解除保险合同（应择一行使——笔者注）。保险人为维护保险标的的安全，经被保险人同意，可以采取安全预防措施。同时，为最大限度地维护保险标的的安全，经过被保险人同意，保险人可以对保险标的主动采取安全预防措施，以维护社会财富的最大化。

（四）危险发生的通知义务

危险发生的通知义务是指投保人、被保险人或受益人在保险事故发生后负有的向保险人及时通知的义务。根据《保险法》第 21 条的规定，投保人、被保险人及受益人在保险标的发生保险人应当承担保险责任的事故后，应当及时在法定或者约定的期限内通知保险人。其目的在于，使保险人在保险事故发生后，能够及时地进行事故调查，以确定危险发生的原因和损失范围，并为保险赔偿做准备。因此，投保人、被保险人或者受益人知道保险事故发生后，依法负有及时通知保险人的义务。

关于危险发生后的通知期限，《保险法》只规定为"及时通知"保险人，并未规定具体期限。通常，保险人是在保险条款中规定危险发生后通知的具体期限。保险实务中，投保人、被保险人或受益人未及时通知的，通常不影响保险人的保险责任承担。保险事故发生后，保险人仅以投保人、被保险人或受益人未履行及时通知义务为由要求不承担保险责任的，人民法院不应予支持。[①]

不过，投保人、被保险人或受益人属于故意或者因重大过失未及时通知，致使保险事故的性质、原因、损失程度等难以确定的，保险人对于无法确定的部分，不承担赔偿或者给付保险金的责任，但保险人通过其他途径已经及时知道或者应当及时知道保险事故发生的除外（《保险法》第 21 条）。

（五）施救义务

施救义务是指投保人、被保险人在保险事故发生后，应当采取有效措施进行防范和救助，以避免事故范围的扩大和减少财产损失。我国《保险法》第 57 条就明文规定了投保人或被保险人承担的这一义务。

虽然保险标的已经为保险合同所保障，但保险标的毕竟是社会财富，当保险事故发生时，被保险人的损失是由保险金补偿的，但保险标的的损毁也意味着社会财富的减少。被保险人的

---

① 参见山东省高级人民法院《关于印发审理保险合同纠纷案件若干问题意见（试行）》第 13 条第 1 款。

积极施救行为如能防止或减少损失，不仅能够防止社会财富的净损失，也能够使保险人承担的赔偿或者给付责任降低，从而使投保人支付的保险费有相应降低的可能，参加保险的所有成员也会因此获益。由于绝大多数情况下，保险标的由投保人或被保险人一方直接控制，由投保人或被保险人在保险事故发生时实施救助行为效果最大，所以各国保险法赋予投保人、被保险人以施救义务。

根据我国《保险法》的规定，关于施救义务的第 57 条存在于财产保险合同部分，由此可知，施救义务仅适用于损害保险（财产保险）中。但它并不排除保险人与投保人或被保险人在保险合同中约定施救义务。我国《保险法》规定的施救义务是主动履行模式，即在保险事故发生后，投保人或被保险人即应主动采取积极措施防止或者减少损失，不需以保险人作出指示为前提。

在保险实务中，施救行为可能导致直接的费用支出，也可能造成保险标的的损失，甚至是因损害第三人的利益而产生对第三人的责任。虽然保险事故的发生原因和性质上有所不同，但为鼓励投保人或被保险人在危险发生时进行施救，我国《保险法》明确规定：因履行施救义务而产生的费用，由保险人承担，但保险人承担的数额应在保险标的损失以外计算，最高不超过保险金额的数额。然而，在保险人指挥下产生的施救费用，保险人应当据实承担，应不受保险金额的限制。

三、保险人义务的履行

（一）制作和签发保险单或保险凭证的义务

我国《保险法》第 13 条规定：投保人提出保险要求，经保险人同意承保，保险合同成立。保险人应当及时向投保人签发保险单或者其他保险凭证。此规定表明，制作和签发保险单或保险凭证是在保险合同成立后保险人的法定义务[①]，这一义务是否履行不影响保险合同的成立。

在保险实务中，保险人在收到投保人交付的投保单和保险费后，未在合理期间内作出承保或拒保的意思表示，也未制作和签发保险单或保险凭证，发生保险事故的，按下列情形处理：（1）符合承保条件，被保险人或者受益人要求保险人按照投保单载明的险种、保险金额等约定承担赔偿或者给付保险金责任的，人民法院应予支持。（2）不符合承保条件，保险人不承担保险责任的，人民法院应予支持。关于是否符合承保条件，由保险人承担举证责任，人民法院可以根据保险行业核保规范的通常标准予以判定。[②]

（二）核定事故和损失的义务

在保险标的发生危险事故后，核定事故和损失是保险人的义务。在保险实务中，保险人根据被保险人或受益人的事故发生通知和索赔请求，投保人、被保险人或者受益人提供的与确认保险事故的性质、原因、损失程度等有关的证明和资料，通过事故现场勘查、事故原因鉴定和分析等方法，认定所发生的危险事故是否属于保险事故，并通过现场清点、会计核算和损失鉴定等方法，认定所受损失是否是保险标的的损失、损失的程度和损失数额等。

该项义务的具体履行，往往是保险人在保险事故发生后的第一时间赶赴现场，协助被保险

---

① 对于保险人制作和签发保险单或保险凭证的义务，有人认为，应当定性为缔约义务，不应成为保险合同成立的前提。参见贾林青：《保险法》，5 版，92 页，北京，中国人民大学出版社，2014。

② 参见《解释（二）》第 4 条。

人消除、减轻灾害损失，并及时采取有效措施保护事故现场，对保险事故作勘查、核定和定性，为核实财产损失做好准备。保险人同时要求被保险人予以协助，并要求其对相关书面文件、照片、影像制品进行确认。为了保证勘验、调查的结果具有公信力，可以及时通知公安、防洪、防震、气象、水利等专业机构人员进行实地勘察并出具书面证明。

在财产保险中，保险人核定损失是根据保险事故损坏的保险标的的性质，确定由保险人承担修理、更换的费用或直接赔偿损失；在人身保险中，则是根据被保险人的伤害或疾病确定医疗费用和伤残（死亡）赔偿金等方面进行保险金的计算，采用定额保险的，只需核定被保险人的伤害、疾病、伤残或死亡与约定的定额给付保险金条件是否相符，符合给付条件的，按约定金额给付保险金。

我国《保险法》第23条规定：保险人收到被保险人或者受益人的赔偿或者给付保险金的请求后，应当及时作出核定；情形复杂的，应当在30日内作出核定，但合同另有约定的除外。保险人应当将核定结果通知被保险人或者受益人。该法第24条还规定，保险人依照本法第23条的规定作出核定后，对不属于保险责任的，应当自作出核定之日起3日内向被保险人或者受益人发出拒绝赔偿或者拒绝给付保险金通知书，并说明理由。

保险人、被保险人为查明和确定保险事故的性质、原因和保险标的的损失程度所支付的必要的、合理的费用，由保险人承担。

[知识链接]

需要区分一切险与特定保险的承保范围

不论是被保险人进行索赔，还是保险人进行理赔，相应保险项下的承保范围都是必须考虑的因素之一。尤其是对于被保险人来讲，判定承保范围是否正确直接关系到其索赔申请能否得到满足，因此，准确理解保险所约定的承保范围就是保险合同切实履行、保险目标有效实现的必要条件之一。

其中，对一切险与特别险的承保范围作科学、准确的把握并加以区别就十分重要。这是两个相互对应的保险概念，是以各自的承保范围为标准而划分的保险类型。所谓一切险，是指保险人的承保范围涉及保险标的因遭受保险合同中所列明的免除责任的不保风险之外的一切风险所造成之损失的保险合同。由此可见，虽然一切险的承保范围是十分广泛的，但并非保险人承保所有的风险，其承保范围仍然是有限的，是对特定范围的一定风险而言的，只不过这种限制的方式，不是直接在保险责任条款中列举规定所承保的具体风险，而是通过"责任免除"条款来列明不保风险，确定保险人不承担保险责任的风险情况，从而产生界定承保范围的效果。也就是说，凡未列入"责任免除"条款的风险，均属于保险人在一切险合同中承保的风险范围。例如，海洋运输货物保险的一切险条款、建筑工程一切险条款、企业财产保险的一切险条款等，都属于一切险。甚至有的学者认为，常见的人寿保险和责任保险也是一切险。[①]

特定保险，则是指保险人在保险合同项下承保特定风险的保险合同。其具体表现为保险人承保保险合同的保险责任条款列举的一种或者多种特定的风险。

在形式逻辑上，一切险与特定保险是相互排斥的关系，就是说，除一切险之外的保险均应

---

① 参见［美］小罗伯特·H. 杰瑞、道格拉斯·R. 里斯满著，李之彦译：《美国保险法精解》，219～220页，北京，北京大学出版社，2009。

当被纳入特定保险的范畴，其所包括的保险类型也不限于一种：可以是承保一种风险的单一保险，例如，麦场火灾保险、盗窃保险等；也可以是承保两种以上风险的综合保险（或称复合保险），现行的财产保险大多属于此种类型，例如，火灾保险、货运保险等。

在保险市场上存在一切险与特定保险的分类，完全是为了适应社会公众存在的多元化投保需求。一切险和特定保险各有自己的优势。一切险的优势是：承保范围广泛，"可以避免保险空白"[1]；可以避免重复保险和重复收费；降低逆选择的风险；举证责任的分配有利于被保险人——只需证明保险标的损失的发生，而无须证明损失是否是由免除责任的风险造成的，此证明责任转移到保险人身上。相形之下，特定保险的优势则迥然不同：因其承保范围往往是具体的、明确的一种或者多种特定风险，形成诸多特定保险产品，恰恰能够满足社会公众面对特定风险而存在的多元化保险保障需求，使大家根据各自需求选择所需的特定保险产品，并以低于一切险的保险费率之费率吸引大众进行投保。

（三）计算保险金的义务

保险人承担的保险责任是以保险标的的损失为计算基础的，由于保险责任和保险标的损失的复杂、多样性，保险人应依照《保险法》和保险合同的规定进行计算。

（1）足额保险的保险金计算。足额保险应当能使被保险人在保险事故中的损失自保险人处得到完全补偿。衡量足额保险的标准是，在定值保险的情形下，应以合同订立时约定的保险价值与保险金额一致为特征；在不定值保险中，则以保险事故发生时所确定的保险价值与保险金额相一致为特征。足额保险的保险金计算，应以约定保险金额为准。应当注意的是，于不定值保险中，如实际保险价值与保险金额不一致，即出现超额保险和不足额保险的情况时，不适用足额保险的保险金计算方法。

（2）不足额保险的保险金的计算。于保险金额低于保险价值的不足额保险，保险人按照保险金额与保险价值的比例承担赔偿责任，但保险合同另有约定的除外。其计算公式为：损失金额×保险金额/保险价值＝保险金。

（3）超额保险的保险金计算。根据保险填补损失原则，保险价值为保险人在法律上赔偿的最高限额。超额保险赔偿在我国法律上是被禁止的，无论超额保险是保险价值的浮动所致，还是因为当事人约定产生。超额保险的保险金计算方式为：单保险中以保险价值为限确定保险金的数额，超过保险价值部分一律无效；重复保险中，在各保险人的赔偿金额的总和不超过保险价值的前提下，各保险人按照其保险金额与保险金额总和的比例承担赔偿责任，但合同另有约定的除外。

（4）其他情形下的计算。在有施救费用的情况下，保险人赔偿的损失应当在核定保险标的损失的基础上，核定施救费用；在有免赔额或免赔率约定时，应当在核定损失额中扣减免赔金额；保险人对于其财产或者人身受保险合同保障、享有保险金请求权的人自行承诺或支付的赔偿金额，有权依照保险合同的约定重新核定。

（四）保险金的赔偿与给付义务

（1）保险金的先予支付义务。保险人自收到赔偿或者给付保险金的请求和有关证明、资料

---

[1]　[美]小罗伯特·H. 杰瑞、道格拉斯·R. 里斯满著，李之彦译：《美国保险法精解》，220页，北京，北京大学出版社，2009。

之日起 60 日内，对其赔偿或者给付保险金的数额不能确定的，应当根据已有证明和资料可以确定的数额先予支付；保险人最终确定赔偿或者给付保险金的数额后，应当支付相应的差额。

（2）保险金的赔偿与给付义务的履行。根据《保险法》的规定，保险事故发生后，属于保险人责任范围的，保险人应当在与被保险人或者受益人达成有关赔偿或者给付保险金额的协议后 10 日内，履行赔偿或者给付保险金的义务。保险合同对赔偿或者给付保险金的期限有约定的，保险人应当按照约定履行赔偿或者给付保险金义务。保险人未及时履行赔偿或给付义务的，除支付保险金外，应当赔偿被保险人或者受益人因此受到的损失。

（五）通知义务

所谓保险人的通知义务，是指于保险合同期限内，保险人所负有的对投保人或被保险人就法定事项实施告知行为的义务。根据我国《保险法》的规定，保险人的通知义务包括：（1）通知投保人、被保险人或者受益人补充提供有关的证明和资料；（2）保险人对不属于保险责任的情况，应当自作出核定之日起 3 日内向被保险人或者受益人发出拒绝赔偿或者拒绝给付保险金通知书，并说明理由；（3）保险标的发生部分损失时，保险人解除合同的，应当提前 15 日通知投保人等。

第二节　保险合同的索赔

一、损失事故发生的通知与索赔的提出

（一）保险事故发生的通知

投保人、被保险人或受益人在保险事故发生后，负有向保险人通知的义务。这通常被看作是保险人承担保险责任的先决条件之一。根据《保险法》第 21 条的规定，投保人、被保险人或者受益人知道保险事故发生后，应当及时通知保险人。各国保险法虽未规定被保险人有损失通知义务，但绝大多数财产和责任保险合同中均明确约定，被保险人就承保损失向保险人发出损失通知，是被保险人应当承担的合同义务。[①]

损失事故发生的通知可以是口头的，或者以书面形式作出；通知义务人应是知道保险事故发生的投保人、被保险人或者受益人；通知的接收人是保险人，也可为保险人的代理人。发出损失事故通知的目的在于告知保险人有关情况，以使保险人及时进行事故调查。关于损失事故通知的时间，除合同另有约定外，应为及时通知；但无论保险合同对损失通知的时间作出何种约定，除非致使保险人无法确认事故发生的原因和损失程度，损失事故通知的延误，并不能影响保险人承担保险责任。

（二）索赔的提出

所谓索赔，是指保险金请求权人对保险人提出的，要求保险人承担赔偿或给付保险金责任的请求。保险金请求权人包括被保险人、受益人或被保险人的继承人。索赔的提出是启动保险赔偿程序的钥匙，是保险人承担保险责任的前提。保险金请求权人可以口头方式或书面方式向保险人或保险人的代理人提出索赔请求。

索赔可以单独提出，也可与损失事故的通知同时作出。通常情况下，损失事故的通知应被

[①] 参见陈欣：《保险法》，2 版，188 页，北京，北京大学出版社，2006。

视为索赔的提出，保险人对索赔请求应当予以受理。保险人或保险代理人收到索赔请求时，即为保险人受理索赔请求。

保险金请求权人行使索赔权时，应当依照合同约定向保险人提出索赔或向仲裁机构申请仲裁，也可径直向人民法院起诉。

(三) 索赔时效

保险金请求权人应当在索赔时效内行使请求权。索赔时效又称为保险诉讼时效[1]，是指保险金请求权行使的有效期间。根据《保险法》第 26 条的规定，人寿保险以外的其他保险的被保险人或者受益人请求保险人赔偿或者给付保险金的权利，自其知道保险事故发生之日起两年不行使而消灭。人寿保险的被保险人或者受益人请求保险人给付保险金的权利，自其知道保险事故发生之日起 5 年不行使而消灭。

二、索赔的损失证明

(一) 索赔的损失举证责任

各类保险合同中均约定，保险金请求权人在主张保险金请求权时，必须向保险人提交足以支持其保险金请求权的有关证明和资料。这种用以支持保险金请求权的有关证明和资料被称为损失证明。

损失证明的提交人是保险合同的投保人、被保险人或者受益人。损失证明的提交，是法律规定的保险金请求权人应当承担的举证责任决定的。根据《保险法》第 22 条的规定，保险事故发生后，依照保险合同请求保险人赔偿或者给付保险金时，投保人、被保险人或者受益人应当向保险人提供其所能提供的与确认保险事故的性质、原因、损失程度等有关的证明和资料。不过，关于损失证明的提交不同于民事举证责任的充分证明：保险金请求权人所负有的保险举证责任是以投保人、被保险人或者受益人"所能提交"的损失证据为限；保险人不得以保险金请求权人不能提交损失证据为由拒绝承担保险责任，因为在投保人、被保险人或者受益人提交了"所能提交"的损失证明后，保险人欲作出拒赔决定的，应当由保险人承担所发生的事故不属于保险人的保险责任范围的举证责任。

具体来讲，《保险法》所特别规定的索赔的损失举证责任和举证责任转移规则是：由保险金请求权人根据其所能向保险人提交损失证明，在保险金请求权人完成初步的举证责任后，保险人如果拒绝承担保险责任，举证责任就转移至保险人，保险人不能证明属于以下三种情况之一的，保险人应当承担保险责任：一是该事故不属于保险事故；二是该事故虽然属于保险事故，但符合保险合同所约定的除外责任情形；三是该事故属于保险事故，但符合《保险法》规定的法定免除责任情形。[2]

(二) 损失证明的补充

对于保险金请求权人提交的损失证明，保险人依照保险合同的约定，认为有关的证明和资料不完整的，应当及时一次性通知投保人、被保险人或者受益人补充提供。保险人不得仅以保

---

① 对于我国《保险法》将保险索赔时效规定为诉讼时效，有人持否定态度，认为保险索赔时效应当被视为除斥期间。参见贾林青：《保险法》，5 版，62 页，北京，中国人民大学出版社，2014。

② 参见徐海根、杨正东、付国华：《保险合同纠纷中举证责任的分配》，载 http://www.jsfy.gov.cn/alpx/msal/2012/09/07162941825.html，访问日期：2012 - 11 - 20。

险金请求权人提供的有关证明和资料不完整为由拒绝承担保险责任。

应当注意的是，保险人要求被保险人提供的证明和资料的范围受到保险合同约定的限制，保险人无权要求被保险人提供合同明确约定的范围以外的证明和资料。

［保险实例］

2012 年 5 月 22 日，李 A 之妻吕 B 作为投保人与 C 保险公司签订了人寿保险合同，被保险人为李 A，投保主险为重大疾病险，保险金额为 50 000 元，保险费为 880 元；附加人身意外伤害险，保险金额为 10 000 元，保险费为 40 元，生存受益人为李 A，身故受益人为吕 B。在投保书的健康告知栏中，保险人以格式条款询问"过去五年内是否患有下列疾病，1. 高血压……"投保人吕 B 认为李 A 早在 2001 年曾因高血压住院治疗的病史已不在告知范围内，因此填写了"否"。2014 年 9 月 9 日，被保险人李 A 因冠状动脉粥样硬化性心脏病、急性心肌梗死、高血压（极高危）住院，住院病历"既往史"一栏中记载李 A 的陈述："高血压病史二年余，收缩压最高达 200mmHg，未系统诊治；发作性左侧肢体麻木，偏瘫及言语不利史三年余，外院脑血管造影诊为先天性脑血管狭窄。"同年 9 月 12 日，李 A 向保险人提出理赔申请。保险人以投保人及被保险人在投保时未履行健康告知义务为由，拒绝承担保险责任。后经协商，双方签订了理赔给付协议书，约定 C 保险公司向李 A 给付保险金 25 000 元。此后，李 A 从 C 保险公司处实际领取了该保险金。2014 年年底，李 A 以自己并未违反如实告知义务，保险人理应承担全部保险责任为由，诉至法院，要求保险人依照保险合同再给付保险金 25 000 元。本案争议的焦点在于，投保人是否履行了如实告知义务，以及被保险人与保险人订立的理赔给付协议书能否成为解决双方争议的合法形式。

通过本案，可以直观地理解保险合同各项索赔条件的法律含义，尤其是其在保险实务中加以适用的标准。

三、责任保险受害第三人直接请求权的行使

（一）责任保险受害第三人请求权的概念

在责任保险中，当保险事故发生、保险人依约负有赔偿责任时，受害第三人依照法律规定和保险合同约定对保险人享有的保险赔偿金直接请求权，为受害第三人直接请求权。我国《保险法》第 65 条第 2 款规定，责任保险的被保险人给第三者造成损害……被保险人怠于请求的，第三者有权就其应获赔偿部分直接向保险人请求赔偿保险金。因此，受害第三人直接请求权的发生以及受害第三人直接请求权和责任保险的关系是基于法定权利而设定的。

确认责任保险受害第三人直接请求权的目的在于，当今责任保险的主要目标和功能是对受害第三人体现的大众利益的保护。根据责任保险的一般赔偿程序，首先是被保险人向保险人索赔，被保险人将得到的保险赔偿金再行支付给受害第三人，或者先由被保险人向受害第三人垫付赔偿金，再由保险人赔偿给被保险人。此程序中有可能发生被保险人恶意占有保险赔偿金之情形和程序烦琐的弊端。确认受害第三人直接请求权，使受害第三人直接向保险人索赔，即可避免上述责任保险的弊端，故各国保险法均建立了责任保险受害第三人直接请求权制度。

（二）责任保险受害第三人直接请求权的行使

依照我国《保险法》的规定，责任保险受害第三人直接请求权的行使，发生在责任保险的被保险人给第三者造成损害，被保险人对第三者应负的赔偿责任确定的情况下。而且，其前提

是被保险人怠于请求，受害第三者有权就其应获赔偿部分直接向保险人请求赔偿保险金。鉴于被保险人"怠于请求"难以证明，责任保险实践中难以适用该规则。但是，在机动车交通事故责任强制保险中，《道路交通安全法》第76条规定："机动车发生交通事故造成人身伤亡、财产损失的，由保险公司在机动车第三者责任强制保险责任限额内予以赔偿……"因此，在保险实务中，司法机关均承认机动车交通事故责任强制保险受害第三人直接请求权。

第三节　保险合同的理赔

一、理赔的含义

狭义上的理赔是指在保险金请求权人提出索赔请求后，根据保险合同约定和法律规定，保险人进行损失评估、责任核定，经与保险金请求权人达成理赔协议后，履行保险责任的法律行为总和。广义上的理赔，除包括狭义理赔外，还包括保险人与保险金请求权人因保险金赔偿纠纷而进行的诉讼或仲裁活动。

关于理赔的期限：保险人收到被保险人或者受益人的赔偿或者给付保险金的请求后，应当及时作出核定；情形复杂的，应当在30日内作出核定，但合同另有约定的除外。保险人应当将核定结果通知被保险人或者受益人；对于属于保险责任的，在与被保险人或者受益人达成赔偿或者给付保险金的协议后10日内，履行赔偿或者给付保险金义务。保险合同对于赔偿或者给付保险金的期限有约定的，保险人应当按照约定履行赔偿或者给付保险金义务。

在保险实务中，理赔分为财产保险理赔和人身保险理赔，其理赔程序有差异。

二、财产保险的理赔程序

（一）受理与立案

保险人或保险代理人收到投保人或被保险人发出的事故通知，或保险金请求权人（包括被保险人、受益人或受害第三人）提出的索赔请求，即为受理索赔。同时，保险人应根据保险事故情况，指示投保人、被保险人采取必要的施救措施。

保险人受理索赔后，应当根据保险单底单和投保人、被保险人提交的证明和资料建立赔案，在赔案登记簿上进行登记。登记事项包括赔案编号、保险单号码、保险标的、保险金额、事故情况、损失预估和施救情况等。

（二）初步审核

保险人在立案后，应对与案件有关的证明和资料进行审核，以判断是否可能有赔偿责任。初步审核的事项包括如下内容。

（1）审核保险单效力。通过审核保险单，来确定保险合同是否有解除、无效和终止的情形；同时应核定保险单中的免责条款是否产生法律效力。

（2）审核证明和资料。审核投保人、被保险人或受害第三人提交的证明和资料是否完整、真实，如认为证明和资料不完整的，应通知提交人补充提供证明和资料。

（3）审核保险利益。审核被保险人对保险标的是否具有保险利益，确认被保险人或受害第三人是否具有请求权的资格、是否有请求权的障碍存在。

（4）审核被保险人有无违反如实告知义务或通知义务的情况、是否违反了保证义务。

（5）审核出险时间是否在保险期间内、出险事故是否属于承保事故、出险标的是否是承保财产。

（6）审核是否存在第三人对出险事故负有法律责任的情形、是否有应承担赔偿责任的情形，为行使保险代位追偿权和保险赔偿金垫付追偿权收集相关证据。

（7）在责任保险中，审核被保险人对第三人承担的赔偿责任是否合乎法律规定和保险合同的约定。

（三）事故和损失调查

在财产保险中，事故和损失调查是理赔环节中最为重要的步骤，通常包括现场查勘、检验和损失评估两个重要内容。保险人在进行事故和损失调查工作中，应当重视对证据的搜集和保全。而且，保险人或其委托的保险鉴定人、公估人对出险事故进行事故和损失调查的行为，不构成对保险抗辩权的弃权，也不构成对承担保险责任的承诺。损失调查的工作内容包括以下方面。

（1）勘查出险事故的发生原因，调查事故发生的时间、地点、环境等，必要时应当经专业查勘或鉴定机构进行技术鉴定，以核查事故的真实原因，并依近因原则确定出险事故是否属于保险事故。

（2）组织被保险人进行施救和救助工作，防止损害结果进一步扩大。但对于一般人力无法救援的事故，应当请求专业救助机构和组织进行救助。

（3）查勘保险标的受损程度和受损情况，评估损失结果。对于重大损失或特殊损失，应委托保险公估人进行评估，以确定损失数额。

（4）对于出险事故是由第三人的原因造成的，应当对有关第三人责任的证据进行搜集，采取必要的证据保全措施。

保险人或保险人委托的鉴定人、公估人完成事故和损失调查工作的，在查勘、鉴定、评估工作完成后，应当制作查勘报告、鉴定报告或公估报告。

（四）责任审核

保险人根据损失调查的事实、证据和有关资料进行责任审核，以确定保险人是否承担保险责任和保险赔偿的数额。责任审核包括以下工作。

（1）审定保险责任。保险人应根据保险法的规定和保险合同的约定，审定保险事故的性质和发生原因，审定损失是否属于保险标的，认定损失责任的范围。经审定不属于保险责任范围的，保险人应当制作拒赔通知书，及时通知被保险人。

（2）保险标的损失的计算。保险人应当根据保险法的规定和保险合同的约定，以保险价值为基础，计算保险标的的实际损失数额。财产保险中的保险价值通常按以下方式约定：属于流动资产的保险价值为出险当时的市场价格的市场法①，如确定保险车辆、库存物资等的保险价

---

① 所谓市场法，又称市场价格比较法（market approach），是指通过比较被评估资产与最近售出类似资产的异同，并将类似的市场价格进行调整，从而确定被评估资产价值的一种资产评估方法。应用市场法进行资产评估可分三个步骤：一是搜集与评估对象相同或类似资产市场交易的基本数据资料，包括交易价格、交易时间等，确定参照物作为评估参考标准。二是将评估对象与参照物的实体特征、地理特征、经济特征、销售时间、销售价格等各种因素逐一进行比较，并根据与参照物的比较，分项调整各对应因素的差额，进而确定评估对象各因素的价值。三是在认真比较各因素并调整差异的基础上，综合确定评估对象的价值。

值；属于固定资产的保险价值为出险时的重置价格的重置法①，如确定房屋、机器设备等的保险价值。

（3）损余处理。所谓损余，是指保险标的因保险事故受损后，尚存有部分经济价值或可以使用的残余部分。保险人在理赔时应当依保险合同的约定，确定损余财产的归属。对损余财产的处理应当与被保险人协商确定。

（五）保险赔偿金的支付

（1）保险赔偿金的先予支付与支付。保险人自收到赔偿或者给付保险金的请求和有关证明、资料后，保险人应当依照保险法和保险合同的约定，履行支付保险赔偿金义务。保险人逾期履行保险赔偿金支付义务的，除支付保险赔偿金外，还应当赔偿被保险人因此受到的损失。保险赔偿金的范围包括保险损失赔偿金、施救整理费用和责任保险中因诉讼或仲裁而产生的费用等。

（2）保险人应当建立快速理赔机制。被保险人为个人的，保险赔偿金额超过一定金额的，要通过非现金方式支付，且支付到与被保险人、道路交通事故受害人等符合法律、法规规定的人员名称相一致的银行账户。被保险人为单位的，应严格按照有关支付结算规定，对 1 000 元以上的保险赔款要通过非现金方式支付，且支付到与被保险人、道路交通事故受害人等符合法律、法规规定的人员名称相一致的银行账户。限定其他转账支付方式付款。

（3）权益的转让和追偿。在财产保险中，对于第三人原因造成保险损失的，被保险人在受领保险赔偿金时，应当向保险人出具追索权益转让书；保险人在受让追索权益后，依法代位向第三人进行追偿。

（4）责任保险中的保险金支付的限制。在责任保险中，责任保险的被保险人给第三者造成损害，被保险人未向该第三者赔偿的，保险人不得向被保险人赔偿保险金。

（六）损余处理

损余是指保险标的遭受保险事故后尚存的具有经济价值的部分或可以继续使用的受损财产。这种损余，可以是在受灾后直接形成的，也可以是经过修理、整理后形成的。保险人在理赔时，应当确定损余的价值和归属。当然，《保险法》从平衡保险人与被保险人之间利益冲突的角度亦作出了原则性规定："保险事故发生后，保险人已支付了全部保险金额，并且保险金额等于保险价值的，受损保险标的的全部权利归于保险人；保险金额低于保险价值的，保险人按照保险金额与保险价值的比例取得受损保险标的的部分权利。"

确定损余的价值实际上是赔款计算的一部分。对此，如果是在我国领域内处理损余，应当按我国市场的实际价格来计算；而如果是在国外处理损余，则应当根据保险合同的约定和有关的国际公约、国际惯例来确定。

损余的归属，应当以保险合同的约定为根据。例如，中国人民财产保险股份有限公司的"企业财产保险一切险条款"的"赔偿部分"之第 3 条规定，"保险项目发生损失后，如本公司按全部损失赔付，其残值应在赔款中扣除"。而"企业财产保险综合险条款"的赔偿处理部分

---

① 所谓重置法是指以财产的重新置换或者构建原有财产的费用确定被评估财产的价值的一种评估方法。重置价值法适用于保险中重建或替换受损财产、修理或修复受损财产。在财产保险中，财产的重置价值，通常为按照出险时的市场和技术条件核算重置置换或者构建原有财产的费用，但以"等同或近似并且不超过崭新时的状态"为限定。因此，所谓出险时的重置价值应该就是按"基本等同或近似并不超过崭新状态"这个标准重置。

之第 15 条规定，"保险标的遭受损失后的残余部分，协议归被保险人，在赔款中作价折归被保险人的金额，按第 14 条规定比例扣除"。另外，"家庭财产综合险条款"（2012 版）第 24 条规定，"保险标的遭受损失后如果有残余价值，由双方协商处理。如折归被保险人，由双方协商确定价值，并在计算实际赔偿时扣除"。保险实践中往往是由保险人向被保险人发出损余处理的意见，经双方协商后确定。

保险人在处理有损余的理赔案时，应当将损余处理意见登记在案。一般要记录损余编号，损余的名称、数量，损余价值估计，损余保存地点和处理等事项；并且应当在赔款计算书上注明损余编号。

[保险实例]

2013 年 4 月 16 日，A 置业管理公司与 B 保险公司签订机动车辆保险合同，写明被保险人和行驶证车主均为 A 置业管理公司，保险标的为宝马牌小轿车一台，保险期限自 2013 年 4 月 17 日至 2014 年 4 月 16 日止，保险险种包括车辆损失险、第三者综合责任险、全车盗抢险、司机座位责任险、乘客座位责任险、玻璃单独破碎险、他人恶意行为险等。同时，保险单正面用黑体字印制了"明示告知"："请详细阅读所附保险条款，特别是有关责任免除和投保人、被保险人义务的部分"；而"车辆损失险"部分的"责任免除"包括"下列原因造成保险车辆的损失，保险人不负责赔偿"，其第 4 项列举是"涉水行驶或被水淹后操作不当致使发动机损坏"。

2013 年 6 月 12 日，该车辆行驶至滨江路隧道时，因公共汽车经过引起隧道内积水形成波浪淹及该车发动机而熄火，为修理汽车共花费了 124 850 元。事后，A 置业管理公司向 B 保险公司索赔，并提供两份修车发票，金额共计 124 850 元，但遭到 B 保险公司的拒赔。

为此，A 置业管理公司诉至法院，请求法院判令 B 保险公司赔偿其因维修保险车辆所造成的经济损失 124 850 元。B 保险公司辩称：根据双方签订的机动车辆保险合同第 4 条第 4 款关于"保险车辆涉水行驶，或被水淹后操作不当致使发动机损坏"的规定，保险公司不负责赔偿。

法院经审理认为：本案机动车辆保险合同的责任免除条款明确约定：保险车辆涉水行驶或被水淹后操作不当致使发动机损坏，造成保险车辆的损失，保险人不负责赔偿。对此，B 保险公司已在保险单的"明示告知"栏上明确说明，故该条款具有法律约束力，A 置业管理公司对此应有充分的了解。由于投保车辆行经公路隧道时明知水浸但仍涉水行驶，致使车辆发动机等损坏。A 置业管理公司诉称因大型车辆经过时造成水面有波浪致使该车辆进水熄火，亦证实了其驾驶员在驾驶车辆当时对隧道水浸程度与车辆通行风险的错误判断。因此，A 置业管理公司应对其不当行为导致的后果承担责任。据此判决：驳回 A 置业管理公司的诉讼请求。

本案例的学习价值在于，有助于从保险实务中具体了解保险合同在保险理赔过程中的运用以及理赔的实践操作。

三、人身保险的理赔程序

（一）保险金给付的申请与受理

在人身保险中，保险金给付的申请是指保险金请求权人请求保险人依保险合同的约定给付保险金的行为。保险金给付的申请应当以书面方式提出并交付保险人，保险人在收到保险金给付申请时，为受理保险金给付申请。

（1）保险金给付申请书的提出。保险金请求权人向保险人请求保险金给付时，应当填写保险金给付申请书，申请书应当向保险人或保险代理人送达。

（2）保险事故和损失证明的提交。保险金请求权人应向保险人提供其所能提供的与确认保险事故的性质、原因、损失程度等有关的证明和资料。

（二）保险金受领人的审核

在人身保险合同中，保险金请求权人有被保险人、受益人或被保险人的继承人，保险金请求权人的代理人和监护人也有权行使保险金请求权。因此，保险人应当按照保险法的规定和保险合同的约定审核保险金受领人。

（1）被保险人作为保险金受领人时，保险人应当直接向被保险人给付保险金。

（2）受益人作为保险金的受领人时，保险人应当根据被保险人的指定，向受益人支付保险金。指定的受益人为多人时，被保险人指定份额的，保险人按指定份额给付保险金；被保险人未指定份额时，保险人应就受益人的人数，按相等份额给付保险金。

（3）被保险人的继承人作为保险金的受领人时，应当符合《保险法》第64条规定的条件：被保险人死亡后，遇有下列情形之一的，保险金作为被保险人的遗产，由保险人向被保险人的继承人履行给付保险金的义务：1）没有指定受益人的；2）受益人先于被保险人死亡，没有其他受益人的；3）受益人依法丧失受益权或者放弃受益权，没有其他受益人的。

（三）责任审核

保险人在受理保险金给付申请后，应当根据有关证明和资料，依保险法的规定和保险合同的约定进行责任审核。对于不属于保险责任的，保险人应作出拒赔通知书并向保险金请求权人送达，并返还保险单的现金价值或返还保险费。具体的责任审核工作主要包括以下内容。

（1）审核保险单的效力，以确定保险合同是否有解除、无效、中止和终止的情形；审核保险单中的免责条款是否产生法律效力。

（2）审核投保人、被保险人或受益人提交的证明和资料是否完整、真实，如认为证明和资料不完整的，应通知提交人补充提供证明和资料。

（3）审核保险金给付申请人是否具有保险金请求权，确认保险金给付申请人是否具有请求权的资格、是否有请求权的障碍存在。

（4）审核投保人与被保险人之间是否存在保险利益，是否是为无民事行为能力人投保，投保死亡为给付条件的保险和保险金额是否经被保险人同意。

（5）审核投保人、被保险人有无违反如实告知义务或通知义务的情况，是否违反了保证义务。

（6）审核是否有被保险人死亡、伤残、疾病或者达到合同约定的年龄、期限等承保事故的发生，出险时间是否在保险责任期间内。

（7）于健康保险和伤害保险中的医疗费用保险，应审核医疗费用的支出项目、医疗费用的账单和原始凭证、医院的诊断证明等事项。

（四）保险事故的调查

在人身保险理赔中，保险人受理赔偿申请后，应当立即进行保险事故调查。在保险事故调查过程中，应当重视对证据的搜集和保全。保险事故调查可以由保险人或其委托的保险鉴定人、公估人完成，也可以通过公安机关、医疗机构等专业机关进行调查。调查工作的内容包括以下方面。

（1）勘查出险事故的发生原因，调查事故发生的时间、地点、环境等，必要时应当经专业查勘或鉴定机构进行技术鉴定，以核查事故的真实原因，并依近因原则确定出险事故是否属于保险事故。

（2）及时组织人力对被保险人进行救助工作，对于一般人力无法救援的事故，应当请求专业救助机构和组织进行救助。

（3）对出险事故进行调查，确认出险事故是否是由投保人、被保险人或受益人故意造成的，是否投保人、被保险人谎称保险事故发生，以确认出险事故是否属于道德危险。

保险人或保险人委托的鉴定人、公估人完成事故和损失调查工作的，在查勘、鉴定、评估工作完成后，应当制作查勘报告、鉴定报告或公估报告。

（五）保险金的计算与给付

1. 人身保险金的计算

人身保险中，按照保险金的赔付性质分为费用补偿型人身保险和定额给付型人身保险。前者是指在健康保险和伤害保险中，对于被保险人罹患疾病或受到意外伤害而产生的损害补偿，由保险人在约定的保险金限额内，按照被保险人受到的实际损失进行补偿的保险。在此，被保险人受到疾病和意外伤害而产生的损害是指被保险人因罹患疾病或受到意外伤害而进行治疗产生的医疗费用。后者则是指保险合同约定的保险事故如疾病、伤害或死亡等发生的，由保险人按约定的保险金定额给付的人身保险。

在费用补偿型人身保险中，保险金的计算是被保险人实际支付的医疗费用扣减被保险人从其他途径获得的补偿或给付。从其他途径获得的补偿或给付包括被保险人从农村合作医疗保险、互助基金、保险公司（含本公司）或对其承担民事责任的第三人等途径获得的补偿、赔偿或给付。而定额给付型人身保险按约定保险金额给付保险金，无须扣减从其他途径获得的补偿或给付。

2. 人身保险金的给付

根据《保险法》第2条的规定，当被保险人死亡、伤残、疾病或者达到合同约定的年龄、期限等条件时，保险人承担给付保险金责任。因此，在保险事故发生后，保险人应当按约定的保险金额向保险金请求权人给付保险金。保险人应当建立完善的应急预案，在发生特大交通事故、重大自然灾害等事故时，及时启动应急预案，通过建立快速理赔通道、预付赔款、上门服务等方式，提高理赔效率和质量。

练习与思考

1. 结合保险实务理解保险合同履行所涉及的索赔和理赔的内涵与法律性质。

2. 投保人、被保险人在索赔中的权利和义务是什么？

3. 保险合同的索赔程序有哪些环节？

4. 保险人在理赔中的权利和义务是什么？

5. 如何理解第三人的直接赔偿请求权的依据和行使特点？

6. 保险合同的理赔程序有哪些环节？

第七章

再保险合同

 本章概要

　　再保险合同作为保险公司分散风险以及各保险公司之间共同合作、谋求发展的重要制度，在保险市场上具有普遍的实用意义。着眼于全面把握保险立法规定和保险实务，本书增加再保险合同制度的理论。本章从保险合同制度的整体角度，专门对再保险合同进行全面的讲解。相应地，学习本章的目的，就是理解再保险合同制度独特的法律价值，把握再保险合同的概念、性质和分类，重点研究再保险合同与原保险合同相互之间的适用关系，了解再保险合同的基本条款。

重点知识

　　再保险合同的概念、性质和分类

　　再保险合同与原保险合同的适用关系

　　再保险合同的订立

　　再保险合同的履行

　　再保险合同的基本内容

第一节　再保险合同的概念、性质和分类

一、再保险合同的概念

　　再保险，也叫分保，俗称"保险之保险"，是指保险人将其承担的保险业务，以分保形式部分转移给其他保险人的保险经营模式。我国《保险法》将其归纳为"保险人将其承担的保险业务，以分保形式部分转移给其他保险人的，为再保险"（第28条第1款）。再保险合同就是再保险分出公司与再保险接受公司之间约定保险责任分担与保险费分摊、收取等权利、义务的协议。依照此协议，原保险人支付分保费，将其承保的风险责任的一部分转移给再保险人，由再保险人就所接受的部分承担赔偿责任。

　　再保险实质上就是第二次保险，表现为原保险合同的保险人再一次分散其承担的保险风险的一项重要制度。在此意义上讲，再保险就是保险人之间的保险。在保险实务中，如果保险人承保的直接保险业务金额较大，负担的保险责任过重或危险过于集中，其就可能将自己负担的保险责任向其他保险人（一家或者多家保险公司）转移，以分散其承保风险，确保自身保险业务的正常经营和健康发展。其中，分出风险责任的保险公司，叫分出人；接受所分出风险责任的保险公司，叫分入人（再保险接受人）。[1]

---

　　① 参见《保险法》第28条第1款。

再保险作为在保险行业内部再一次分散风险的手段，是现代保险市场上普遍采用的分散风险措施。目前，再保险在国际保险市场上的适用主要是两种趋势：一是用于卫星、飞机、轮船等重大标的的保险，进行世界性分保；二是用于各国国内保险市场，以便稳定各国保险业的发展。再保险制度的价值集中在两个方面：首先，分散风险。单个保险公司承担保险责任的能力是有限的，不分散其所承受的风险，一旦遭遇大额的集中的赔付，就会影响到保险公司的财务稳定，发生偿付困境。而通过再保险安排，原保险人可以与再保险人共同承担风险，从而有利于原保险人的财务稳定，确保其偿付能力，切实满足被保险人的保险保障需求。其次，使原保险人的保险业务得到扩大。单个保险公司的业务规模因保险资金有限和业务能力不足而受到限制，如果利用再保险的方式，原保险人就可以借助再保险人的资本实力和经营经验，扩展其业务规模和业务范围。

需要注意的是，在保险实务中，保险公司之间常常以"共保协议"的名义来签订再保险合同。此种实务操作方式是违规的，目的是规避对再保险业务的严格监管。并且，共保协议的名称是与合同的真实目的不相吻合的，原因是共保协议的内容与再保险合同的权利、义务分配完全不同，导致在保险事故发生后协议当事人之间极易因保险赔款的分摊引发争议。因此，应当将再保险合同与共保协议加以区别。

［保险实例］

2018年9月2日，甲保险公司与乙保险公司签订一份"共保协议"，该协议约定：甲保险公司与乙保险公司共同承保丙重型机械集团公司2018—2019年度的财产一切险及机器损坏险；甲保险公司为共保项目的主共保人，是共保双方的代表，按70%份额承担保险责任并负责牵头处理保险相关事宜；乙保险公司为共保项目的从共保人，按30%的份额承担保险责任并协助甲保险公司处理保险相关事宜。协议约定，若出险，由乙保险公司负责现场查勘。"共保协议"的保险期限为2018年9月3日至2019年9月2日。合同签订后，被保险人向甲保险公司交纳了218.28万元保险费。2018年9月至12月30日，被保险人发生了两起保险事故，乙保险公司未进行现场查勘。2018年12月30日，甲保险公司以乙保险公司不按约定履行查勘、定损义务为由，向乙保险公司发出解除"共保协议"的函，要求解除与乙保险公司之间签订的协议。乙保险公司于2018年12月31日发出答复函，表示不同意解除"共保协议"。2018年12月31日至2019年9月2日，被保险人发生了3起保险事故，乙保险公司亦未进行现场查勘、核损。

甲保险公司与乙保险公司就甲保险公司应当分配给乙保险公司的保险费数额发生争议，于是，乙保险公司以甲保险公司为被告向法院提起诉讼。

从学习再保险合同的需要角度来看，借助本案，可以加深对再保险合同的法律特性和保险实务情况的理解。为此，应当关注两个焦点问题：一是涉案的"共保协议"是属于共同保险合同还是再保险合同，二是涉案"共保协议"是否于2018年12月30日解除。

二、再保险合同的性质

虽然我国《保险法》历经了两次修订和两次修正，但其对于再保险合同的性质一直没有明确规定。学术界和实务界就再保险合同的性质一直存在争论，故正确理解再保险合同的法律性质成为把握和运用再保险合同的基础。

关于再保险合同的法律性质，主要有以下学说。[①]

1. 合伙合同说

该学说认为，再保险合同是合伙合同。因为，再保险合同的构建与合伙十分相似。首先，再保险合同产生的目的是，原保险合同将其承担的风险分散出去来保障自身经营利益，这意味着再保险合同的双方当事人对原保险合同的标的具有利害与共的关系，与合伙中的共收益、共赔偿相似。其次，原保险合同的被保险人在保险事故发生后，得以直接向原保险人主张赔付保险金，这与合伙中的债权人可以向合伙人主张债权相似。再次，再保险合同的当事人双方可以根据合同约定以比例再保险方式或非比例再保险方式，划定原保险人和再保险人各自所承担的责任，这与根据各合伙人的出资数额来承担相应的合伙责任相类似。

对此，笔者持有异议，理由是，再保险合同尽管在诸多方面与合伙合同有相似之处，却不是合伙合同。因为，再保险合同只是原保险人将自己所承担的保险责任中的一部或全部转由再保险人承担的一种分散风险的方式，当事人之间没有共同经营的目的，也没有共同出资、共同盈利、共担风险实质，不存在严格的利益共同体。

2. 同种保险合同说

该学说又称为继承说或原保险合同说，认为，再保险合同是基于原保险合同分散风险的目的而产生的，再保险合同的权利、义务与原保险合同密切相关，故再保险合同的性质也应与原保险合同相同。

但是，同种保险合同说仅仅看到了再保险合同源于原保险合同而两者之间关系密切，却忽略了再保险合同与原保险合同在保险标的、保险利益和保险事故等诸多方面的不同之处，所以，同种保险合同说有着客观的缺陷。

[实务知识]

再保险合同与原保险合同的不同之处

再保险合同与原保险合同的不同在于以下方面。

(1) 各自的合同主体不同。相比较而言，既然再保险合同是保险人之间的保险，则依照我国《保险法》的规定，其双方主体均应当是具有保险业经营资格的保险公司。其中，原保险人应当是具有良好信誉、经营实力和经营业绩的法人实体，才能够获取其他保险人的信任，愿意接受其分出的保险业务；而再保险人不仅要有信誉和经营实力，还必须具有经营再保险业务的资格。原保险合同的主体则不同，它应当是以经营保险业务的保险人与非保险业的法人组织（营利法人或者非营利法人）、合伙企业等非法人组织以及自然人为主体的。

(2) 各自的保险标的不同。再保险合同的保险标的是什么？对此因对再保险之性质存在争议而看法不一，笔者基于责任保险的观点认为，再保险合同的保险标的应当是原保险人所分出的、其所承担的部分保险责任，即再保险人通过履行再保险项下的赔偿责任来对原保险人因为履行其在原保险合同项的保险赔偿金责任而遭受的部分损失予以填补。这正是再保险的意义所在。而原保险合同的标的，恰恰是原保险合同所承保的财产及其有关利益，或者被保险人的人身或利益，尤其是人身保险合同的保险标的是被保险人的人身或者人格利益，具体表现为被保险人的寿命或身体，其不以填补损害为目的。

---

① 参见宋云明、张建梅：《再保险合同的性质探讨》，载《人民司法》，2011 (5)。

（3）各自的保险利益不同。无论是原保险合同还是再保险合同，保险利益均是其构成要素。不过，再保险合同所包含的保险利益不仅体现了原保险人与再保险合同的保险标的之间存在的经济利害关系，表现为消极的保险利益——在原保险合同项下向被保险人支付保险赔偿金的责任；也是界定再保险人在再保险合同项下之分保责任的基础，因为：再保险合同只能用来分担原保险合同项下的部分风险责任，它是以每一危险单位来确定原保险人所能承担的保险责任限额〔称为自留额（自负责任）〕和再保险人所承担的限额〔称为分保额（分包责任）〕。其确定依据当然要以原保险人之保险利益（消极利益）为前提。但是，原保险合同的保险利益则是投保人、被保险人对特定的保险标的（财产或者相关利益、被保险人的寿命或者身体）具有的经济利害关系，包括积极的保险利益与消极的保险利益两部分。

（4）各自的保险事故不同。再保险合同是以原保险人在原保险合同项下之保险金的赔偿或给付责任的发生为承保的保险事故。而原保险合同所承保的保险事故是约定的特定灾害事故和意外事故等。

3. 财产损失保险合同说

该学说认为，原保险人基于分散风险的需要而将自己所承担的责任向再保险人作进一步的分散，因此，再保险合同与原保险合同的保险责任并无二致，均表现为赔偿责任，因为，保险事故发生时，原保险人基于原保险合同即应向原被保险人履行保险赔偿责任，而再保险合同的标的就是原保险人所受到的财产损失。

但是，该学说的不足之处也是明显的：如果将再保险合同定位为财产损失保险合同，则原保险人向再保险人请求赔付保险金的权利会受到其实际向原保险合同的被保险人支付保险赔偿金的时间和数额的限制。这意味着再保险人在原保险人未向原被保险人支付保险赔偿金时，无须向原保险人支付再保险金。因而，此学说与国际上通行的保护被保险人的原则相悖离，既不利于保护原被保险人的利益，也没有起到再保险应有的分散原保险人承担的风险、增强其承保能力的作用。

4. 责任保险合同说

该学说认为，再保险合同是以原保险合同中原保险人对原被保险人的补偿或给付责任为基础，并以填补这种责任为目的而与再保险人协商一致订立的合同。根据该说，再保险合同的标的不是原保险合同的保险标的，而是原保险人承担的损失补偿或给付责任。再保险合同的保险事故不是原保险合同标的的毁损与灭失，而是原保险人对被保险人的损失补偿或赔偿责任的发生，是保险合同约定的保险责任范围内的责任事故。该说是当前的通说[①]，笔者亦倾向于此观点。

〔保险实例〕

太平洋保险公司承保"亚太2号"通信卫星发射案中的再保险

1995年1月26日，中国太平洋保险公司承保为香港亚太通信卫星有限公司用于国际商业经营而发射的"亚太2号"通信卫星，保险金额为1.6亿美元。太平洋保险公司按照自身的财政力量将自留额划为3%，其余的97%通过国际分保，分给欧洲和美国的保险公司。1.6亿美

---

① 参见奚晓明主编：《中华人民共和国保险法保险合同章条文理解与适用》，190页，北京，中国法制出版社，2010。

元的 3% 只有 480 万美元，合三千多万人民币，按照太平洋保险公司的资本金和准备金，太平洋保险公司对本颗通信卫星的自留额原本可以再高一些，但是该保险公司考虑到此次航天保险系初次承保，所以谨慎地选择了 3% 的自留额。结果，此次通信卫星发射失败，在我国西昌卫星发射中心发射的亚太 2 号通信卫星在点火起飞 51 秒后，横空爆炸，星箭俱毁。中国太平洋保险公司 50 天内向被保险人赔付了 1.6 亿美元，但是其中本身所付的赔款仅为 480 万美元，其余 1.552 亿美元的保险赔款由海外 32 家再保险人共同摊付。[①]

从这则实例，可以清晰地理解再保险能够进一步分散风险、减轻巨额风险而减小原保险合同中的原保险人所承担的压力，具有增强原保险人的承保能力、确保保险业务稳定发展的作用。从中，读者能切实把握再保险合同与原保险合同的关系，也能理解和判断再保险合同的法律性质和保险功能。

三、再保险合同的分类

1. 比例再保险合同与非比例再保险合同

根据确定自留额和分保额的不同方式（分散危险的方法），再保险合同可以分为以保险金额为计算基础的比例再保险合同和以损失金额为计算基础的非比例再保险合同。比例再保险是以保险金额为基础来确定分出公司自留额和接受公司分保额的再保险方式，分出公司自留额和接受公司分保额是按保险金额的一定比例来分配的，分出公司和接受公司对于保险费的分配及赔款的分摊也按保险金额分配的同一比例进行。非比例再保险，也称超额赔款再保险，是以赔款金额为基础来确定分出公司自负责任和接受公司分保责任的再保险方式，当分出公司的赔款超过合同约定起赔点时，接受公司负担最高责任额以内的超出部分。

2. 临时再保险合同与合约再保险合同

根据保险责任转移方式的不同，再保险合同可以分为临时再保险合同和合约再保险合同。临时再保险合同是指保险公司临时与其他保险公司约定，将其承担的保险业务向其他保险公司办理再保险的合同。合约再保险合同是指保险公司与其他保险公司预先订立合同，约定将一定时期内承担的保险业务，向其他保险公司办理再保险的合同。

3. 法定再保险合同与自愿再保险合同

根据再保险实施形式的不同，再保险合同可以分为法定再保险合同和自愿再保险合同。法定再保险合同是指国家通过强制性法律规定，原保险人必须将其承保的责任部分向国家再保险公司或者指定的再保险公司分保而订立的再保险合同。我国《保险法》第 103 条第 1 款规定："保险公司对每一危险单位，即对一次保险事故可能造成的最大损失范围所承担的责任，不得超过其实有资本金加公积金总和的百分之十；超过的部分应当办理再保险。"而自愿再保险合同是指原保险人基于自身利益的考虑，将其承保的业务分保给再保险人而订立的保险合同。

第二节　再保险合同与原保险合同的适用关系

再保险是保险人之间以分担保险责任为目的而建立的保险关系，以原保险的有效存在为前

---

① 参见王林清：《新保险法裁判百例精析》，416 页，北京，人民法院出版社，2009。

提。再保险和原保险不仅相互对称，在实务中也是彼此不可分割的。没有原保险，就没有再保险；没有再保险，原保险的责任风险也难以分散。[1] 在国际再保险实务中，也会出现原保险人因没能成功寻找到再保险人而拒绝原保险业务的情形。可见，二者之间的联系密切，再保险合同因此具有从属性，并体现在以下各个方面。

（1）原保险合同约定的保险事故发生时，原保险人对原被保险人的赔付义务由此产生。基于这种赔付义务的产生，原保险人必将遭受损失，于是，再保险合同约定的保险事故发生，原保险人从而可以请求再保险人履行再保险合同约定的赔付义务。

（2）原保险人将其承保的业务以分保形式转移给再保险人，归根结底，再保险人承担的责任必然是原保险人所承保的保险责任的一部分或全部，因此，原保险合同无效、撤销或终止时，再保险合同亦会发生同样的效果。

（3）一般来说，原保险的责任期间开始时，再保险的责任期间亦开始，原保险的责任期间终止时，再保险的责任期间亦会终止。也就是说，再保险的责任期间与原保险的责任期间一般是一致的，当事人另有约定的除外。

正是由于再保险合同与原保险合同之间具有这样的从属关系，实务中，再保险合同的主要内容是规定一些最基本的条款及事项，对于其他一些事项通常引用原保险合同的条款，一般用"与原保险合同条件相同"的表达方式加以约定。

但需要注意的是，再保险合同和原保险合同为两个相互独立的合同。从合同法的角度来看，原保险合同与再保险合同均为保险合同，基于合同的相对性原则，原保险人依据原保险合同对原被保险人负责，再保险人依据再保险合同对原保险人负责。两个合同各自独立，彼此之间的权利、义务亦不相牵连。也就是说，再保险合同是有别于原保险合同的另一保险合同，再保险人与原被保险人之间没有直接关系，再保险人对其不负任何义务。原保险合同的效力不受再保险合同的影响。可见，再保险合同具有独立性，具体体现在以下方面。

（1）保险金请求权的独立性。原保险合同与再保险合同为两个独立合同，原保险合同之投保人或被保险人与再保险合同之再保险人间不产生任何权益关系。基于合同的相对性，除非另有规定，原被保险人对再保险人无任何请求权。我国《保险法》第 29 条第 2 款规定："原保险的被保险人或者受益人不得向再保险接受人提出赔偿或者给付保险金的请求。"因此，原被保险人仅在原保险人怠于行使权利时，有权根据我国《合同法》第 73 条的规定，代原保险人之位对再保险人行使求偿权。但是，一般来说，代位权行使的效果仍应该属于原保险人，原被保险人并不能因此而获得优先受偿权，其仍要与其他债权人处于平等地位接受清偿。

（2）保险费请求权的独立性。再保险合同当事人为再保险人及原保险人，原被保险人（投保人）与再保险人之间不存在直接关系，依据合同效力的相对性原则，再保险人不得向原被保险人（投保人）请求交付保险费。我国《保险法》第 29 条第 1 款规定："再保险接受人不得向原保险的投保人要求支付保险费。"也就是说，原保险人有权向原保险合同的投保人收取保险费，再保险人不能因为原保险人不给付保险费而直接向原保险合同的投保人请求支付保险费；反之，原保险人亦不能因为原保险合同的投保人不支付保险费，而免除再保险合同中保险费的给付义务，此即为保险费请求权的独立性。

---

[1] 参见邹海林：《试论再保险合同的基本问题》，载《法商研究》，1996（5）。

（3）赔付义务的独立性。再保险人与原保险的被保险人或受益人之间不存在直接法律关系，它们之间的间接关系为：当原保险人对原保险的被保险人或受益人负担保险赔付义务时，再保险人立即对原保险人负赔偿义务。原保险人运用再保险是为了分散风险，维护其保险经营的稳定，增强保险的功能。但是，原保险人不得以再保险人不履行债务为由，拒绝或延迟履行其对原被保险人的给付义务。也就是说，原被保险人与原保险人之间的权利、义务，不受再保险合同的影响。因此，"再保险分出人不得以再保险接受人未履行再保险责任为由，拒绝履行或迟延履行其原保险责任"（《保险法》第 29 条第 3 款）表现的就是赔偿义务的独立性。[①]

[实务知识]
热那亚人对保险的"创举"——再保险的由来[②]

在保险领域内，再保险被誉为保险人的保险。那么，再保险产生于何时呢？据史料记载，如今所知最早的一笔再保险业务产生于 1370 年的意大利热那亚，它萌芽于海上保险。该年 7 月 12 日，意大利热那亚保险商格斯特·克鲁西杰（Gustay Cruciger）承保了自意大利的热那亚至荷兰的斯卢斯之间的海上货物运输保险，并为此签发了海上保险单。该航程中所涉及的地中海航段较为安全，而从西班牙南端的加地斯至荷兰的斯卢斯这一航段风险较大，于是，格斯特·克鲁西杰将其所承保的该航程中的地中海航段的保险责任留给自己，而将加地斯至斯卢斯航段的保险责任分出给其他保险人承保。上述内容被其用拉丁文明确地记载于海上保险单。对于格斯特·克鲁西杰在该海上保险单中分出部分航段风险的创举，保险界普遍认为是再保险的"先驱"。不过，作为保险业的新生事物，再保险直到 17 世纪才逐渐为人们所承认，并且，为有关的保险法规所认可。

第三节 再保险合同的订立和基本内容

一、再保险合同的订立

再保险合同是原保险人为转移所承担的风险的一部分或全部，与其他接受保险分出业务的保险公司订立的保险合同。订立再保险合同的双方当事人均为保险人，在再保险合同关系中分出业务的保险人是再保险分出人（原保险人），接受业务的保险人是再保险接受人（再保险人）。

再保险合同也是保险合同的一种，具有保险合同的一般特征。再保险分出人与分入人都应具备经营该种保险的资格。再保险分出人对原保险合同所负的补偿、给付责任即为订立再保险合同的保险利益。订立再保险合同应当采用书面形式，在保险实务中，再保险合同的正式书面文件包括分保单、合同文本以及附约。

再保险合同的订立与普通保险合同的订立过程相同，同样需要完成要约与承诺的步骤。一般是再保险分出人出具分保单的形式为要约，欲接受分保业务的保险公司对分保单的内容全部接受时为承诺。承诺到达再保险分出人时，再保险合同成立。

① 参见奚晓明主编：《新保险法热点与疑难问题解答》，144～145 页，北京，人民法院出版社，2010。
② 参见方贤明：《保险人的保险》，7 页，北京，经济管理出版社，1994。

[保险实例]

2013年年底，甲电力公司就包括财产一切险、机损险在内的一揽子保险向乙保险公司发出招投标邀请书。收到投标邀请后，乙保险公司于2014年1月8日向丙保险公司传真"共保协议"一份，其主要内容为：甲、乙双方经协商达成如下协议：第一，共保原则；第二，协议双方为商定的保险业务的共同保险人，由甲方为本共保项目的出单人，乙方为共保人；第三，共保险种；第四，共保比例：由甲、乙双方商定，甲方占保险金额/赔偿限额的（此处空白），乙方占保险金额/赔偿限额的（此处空白）；第五，共保方式；第六，共保其他事项等条款。同时，乙保险公司一并向丙保险公司传真了一份没有盖章的"保险协议书"，该协议书上写明：一方（即投保人）为甲电力公司，另一方（即保险人）为乙保险公司。次日，丙保险公司在该"共保协议"（传真件）的另一方一栏的空白处填入其公司名称，并在共保比例的空白处填入20%，加盖了公章后又传真给乙保险公司。

2014年1月16日，乙保险公司单独与甲电力公司签订了"保险协议书"。2月5日，乙保险公司向丙保险公司寄出由其重新打印并签字盖章的一式两份"共保协议"原件，并附有其与甲电力公司之间签订的"保险协议书"以及相应保单的复印件。5月8日，丙保险公司向乙保险公司发送传真称："接受共保比例20%；共保协议待我公司承保管理部及承保中心审阅后邮寄送达。"并附上丙保险公司的银行账号。

2014年4月30日，甲电力公司出险，乙保险公司于5月9日将出险情况告知了丙保险公司。此后，乙保险公司依照"保险协议书"向甲电力公司进行保险赔付后，要求丙保险公司就其共保份额承担分摊责任，给付保险赔款776万元。丙保险公司致函乙保险公司称"共保协议"未成立，其不承担任何责任和费用。因双方协商未果，乙保险公司向法院提起诉讼。

学习本案时，应当关注两个焦点问题：一是涉案"共保协议"是属于共同保险合同还是再保险合同。二是涉案"共保协议"是否已经完成了合同订立所需的要约与承诺，是否已有效成立。思考这些问题可以帮助大家理解再保险合同的法律性质和签订程序。

二、再保险合同的基本内容（通用条款）

再保险合同的当事人均为保险公司，通常具备相应的专业知识，所以再保险合同的内容应当由双方当事人根据具体的业务情况协商制定。由于我国再保险市场发展相对较晚，概括国际再保险市场上的一般做法，归纳再保险合同中经常使用的条款，可以对我国国内再保险市场上制定再保险合同发挥借鉴作用。

1. 共同命运条款

共同命运条款是指原保险人和再保险人在利益和义务上有着共同的命运。这就使原保险人能够与再保险人达成共识，在合同所约定的范围内积极地开展业务。但是，原保险人应当为了维护双方共同的利益对业务进行选择，合理拟定费率并适当地处理赔款，以便对双方都有利。

共同命运条款的具体内容是：凡有关约定业务的保险费收取、赔款支付、向第三者追偿、参加诉讼或申请仲裁等事宜，原保险人在维护双方共同利益的情况下，有权单独处理，因此而产生的一切费用由双方均摊。但是，原保险人为自己单独利益而产生的费用，再保险人概不承担。共同命运条款一般还规定，再保险人不负责超过再保险合同所规定的限额以上的赔款和费用，同时对于再保险合同所规定的责任范围以外的灾害事故的赔偿和费用也不负责。

2.过失或疏忽条款

过失或疏忽条款是指原保险人在执行再保险合同条款时,如果不是由于自己的故意行为所造成的损失,再保险合同双方当事人应当按约定承担。如果原保险人的工作人员由于疏忽而漏报了应当列入报表的业务,再保险人不能以原保险人疏忽为由拒绝承担漏报部分的约定责任。从原保险人一方来说,应当尽量减少失误,一旦发现有失误之处,应立即采取措施补救。

3.保护缔约双方的权利

再保险合同是在双方平等互利的基础上订立的。原保险人应赋予对方查校账册如保单、保险费、报表、赔案卷宗等业务文件的权利。再保险人通常也相应地赋予原保险人选择承保标的、制定费率和处理赔款的权利。

4.其他普通条款

除此以外,再保险合同还可以根据再保险实务的需要而经常出现如下条款:(1)再保险合同生效的日期;(2)执行条款,包括再保险的方式、再保险业务的种类、地理区域及再保险合同的责任限额;(3)再保险的除外责任;(4)保险费条款;(5)手续费条款;(6)赔款条款;(7)账务条款,包括有关账单的寄送及账务结算的事宜;(8)仲裁条款,双方当事人可以协议选择有关仲裁机构对合同争议进行仲裁;(9)合同终止条款;(10)货币条款,保险费及赔款所使用的货币、汇率的确定;(11)再保险合同的有效期限等。

[实务知识]

需要知道的慕尼黑再保险公司和瑞士再保险公司

应当说,这两家再保险公司在国际再保险市场上处于举足轻重的地位,故需要对其有所了解。

慕尼黑再保险公司创建于1880年4月3日,总部设在德国的慕尼黑。发展至今,它已经成为世界上最大的再保险公司,尤其是在欧洲再保险市场颇负盛名。慕尼黑再保险公司不仅拥有阿里昂兹保险集团23%的股权,而且,在全世界一百五十多个国家(地区)从事非寿险和人寿保险业务,并下设六十多家以上的分支机构,分布在世界各国和地区。该公司以其高水平的专业知识和优质的服务获取了经营上的成功及在国际上的现有声望。1997年该公司被美国标准普尔评级公司评定等级为AAA级,1998年和1999年该公司被美国A.M.Best评级公司给予最高偿付能力评级"A++(优秀)"。2006年,该公司名列《财富》的世界500强企业排行榜的第74名。继1997年之后,1998年该公司再次被亚洲最具权威的保险专业杂志《亚洲保险观察》评为亚洲最佳再保险公司。2019年7月,《财富》杂志发布世界500强企业排行榜,该公司位列第145名。慕尼黑再保险公司与中国保险业的合作可以追溯到中国人民保险公司建立之初的1956年,之后中断,于1973年恢复。1997年,作为双方合作的新的里程碑,慕尼黑再保险公司在北京和上海分别设立了代表处,在中国初步形成了一个服务网络。不仅如此,慕尼黑再保险公司通过再保险业务根据中国保险公司的需要提供了包括其出版物、保险条款和电子数据处理服务产品以及研讨、培训等在内的综合服务。2003年,慕尼黑再保险公司成为第一家荣获中国保监会核发的全国性综合业务执照的国际再保险公司。慕尼黑再保险公司之所以能够获取这样令人羡慕的地位,主要因为其有严谨的经营管理:它通过控制其承保人的方式形成统一的管理中心,避免承保的盲目性。该公司经营的再保险业务甚为广泛,有火险、汽车险、责任险、水险、意外险,并以航空险、机械险、生命险为重点,后三险使其取得了丰厚的盈利。该公司的海外业务收入约占其全球保费收入的 45%～50%。

瑞士再保险公司成立于 1863 年，总部位于瑞士苏黎世，现有员工 3 000 人，总资产达 1 426 亿瑞士法郎（约合 8 556 亿元人民币）。它是瑞士保险市场上最大的专业再保险公司，更是仅次于德国慕尼黑再保险公司的世界第二大再保险公司。该公司的核心业务是为全球客户提供风险转移、风险融资及资产管理等金融服务。作为世界最大的人寿和健康险再保险公司，它成立至今始终经营着再保险业务。它在世界各地的主要城市均设有分支机构。该公司的业务经营是以基础保险业务为主，基础保险业务的保费收入占该公司总保费收入的 50%，其中的财产险和意外险保费收入占 83%，寿险保费收入占 17%。公司保险业务的 6% 来自瑞士，41% 来自德国，28% 来自欧共体其他国家，15% 来自北美，10% 来自世界其他国家（地区）。如今，它已经成为具有雄厚财务实力和偿付能力的再保险集团企业，并被公认为风险转移组合最多元化的全球性再保险公司，跻身于世界四大再保险公司之列。1983 年，瑞士再保险公司与中国人民保险公司签订了第一份再保险合同。此后，它与中国保险业的合作不断加强，并先后在 1996 年和 1997 年于北京和上海设立了代表处，1999 年 4 月又正式向中国保监会递交了申请经营性分公司的信函，成为第一家在华营业的再保险公司；2002 年 7 月获得了中国保监会的经营许可，业务范围包括财产险、寿险的再保险。同时，瑞士再保险公司还致力于对中国保险业从业人员的专业培训、资料交流。1999 年该公司与北京师范大学合作成立"自然灾害风险与保险研究中心"，促进和推广保险技术在减灾中的应用；并合作绘制了"中国巨型电子灾难地图"，为中国保险公司涉足地震、洪水等巨灾保险市场提供有力的风险评估依据。2012 年，在《财富》发布的世界 500 强排行榜中该公司名列第 394 名；2018 年位列 257 名；2019 年位列 332 名。

练习与思考

1. 什么是再保险合同？其在保险市场上的使用价值是什么？
2. 再保险合同有哪些分类？
3. 如何把握再保险合同与原保险合同之间的适用关系？
4. 再保险合同的履行有何特色？

第三编

21世纪通用法学系列教材

21 shiji tongyong faxue xilie jiaocai

保险法

保险合同分论（上）

第八章

财产保险合同概述

 本章概要

　　财产保险合同是与人身保险合同并列的两大基本保险合同之一，以其补偿性体现保险合同的保障功能。财产保险合同具有诸多法律特点，相应地构成其适用中特有的代位求偿制度和委付制度。学习本章的目的，在于掌握财产保险合同的概念、法律性质、分类、履行，以及特有的代位求偿制度、重复保险等财产保险的基本问题。

重点知识

　　财产保险合同的概念和特征

　　财产保险合同的种类

　　财产保险合同的赔偿及处理

　　代位求偿制度

　　重复保险

第一节　财产保险合同的概念和特征

一、财产保险合同的概念

　　财产保险合同是指以财产及其有关利益为保险标的的保险合同。可见，财产保险合同所涉及的保险标的包括有形的物质财产以及与其相关的无形的利益，合同双方当事人基于合同上明确的保险财产或利益建立保险关系。具体来说，双方的权利与义务体现为：投保人为取得对其投保的财产及相关利益因合同约定的保险事故发生而遭受的经济损失的补偿，须向保险人缴纳保险费；而保险人在收取保险费后，在发生合同所约定的保险事故且造成保险标的损失的情况下，对被保险人承担赔偿保险金的责任。

二、财产保险合同的特征

　　财产保险与人身保险所属的保险领域不同，导致二者合同也有所不同。财产保险合同主要存在如下特征而区别于人身保险合同。

　　1. 财产保险合同的保险标的是财产和相关利益

　　财产保险合同的保险标的包括物质财产以及相关利益。前者是指各种有形财产，后者则涉及相关经济利益或损害赔偿法律责任等无形财产，诸如责任保险合同、保证保险合同、信用保险合同的保险标的。我国《保险法》正是在此意义上规定财产保险合同的。物质财产是人类社会存在和发展的基础，物质财产遭受损害都会对社会发展产生负面影响。这决定了财产保险合同的适用范围极为广泛。以物质财产作为保险标的，是确立财产保险合同其他特点的基础，成为财产保险合同区别于人身保险合同的典型标志。

2. 财产保险合同是补偿性合同

用保险赔偿金补偿被保险人的保险财产的损失，是财产保险合同的适用目的，因此，财产保险合同的适用严格遵守损失补偿原则。为此，保险人履行该保险责任的前提，必须是财产保险合同的保险标的因保险事故而遭受实际的、可以用货币加以计算的经济损失。相应地，被保险人可以通过财产保险合同获得保险赔偿，弥补其因此遭受的经济损失，但不能取得额外收益。这与以给付为目的的人身保险合同截然不同。

3. 财产保险合同是根据承保财产的价值确定保险金额的

不同于人身保险合同，财产保险合同的保险金额决定于保险财产本身所具有的实际经济价值（保险价值）。基于财产保险合同的补偿性质，保险人与投保人应在保险财产的实际价值范围内约定保险金额，保险人只能在保险财产的实际价值范围内承担保险赔偿责任。保险法禁止订立保险金额超过保险标的价值的财产保险合同，以防止在保险领域中滋生道德风险。

4. 财产保险合同强调保险标的因保险事故致损之时保险利益的存在

保险利益的存在是保险合同订立和履行的基础。相比较而言，人身保险合同严格要求投保人在投保之时应当具有保险利益，而在给付保险金时不以保险利益为必备条件，故被保险人可以指定任何人为受益人领取保险金。而在财产保险合同中，则强调被保险人在保险标的因保险事故遭受损失之时，必须对保险标的具有保险利益。

5. 财产保险合同一般是短期性保险合同

在市场经济条件下，财产保险合同承保的各类财产都是具有使用价值和交换价值的商品，这决定了其在市场经济活动中的流动性，因此，一般是按年度来测算其损益结果的，保险人往往是按年约定财产保险合同的保险期限，故有别于以长期性合同为主的人身保险合同。

第二节　财产保险合同的种类

财产保险合同依据不同的分类标准可以划分出很多不同的形式，下面就介绍几种常见的分类方法。

一、根据保险标的分类

（一）财产损失保险合同

财产损失保险合同，即为狭义的财产保险合同，是一种以补偿物质财产直接损失为目的的保险合同，也是在保险实践中运用最广的保险合同。要作为财产损失保险合同中的可保标的，该类财产必须具备以下特点：（1）必须是有形财产，即具有物质属性。（2）必须可以被价值尺度加以衡量，即拥有价值属性。（3）必须为合法财产，并且与投保人存在保险利益关系，即具有法律属性。进一步，财产损失保险合同可以分为以下险种。

（1）企业财产保险合同，即指以企业固定资产和其相关利益为保险标的的保险合同。其投保人主要有两类：一是企业，二是国家机关、事业单位和人民团体。保险标的可以为企业所有，也可以是企业经营管理的财产。

（2）家庭财产保险合同，即指以城乡居民家庭共有、个人所有或者代人保管的财产作为保险标的的保险合同。按其支付方式可以分为普通家庭财产保险合同和综合家庭财产保险合同。

（3）货物运输保险合同，即指以运输过程中的货物为保险标的的保险合同。根据运输途径的不同，又可分为陆上货物运输保险合同、航空货物运输保险合同、海洋货物运输保险合同、邮包运输保险合同等等。

（4）运输工具保险合同，即指以不同运输工具作为保险标的的保险合同。由于不同运输工具所面临的风险和责任事故不同，所以针对飞机、船舶、火车、机动车等交通工具设计此类合同，其中可分为飞机保险合同、船舶保险合同、火车保险合同、机动车辆保险合同等。

（5）工程保险合同，即指以各种工程项目在建设过程中因自然灾害和意外事故造成物质损害，以及对第三者的财产损失和人身伤亡而依法应承担的赔偿责任为保险标的的保险合同。一般而言，就传统的工程保险合同而言，仅仅包括建筑安装工程保险合同。但随着科技的发展及进步，工程保险的市场业务范围也日益扩大，现在的工程保险合同包括建筑工程保险合同、安装工程保险合同以及科技工程保险合同。

（6）农业保险合同，即指以投保人以其种植的农作物或者养殖的畜禽等为保险标的，向保险人支付保险费，在被保险的农作物因保险责任范围内的事故遭受损失，或被保险禽畜等因保险责任事故发生而死亡时，由保险人给付保险赔偿金的保险合同。农业保险合同有广义和狭义之分，狭义的保险合同仅仅包括种植和养殖的保险合同，而广义的保险合同承保的范围涵盖农业生产的整个过程及相关财产和工作人员。

（二）责任保险合同

责任保险合同是以被保险人依法对第三者承担的民事赔偿责任为保险标的的保险合同。由于保险人承担的是被保险人对第三者的赔偿责任，所以责任保险合同的保险标的有着严格的规定和自身的特点：其必须是一种民事法律责任；是一种对他人的损害赔偿责任；是一种过错和无过错责任。而刑事责任造成的损失、被保险人故意行为造成的损失以及被保险人自身及其家人的损失不包括在赔偿范围内。

（1）公众责任保险合同，即指以被保险人在各固定场所或地点进行生产、经营或其他活动中，由于意外事故造成他人人身伤亡或财产损失的赔偿责任为保险标的的合同。其中，又可细分为场所责任保险合同、承包人责任保险合同、承运人责任保险合同。体育场馆、影视剧院、展览馆、商场、医院、写字楼等公众场所均可投保该类保险。

（2）产品责任保险合同，即指以因被保险人所生产、制造、销售、修理的产品不合格或有瑕疵致使他人人身伤害或财产损失而依法应负的赔偿责任为保险标的的保险合同。但应该注意的是，产品因自身损失的赔偿责任不在该类保险合同中。

（3）雇主责任保险合同，即指雇主以其雇员为被保险人，以雇员在受雇期间因工作遭受意外伤、残、死亡或患有与职业有关的疾病而依法应由雇主承担的经济赔偿责任为保险标的的保险合同。大部分国家规定雇主对于雇员在受雇期间的伤害承担无过失责任，即只要伤害不是雇员自己故意所致，雇主都应承担经济赔偿责任。

（4）职业责任保险合同，即以各种专业技术人员因工作上的疏忽或过失给他人造成的人身伤害或财产损失依法应承担的赔偿责任为保险标的的保险合同。例如，医生、药剂师、兽医、工程师、保险代理人等专业技术人员都可以投保职业责任保险，转移其在工作中由于过失给他人人身、财产造成损失的风险。

（三）信用保险合同

信用保险合同是指以债权人作为被保险人，以债务人在信用贷款或收货交易过程中的信用作为保险标的，在债务人未能如约履行债务而使债权人遭受损失时，由保险人向被保险人提供风险保障的保险合同。信用保险合同的当事人不同于大部分财产保险合同只有两方，而是有三方：保证人（保险人）、权利人（在信用保险合同中为被保险人）、义务人（被保证人）。由于订立信用保险合同的风险较高，所以几乎所有信用保险都由政府指定机构办理。按其分类，包括出口信用保险合同、（国外）投资信用保险合同、（国内）商业信用保险合同。

（四）保证保险合同

保证保险合同是指义务人（被保证人）应权利人的要求，向保证人（保险人）投保以担保自己信用的保险合同。当被保证人因其作为或不作为使权利人遭受经济损失时，保险人承担经济赔偿责任。该保险合同也有三方当事人，并且保险人在履行赔偿第三者损失的义务之后，有权向被保证人追偿。目前实务中涉及的保证保险合同主要有忠诚保证保险合同、履约保证保险合同等。

二、根据保险标的是否预先确定保险价值分类

（一）定值保险合同

定值保险合同是指合同双方当事人事先确定保险标的的价值，并将其载入保单作为保险金额的保险合同。定值保险合同有自己的特点：（1）其理赔方面，在发生保险事故时，无论保险标的的实际价值怎样，保险人仅以合同中所载明的保险价值作为计算保险赔偿金的依据，于全部损失赔足保额，于部分损失则按照损失程度计算。（2）其多适用于保险标的的价值不易确定的财产保险合同，比如古玩、字画、船舶等等，尤其在海上货物运输保险中，由于运输货物的价值在不同的时间、不同的地点可能相差很大，所以更需要采用定值保险合同的形式以避免纠纷。（3）其实施效果方面，由于事先商定好保险价值，保险人在保险事故发生时不用重新估价，方便赔偿金额的确定，简化理赔环节，一定程度上减少了因保险金额导致的赔偿纠纷。但其最大的缺点就是容易被投保人利用进行保险欺诈，以图不当得利。所以定值保险合同一直受到一定限制，有的国家、地区甚至禁止使用定值保险合同。

（二）不定值保险合同

不定值保险合同是指合同双方当事人在合同中不预先确定保险标的的保险价值，仅载明保险金额作为保险事故发生后赔偿的最高限额，在保险事故发生后再估算保险价值的保险合同。由于保险价值要在保险事故发生后才予以确认，所以在保险实践中，往往有几种方式来确定保险价值：或以市场标准来衡量，或以重置成本减折旧来确定，或以其他方式来估价。但无论采用哪种方式确定保险价值，在进行保险索赔时，都不会超过双方签订合同时确定的保险金额。如果实际损失大于所约定的保险金额，则按照保险金额赔偿；若实际损失小于保险金额，则仅以实际损失为限。

三、根据合同保障方式分类

(一) 特定式保险合同

特定式保险合同，又称分项式保险合同，是指保险人仅对事先约定的保险标的进行承保的保险合同。在实务中比较典型的是保险人对所保的同一地点、同一所有人的各项财产，逐项分别列明保险金额，在发生保险事故导致财产损失时，对各项财产在各自保险金额限度内承担赔偿责任。

(二) 总括式保险合同

总括式保险合同是指以可变的多数财产集合为保险标的的保险合同。在该类保险合同中，保险标的不予明确记载，仅约定一定的范围作为保险人的责任范围，其中任何一个标的受到损失，保险人都要承担责任。实务中多见于投保某仓库及其限定数量库存产品的仓储保险合同。

(三) 预约式保险合同

预约式保险合同，又称开口式保险合同，是指保险双方当事人预先约定保险责任范围的长期性协议。也即在该类保险中，并不事先约定财产的具体价值，而仅仅载明每张保单或每个地点的最高保险金额，投保人按期将保险价值逐项通知保险人，保险人在最高限额内签发保单。在具体实践中，较多运用在运输保险和再保险中，以此来减少财产经常变动时办理批改手续的麻烦。

(四) 流动式保险合同

流动式保险合同是一种适合财产变化比较频繁的保险合同。它通常不规定保险金额，只规定保险人承保的最高责任限额。实务中以仓储性质的保险合同为典型。

四、根据保险金额与保险价值之关系分类

(一) 足额保险合同

足额保险合同，又称全额保险合同，是指保险金额与保险价值相等的保险合同。该类保险合同有以下几个特点。

(1) 从保险赔付方面来看，若保险标的发生全部损失，保险人依据保险价值进行全部赔偿；若发生部分损失，保险人则按照实际损失给付赔偿金。

(2) 若保险标的物存有残值，则保险人对此物享有物上代位权，也可在给付保险金时扣除该部分，作折价给被保险人。

(3) 若保险人以提供实物或修复服务等方式补偿给被保险人后，其同样享有物上代位权，与此同时，若修复后的保险标的的功能显著增加或改善，保险人还可在赔款中扣除该部分的利益。

(二) 不足额保险合同

不足额保险合同，又称为低额保险合同，是指保险金额小于保险价值的合同。造成不足额保险的原因很多：从投保人方面来看，或是因为经济原因节省保险费，或是因为愿意自留一部分风险；从保险人方面来看，则可能是为了增强投保人对标的的安全注意意识而特别规定。通常，不足额保险合同的赔付方式有两种：一是第一危险赔偿方式，即不考虑保险金额与实际价值的比例，在保险金额限度内，按照实际损失赔偿，对于超出的部分，保险人不予赔付；二是

比例赔偿方式，即按保险金额与财产价值的比例计算赔偿，其公式为：赔偿金额＝保险金额与保险价值之比例×损失额。我国《保险法》第 55 条第 4 款就有相关规定——"保险金额低于保险价值的，除合同另有约定外，保险人按照保险金额与保险价值的比例承担赔偿保险金责任"。

（三）超额保险合同

超额保险合同是指保险金额大于保险价值的保险合同。一般出现超额保险的情况有以下几个原因：或是因为投保人出于过失，高估了保险标的的实际价值；或是因为投保人图谋不当得利，恶意超额保险；或是保险合同成立后，保险标的的市场价值跌落，等等。超额保险容易诱发道德风险，危害保险业的发展。

为防止被保险人通过保险获取额外利益，超额保险合同在世界很多国家都被明令禁止，即凡是保险金额超过保险价值的那部分保险金额，皆属无效部分，保险人不予赔偿。我国《保险法》第 55 条第 3 款规定，"保险金额不得超过保险价值。超过保险价值的，超过部分无效，保险人应当退还相应的保险费"。当然，也有少数保险合同例外，例如在某些海上保险合同中，在确定保险金额时，就允许投保人就实际情况合理估算预期利润，此时，保险金额要高于保险价值。

第三节　财产保险合同的赔偿及处理

在财产保险合同的履行中，保险赔偿为最后的环节，亦是最核心、最重要的一个步骤。它不仅是合同当事人双方权利与义务的集中体现，也是财产保险合同经济补偿职能的最基本实现方式。

一、财产保险合同实施赔偿的原则

在财产保险赔偿实务中，进行赔偿所应遵循的是损失补偿原则。损失补偿原则是指当约定的保险事故发生并造成保险标的损失时，被保险人从保险人处得到的赔偿金额恰好等于被保险人在保险金额范围内的损失额。被保险人从中得到的补偿仅能令保险财产恢复到受损前的状态，并不能从中到得额外收益。需注意的是，损失补偿原则以损失为前提，即有损失才有补偿，并且该损失必须是在保险期间、保险责任范围内所造成的损失，否则，保险人不予赔付。

遵循损失补偿原则的意义在于：

（1）可使合同双方当事人的经济利益都得到及时、正当的维护。对于投保人而言，在保险标的物发生合同约定的保险事故并造成损失的情况下，能得到迅速的保险赔付；对保险人而言，坚持损失补偿原则，也是对其利益的一种维护，能在保险最高限额范围内切实履行自己的赔付义务，避免无谓的额外赔偿。

（2）可以减少道德风险以及赌博行为，防止被保险人通过保险而获取额外的不正当利益。损失补偿原则中的多保多赔、少保少赔、不保不赔、无损失不赔偿，以及同一件保险标的的赔偿金总额不得超过实际损失的限制，很好地控制了投保人拿到超额保险金的行为，维护了社会的稳定、秩序以及保险行业的健康发展。

当然，损失补偿原则在实务中并非适用于所有的财产保险合同。有一部分合同由于其自身的特点以及合同条款中双方关于赔付的约定，在理赔时，并不是按照损失补偿原则来支付保险金的。比如约定有免赔额的保险，保险人在支付保险金时要根据实际损失扣除相应的免赔额；又如定值保险，保险人是根据事先约定好的保险价值为计算依据来计算赔偿金额，而不是根据出险时保险标的的实际价值；再如被保险人在出险时所支付的必要的施救费用、责任保险中被保险人因保险事故被提起诉讼、仲裁时支付的费用，等等，除合同另有规定外，都需要由保险人承担。

二、损失补偿最高限额的确定方式

损失补偿的最高限额是财产保险合同中非常重要的内容之一，其确定方式主要有以下三种。

1. 经济补偿以实际损失为限

在发生超额保险的情况下，保险金额超过了保险标的本身的价值，造成实际损失往往小于保险金额的状况，若是以保险金额进行赔偿，势必使得被保险人获得额外收益。所以，依照损失补偿原则，在被保险人所得赔偿只能令其恢复到损失前状态的前提下，保险人只能以发生损失时的市场价格来确定赔偿金。

[保险实例]

某企业为其所有的一台机器投保火险，合同载明保险金额为 200 万元。在保险保障期内发生火灾，导致此台机器全损，但此时该类机器的市价仅为 180 万元，根据补偿以实际损失为限，该企业只能拿到 180 万元的赔偿金。

2. 经济补偿以保险利益为限

保险利益即指投保人对保险标的所具有的法律上承认的利益。根据保险利益原则与损失补偿原则，对于保险标的所遭遇到的损失，保险人只赔偿被保险人具有保险利益的那一部分，以免被保险人获得额外利益。

[保险实例]

L 先生为其房屋投保了火险，保险金额为 100 万元。后来，L 先生把其中一半房产作为抵押物抵押给银行。不料，在保险保障期内，房屋发生火灾，造成全损。但由于 L 先生只对该房屋享有一半的保险利益，故保险公司只赔付 L 先生 50 万元。

3. 经济补偿以保险金额为限

《保险法》中明确规定保险金额是保险人承担赔偿或给付责任的最高限额，即被保险人因保险标的的受损而从保险人处获得的损失补偿，不能超过保险合同中载明的保险金额。运用到具体实务中，则体现在：标的发生全损时，如果投保不定值保险，保险金额小于或等于保险价值；如果投保定值保险，则补偿金额以合同载明的保险金额为限。

[保险实例]

某人为其一套木质家具投保"家财险"，合同载明保额为 4 万元。由于发生火灾，这套木质家具全损，而此时该木质家具的市场价已经升至 5 万元，但根据损失补偿原则，保险人只能赔付被保险人 4 万元。

三、实际损失的确定方式

在财产保险中，保险人确定保险标的的实际损失主要有以下几种方法。

1. 按照保险标的的市场价格确定实际损失

该类保险标的的损失确定只用考虑出险时正在出售的同类别或与其型号、新旧程度等基本相同的商品的市场价格。

[保险实例]

W 先生预出售自己的乡间别墅。当时，他给该别墅投保了保险金额为 100 000 英镑的保险，但由于市场原因，别墅的实际价格一直在下降。当别墅价格降至 60 000 英镑时，发生一次火灾，令别墅全毁。因为出险时别墅的市场价值只有 45 000 英镑，其中包括地基价 15 000 英镑，所以，保险公司所确定的 W 先生的实际损失只有 45 000 英镑。

2. 按照保险标的的重置成本减折旧确定实际损失

在保险标的灭失的情况下，若当时市场上找不到同类物品价格来确定其损失，则可以用当时该类物品的实际造价减去折旧的方式加以确定。这种方式一般适用于以房屋、机器、汽车、家具等为保险标的的保险合同。

3. 按照保险标的的恢复原状所需费用确定实际损失

当保险标的遭受部分损失而非全损时，则保险人根据恢复该标的物出险前状态所支付的各项合理费用作为被保险人的实际损失。如果保险标的修复后，其性能与原先状态不符，出现升高或者降低，则保险金额的确定应在实际损失的基础上有所扣减或者增加。

4. 按照被保险人实际所支付的费用确定实际损失

这适用于被保险人所遭受的实际损失可以直接用货币表现的情况，但是被保险人支付的刑事罚金、行政罚款、保险合同约定外的被保险人因法律规定或其他约定所支付的各项费用、保险人未按法律或合同而自愿支付的费用等要予以相应扣除。这种方式主要见于责任保险、信用保险、保证保险之中。

四、保险赔偿方式

（一）比例赔偿方式

该赔偿方式又分两种情况。

（1）在定值保险的情况下，因为此时保险金额等于保险价值，所以，当发生全损时，损失金额即等于保险价值；当发生部分损失时，损失金额小于保险价值，则在该种情况下的比例赔偿方式公式为：赔偿金额＝保险金额×损失程度。其中，损失程度＝损失价值÷保险标的的完好价值。

比如，某财产被投保定值保险，其保险金额为 100 万元，保险价值也为 100 万元。当该财产在约定保险事故中发生全损时，保险人应赔偿 100 万元；若发生部分损失，其损失程度为 60％时，则按比例赔偿方式计算的赔偿金额为 100×60％＝60（万元）。此时，损失 60 万元，赔偿 60 万元。

（2）在不定值保险的情况下，如果保险金额大于或小于保险价值，即发生超额或足额保险，则其赔偿金额等于损失金额；若保险金额小于保险价值，即发生不足额保险，则在该种情况下的比例赔偿方式公式为：赔偿金额＝损失金额×保险保障程度×100％。其中，保险保障程度＝保险金额÷保险价值。

比如，某企业投保企业财产保险，保险金额为 4 000 万元。保险事故发生时，保险价值为

6 400 万元；若发生全部损失，没有残值，则保险人赔偿 4 000 万元；若发生部分损失，损失金额为 2 000 万元，则按比例赔偿方式计算的赔偿金额为：2 000×（4 000/6 400）＝1 250（万元）。

（二）第一危险赔偿方式

第一危险赔偿方式是指保险事故发生时，保险人仅按保险金额限度内的实际损失予以赔付，而对超过保险金额的损失不予赔付。按此方式，实际上把财产价值分为两个部分：第一部分为保险金额部分，该部分由保险人负责赔偿；第二部分为超过保险金额的部分，保险人不负责赔偿。不论保险为足额保险还是不足额保险，保险人一律在保险金额范围内赔偿被保险人的实际损失。

比如，保险标的实际价值为 2 000 万元，实际损失 1 000 万元，则第一危险赔偿方式与比例赔偿方式对比如下：

保险金额（元）		1 500	2 000	2 500
赔偿额（元）	比例赔偿方式	750	1 000	1 000
	第一危险赔偿方式	1 000	1 000	1 000

（三）限额赔偿方式

在该赔偿方式下，具体可分成两种操作形式。

1. 固定责任赔偿方式

该方式主要适用于农作物保险，即指保险人在订立合同时规定保险保障的标准限额，当实际收成达不到该限额时，保险人赔偿其差额，以保障被保险人的最低收成。

比如，某保险公司开办水稻收成保险，每亩限额责任为 400 元。某种粮商投保 100 亩，每亩实际收获 300 元，则保险赔偿金额为 （400－300）×100＝10 000（元）。

2. 免赔限度赔偿方式

按免赔方式分为相对免赔方式和绝对免赔方式。

（1）相对免赔方式是指当保险标的的损失程度超过规定的免赔限度时，保险人按全部损失予以赔付，即：赔偿金额＝保险金额×损失率（损失率大于免赔率）。

比如：某人投保家庭财产险，保险金额为 50 万元，相对免赔率为 2%。当家庭财产损失为 5 000 元时，因为此时损失率为 5 000/500 000×100%＝1%，小于免赔率，此时保险公司不予赔付；当家庭财产损失为 15 000 元时，因为此时损失率为 15 000/500 000×100%＝3%，则在相对免赔方式的情况下，保险人赔付全部损失 15 000 元。

（2）绝对免赔方式是指当保险标的的损失程度超过规定的免赔限度时，保险人仅赔付超过限度的那部分损失，即：赔偿金额＝保险金额×（损失率－免赔率）。

依然是上个例子，只是此时为绝对免赔率为 2%，则当家庭财产损失为 5 000 元时，保险人不予赔付，当家庭财产损失为 15 000 元时，保险公司赔付：500 000×（3%－2%）＝5 000（元），或者 15 000－500 000×2%＝5 000（元）。

综上所述，比例赔偿方式与限额赔偿方式减轻了被保险人的费用负担，促进其提高防灾防损意识以及责任心，但得到补偿较少；而第一危险赔偿方式下对被保险人的补偿较多，但也加大了投保人的费用负担。在财产保险具体的实务操作中，第一种与第三种结合运用较多。

第四节　代位求偿制度

一、代位求偿权的概念

《保险法》第60条第1款规定：因第三者对保险标的的损害而造成保险事故的，保险人自向被保险人赔偿保险金之日起，在赔偿金额范围内代为行使被保险人对第三者请求赔偿的权利。此即代位行使求偿权。

由此可见，代位求偿权只适用于财产保险领域。代位求偿制度基于损失补偿原则在财产保险领域的适用意义重大：（1）肇事的第三者应该承担对保险财产损坏所负的法律赔偿责任。（2）被保险人不能因一份财产的损失而向被保险人和第三者责任方索赔而获得双重利益。（3）被保险人如果从保险人那里取得补偿，即应将赔偿请求权转移给保险人，以免被保险人取得不当得利。①

但是，《保险法》第46条规定：被保险人因第三者的行为而发生死亡、伤残或者疾病等保险事故的，保险人向被保险人或者受益人给付保险金后，不得享有向第三者追偿的权利，但被保险人或者受益人仍有权向第三者请求赔偿。该规定表明，人身保险领域不存在代位求偿的适用。

二、代位求偿的构成要件

代位求偿的适用必须具备下述构成要件。

（一）保险事故的发生是由第三者的违法行为引起的

只有第三者的违法行为导致保险事故的发生，才可能产生第三者承担的民事赔偿责任。这是被保险人享有求偿权的前提。同时，第三者造成的损失又必须是在财产保险合同约定的保险责任范围之内。这是保险人得以代位求偿的必要条件。在财产保险实践中，第三者应对如下违法行为承担民事赔偿责任，相应地，得以适用代位求偿。

（1）侵权行为。这是指第三者故意或者过失，或者依法适用无过错责任的情况下，侵害被保险人的财产权或人身权而造成保险财产的损失的行为。例如第三者的过失碰撞造成投保汽车的损失，制造商的产品质量不合格造成保险标的的损害等，其应当承担民事赔偿责任。

（2）违约行为。这是指第三者在履行其与被保险人所订立合同时的违约行为造成保险财产的损失或依约应由第三者承担民事责任，例如，承运人在履行运输合同中的违约行为造成投保货物的损失。

（3）不当得利。这是指由于第三者的不当得利行为而产生的民事返还责任。例如，第三者非法占有散失的受灾财产，其负有依法返还的责任。

（4）共同海损。这是指保险财产因共同海损造成损失时，被保险人有权依法向其他受益人求偿的情况。

（二）被保险人必须享有向第三者的赔偿请求权

保险人代位求偿建立在被保险人享有向第三者追偿权的基础之上，因此，被保险人才可能在获得保险赔偿后，对保险人转让其向第三者享有的赔偿请求权。为此，各国保险立法均要求

---

① 参见应世昌：《新编财产保险》，75页，上海，同济大学出版社，2008。

被保险人不得损害保险人代位求偿的权益。如果因被保险人放弃向第三者的赔偿请求权，或基于被保险人的过错致使向第三者的赔偿请求权因时效届满而消灭的，相应地，保险财产的损失应由被保险人自行承担，保险人有权拒赔。对此，我国《保险法》第61条着眼于保护保险人的合法利益，作了较为全面的规定：如果在"保险事故发生后，保险人未赔偿保险金之前，被保险人放弃对第三者的请求赔偿的权利的，保险人不承担赔偿保险金的责任"（第1款）。而在"保险人向被保险人赔偿保险金后，被保险人未经保险人同意放弃对第三者请求赔偿的权利的，该行为无效"。若"被保险人故意或者重大过失致使保险人不能行使代位请求赔偿的权利的，保险人可以相应扣减或者要求返还相应的赔偿金"。不过，在"保险合同订立时，保险人就是否存在上述放弃情形提出询问，投保人未如实告知，导致保险人不能代位行使请求赔偿的权利，保险人请求返还相应保险金的，人民法院应予支持，但保险人知道或者应当知道上述情形仍同意承保的除外"[《解释（四）》第9条第2款]。

（三）代位求偿一般应在保险人向被保险人进行保险赔付之后始得实施

实践中，被保险人在保险事故发生之后，可以依法律规定或合同约定向负有赔偿责任的第三者行使赔偿请求权。若"被保险人已经从第三者取得损害赔偿的，保险人赔偿保险金时，可以相应扣减被保险人从第三者已取得的赔偿金额"（《保险法》第60条第2款）。显然，第三者支付给被保险人的民事赔偿金额等于或大于保险人所应承担的保险赔偿金额时，保险人依财产保险合同承担的保险赔偿责任随之免除，也就无须赔付和转让权益。只有当被保险人未从负有赔偿责任的第三者处获得赔偿或先行向保险人索赔时，经保险人进行保险赔付后，才有转让赔偿请求权给保险人的必要，代位求偿才得以适用。当然，财产保险合同另有约定时，保险人也可以在保险赔付之前取得代位求偿权。

三、代位求偿权的行使

代位求偿权是指保险人在向被保险人进行保险赔付后，得以取代被保险人的地位，向负有赔偿责任的第三者进行追偿的权利。

代位求偿权是代位求偿制度的核心内容，保险人能否正确行使该项权利，关系到各方当事人的合法权益。因此，行使代位求偿权时，应当符合下述条件。

（一）行使代位求偿权的名义

保险人是以自己的名义还是以被保险人的名义行使代位求偿权？各国的保险立法和司法实践都不一样。我国的保险实践中，习惯上是以被保险人的名义行使求偿权，现行保险立法对此尚无明确规定。从法理上说，代位求偿是一种债权转移行为，即被保险人将其享有的债权（赔偿请求权）转移给保险人，而其债的内容不变。因此，保险人作为新的独立债权人，应当以自己的名义向债务人——负有赔偿责任的第三者进行追偿。

（二）行使代位求偿权的对象

保险人的代位求偿权，应当是向对保险财产的损失负有民事赔偿责任的第三者行使，所以，对于保险财产的损失依法不负赔偿责任的第三者不能成为保险人代位求偿的对象。之所以以该第三人为行使代为求偿权的对象，是基于财产保险合同关系与侵权之债并存的事实以及财产保险的补偿属性：该第三人依法应当对其加害行为导致的侵权损害承担侵权责任，而财产保险合同的被保险人又因遭受侵害而同时具有侵权之债的债权人的双重身份，却只能获得一笔保险赔偿金或者民事赔偿金，当他获得保险赔偿金之后，就理应由保险人享有民事赔偿权利并代位向侵权的第三人行使。

不过，保险人代位向第三人行使请求赔偿权，除了以该第三人向被保险人实施了加害行为并依法应向被保险人承担民事赔偿责任为条件，还必须该第三人在主观上知道涉案的保险人已经向受害人即被保险人进行了保险赔偿。正如《解释（四）》第10条所规定的："因第三者对保险标的的损害而造成保险事故，保险人获得代位请求赔偿的权利的情况未通知第三者或者通知到达第三者前，第三者在被保险人已经从保险人处获赔的范围内又向被保险人作出赔偿，保险人主张代位行使被保险人对第三者请求赔偿的权利的，人民法院不予支持。保险人就相应保险金主张被保险人返还的，人民法院应予支持。"（第1款）可见，若第三人在不知保险人获得代为求偿权的情况下向受害人即被保险人进行了民事赔偿，则保险人不得向第三人行使代为求偿权。反之，"保险人获得代位请求赔偿的权利的情况已经通知到第三者，第三者又向被保险人作出赔偿，保险人主张代位行使赔偿的权利，第三者以其已经向被保险人赔偿为由抗辩的，人民法院不予支持"（第2款）。

同时，有些国家的保险立法对于代位求偿的对象加以限制，例如，规定保险人对于被保险人一定范围内的亲属或雇员没有代位求偿权，目的是防止因被追偿的亲属或雇员与被保险人具有一致的利益，而使保险赔偿失去意义。我国《保险法》第62条亦规定："除被保险人的家庭成员或者其组成人员故意"对保险标的加以损害而造成保险事故的以外，"保险人不得对被保险人的家庭成员或者其组成人员行使代位请求赔偿的权利"。在保险实践中，也有对于特定对象放弃代位求偿权的做法，例如，中国人民财产保险股份有限公司的海上石油开发保险条款大多规定"放弃代位求偿权条款"：保险人对于为被保险人作业、提供服务或被保险人为其作业或提供服务的个人、团体，公司放弃代位求偿权。

（三）行使代位求偿权的范围

保险人行使代位求偿权应当以被保险人享有的赔偿请求权为限，并且，其追偿的货币金额不得超过其向被保险人实际赔付保险赔偿金的数额。因为，保险人基于代位求偿取代的是被保险人的债权人地位，故而，只能取得被保险人拥有的权益，同样不能获取额外利益。以此为界限，保险人在其保险赔付范围内代位求偿获得的民事赔偿金额应当归其所有，用以保护保险人的合法权益。但是，保险人代位求偿所获金额大于保险赔付额时，其超过的部分应当归还被保险人。与此同理，保险人依法行使代位求偿的权利，"不影响被保险人就未取得赔偿的部分向第三者请求赔偿的权利"（《保险法》第60条第3款）。反之，"财产保险事故发生后，被保险人就其所受损失从第三者取得赔偿后的不足部分提起诉讼，请求保险人赔偿的，人民法院应予依法受理"〔《解释（二）》第19条第2款〕。

（四）行使代位求偿权的时间

一般情况下，保险人应当在向被保险人进行保险赔付，并且，从被保险人处取得"权益转让书"之后，才能向第三者行使代位求偿权。但是，在财产保险合同另有约定或法律另有规定时，保险人也可以在保险赔付之前行使代位求偿权。

同时，保险人行使代位求偿权还必须符合法定的诉讼时效期间。"根据保险法第六十条第一款的规定，保险人代位求偿权的诉讼时效期间应自其取得代位求偿权之日起算"〔《解释（二）》第16条第2款〕。

（五）被保险人的协助义务

为了确保保险人充分行使代位求偿权，《保险法》规定了被保险人负有协助的义务，即在"保险人向第三者行使代位请求赔偿权利时，被保险人应当向保险人提供必要的文件和所知道的有关情况"（第63条）。只有被保险人切实履行其协助义务，才可能为保险人行使代位求偿权创造必要的条件。如果"被保险人因故意或者重大过失未履行保险法第六十三条规定的（协助——引者补）义务，致使保险人未能行使或者未能全部行使代位请求赔偿的权利，保险人主张在其损失范围内扣减或者返还相应保险金的，人民法院应予支持"［《解释（四）》第11条］。

［保险实例］

2017年11月，洪某与乙鞋业公司签订了一份租赁合同，合同约定：洪某将自己的厂房及设备租给乙鞋业公司使用，乙鞋业公司在租用期内负责对租用的厂房及设备投保。

2018年4月2日，乙鞋业公司就其租用厂房内的财产，在丙保险公司投保了财产综合险，其中，存货保险金额215万元，固定资产保险金额108万元等。同年4月15日，洪某的厂房发生火灾，大火蔓延至乙鞋业公司向其租用的生产车间内，造成乙鞋业公司的机器设备、存货严重受损。经消防部门认定，火灾事故系电线线路老化，且洪某未采取切实有效的消防安全防范措施所致。

火灾后，乙鞋业公司向丙保险公司提出索赔，双方达成和解协议：丙保险公司向乙鞋业公司赔付保险金86万余元，其中包括设备损失34万余元。此后，乙鞋业公司出具"权益转让书"，将求偿权转移给丙保险公司。2020年1月，丙保险公司将洪某告上了法院。

原告乙保险公司认为：由于洪某对消防安全疏于管理而发生火灾，造成保险事故发生，乙鞋业公司财产受损，洪某理应赔偿。现丙保险公司已向乙鞋业公司进行了保险赔付，并依法取得对洪某的保险代位求偿权，故请求法院判令洪某向其赔偿保险赔款86万余元。

被告洪某辩称：火灾并非自己故意造成，乙鞋业公司投保的财产处于厂区，其中厂房和设备都是被告洪某本人的财产，根据《保险法》第62条的规定，丙保险公司不能向其行使代位求偿权。而就存货部分损失，被告洪某经测算后认为，归属自己的损失部分约101 945元，乙鞋业公司的损失为81 556元。

因此，法院经审理，判决被告洪某赔偿原告保险代位求偿款存货部分损失81 556元，驳回原告丙保险公司对洪某所有的设备的损失的索偿请求。

学习本案，有利于理解代位求偿的构成条件。其关键在于，对于归属于第三人的保险财产，保险人不存在代位求偿的基础。而对于归属于被保险人的保险财产，保险人在支付保险赔偿金后当然享有对第三人的代位求偿权。

第五节　重复保险

一、重复保险的概念

根据我国《保险法》第56条第4款的规定，重复保险是指投保人对同一保险标的、同一保险利益、同一保险事故分别与两个以上保险人订立保险合同，且保险金额总和超过保险价值的保险。可见，重复保险成立必须满足以下构成要件。

（1）投保人投保的标的必须是相同的。若投保的财产项目中只有一项相同，则只有这个项目是重复保险。例如，某工厂向保险人 A 投保，保险标的包括工厂的设备以及货物，而又将工厂的设备向保险人 B 投保，因此，只有设备将作为两份财产保险合同承保的财产，才构成重复保险。

（2）"三个同一"，即保险利益必须相同，必须是同一保险期限，且承保的必须是同一事故。例如，投保人以他的一批出口货物向两个保险人投保，向 A 保险人投保的是海上货运险，向 B 保险人投保的是战争险，则不构成重复保险，因为前者承保的是自然灾害和意外事故，后者承保的是战争风险。[①]

（3）两个以上保险人分别订立几个保险合同。如果对不同的保险人投保，但订立的是同一份合同的话，则是共同保险，而非重复保险。

（4）必须构成超额保险，即保险金额总和超过保险价值。

二、重复保险与相关保险概念的区别

（一）重复保险与共同保险

共同保险是指投保人和两个以上的保险人之间，就同一可保利益、同一风险共同缔结保险合同的一种保险。在保险损失发生时，各保险人按各自承保的保险金额比例分摊损失。

共同保险和重复保险有重大的区别：（1）在共同保险中，保险金额的总和不超过保险标的保险价值。重复保险则相反，保险金额的总和超过保险标的的保险价值。（2）共同保险是投保人的风险一次性转移，而重复保险是两次或两次以上的转移。（3）共同保险的各保险人的权利、义务关系较为紧密，因为，在共同保险中，尽管保险人为数人，但它们和投保人之间只存在一个保险合同。而重复保险的各保险人的权利、义务关系基本上没有，因为，在重复保险中，各保险人和投保人存在数个保险合同，但数个保险合同彼此没有任何联系。

（二）重复保险与再保险

再保险是指以直接保险业务的存在为前提的一种保险，是保险人通过签订合同的形式，把自己承保的风险责任全部或部分转移给其他保险人进行保险的行为。

两者的主要区别在于，再保险是保险人的保险，重复保险只是投保人在多家不同的保险人多次投保，且保险金额超过投保标的的价值。

（三）重复保险与保险竞合

保险竞合是指同一保险事故发生导致同一保险标的受损时，两个或两个以上的保险人对此均负保险责任的情形。

两者的主要区别在于：（1）保险竞合的投保人可以是不同的投保人，重复保险的投保人一定是同一投保人。（2）保险竞合的投保人对同一保险标的可以具有不同的保险利益，重复保险的投保人对同一保险标的具有同一保险利益。因此，在保险竞合的情况下提供保险保障的保险人都有赔偿的义务，被保险人可以依据任何一张保单提出索赔。

[保险实例]

A 为自己的轿车向甲保险公司投保了一年第三者责任保险，B 所在的工厂为其聘用的所有

---

① 参见应世昌：《新编财产保险》，81 页，上海，同济大学出版社，2008。

员工向乙保险公司投保了一年期雇主责任险。之后，A因自身原因驾车撞上了B，A向B付清了相关费用后，向甲保险公司提出赔偿请求。而B所在工厂以所雇员工因公负伤为由向乙保险公司索赔。这个事件即构成了保险竞合，对于车祸这个相同的保险事故使B的人身受到伤害，保险公司甲和乙都应该对其负有保险责任。

三、重复保险实施中当事人的权利和义务

（一）投保人的通知义务

按照《保险法》第56条第1款的规定，重复保险的投保人应当将重复保险的有关情况通知各保险人。我国的保险立法不允许故意的重复投保行为，恶意重复投保所签订的合同无效。而判断重复保险的恶意与否，是根据以下两点：一是看投保人投保重复保险是出于故意还是疏忽，二是看投保人是否履行通知义务。

（二）保险人有按比例额赔偿的权利

根据《保险法》第56条第2款的规定，重复保险的各保险人赔偿保险金的总和不得超过保险价值。除合同另有约定外，各保险人按照其保险金额与保险金额总和的比例承担赔偿保险金的责任。也即重复保险涉及一个赔偿金额分摊的问题。

重复保险分摊原则是损失补偿原则的另一个派生原则，是指在被保险人重复投保的情况下，因保险财产发生保险事故而造成的损失向数个保险人提出索赔时，根据损失补偿原则，保险财产的损失必须在这些保险人之间进行分摊，被保险人所得到的总的赔偿金额不得超过实际损失金额。

通过这个原则的实施来防止被保险人利用重复保险，在各个保险人之间进行多次索赔，以获得高于实际损失的金额；同时，也维护了保险人之间应有的权利和义务的公平。

（三）投保人的保险费返还请求权

按照《保险法》第56条第3款的规定，重复保险的投保人可以就保险金额总和超过保险价值的部分，请求各保险人按比例返还保险费。

投保人多支付了保险费，但没有获得约定的超额赔偿，实际上是保险人获益了。为了平衡双方关系，投保人可以请求保险人将多收取的保险费予以返还。

四、重复保险赔款责任的分摊方式

重复保险的分摊方式有很多种，主要有比例责任分摊、限额责任分摊和顺序责任分摊。下面将针对同一个案例，讨论这三种不同的分摊方式。

[保险实例]

在一个重复保险的事件中，保险人甲和乙将对同一批财产进行承保，甲保险人承保40万元，乙保险人承保80万元。当两个保险人单独承保时，甲、乙分别承担40万元（以保险金额为限）、60万元（以实际损失为限），且甲承保在先，乙承保在后。保险财产共发生了60万元的损失。在此，借助本实例，我们分别讨论这三种分摊方式之下甲、乙的赔付情况。

1. 比例责任分摊

比例责任分摊是指在保险事故发生并造成财产损失时，各个保险人按照各自承保的金额占所有保险人承保金额的比例来计算各自应该分摊的赔款责任。其公式表达为：

某保险人的赔款＝（某保险人的保险金额/所有保险人的保险金额总额）×损失金额。

因此，在上述实例中，甲保险人的赔款＝[40/(40＋80)]×60＝20（万元）；乙保险人的赔款＝[80/(40＋80)]×60＝40（万元）。

2. 限额责任分摊

限额责任分摊是指在保险财产发生损失时，各个保险人按照各自单独承保情况下应该承担的赔偿责任限额与所有保险人单独承保时应承担的赔偿责任限额之和的比例来计算各自应分摊的赔偿责任。其公式表达为：

某保险人的赔款＝（某保险人的单独责任限额/所有保险人的单独责任限额总额）×损失金额。

因此，在上述实例中，甲保险人的赔款＝[40/(40＋60)]×60＝24（万元）；乙保险人的赔款＝[60/(40＋60)]×60＝36（万元）。

3. 顺序责任分摊

顺序责任分摊是指由保险人在各自的保险金额限度内按照承保先后顺序依次赔偿；即先承保的保险人在其保险金额限度内先赔付，如果还有损失没有得到赔偿，则其余部分由其他保险人再按顺序在各自的保险金额限度内类推，依次赔付。

因此，在上述实例中，保险人甲承保在先，因此先赔40万元（以保险金额为限），由乙保险人来赔付未赔完的20万元。

无论按哪种方式分摊，都不能违背分摊原则的基本要求，即各保险人承担赔偿责任的金额总和不能超过保险财产的保险价值。在我国，应按照我国《保险法》第56条的规定，若无事先约定，采用比例责任分摊法分摊赔偿责任。

[实务知识]

关于"交强险"是否可以重复投保的问题

在目前的保险实务中，关于"交强险"与重复保险的相关问题存在着很多争议，争议焦点包括：(1)"交强险"能不能重复投保？(2)"交强险"所承保的保险价值的认定等。

2017年，唐甲在旧车交易市场购买了一辆二手小汽车，并于当年6月1日在乙汽车保险公司为该车投保了"交强险"，保险期为2017年6月2日至2018年6月1日，保险金额为6万元。而该车的前主人曾在丙财产保险公司为该车购买了"交强险"，保险期为2016年8月16日至2017年8月15日。对此情节，唐甲在购买"交强险"前并不知情。2017年6月22日，唐甲驾车在上路行驶中与一自行车相撞，导致骑车人死亡，唐甲承担事故的同等责任。唐甲与死者家属达成和解协议，向死者家属支付了二十余万元。事后，唐甲向保险公司索赔，两家保险公司分别赔付了5.8万元。

赔付后，乙汽车保险公司才发现该车购买了两份"交强险"，并获得两份赔偿。其认为唐甲故意隐瞒重复投保事实，现获取重复理赔，构成不当得利，应返还其所支付的保险金全部或者一半，故据此向法院提起诉讼。

一审法院经审理后认为：在保险车辆发生事故后，唐甲或受害人有权获得乙汽车保险公司的保险赔偿。因"交强险"的性质不是单纯的财产保险或人身保险，而是两者的混合，唐某所分别获取的两次保险赔偿，其总金额为11.6万元，并未超出唐甲赔付交通事故受害人的金额，故对乙汽车保险公司的诉求不予支持。而二审判决法院提出调解：由唐甲向乙汽车保险公司返还所得保险赔偿款 2.5 万元，双方就此案了结纠纷，互不再追究。①

问题一："交强险"能不能重复投保？

本案可以典型地体现目前保险实务界存在的有关"交强险"是否可以重复投保的问题。国内的主流观点认为：认定合同无效应当根据现行法律、法规的规定。"交强险"虽然是在责任限额内予以赔偿的强制性责任保险，却仍然属于责任保险的一种，从本质上看，还属于财产保险，因此，《保险法》并不禁止重复投保。但同时，2006 年 6 月 28 日，中国保监会向社会公布了其授权中国保险行业协会制定的《机动车交通事故责任强制保险条款》，强调每辆机动车只需投保一份"交强险"，重复投保"交强险"无效。但是，很多人指出，中国保监会的通知不是认定合同效力的依据，所以，不能依据该规定认定"交强险"无重复投保的效力。

因此，在本案中，对"交强险"的重复投保的效力是予以认定的。尤其是唐甲本身之前并不知道原车主也投保了"交强险"，从而，《保险法》规定的通知义务并不存在，相应地，并没有乙汽车保险公司所认为的故意隐瞒重复投保事实、重复理赔、构成不当得利之事。

问题二："交强险"承保的保险价值。

同时，关于"交强险"的重复投保问题，还涉及所承保的保险价值的认定，亦存在不同的观点。

第一种观点认为，"交强险"的保险价值就是被保险机动车发生交通事故时受害人所遭受的损失，因此，"交强险"应该是以受害人所遭受的损失为限来承担责任。

第二种观点认为，"交强险"作为责任保险的一种，和其他责任保险一样，也应当规定一个赔偿限额作为保险人承担赔偿责任的最高限度，超过赔偿限额的索赔由被保险人自行承担。但与一般的责任保险不同的是，"交强险"的赔偿限额是由国家规定的，而一般责任保险的赔偿限额的高低由保险合同的当事人双方约定。

大多数人倾向于第二种观点，因为"交强险"所承保的保险价值是不明确的，只能以最高额为限来承担保险责任。而且，"交强险"对于机动车驾驶员而言只是一种基本保障，交通事故中的受害方从"交强险"中获取的也仅仅是部分补偿；如果想以"交强险"代替商业险来获取限额之外的赔偿，则不符合强制保险制度的政策性。

因此，对本案来说，两家保险公司应该按照《保险法》第 56 条的规定，按比例以最高责任限额为限来赔付。

练习与思考

1. 什么是财产保险合同？它与人身保险合同有哪些不同？

2. 财产保险合同的基本种类有哪些？

3. 财产保险合同的履行特点和履行程序是什么？

4. 如何理解代位求偿制度的法律内涵？其与侵权责任制度的关系应当如何处理？

5. 什么是重复保险？《保险法》如何认定重复保险的效力？

---

① 参见王卫国、曾宪杨：《交强险重复投保如何赔付》，载《上海保险》，2011 (1)。

第九章

财产损失保险合同

 本章概要

　　财产损失保险，顾名思义，其保险标的是有形的物质财产，目的是补偿该物质财产的损失。这类保险根据其承保的财产类型不同又可以分为财产损害保险、工程保险、农业保险、交通运输工具保险以及货物运输保险。本章将对这类保险合同进行详细的介绍，本章学习的目的是，力求了解其各自的适用领域，区分各自的法律内涵。

重点知识

　　财产损害保险合同的内涵和适用范围
　　工程保险合同的内涵和适用范围
　　农业保险合同的内涵和适用范围
　　交通运输工具保险合同的内涵和适用范围
　　货物运输保险合同的内涵和适用范围

第一节　财产损害保险合同

一、概述与特征

　　财产损害保险的前身是火灾保险，起源于 1666 年的英国伦敦大火。次年牙医巴蓬建立了第一家火灾保险公司，还开创性地按照建筑结构实行差别费率制，规定，砖石结构房屋的费率为年房租的 2.5％，木结构房屋的费率为年房租的 5％。火灾保险已有三百多年历史，此后随着生产和社会的发展，保险责任范围扩大，保险标的的种类增加，火灾保险逐渐发展、演变为财产损害保险，并且适用范围也日益扩大。

　　财产损害保险是狭义上的财产损失保险，两者的主要区别是标的范围不同。财产损失保险的标的涵盖了财产损害保险的标的，另外还包括建筑工程、安装工程、交通运输工具以及货物运输等。此外，财产损害保险合同的名称是按照投保人类型进行命名的，分别为企业财产保险合同和家庭财产保险合同；而其他例如交通运输工具保险合同、农业保险合同等均以保险标的来命名。

　　财产损害保险合同的特点主要体现在保险标的上：财产损害保险合同承保的标的明显具有一般性，包括动产和不动产、固定资产和流动资产、生产资料和生活资料，并且这些财产常处于静止状态，处于合同约定的地点内。而其他财产损失保险合同承保的都是特定规定内的财产，例如交通运输工具保险合同承保营运中的运输工具，货物运输保险合同承保在途运输的货物。

二、企业财产保险的主要险种以及合同内容

(一) 企业财产保险的主要险种

企业财产保险，简称"企财险"，是指企业、机关或团体为其具有保险利益的财产投保的保险。其投保人通常是企业法人或社团法人。保险人对于保险责任范围内的事故引起的标的的直接损失或间接损失等费用，为投保人提供经济补偿。

目前我国的企业财产保险主要有一般企业财产保险、机器损坏保险和利润损失保险三个险种。

1. 一般企业财产保险

一般企业财产保险的保险标的是综合性的，可分为企业财产基本险和企业财产综合险，两个险种在承保标的、保险期限、保额确定和赔款计算方面基本一致，区别在于保险责任和除外责任。从保险责任的范围来看，基本险小于综合险。

2. 机器损坏保险

机器损坏保险合同是从一般企业财产保险合同中分离出来的合同类型，至今有八十多年的历史。该险种起源于工业发达国家的机器损坏事故，被称为"锅炉和蒸汽机保险"。机器损坏保险承保企业的机器设备因一般企业财产保险合同除外不保的突发事故造成的损失。

机器损坏保险的保险责任主要包括：(1) 设计错误或铸造缺陷；(2) 操作失误或恶意行为；(3) 离心力引起的断裂；(4) 电气事故，以及保单中列明的其他保险责任。除外责任主要包括：(1) 自然磨损、氧化、腐蚀、锈蚀、孔蚀、锅垢等属于机器设备运行必然引起的后果；(2) 机动车碰撞；(3) 被保险人机器代表已知或应知的保险机器设备在保险开始前已有的缺陷；(4) 应由他人承担的责任；(5) 被保险人及其代表的故意行为或重大过失；(6) 战争和罢工行为以及核事故或核污染；(7) 公共设施部门引起的停电、停水和停气；(8) 各类间接损失或责任；(9) 由其他保险承保的责任。

3. 利润损失保险

利润损失保险针对企业的间接损失开发，其承保的项目包括毛利润损失、工资以及审计师费用等。该险种最早出现在 1860 年的法国，保单的中文意思是"停业"，用于承保企业停业期间的损失。一般企业财产保险只承保标的的直接损失，但是企业财产的损失往往会导致一些后果，例如，企业的生产经营无法正常持续，会导致主营业务收入损失、营业成本增加、利润损失，因此，利润损失保险就是承保这一类间接损失的保险。

(二) 企业财产保险合同的主要内容

1. 保险标的

其中，可保财产包括：第一，房屋、建筑物及附属装修设备；第二，机器设备；第三，工具、仪器及生产用具；第四，管理用具及低值易耗品；第五，原材料、半成品、在产品、产成品或库存商品、特种储备商品；第六，账外及已摊销产品。

而特保财产是经投保人申请经保险人书面同意承保的财产：第一，金银、珠宝、首饰、古币、古玩、书画、邮票、艺术品、收藏品及其他稀有金属等珍贵财物。于这类特保财产主要是

需要事先与投保人确定保险价值及保险金额。第二，铁路、道路、桥梁、水闸、堤堰和码头以及矿井、矿坑内的设备物质等某些企业特有的财产。这类特保财产价值较大，技术专业化并且通常面临较大风险，因此保险人需要勘察后方可同意承保。

不保财产包括：第一，非一般生产资料及商品，如土地、矿藏、森林和水产资源；第二，难以鉴定价值的财产，如货币、有价证券、文件、账册、图表和技术资料；第三，危险财产，如违法建筑和非法财产；第四，属于其他财产保险承保范围的财产，如运输途中的财产投保货物运输保险等。

2. 保险责任和除外责任

（1）基本险。

基本险的保险责任可以归纳为三大类：意外事故；意外事故引起的"三停"损失；施救费用以及其他的合理费用支出。第一，意外事故是指火灾保险承保的四种最基本风险，即火灾、爆炸、雷击、飞行物体及其他空中运行物体坠落；第二，"三停"损失是指由意外事故导致的停水、停电、停气所造成的保险财产的损失，要求投保人对供水、供电、供气设备有所有权或部分所有权；第三，为防止事故蔓延、损失扩大采取必要且合理的施救措施而产生的费用由保险人承担，将施救费用列入保险责任可以防止投保人在事故发生时消极应对，从而避免不必要的损害，是对社会整体发展有益的。

基本险的除外责任包括：第一，火灾保险列明的四种原因：战争行为、故意或纵容、核辐射、标的本身缺陷或保管不善导致的损失。第二，间接损失，包括停产期间的利润损失、工资支出等；第三，因行政或执法行为造成企业财产被没收、征用或销毁的损失。第四，各种灾害事故：自然灾害、水暖管爆裂和盗窃。自然灾害包括暴雨、洪水、台风、暴风、龙卷风、雪灾、雹灾、冰凌、滑坡、泥石流、崖崩、地陷以及地震，共13种。

（2）综合险。

在列出了基本险的保险责任和除外责任之后，综合险的保险责任可以简单归纳为两类：第一，基本险的保险责任；第二，基本险中作为除外责任的除了地震以外的12种自然灾害。

对照基本险的除外责任，综合险的除外责任可以用以下式子表示："基本险的除外责任"—"地震以外的12种自然灾害"＋"露堆财产损失"。

[实务知识]
火灾保险的四种基本保险责任和四种基本除外责任

四种基本保险责任包括：（1）火灾，其定义必须具备三个条件：有燃烧现象、偶然意外发生以及燃烧失去控制且有蔓延扩大的趋势。（2）爆炸，分为：A. 物理爆炸，即由于液体变为气体时迅速膨胀导致压力急速增大超过容器承受极限引发的爆炸；B. 化学爆炸，即物体燃烧瞬间分解并放出大量的热量和气体导致压力急剧增大。（3）雷击，分为：A. 直接雷击，即雷电直接击中保险财产或在空中放电产生巨大爆炸力；B. 感应雷击，即雷击产生的静电或电磁效应使绝缘金属物体产生高电位放出火花。（4）飞行物体及其他空中运行物体坠落。

四种基本除外责任包括：（1）战争行为，包括战争、军事行动、敌对行为和武装冲突、罢工、暴动等；（2）核辐射，包括核反应、核辐射、放射性物质泄漏及污染；（3）故意行为，故意或纵容，即明知故犯以及对他人的破坏行为不加制止或教唆；（4）自身缺陷，标的本身缺陷或保管不善导致的损失。

（三）附加险

（1）基本险除外责任部分可以通过附加保险的形式进行投保，包括：第一，暴风、暴雨、洪水保险；第二，雪灾、冰凌保险；第三，泥石流、崖崩、滑坡保险；第四，雹灾保险；第五，破坏性地震保险；第六，水暖管爆裂保险；第七，盗抢保险。

（2）综合险的附加保险包括：第一，破坏性地震保险；第二，水暖管爆裂保险；第三，盗抢保险；第四，橱窗玻璃意外保险；第五，矿下财产保险；第六，露堆财产保险。

（四）保险金额和保险费率

（1）企业财产保险中保险金额的确定要区分不同种类的标的，结合不同的实际情况，使用不同的会计方法。企业财产主要可以分为固定资产和流动资产两大类。固定资产保险金额的确定方式，主要看购入时间长短以及该资产市场价值的变动幅度：若购入时间较短，市场价值变动不大，可以按照账面原值确定保险金额；若购入时间较长，市场价值变动较大，可以按照重置价值确定保险金额，或者利用账面原值加成数，成数需要双方协商确定。至于流动资产的保险金额，可以按最近12个月任意月份的账面余额确定，也可以由投保企业自行确定一个合理的保额。

（2）企业财产保险的保险费率根据一定时期内（通常为1年）不同行业的保险标的损失率，即总赔款额与总保险金额之比分别计算。我国目前的"企财险"保险费率比较复杂，但主要可以分为工业类、仓储类和普通类三大类，每一类再细分为不同档次的费率，共16个小类。

财产保险综合险年费率表（按保险金额每千元计算）

类别	号次	占用性质	费率1	费率2
工业类	1	第一级工业	1.60	1.00
	2	第二级工业	2.00	1.50
	3	第三级工业	2.40	2.00
	4	第四级工业	4.00	3.50
	5	第五级工业	6.40	5.00
	6	第六级工业	8.00	7.00
仓储类	7	一般物资	1.50	1.00
	8	危险品	3.00	2.00
	9	特别危险品	5.00	4.00
	10	金属材料、粮食专储	1.00	0.50
普通类	11	社会团体、机关、事业单位	1.60	1.00
	12	综合商业、饮食服务业、商贸、写字楼、展览馆、体育场所、交通运输业、牧场农场、林场、科研院所、住宅、邮政、电信、供电高压线路、输电设备	2.40	2.00
	13	石油化工商店、液化石油气供应站、日用杂品商店、废旧物资收购站、修理行、文化娱乐场所、加油站	3.00	3.00

备注：费率1适用于华东、中南、西南地区；费率2适用于华北、东北、西北地区。

此外，如果投保不满1年，则按照短期保险费率缴费，不足1个月按1个月计算。短期费率等于年费率乘以规定比例，如下表所示。

企业财产保险短期保险费率

保险期间	1个月	2个月	3个月	4个月	5个月	6个月	7个月	8个月	9个月	10个月	11个月	12个月
年费率	10%	20%	30%	40%	50%	60%	70%	80%	85%	90%	95%	100%

（五）赔偿处理

1. 固定资产

固定资产全损时，赔偿方式分为两种情况：第一，当重置价值小于保险金额时，按照重置价值赔偿；第二，当重置价值大于、等于保险金额时，无论以何种方式投保，都按照保险金额赔偿。

固定资产部分损失时：第一，若按账面原值确定保险金额投保，当受损财产的保险金额大于、等于保险价值时，按照实际损失赔偿；当受损财产的保险金额小于保险价值时，则按照比例赔偿。第二，若按重置价值或账面原值加成数确定保险金额投保，则一律按实际损失进行赔偿。

2. 流动资产

流动资产全损时：第一，若受损资产的保险金额大于、等于保险价值，则赔偿以不超过保险价值为限；第二，若受损资产的保险金额小于保险价值，则赔偿以不超过保险金额为限。

流动资产部分损失时：第一，若受损财产的保险金额大于、等于保险价值，则按实际损失赔偿；第二，当受损财产的保险金额小于保险价值时，按比例赔偿。

3. 账外财产

账外财产全损时：第一，当受损资产的保险金额大于、等于保险价值时，赔偿以不超过保险价值为限；第二，当受损资产的保险金额小于保险价值时，赔偿以不超过保险金额为限。

账外财产部分损失时：第一，当受损财产的保险金额大于等于保险价值时，按实际损失赔偿；第二，当受损财产的保险金额小于保险价值时，按比例赔偿。

4. 施救费用

赔偿全部实际支出的施救费用的情况分为三种：第一，固定资产按账面原值加成数或按重置价值投保；第二，流动资产按最近12个月账面余额投保；第三，账外财产经投保人与保险人商定按照实际价值投保。

按比例赔偿的情况也分为三种：第一，固定资产按账面原值投保，且保险金额小于重置价值；第二，流动资产按最近账面余额投保，且保险金额小于出险时账面余额；第三，账外财产的保险金额小于出险时损失财产的实际价值。

三、家庭财产保险的主要险种

家庭财产保险，简称"家财险"，是指城乡居民为其具有保险利益的财产投保的保险。一般家庭财产保险的投保人是自然人，包括城乡居民以及个体户；保险标的是居民的家庭财产，如住宅、生活用品等，或者是简单的生产资料，如农村家庭个人拥有的耕地工具、待销售的农作物等。

家庭财产保险主要有一般家庭财产保险、家庭财产两全保险、家庭财产长效保险、家庭财产分红保险。

1. 一般家庭财产保险

"家财险"中最基本的险种就是一般家庭财产保险，保险期间多为1年。

2. 家庭财产两全保险

家庭财产两全保险具有一般家庭财产保险的损失补偿功能，另外还有储蓄功能，即：期初支付保险储金作为本金，合同到期之后，无论保险期间内是否出险、保险人是否赔付，投保人都能领回保险储金，而保险储金的利息作为保险费缴纳给保险公司。

3. 家庭财产长效保险

家庭财产长效保险与家庭财产两全保险较相似，其特殊的地方体现在保险期间上。一般家庭财产保险的保险期间较短，但是存在一些被保险人对于财产保障期间的需求较长，那么这一险种能够满足这一需求。家庭财产长效保险合同只规定保险期间的开始时间，不规定终止时间，当合同生效满一年后，被保险人可随时请求终止，经相应手续后合同终止，保险人退还保险储金，否则，合同将永久有效。例如，在发生保险事故的情况下，保险公司赔付后，只要被保险人不请求合同终止，将自动为投保人开一份新的保险合同。

4. 家庭财产分红保险

家庭财产分红保险在家庭财产两全保险的基础上，增加了保险储金投资收益的分享功能，故称为"分红"保险。期初支付保险储金作为本金，保险人与投保人约定年分红率，合同期满之后，无论保险期间内是否出险、保险人是否赔付，投保人都能领取保险储金以及其投资收益的分红。相比之下，家庭财产两全保险只能在最后领回保险储金。因此，家庭财产分红保险增加了投资收益的分享功能，故保险费率较高。

四、家庭财产保险合同的主要内容

(一) 保险标的

可保财产包括：（1）房屋及其固定装修装饰装置和设施；（2）室内家具、家电；（3）个人生活用品等。其中，房屋既可以是被保险人产权所有的私房，也可以是被保险人租赁的公房。

特保财产是由投保人申请、经保险人书面同意承保的一类财产，主要包括：（1）农村家庭存放在院内的非动力农机具、农用工具和已收获的农副产品；（2）个体劳动者存放在室内的营业用具、原材料和商品；（3）代他人保管的财产或与他人共有财产等。

不保财产主要包括以下几类：（1）无法鉴定价值的财产，如金银、珠宝、首饰、古玩、字画、货币、存折、票证、文件、账簿、技术资料、动物植物等；（2）处于紧急危险状态下的财产，如违法建筑、危房等；（3）用于生产经营的财产；（4）属于其他财产保险承保范围的财产，如汽车、家禽家畜等。

(二) 保险责任和除外责任

保险责任包括自然灾害、意外事故和施救费用。（1）自然灾害包括雷击、台风、龙卷风、冰雹等以及暴风暴雨造成的房屋主要结构倒塌。其中，如果暴风暴雨导致的损失不是由房屋主要结构倒塌引起的，则保险人通常不予赔付。（2）意外事故包括火灾、爆炸、飞行物体及其他空中运行物体坠落、外界建筑物倒塌等。(3) 此外，发生灾害事故时，因防止灾害扩大造成更重大损失所采取的必要施救而产生的费用，也包括在责任范围内。

除外责任可以概括为两大类：原因免除和损失免除。原因免除主要包括：(1) 战争风险，如战争、军事行动、武装冲突、恐怖活动、罢工、暴动等；(2) 核辐射风险，如核反应、核辐射、放射性物质污染等；(3) 故意行为，例如被保险人家保姆的故意作为；(4) 疏忽行为，例如标的因保管不善而变质或被虫咬；(5) 行政行为或司法行为。损失免除主要包括：(1) 间接损失，如因事故导致被保险人误工的工资费用；(2) 标的本身损毁，例如家用电器过度使用导致的损失；(3) 露堆财产的损失等。

（三）基本险和附加险

实务中，家庭财产保险包括的基本险是普通家庭财产保险、家庭财产两全保险和长效还本家庭财产保险。

普通家庭财产保险承保城乡居民存放在固定地址范围内且处于相对静止状态下的各种财产物资，包括属于被保险人所有的房屋及其附属设备、家具、家用电器、非机动交通工具及其他生活资料，农村居民的农具、工具、已收获的农制产品及个体劳动者的营业用器具、工具、原材料、商品等。

家庭财产两全保险是一种兼具经济补偿和到期返还本金性质的保险。它以保险合同载明的地址内的家庭财产作为保险标的，被保险人向保险人交付保险储金，保险人以储金在保险期限内所生利息作为保险费收入。保险期满时，无论是否发生保险事故，保险人返还本金给被保险人。

长效还本家庭财产保险是由以上两类家庭财产保险发展而来的。顾名思义，其特点一是长效：被保险人将储金存入银行作定期储蓄，用利息作为保险费，一次投保，保单长期有效。其特点二是还本：保险储金归被保险人所有，不论是否产生保险赔款，储金到期退还给被保险人。

附加险通常有三种：附加盗窃险；附加家用电器用电安全险；附加水暖管爆裂及水渍险。在投保一般家庭财产保险时，投保人可以投保附加险，按照相应保险金额和保险费率缴纳附加保险费。

其中，附加盗窃险的保险责任是：存放于保险地址室内的保险财产，因遭受外来的、有明显痕迹的盗窃损失。其除外责任是：没有存放在保单上列明保险地址的财产被盗的损失；被保险人及其家庭成员、服务人员、寄居人员的盗窃损失，纵容他人盗窃所致保险财产的损失（盗窃责任的确认，需要有公安局立案侦查及确定）；因房门未锁、窗户未关所致无明显盗窃痕迹的行为所造成的财产损失等。

（四）保险金额和保险费率

家庭财产保险的保险金额确定有两个特点：一是由投保人自行确定，二是分项确定、分项投保。

由于家庭购入物质财产时通常不会设置账目记录，故家庭财产没有账目依据，并且财产的种类、质量和使用程度比较复杂，故确定其价值比较困难，因此，规定由投保人自行确定。一般情况下，房屋及其固定装修装饰装置和设施的保险金额根据财产的购置价值或市场价值自行确定，室内家具、家电以及生活用品根据当时的实际价值自行确定。根据各项财产的实际价值自行确定，并且分项确定，按照分项总保险金额投保。

在实际操作中，投保人通常要按保单上的规定分项列明各项保险财产的保险金额，再相加得出总保险金额。分项的规定每个保险人会有所不同，但主要分为三项，即：房屋及其固定装修装饰装置和设施；室内家具、家电以及生活用品；代他人保管的财产或与他人共有的财产。分项越细，保险金额将越接近财产的实际价值。

家庭财产保险的保险费率的制定是按照保险财产实际置放地点的房屋建筑结构和周围环境等因素进行的，一般分为以下三档。

家庭财产保险的保险费率设定等级

等级	房屋结构	年费率	建筑内财产的保险费计算
一级	屋顶、墙壁、楼坪、楼梯均为砖石、钢筋、水泥等耐火材料	1‰	每千元保险金额收取 1 元保险费
二级	建筑为砖瓦结构，其他为砖木结构	2‰	每千元保险金额收取 2 元保险费
三级	上述一级、二级以外的建筑，如屋顶为毛、草结构，其他为木板结构	3‰	每千元保险金额收取 3 元保险费

从等级的制定可以更直观地看出，家庭财产的风险大小不是根据该财产本身来估计的，而是根据它所处的环境。例如，完全一样的空调，在钢筋水泥建筑内的风险要比在瓦房内的风险要低，因此，保险费率较低。

第二节　工程保险合同

一、概述与特征

工程保险合同是指用于承保建筑工程项目、安装工程项目在工程期间及工程结束后的一段时间内，因自然灾害和意外事故发生而导致的物质损失，以及被保险人对第三者的人身伤害与财产损失依法应当承担的民事赔偿责任的综合性保险合同。工程保险合同的承保标的主要包括在建的建筑物和与兴建建筑物有关的机械类以及钢铁结构的安装工程等，据此可分为建筑工程保险合同、安装工程保险合同两大类，分别简称建工险合同、安工险合同。

随着现代化工业生产和现代科学技术的发展，各类建筑工程安装工程的规模也日渐增大，技术复杂，遇到风险所致的损失增大，于是，到 20 世纪 30 年代工程保险逐渐从传统的财产保险中独立出来，保障建筑安装工程特有的风险。第一张建筑工程一切险保单诞生于 1929 年，承保标的就是著名的跨越伦敦泰晤士河的拉斯贝斯大桥。而第二次世界大战之后，遭受严重破坏的欧洲各国开始了大规模的重建活动，为工程保险的发展提供了契机。重建过程中越来越多的业主和承保商引入工程保险来转嫁工程期间的各类风险，工程保险得以迅猛发展。

工程保险合同作为财产保险合同的主要分类之一，具有以下特征：（1）承保责任多样化，既承保被保险人的财产损失风险，也承保被保险人对第三者承担的责任风险；（2）承保风险多变、复杂，标的或裸露于工程现场，或处于动态过程；（3）被保险人众多，工程本身的特点会涉及较多保险利益人，因此，常有一张保单上列明多个被保险人的情况；（4）保险期间不固定，多随工程工期而定，故时间长短不定，因此，采用的费率不是年费率而是工期费率；

（5）保险金额具有变动性，随着工程项目所需材料设备和人力投入的增减，保险人在工程项目完毕后要按照实际造价对保险金额进行调整。

［实务知识］

工程保险合同在我国的发展

工程保险合同在我国出现得较晚，主要是随着市场经济建设和经济体制改革逐渐发展起来的。1979 年 10 月中国人民保险公司根据国际通行的工程保险合同条款，针对中国的具体情况，设计了建筑工程一切险条款、安装工程一切险条款，并开始办理工程保险业务。最初工程保险只适用于涉外工程项目，到 1993 年中国人民财产保险公司股份有限公司在原条款基础上重新设计了建筑工程一切险和安装工程一切险，于 1995 年 1 月 1 日开始将新条款用于工程保险业务，成为国内工程保险业务的主要保险合同条款。当前，与我国基础设施建设在市场经济发展中不断扩大相适应，工程保险合同发挥着日益重大的作用。

二、主要险种及合同内容

（一）工程保险的主要险种

1. 建筑工程保险合同

建筑工程保险合同是指以各类民用、工业用和公用事业用的建筑工程项目为保险标的的保险合同，其适用范围包括：各种利用银行贷款、项目集资、外资的国内建筑工程；我国对外承包的工程、经济援助工程。

2. 安装工程保险合同

安装工程保险合同是指以机器设备或钢结构建筑物在安装、调试期间遭受自然灾害或发生意外事故所致损失为保险责任的保险合同。安装工程保险主要适用于工厂扩建或改造机器设备、钢结构建筑物和包含机械工程因素的建造工程，其保险金额中安装部分接近甚至超过土建部分。

（二）工程保险合同的主要内容

1. 保险标的

工程保险承保的标的主要分为物质损失和第三者责任两大类：物质损失部分承保的标的是物质财产和列明的费用，第三者责任部分承保的是被保险人对第三者所负的赔偿责任。

（1）物质财产。

物质财产包括工程项目本身并涉及工程项目相关的材料、物资和设备等。这里可以将与工程项目有关的各种物质财产分为可保财产、不保财产和另保财产三大类，分别进行说明。

可保财产包括：1）合同规定的工程项目。这是保险标的的主要部分，包括永久性工程和临时性工程及材料，具体是指建筑主体工程、建筑物内的装修设施、配套的道路和桥梁、水电设施，以及存放在工地上的建筑材料、设备和临时的工程建筑等。2）工程所有人提供的材料及项目。3）安装项目，指合同工程项目内的诸如取暖、照明、空调、电话等机器设备的安装。4）施工机具。这类财产是工程承包人所有或租赁的，包括施工用的起重机、打桩机、钻机等工地专用的无公共行驶执照的汽车等，以及水泥搅拌、临时供电供水设备、传送装置等设备和装置。5）工地内的原有财产。这类财产可能因施工受到损坏，故也可作为物质财产承保。

不保财产包括：1）价值难以确定的财产，如档案、文件、账簿、票据等。2）图标资料，由于被列入设计费用，不包括在工程造价之中。3）包装物料，随着工程进行，必然变为废物，其正常损耗与意外损失不易界定。

另保财产包括：与工程有关的某些物质财产，明确由其他种类的保险承保的，例如有行驶执照的车辆应投保机动车辆保险。

（2）第三者责任。

工程保险承保的第三者责任，是指工程项目在施工期间发生意外事故，造成工地及邻近地区的第三者人身伤亡、疾病或财产损失，依法应由被保险人承担的经济赔偿责任。

2. 保险责任和除外责任

（1）物质损失部分的保险责任。

A. 列明的自然灾害，包括地震、海啸、雷电、飓风、台风、龙卷风、风暴、暴雨、洪水、水灾、冻灾、冰雹、地崩、山崩、雪崩、火山爆发、地面下降下沉。B. 列明的意外事故，包括火灾、爆炸所造成的物质损失。C. 场地清理费用和专业费用。场地清理费用不同于施救费用，是指发生损失后，为继续履行工程合同需要清理施工现场而产生的有关费用；专业费用是指发生损失后，在重置过程中发生的必要的专业人员的费用。

（2）第三者责任部分的保险责任。

第三者是指保险人、所有的被保险人及其雇员以外的自然人和法人。此部分责任范围包括：A. 因工程项目直接相关的意外事故，引起工地及邻近地区的第三者人身伤亡、疾病或财产损失。另外，如果在保单上加贴"交叉责任扩展条款"，各被保险人之间也互为第三者，作为责任方的被保险人对于作为第三者的被保险人所负的赔偿责任也由保险人承担。B. 被保险人因给第三者造成损害的保险事故而被提起诉讼时，为此所支付的诉讼费用和其他保险人同意支付的有关费用。

（3）除外责任。

总的除外责任有：A. 战争行为，包括战争、敌对行为、武装冲突、恐怖活动、谋反和政变等。B. 政府命令，包括政府命令的对工程项目的没收、征用、销毁或损坏。C. 罢工行为，包括罢工、暴动、民众骚乱。D. 被保险人的故意行为。E. 核辐射，包括核裂变、核聚变、核武器、核材料、核辐射及放射性污染。F. 大气、土地、水等污染。G. 停工，包括全部停工和部分停工。H. 间接损失，例如工程项目遭受损失引起的罚金、延误、丧失合同。I. 其他列明的免赔额。

仅适用于物质损失部分的除外责任有：A. 因设计错误造成的损失及相关费用。B. 自然磨损，包括自然磨损、内在或潜在缺陷、物质本身变化、自燃、自热、氧化、锈蚀、渗漏、鼠咬、虫蛀、大气变化、正常水位变化或其他渐变原因。C. 原材料缺陷或工艺不善造成的损失，以及为换置、修理或矫正缺陷的费用。D. 非外力原因引起的机械损失。E. 维修保养费用。F. 盘点时发现的短缺。G. 工程已完成部分的损失。

仅适用于第三者责任部分的除外责任有：A. 震动、移动或减弱支撑而造成的第三者财产损失和人身伤亡责任。B. 被保险人的人身伤亡与疾病。这里的被保险人包括工程所有人、承包人或其他关系人以及他们雇用的在工地现场的职员、工人及他们的家庭成员。C. 被保险人的财产损失。D. 领有执照的车、船、飞机肇事。E. 被保险人的合同责任。

3. 保险金额

物质损失部分的保险金额分为四类：（1）工程项目部分，是保险合同承保的主项，其保险金额按照工程项目完成时的总价值确定，并在工程期间内进行调整，最后向保险人申报最终工程价值。（2）工程所有人提供的材料及项目按照其重置价值确定保险金额。（3）施工机具按照其重置价值来确定保险金额。（4）安装项目、工地内原有财产的保险金额由被保险人与保险人商定。

4. 保险费率

工程保险的费率厘定比较复杂，由于风险程度的差别，同一工程中的不同项目其费率是分别厘定的。（1）承保主项工程项目、工程所有人提供的材料及项目、安装项目及工地内原有财产等，这些项目的费率为整个工期费率。（2）施工机器、装置和机械设备的费率为年费率，保险期间不满一年的，按短期费率计收保险费。（3）试车期、保证期的费率是以工期费率乘以总保险金额计收保险费。（4）各种附加险按整个工期一次性费率计收保险费。（5）第三者责任部分的费率为工期费率，参照公共责任保险中的承包人责任险费率。

5. 保险期限

（1）保险期间的开始和终止。

工程保险的保险期限比较复杂，保险责任的起讫时间根据工程项目的具体进度确定，在工程工期的基础上，还可以向前扩展到工程开始前的材料设备制造期和材料设备运输期，以及向后扩展到工程结束后的试车考核期和工程保证期。

在保单上列明工程建造期保险责任生效日期的前提下，保险责任的开始日期可以从工程项目开工之日或材料设备运抵工地之日算起，两个日期中以先发生者为准，并且不能早于保单上写明的生效日期。

在保单上列明工程建造期保险责任终止日期的前提下，保险责任的终止日期可以从工程所有人签发完工验收证书或验收合格之日或工程所有人对完成部分的工程项目进行验收之前实际占有或使用之日算起，两个日期都不能晚于保单上写明的终止日期。

（2）扩展承保的四个工程时期。

A. 材料设备制造期，保险人承保制造商为工程项目所制造的材料设备因有缺陷而在工程建造期内造成的损失。B. 材料设备运输期，保险人承保与工程项目有关的建筑材料和设备在运往建筑工地过程中或运抵工地后可能遭受的损失。C. 试车考核期，是指安装工程项目中的机器设备在安装完毕后、正式投入生产型使用之前，为检查其技术性是否可靠、达标而进行各项试运转和实验性操作的时间段，一般不超过 3 个月。D. 工程保证期，工程结束后的一定时期内承保人对工程项目的质量问题及造成的损失仍然有赔偿责任，被保险人可以选择加保来扩展保险期间。

（3）特殊情况下的保险期限。

A. 若在保单规定的保险期限内工程未如期完工，被保险人可以申请延长保险期限，保险费按原费率以日计收。B. 对于一些需要分期施工的工程，可以分期投保，并分别规定保险期限。

6. 赔偿处理

（1）保险人对物质损失部分的赔偿。

保险人对于工程项目发生事故后的物质损失部分可以通过现金赔款、修复或重置受损财产、支付修理费用共三种方式予以赔偿。

具体的赔偿标准如下：A. 对于可以修复的部分损失，按照将受损保险财产修复到基本恢复受损前状态所支出的修理费用扣除残值后的金额赔偿；若修理费用超过该财产受损前价值，则按照其之前的实际价值扣除残值后的金额赔偿。B. 对于全损或推定全损的保险财产，按照保险财产受损前的实际价值扣除残值后的金额赔偿；并且若发生推定全损，保险人有权不接受被保险人对受损财产的委付。

（2）保险人对第三者责任部分的损失赔偿。

A. 当工程项目对第三者造成损失时，若第三者提出索赔，未经保险人的书面同意，被保险人或其代表对索赔方不得作出任何责任承诺或拒绝，在必要时，保险人有权以被保险人的名义接办对任何诉讼的抗辩或索赔的处理。B. 当工程项目的损失由第三者责任造成时，被保险人不得在未经保险人同意的情况下接受第三者责任方的赔偿或放弃对第三者的索赔权，保险人有权以被保险人的名义为保险人自身的利益自付费用向任何第三者责任方提出索赔要求。C. 保险人在就第三者责任方对保险工程项目的损失所负责任进行诉讼或处理索赔的过程中，保险人有权自行处理任何诉讼或解决任何索赔案件，被保险人有义务向保险人提供一切所需的资料和协助。

（3）免赔额。

为促使被保险人加强对工程工地的安全防护工作，减少事故，减少小额赔款，工程保险常规定适当的免赔额：工程项目的免赔额一般为工程本身保险金额的 $1\%\sim2\%$；施工机器、装置和机械设备的免赔额为保险金额的 5% 或损失金额的 $15\%\sim20\%$，以高者为准；其他项目的免赔额一般为保险金额的 2%；第三者财产损失，每次事故免赔额为赔偿限额的 $1\%\sim2\%$，第三者人身伤亡的免赔额一般为 $2\%\sim3\%$。

（三）建筑工程保险合同和安装工程保险合同的区别

两者的区别可简单归纳为以下三点。

（1）承保标的。

建筑工程保险（以下简称建工险）合同主要承保以土木建筑为主的工程，安装工程保险（以下简称安工险）合同专门承保新建、扩建或改造的工矿企业的机器设备或钢结构建筑物。此外，从标的的特点上看，建工险合同中涉及的保险标的为建筑子工程。随着工程的进度，其物质形态会逐渐增加至工程竣工，保险人承担的风险和责任是逐渐增加的；而安工险合同中的保险标的从工程开始时就存在于工地上，保险人承担的风险责任较为稳定和集中。

（2）保险金额的确定。

建工险的保险金额一般按照工程价值确定并调整，安工险的保险金额一般按照机器设备的总价值加上安装合同的承保价格之和作为确定的依据，原因是安装合同约定的承保价格中一般包括安装费用和安装过程中必需的材料费用，但不包含安装工程本身的价值。

（3）除外责任。

A. 对于设计错误等原因引起的损失和费用在两种工程保险合同中有不同的处理方式。在建工险合同中，对于设计错误、铸造或原材料缺陷或工艺不善造成的保险财产本身损失，换置和修理该有缺陷的保险财产所支付的修理费用以及设计错误等原因造成的其他保险财产的损失，保险人均不赔偿；但在安工险合同中，设计错误等原因引起的保险财产本身损失、换置和修理的费用属于除外责任，而设计错误导致的其他损失属于保险责任。B. 超负荷等原因造成电器设备的损失：在安工险合同的物质损失部分的除外责任中，规定不负责赔偿"由于超负荷、超电压、碰线、电弧、漏电、短路、大气放电及其他电器原因造成电气设备或电气用具本身的损失"，但建工险合同的除外责任中没有这一项。主要原因在于，安工险合同中的标的主要是各种机器设备或钢结构建筑物，最经常发生的是超负荷、超电压等电器原因所致的事故，而这类事故往往是机器本身的质量问题导致的。C. 由震动、移动或减弱支撑造成的第三者损失，在建工险合同中属于除外责任，但在安工险合同中没有此项规定。

第三节　农业保险合同

一、概述与特征

农业保险是指以农业生产中处于生长期或收获期的农作物、经济作物或牲畜和水产养殖物为保险标的，承保种植业、养殖业因遭受自然灾害、意外事故、疫病或者疾病造成的损失的财产损失保险。

据统计，自然灾害每年给中国造成 1 000 亿元以上的经济损失，受害人口达 2 亿多人次，而其中，农民往往是最大的受害者。过去的救灾主要依靠民政救济、中央财政的应急机制和社会捐助，这种形式的救助具有不确定性，无法切实保障农民的利益。开展农业保险不仅可以减轻灾后政府筹措资金的压力，给农村社会生活的稳定提供帮助，而且有利于农村经济的持续发展，促进农业资源的合理配置。

农业保险不同于一般财产保险的主要特点有：

（1）保险标的具有生命性。农业保险的标的往往具有生命，而且，这些保险标的的保险价值会随着生长过程而发生变化。此外，农业保险的标的也由于具有生命性而面临因死亡（枯萎）、疾病等因素失去相应的经济价值的风险。

（2）农业保险的经营风险较大，经营费用高。农业生产在很大程度上依赖外部环境，这些风险可能来自各种自然灾害，也可能是社会风险或经济风险。并且，一旦出险，农业生产往往会受到巨大打击，保险赔付往往较高。高风险、高赔付导致农业保险的经营风险较大，经营费用高。

（3）农业保险有地域性和季节性。地理因素和气候因素对农业有着重要的影响，因此，农业保险费率在不同的地区、不同的季节有较大差别。

（4）农业保险具有政策性。商业保险公司在正常市场环境下难以或不会进入该领域，农业保险往往获得政府支持。政府不仅参与宏观决策，而且可能要介入微观经营管理活动，给予这类业务经营补贴和其他财政优惠措施以及行政便利。

二、农业保险的分类

（1）按承保对象划分，有种植业保险和养殖业保险。种植业保险包括生长期农作物保险、收获期农作物保险、林木保险等；养殖业保险包括牲畜保险、家禽保险、水产品保险等。

（2）按保险责任划分，有单一保险、混合风险保险和一切保险。单一保险是只承保一种责任的保险，如小麦雹灾保险、林木火灾保险等。混合保险是承保一种以上可列明责任的保险，如水果保险可以承保风灾、冻灾等。一切保险，是除不保的风险以外，其他风险都予以承保的保险。

（3）按承保方式划分，有成本保险和产量或产值保险。成本保险是指以生产投入作为确定保障程度的基础，根据生产成本确定保险金额的保险。农业生产成本是随生长期而渐进投入的，因此，成本保险一般采用变动保险金额、按生育期定额保险的方式进行。产量或产值保险是指以生产产出作为确定保障的基础，根据产品产出确定保险金额的保险：以实物量计，称为产量保险；以价值量计，称为产值保险。

（4）按保险性质划分，可以分为政策性农业保险和商业性农业保险。

三、主要险种和合同内容

（一）种植业保险

种植业保险是指保险人对于被保险人在从事种植业生产过程中，由于其所种植的各种作物、林木等遭受自然灾害或意外事故所造成的损失给予经济补偿的一种保险。主要险种有生长期农作物保险、收获期农作物保险和林木保险。

1. 生长期农作物保险

（1）保险标的。

处于生长期的各种农作物，包括粮食作物、经济作物、其他作物。

（2）保险责任。

生长期农作物面临的主要灾害有两种：A. 自然气候原因引起的自然灾害，包括干旱、水灾、涝灾、冰雹、干热风、霜冻、暴风、暴雨、台风、龙卷风、寒潮等。B. 由病虫草的危害引起的自然灾害。

生长期农作物保险的保险责任有单一险、混合险和一切险。

（3）责任免除。

保险人不承担的保险责任主要有：A. 被保险人的故意行为、欺骗行为所致的损失；B. 间作、套种的非保险标的和毁种复播的农作物损失；C. 因盗窃、他人毁坏或畜、兽、禽啃食所致的损失；D. 未尽力防范和抢救所致的损失；E. 战争行为；F. 保险责任以外的灾害所致的损失。

（4）保险期限。

保险期限根据农作物的生长期来确定，一般定为从作物出土定苗到成熟收割、折断时间的全部或某一部分或该段时间的延伸部分。主要农作物的保险期限如下：A. 水稻保险：从插秧开始至收割时止。B. 棉花保险：从棉花出土定苗开始至采摘收获完毕时止。C. 小麦保险：从小麦返青或拔节开始至收割时止。D. 烤烟保险：移栽后长出第一片新叶时起至工艺成熟期终止。E. 油菜保险：从齐苗或抽薹开始至角果 2/3 成熟时止。

（5）保险金额。

我国的农作物保险，主要保障被保险人在受灾后能恢复简单再生产，因此，一般以保成本或低额保产量的方式估算保险价值，确定保险金额。

成本保险是指以农作物的投入成本确定保险金额。这里的投入成本，包括种子、肥料等材料耗用费、人力作业费、机械或畜力作业费等直接费用。而产量保险是指按亩平均收获量的成数确定，一般以同一风险区同类标的正常年份 3 年至 5 年亩平均收获量的 4 成～6 成承保，最高不超过 8 成。目前产量保险，国外承保的成数较高，如德国按 80%，美国按 75%，日本按 70% 承保，而我国的承保成数一般为 50%。

（6）赔偿处理。

处理原则为：保险期间发生数次责任范围内的灾害损失，累计赔偿额不超过保险金额；部分赔偿后，保单继续有效，但保险金额减去已赔偿额；保险亩数低于实际种植亩数时，按保险亩数与实际种植亩数的比例赔偿；农作物损余残值折价给被保险人，从赔款中扣除。

全部损失：生长期农作物受灾后 80% 以上的植物死亡，已没有实现该作物预期收获量的可能，或改种其他作物的季节已过的，视为全部损失，按保险金额赔偿。若可以改种，则补偿改种成本并对改种后的农作物继续承担保险责任。

部分损失：于成本保险，计算亩赔款等于亩保险成本减去亩平均收入，再根据损失程度计算赔款。于产量保险，计算亩赔款等于单价（政府收购价）乘以亩保险产量和实收亩平均产量的差。

2. 收获期农作物保险

（1）保险标的。

凡成熟后进入收割、脱粒、晾晒、碾打、烘烤等初加工的夏、秋粮食作物和经济作物，均可作为保险标的。例如，收割的水稻、小麦在脱粒、晾晒、碾打过程中，可作为收获期水稻、小麦火灾保险的保险标的。

（2）保险责任。

分为单一责任和混合责任。单一责任只承保火灾一项责任，并承担发生火灾时的施救费用及灾后整理费用。混合责任除承保单一责任的承保范围外，还承保农产品在加工期遭受如洪涝、暴风雨、阴雨、霉烂、雷电等灾害造成的损失。

（3）责任免除。

保险人不承担的保险责任主要有：A. 被保险人的故意行为、欺骗行为所致的损失；B. 被保险人违反法律、法规，在公路、街道等场所晾晒、碾打农作物发生火灾造成的损失；C. 发生灾害时被保险人不采取必要保护或施救措施造成的损失；D. 战争行为；E. 保险责任以外的灾害所致的损失。

（4）保险期限。

收获期农作物保险是生长期农作物保险的后续保险，其承保期限一般是从农作物收割（采摘）后进入晾晒场起至完成初级加工、进入仓库之前的这一阶段，一般时间较短。而实际承保时，保险人通常会把起保期向前推，定在收割、采摘前 10 天左右。

（5）保险金额。

每亩保险金额用当年或上年国家对与保险标的同类的农产品的收购价格乘以被保险人所在地同类标的作物前三年平均亩产量的 60%～80% 确定。在保险实务中，计算所在地的平均产量时，往往以"村"为基础单位。

（6）赔偿处理。

全部损失时，当农作物的投保面积小于、等于实际种植面积时，按保险金额赔偿；当保险面积大于实际种植面积时，按实际种植面积和每亩保险金额计算赔偿金额。

部分损失时，按农作物的投保面积与实际种植面积的比例计算赔偿金额。

此外，施救、整理和保护保险财产所支付的费用，另行计算。

3. 林木保险

（1）保险标的。

林木保险的保险标的是生长着的各种森林及砍伐后尚未集中存放的原木、竹林等。

（2）保险责任。

林木保险的主要保险责任有：A. 火灾，任何原因引起的火灾都属于保险责任；B. 病虫害；C. 风灾；D. 雪冻；E. 洪水。

（3）责任免除。

一般林木保险的保险责任属于列举式责任，凡没有列举的危险事故，均视为责任免除。

（4）保险金额。

林木保险的保险金额有三种确定方式：

第一，按蓄积量和承保成数确定保险金额：林木的蓄积量指林木的产量，按林木体积来度量。林木的蓄积量等于单位面积上林木蓄积量乘以总面积。保险金额等于木材价格乘以总蓄积量。

第二，按成本价确定：林木的成本是造林和育林的过程中投入的物化劳动与活劳动的综合，不包括利润和税金。

第三，按再植成本确定：林木的再植成本包括从挖树眼、清地、挖坑、移植、树苗、施肥到林木成活所需的一次总费用，也可以称为造林费用。

（5）赔偿处理。

发生保险事故时，保险公司根据被保险人采取的投保方式进行赔偿。

A. 按蓄积量投保：

赔付金＝每立方米价格×（每亩蓄积量×承保成数－每亩材积损失量）×受损面积。

B. 按成本价投保：

赔偿金＝受灾面积×每亩保额×（灾前标的估价×受灾面积－灾后残值）/灾前标的估价。

C. 按再植成本投保：

赔偿金＝国家标准造林成本×赔偿面积×损失程度×被保险森林实有密度/国家森林标准种植密度。

（二）养殖业保险

养殖业保险是指保险人对于被保险人在从事养殖生产过程中因遭受自然灾害或意外事故致使养殖的动物造成损失给予经济补偿的一种保险。我国常见的养殖业保险有牲畜保险、家畜保险、水产养殖保险。

1. 牲畜保险

（1）保险标的。

牲畜保险的保险标的为役用、肉用、乳用和种用的牛、马、骡、驴、骆驼等。

（2）保险责任。

由以下原因造成的大牲畜死伤和丧失劳动能力的损失，保险人负责赔偿：自然灾害中的火灾、洪水、暴风雪、地震、雷击、台风等；疾病中的传染病、瘟疫等；意外事故中的淹溺、摔跌、互斗、野兽侵袭、建筑物倒塌、中毒、触电、窒息等，以及为防止传染病流行，政府下令捕杀或掩埋。

（3）除外责任。

保险人不承保的赔偿责任主要有：被保险人及其家庭成员的故意行为；对牲畜不合理的使用，导致牲畜劳累死亡；没有进行合理的防疫、治疗；第三者责任造成的牲畜伤亡；其他未列入保险责任的危险事故。

（4）保险期限。

一般的保险期限为1年，期满1年，如果续保，需另办手续。另外，从保单生效之日起10日～20日内为疾病观察期。保险期满，续保合格的大牲畜，免除观察期。

（5）保险金额。

属于单位、集体所有的牲畜，按投保时的账面价值的成数投保，成数一般为40%～60%。属于个人所有的牲畜，按保险人与投保人逐头共同评定的价值的成数承保。

（6）赔偿处理。

索赔时效问题：由于大牲畜在发生保险事故后往往具有可利用的残值，所以保险人要求被保险人在出险时必须及时报案。一般规定，被保险人应在24小时内报案；超过24小时的，无论牲畜残值可否利用，保险人按一定比例扣除残值；超过28小时的，保险人不予赔偿，退回保险费。

赔偿金额问题：保险大牲畜发生保险事故死亡后，保险人应对受损大牲畜核损，按保险金额扣除残值后赔付；于不可变价的尸体，不扣残值。保险大牲畜中的役畜因保险事故而永久性丧失使役能力后，经保险人同意淘汰处理的，应增加残值扣除的比例后，差额赔付。

2. 家畜保险

（1）保险标的。

家畜保险的保险标的为猪、羊、兔等肉用家畜，鹿、麝、貂等商品家畜，牛、马、驴等役用家畜。

（2）保险责任。

家畜保险的保险责任在牲畜保险的责任范围的基础上增加了家畜因难产、阉割造成的死亡，以及因发生传染病而被命令捕杀或掩埋的保险责任。

（3）除外责任。

家畜保险的除外责任主要包括：1）被保险人及其家庭成员的故意行为，家畜被盗走或走失；2）家畜因缺草缺料而冻死、饿死；3）家畜伤残；4）保险责任未列举的危险事故。

（4）保险期限。

根据保险标的的不同，保险期限有所区别。育肥家畜的保险期限，从断奶分栏开始，到出栏、宰杀或售出时止，一般为6～10个月，比如猪的育肥期为6个月，其保险期限就是6个月。育种用的家畜，其保险期限一般为1年，满期后，可续保。

（5）保险金额。

家畜保险之保险金额的确定一般有估价承保和定额承保两种方式。

估价承保是根据相同种类、畜龄的家畜的市场价格来确定被保险中小家畜的价值，以其成数为保险金额，成数一般为5成～7成。

定额承保是由保险人根据不同类别、不同畜龄、不同用途的中小家畜的不同价值分成不同档次的保险金额，由投保人根据自身饲养的家畜的实际情况选择某个档次的保险金额确定。

（6）赔偿金额。

按家畜的估定价值承保的，扣除残值后赔付。于定额承保的家畜，按条款中规定的保险金额档次赔付，不扣残值。

保险家禽发生保险责任范围内的死亡，如果实际饲养只数超过保险只数时，按保险只数占实际饲养只数的比例计算赔付。

3. 水产养殖保险

（1）保险标的。

水产养殖保险的保险标的包括利用淡水或海水水域进行人工养殖的虾、贝、藻、鱼、蟹、蚌等。

（2）保险责任。

水产养殖保险的保险责任包括死亡责任和流失责任。

死亡责任限于非正常缺氧死亡（在高温低气压的恶劣气候条件下，淡水中所含的氧成分下降，不足以满足水生动物维持生命所需而引起的死亡）；他人投毒、爆炸死亡（他人故意向池塘等水域中投放有毒物质或爆炸物引起的养殖对象的死亡）；疾病死亡，等等。

流失责任是指因自然灾害或非人为的原因所造成的保险标的的流失并不可追回的损失，比如台风、暴风雨、龙卷风、洪水所造成的堤坝溃决引起的流失。

（3）除外责任。

包括：A. 自然死亡或流失；B. 放养过程中，由于天敌侵害所致使的损失；C. 被保险人或其家属的故意行为；D. 水质污染（部分险种含此风险）。

（4）保险期限。

一般根据保险标的的一个养殖周期来确定，养殖周期长于一年的按一年期承保；到期续保，另行签单。如鱼、虾的保险期从春、初夏放苗开始，至秋天捕捞；海带的保险期从 8 月放苗开始，至次年 6 月收获；蚌珠的成长期为 3 年，保险期限为 1 年，可续保 2 次至 3 次。

（5）保险金额。

水产养殖保险的保险金额按照从开始养殖到收获时所投入总成本的全部或部分确定。对于某些已养殖成熟待售的水产品和一次性投入成本较大的水产品进行保险时，也可以采取按产值的全部或部分确定保险金额的办法。

无论用何种方式确定保险金额，一般保险人设置 30% 的免赔率，即由被保险人自己负责损失的 30%。

（6）赔偿处理。

以成本方式投保时，按照成本逐渐投入、标的价值逐渐增加的规律，根据保险期内不同时期凝聚的不同成本量与保险金额的比例计算赔款，进行损失补偿。

以产值方式投保时，发生全损的，按保险金额扣除残值计算。发生部分损失的，最后产值高于或等于保险金额的，保险人不予赔偿，产值低于保险金额的，保险人补足赔偿。

四、农业保险在我国的发展

世界上最早的农业保险始于两百多年前德国的农作物雹灾保险，随后法国、美国、奥地利、丹麦、瑞士等一些国家也相继开办了农作物雹灾保险。相比之下，中国的农业保险起步较晚。

1949年，中国人民保险公司（以下简称中国人保）成立。中国作为农业大国，农业人口在全国人口的比例中占绝大多数，在当时刚刚结束战争的形势下，恢复农业生产成了重中之重，于1950年农业保险开始试办。

在新中国成立初期第一个五年计划完成后，1958年12月国内保险业务即被宣布停办，直到1982年才重新恢复试办。在之后的10年经历了市场化改革，是我国农业保险蓬勃发展的10年。1992年年底，全国农业保险的保险费收入已达8.17亿元。

随后，农业保险一度陷入困境。1993年至2003年，由高速增长到低速增长，农业保险占当年财产保险的保险费收入的比重从1992年的2.57%降低到2004年的0.35%，农业保险经历了严重滑坡。

2004年起，我国新一轮的农业保险试点开始实施。3年后，中央财政首次列支21.5亿元预算额度进行政策性农业保险的保险费补贴试点，中央政府补贴农业保险正式开始。在随后的"十一五"时期，我国农业保险的保险费收入自2006年的8亿元增加到2010年的135.68亿元，增长了近十六倍。2011年，我国农业保险的保险费收入达到173.8亿元，同比增长28.1%，为农业提供风险保障6 523亿元。农业保险覆盖农户超过1.69亿户次，承保户数同比增长20%。

2011年8月3日，中国保监会出台的《中国保险业发展"十二五"规划纲要》明确提出，鼓励发展农业专业保险公司，积极探索推广多形式、多渠道农业保险等。这体现了监管层对"三农"保险发展的高度重视和大力支持。

2012年，关于农业保险的立法取得了实质性的进展。5月4日，国务院法制办公布了《农业保险条例（征求意见稿）》，明确了国家对农业保险给予财税政策支持；明确了保险公司经营农业保险的原则；根据农业保险的潜在风险、业务操作及经营结果等方面的特殊性，规定了农业保险的经营规则。10月24日，国务院常务会议审议通过《农业保险条例（草案）》。这意味着我国在推动农业保险发展的财政补贴、税收优惠等方面，即将在制度层面有所突破，也意味着无论在政策性运作抑或是商业性运作中，农业保险都将迎来一个前所未有的战略发展机遇期。终于，2012年11月12日，国务院以第629号令公布了国务院第222次常务会议通过的《农业保险条例》，成为我国农业保险法制建设的里程碑。

[实务知识]

中国农业保险发展的里程碑——颁布《农业保险条例》

2012年11月12日，国务院以第629号国务院令，公布了国务院第222次常务会议通过的《农业保险条例》（2016年2月6日，根据《国务院关于修改部分行政法规的决定》，予以修订），成为我国农业保险，特别是政策性农业保险，发展过程中的一个里程碑。其在我国《保险法》就一般商业保险作出规定的基础上，针对农业保险业务的诸多特点，确立了政策性农业保险和商业性农业保险并行以及包含农业相互保险类型的多种形式的农业保险法律架构（第2条、第3条），为我国农业保险的未来提供了充分的发展空间。

为此，针对建设和发展以政策性农业保险为基础的农业保险，该条例根据国家分散决策的方针建立相应的制度框架，并赋予省、自治区、直辖市人民政府可以确定适合本地区实际的农业保险经营模式的自主权利（第3条第3款）。而且，该条例不仅以法规方式肯定了2007年开始实施的政府财政对农业保险费的补贴和税收优惠政策（第7条、第9条），形成具有法律力度的政府财政和税收支持，而且分别规定了中央和地方政府支持政策性农业保险的责任和权力，其第7条明文规定："由国务院财政部门商国务院农业、林业主管部门和保险监督管理机构制定"政策性农业保险的财政性保险费补贴和补贴办法。同时，"鼓励地方人民政府采取由地方财政给予保险费补贴等措施，支持发展农业保险"，并非要求必须给予政策性农业保险费补贴。由此界定了各级政府部门的角色定位。按照该条例第4条的规定精神和各相关政府机构的职责分工，财政和税收部门负责实施和管理相应的保险费补贴和税收优惠办法；保险监督管理部门负责保险业务的监督管理；财政、税收和农业、林业、发展和改革、自然资源等有关部门负责农业保险的宣传、组织、推进和管理以及"建立农业保险相关信息的共享机制"（第4条）；而"县级以上地方人民政府统一领导、组织、协调本行政区域的农业保险工作，建立健全推进农业保险发展的工作机制。县级以上地方人民政府有关部门按照本级人民政府规定的职责，负责本行政区域农业保险推进、管理的相关工作"（第5条）。

此外，该条例对于农业保险的巨灾风险管理作出了制度安排，具体表现在："国家建立财政支持的农业保险大灾风险分散机制"；"国家鼓励地方人民政府建立地方财政支持的农业保险大灾风险分散机制"。

第四节　交通运输工具保险合同

一、概述与特征

交通运输工具保险合同是指以交通运输工具作为保险标的的财产保险合同，对合法运营的载人或载物或从事其他特殊作业的交通工具提供保险服务。

随着科技的发展、社会的进步，人类的代步工具早已从畜力车走向了现代化的汽车、飞机、船舶。这些高机动性、高效率的工具给人类的日常生活、经济生活带来了巨大便利，不仅提高了劳动生产率，也拉近了人与人之间的距离，故是现代社会必不可少的一个组成部分。然而，交通工具本身具有的高速度、常移动性以及工具操作人员技术水平的不同导致大量交通事故产生，自然而然，为高价值的交通工具提供保障的保险也就应运而生了。

根据交通工具种类的不同，将交通运输工具保险分为机动车辆保险、飞机保险、船舶保险以及新兴发展的航天保险等，其中，由于机动车辆在现代生活中越来越普遍，且其高发的事故往往带来较为严重的损害，世界上很多国家对机动车实行了强制保险，我国也是如此。

交通运输工具保险合同的保障范围不仅仅包括被保险人投保的各种交通工具本身发生的损失，也可以包括在事故发生时对第三者所造成的人身伤害和财产损失。

二、主要险种及合同内容

在各类交通运输工具保险中，机动车辆保险合同具有典型意义。机动车辆保险合同是指投保人与保险人之间签订的，以机动车辆为保险标的的保险合同，承保机动车辆遭受自然灾害和意外事故所造成的损失（包括机动车辆本身以及机动车第三者责任）。

我国的机动车辆保险业务最早始于20世纪50年代，后在1955年停办，在20世纪70年代中后期又重新开办。现如今，机动车辆保险已经成为我国财产保险最主要的部分。根据原中国保监会的数据，自 2010 年开始，我国机动车辆保险的保费收入逐年增加。2010 年机动车辆保险的保险费收入为 3 004.15 亿元，占财产保险业务的 77.12%。到 2015 年就已达到 6 199 亿元。但随着我国汽车保险市场进入成熟期，在汽车保有量持续增长的情况下，车险保费虽仍呈上涨趋势，但增速已经趋缓。2018 年为 7 834 亿元，增速为 4.20%，是自 2013 年以来最低的增速。

与其他一般的财产保险相比，机动车辆保险有其特点：（1）承保标的具有流动性。机动车经常处于移动状态，造成的事故复杂，承保风险多样。（2）属于不定值保险。（3）赔偿方式主要是修复。当受损的机动车可以通过修理恢复原有形式和功能时，使用修复的赔偿方式；发生车辆全损时，采用现金的赔偿方式。（4）采用绝对免赔额（率）赔偿。损失由被保险人与保险人共同承担，增加被保险人的安全意识，降低事故发生的可能。（5）规定无赔款优待方式。这是指当车辆在保险期内安全行驶未发生保险事故、未发生赔款时，让投保人在续保时享受优待的一种奖励方式。（6）对机动车辆第三者责任险采用强制保险方式。我国自 2004 年 5 月正式实行对机动车辆第三者责任强制保险制度，目前机动车辆第三者责任险采用的是"交强险"与"三责险"并存的投保模式。

1. 机动车辆保险合同的承保标的

除特别约定承保的部分特种车或农村车辆外，任何单位或个人合法拥有的、具有"一牌两证"（牌照、行驶证、年检合格证）的各种型号的汽车、电车、摩托车、拖拉机等机动车辆，均可以投保机动车辆保险合同。

2. 机动车辆保险合同的保险责任

传统上，将机动车辆保险分为基本险和附加险两种。附加险不能单独投保，应在办理同一合同项下与其相对应的基本险之后才能投保或承保。

在我国机动车基本险主要为车辆损失险和第三者责任险。其中，

（1）车辆损失险的保险责任有：A. 碰撞、倾覆：碰撞是指保险车辆与外界静止的或运动中的物体意外撞击；倾覆是指保险车辆由于自然灾害或意外事故，造成本车翻倒，车体触地，使其失去正常状态和行驶能力，不经施救不能恢复行驶。B. 火灾、爆炸。C. 外界物体倒塌或坠落。D. 保险车辆在行驶中平行坠落。车辆在行驶过程中发生意外事故，整车腾空（包括翻滚 360 度以上）后，仍四轮着地所产生的损失。E. 自然灾害，包括：雷击、暴风、龙卷风、暴雨、洪水、海啸、地陷、冰陷、崖崩、雪崩、雹灾、泥石流、滑坡，以及载运保险车辆过河的渡船遭受自然灾害（只限于有驾驶员随车照料者）。F. 施救、保护费用。在发生保险事故时，为了减少车辆损失而对车辆采取施救、保护措施所支出的合理费用，保险人负责赔偿，但不得超过保险合同所规定的保险金额。

（2）第三者责任险的保险责任是对于被保险人或其允许的合法驾驶员在使用被保险机动车过程中发生意外事故，致使第三者遭受人身伤亡或财产直接损失，依法由被保险人承担的损害赔偿责任，保险人依照合同的约定，承担部分赔偿责任。根据保险合同，保险合同法律关系的主体是保险人和投保人，因此，第三者是指因被保险机动车发生意外事故而遭受人身伤亡和财产损失的人，不包括被保险机动车上的人员、投保人、被保险人和保险人。

（3）机动车辆保险合同常用的车辆损失险附加险有：A. 玻璃单独破碎险。B. 自燃损失险

或火灾、爆炸险。C. 车身划痕损失险。D. 可选免赔额特约保险。E. 全车盗抢险等。常用的第三者责任险附加险有：A. 车上责任险。B. 无过失责任险。C. 车载货物掉落责任险等。另外还有同属于两者的附加险：不计免赔特约险。

3. 机动车辆保险合同的除外责任

机动车辆保险合同的除外责任主要分为两类：一类是不承保风险，另一类是损失免除。

不承保风险包括：A. 战争行为，包括战争、军事冲突、恐怖主义活动、暴乱。B. 扣押、罚没、政府征用。C. 非保险人或被保险人允许人员驾驶使用保险车辆。D. 被保险人或驾驶员的故意行为或从事非法活动。E. 竞赛测试。包括在营业性维修场所修理、保养期间发生的损失。F. 车辆所载货物掉落、泄漏。G. 驾驶员饮酒、吸毒或被药物麻醉。H. 无有效驾驶证驾驶保险车辆。I. 肇事逃逸。以上原因造成的损失，保险人不承担赔偿责任。

损失免除包括：A. 自然磨损，包括朽蚀、故障、轮胎爆裂。注意：当自然磨损造成的损失不属于意外事故时，保险人不承担赔偿责任。但自然磨损是引起保险事故（如碰撞、倾覆等）的原因时，保险人是应负责赔偿的。B. 地震。C. 人工直接供油、高温烘烤等不符合车辆安全操作规范的行为。D. 自燃和不明原因火灾。E. 摩托车或其他两轮车辆停放时翻倒。F. 受本车所载货物撞击。G. 受损后未修而继续使用。H. 玻璃单独破碎。I. 排气管被水淹后启动发动机使发动机损坏。以上原因造成的损失，保险人不承担赔偿责任。

其他除外责任还有：A. 间接损失。保险车辆发生意外事故，致使被保险人或第三者停业、停驶等造成的损失。B. 精神损害。C. 污染赔偿。D. 保险车辆全车被盗及在此期间附属设备的丢失与第三者人身伤亡或财产损失。E. 其他损失免除。

[保险实例]

实例一：2017 年年初，叶某驾驶公司的奔驰轿车途经某地段时，因暴雨积水过多，车辆不慎熄火，造成发动机和配件损坏。该车于去年 4 月投保"交强险""车损险"（保额为 81.8 万元）及不计免赔率等保险，保险期限为 1 年。叶某即向甲保险公司报案，但甲保险公司称，发动机进水损坏系免责范围，遂不予理赔。叶某遂将甲保险公司诉至法院，要求赔偿车辆修理费。

法院经审理认为：甲保险公司在订立保险合同时，应就免责条款在投保单、保险单或者其他保险凭证上作出足以引起投保人注意的提示，并对该条款的内容以书面或口头形式向投保人作出明确说明。现甲保险公司未能举证证明其已尽到说明义务，因此该条款不产生效力。遂判决甲保险公司赔偿车主维修费用 22.6 万元。

实例二：2016 年 7 月，张某开宝马车在行驶时突遇暴雨，车子熄火。送去修理后，发现发动机坏了，修理费高达 24 万余元。张某向乙保险公司索赔，乙保险公司以"发动机损失属保险公司责任免除范围"为由，拒绝赔偿。多次协商不成，张某将乙保险公司告上了法庭。

法院经审理认为，造成车辆损失的最主要原因是暴雨，与车辆因其他原因致使发动机进水的情况不同，应属于保险合同约定的保险责任范围，乙保险公司应予赔付。故判决乙保险公司向张某支付 24 万余元赔偿款。

4. 机动车辆保险合同的保险金额和赔偿限额

车辆损失保险为不定值保险，其保险金额确定方式有三种：

（1）按投保时新车的购置价格确定。新车购置价是指保险合同签订时，在签订地从市场上购置与保险车辆相同类型新车（包括车辆购置附加费）的价格。

（2）按投保时保险车辆的实际价值确定。实际价值是指以同类型车辆市场新车购置价减去该车已使用年限折旧金额后的价格。折旧按每满一年扣除一年计算，不足一年的，不计折旧。折旧率按国家有关规定执行，但最高折旧金额不能超过新车购置价的80%。

（3）由保险人和被保险人协商确定，但保险金额不能超过投保时同类型的新车购置价。

第三者责任险承保的标的是被保险人所承担的民事赔偿责任，由于事先无法预计可能会发生的最大损失，所以在合同制订时，确定赔偿限额。赔偿限额是保险人计算第三者责任险的保险费的依据，也是承担第三者责任险每次事故赔偿的最高限额，一般由保险人提出，投保人在投保时选择。

自保险合同签订后，若由于各种客观、合理的原因，如给车辆添置或减少了设备，使保险车辆价值发生了改变，需要调整保险金额或赔偿限额时，可由被保险人在合同有效期内向保险人书面申请批改，申请调整的保险金额或赔偿限额在保险人签发批单以后生效。

5. 机动车辆保险合同的赔偿处理

（1）被保险人索赔。事故发生后，被保险人索赔时应向保险人提交保险单、事故证明、事故责任认定书、事故调解书、判决书、损失清单和有关费用单据等资料。

（2）以修复方式进行赔偿。保险车辆在因保险事故受损时，可以修复且维修金额不超过原保险车辆实际价值时，以修复赔偿为原则。在修理之前，保险人与被保险人共同商议修复项目、修复费用，并确定最后的赔付金额。若被保险人未经过保险人定损而自行修理发生的费用，保险人有权重新核定修理费用或拒绝赔付。

（3）根据事故责任比例确定免赔率。我国机动车辆保险条款规定对每次保险事故的赔款计算应实行按责免赔。在事故中，被保险人承担的责任大小不同，将决定不同的免赔率。目前大部分的免赔标准为：负全部责任的免赔20%；负主要责任的免赔15%；负同等责任的免赔10%；负次要责任的免赔5%；单方肇事事故的免赔20%。

6. 机动车辆保险合同的其他重要内容

（1）保险期限。机动车辆保险的保险期限为1年。投保时，保险期限不足1年的，按短期月费率计收保险费，保险期限不足一个月的按一个月计算。

（2）保险费的计算。费率因素包括从人因素（性别、年龄、驾驶经验等）、从车因素（车型、使用性质、新旧等）以及一些其他因素（多车辆投保优惠、无赔款优待、通货膨胀等）。车损险保险费＝基本保险费＋保险金额×费率。而第三者责任险的保险费除了受以上因素的影响外，还取决于赔偿限额。

（3）退费规定。投保车辆损失险或第三者责任险的被保险人，在与保险人订立合同以后，可以要求解除合同，保险人应当退还保险费，并在合同中规定退费的具体处理方式。

第五节　货物运输保险合同

一、概述与特征

货物运输保险合同是指以运输过程中的货物为保险标的，保险人承保货物在运输过程中可能遭受的自然灾害或意外事故所造成损失的保险合同。

在经济社会，通过运输活动完成商品的转移是商品生产和商品交易必不可少的环节。而在运输转移的过程中，面临着各种自然灾害以及意外事故会对运输的货物造成损失的风险，因此，货物运输的参与者存在着对运输货物的保险保障需求。

货物运输保险与其他财产保险相比，有其明显的特征：（1）标的处于流动状态。运输过程中的货物处于移动状态，且基本脱离被保险人的控制；所面临的风险多样，事故情况复杂。（2）定值保险。由于在途的货物价值难以确定（尤其在海运中），所以，在签订货物运输保险合同时往往采用定值保险的方式，明确标的的保险价值。（3）保险单具有可转让性。在运输过程中，货物运输保险合同通常随着保险标的、保险利益的转移而转移，且保单的转让无须通知保险人，也无须征得其同意。保险单可以用背书或其他习惯方式加以转让。（4）被保险人的多变性。保单发生转让时，合同保障收益人不一定是投保人或保单注明的被保险人，而是保单持有人。（5）保险期限的规定方式不同。货物运输保险合同的期间通常不是以确定的日期为限，而是以一次完整的运输过程来计算，有所谓的"仓对仓"条款：从货物离开发货人仓库到达收货人仓库。（6）解除合同的严格性。货物运输保险合同的保险责任开始后，合同当事人不得解除合同。《保险法》第50条规定："货物运输保险合同和运输工具航程保险合同，保险责任开始后，合同当事人不得解除合同。"

二、货物运输保险合同的种类

货物运输保险种类多样，按适用范围分，有国内货物运输保险和国际货物运输保险；按运输工具分，有陆路货物运输保险、水路货物运输保险和航空货物运输保险；按运输方式分，有直运险、联运险、集装箱货运险和邮包运输保险。

三、主要险种和合同内容

（一）海洋货物运输保险

两国之间的贸易大多采用海洋运输的方式，因此，海洋运输货物保险是进出口货物运输保险中投保最多的一种。海洋运输是中间环节很多的长途运输，可能需要使用多种运输工具、通过多次装卸/搬运、经过不同的国家和地区，等等，从而涉及面广，情况复杂多变，运输的风险较大，因此有着巨大的保险需求。

海上货物运输保险根据保险责任的不同具有多种险别。根据我国海上货物运输保险条款，共分为：基本险3种（平安险、水渍险、一切险）；附加险：一般附加险11种、特别附加险6种和特殊附加险2种（战争险和罢工险）；专门险2种（海洋冷藏货物运输险和海洋散装运输桐油险）。下面分述这些险别的保险责任。

1. 基本险

平安险的保险责任是：（1）5种自然灾害（恶劣气候、雷电、海啸、地震、洪水）下导致的全部损失或推定全损。（2）7种意外事故（运输工具遭受搁浅、触礁、沉没、互撞、与流冰或其他物体碰撞、失火、爆炸）导致的全部损失或部分损失。（3）因4种意外事故（搁浅、触礁、沉没、焚毁）并3种自然灾害（恶劣气候、雷电、海啸）造成的部分损失。（4）为减少损失采取合理措施造成的保险标的损失。（5）为减少损失而支出的合理的施救、抢救、保护费用。（6）共同海损的牺牲、分摊和救助费用。

需要注意的是，平安险承保自然灾害造成保险标的的全部损失、承保意外事故造成保险标的的全部损失和部分损失，以及在意外事故发生前后，由于自然灾害所造成的部分损失。平安险一般适用于低值、裸装的大宗货物。

水渍险的保险责任范围除包括平安险的各项责任外，还包括被保险货物由于自然灾害所造成的部分损失。水渍险不承保因外部原因造成的部分损失，如碰撞、锈损、钩损等，所以适用于不太可能发生碰损、破碎的货物，如铁钉、螺丝等。

一切险的保险责任范围除了包括水渍险的所有责任外，还包括被保险货物在海上运输途中由于外来原因所造成的全部损失或部分损失。所谓的外来原因包括了一般附加险的 11 种风险。因此，如投保人在投保基本险时选择了一切险，就不需要再加保一般附加险。

2. 附加险

一般附加险共有 11 种：(1) 偷窃、提货不着险。(2) 淡水雨淋险。(3) 短量险。(4) 混杂、玷污险。(5) 渗漏险。(6) 碰损、破碎险。(7) 串味险。(8) 受潮、受热险。(9) 钩损险。(10) 锈损险。(11) 包装破裂险。

特别附加险并不包括在一切险的保险责任中，其附加的保险责任往往与政治、国家行政管理及一切特殊的风险有关。我国现行的特别附加险主要有 6 种：A. 交货不到险。B. 进口关税险（承保虽货物受损仍需按完好价值缴纳进口关税所造成的损失）。C. 舱面险。D. 拒收险。E. 黄曲霉（毒）素险。F. 出口货物到中国香港（包括九龙在内）或澳门存仓险责任扩展条款。

3. 特殊附加险

主要包括战争险和罢工险。

我国海洋货物运输保险采用"仓至仓"条款，规定保险人对被保险货物所承担责任从货物运输保险单载明起运港发货人的仓库开始，到货物运抵保险单所载明的目的港收货人的仓库或被保险人用作分配、分派或非正常运输的其他储存处为止；如未抵达上诉仓库或储存处，则以被保险货物在最后卸载港全部卸离海轮后满 60 天为止；如在上述 60 天内被保险货物需转运到保险单所载明目的地，则于该货物开始转运时终止。

海洋货物运输保险的保险金额一般以到岸价（即成本＋保险费＋运费价格）为基础加成一定比例计价，该比例与货物、地区差价、经营费用和预期利润有关，一般为 10%，最多不超过 30%。

影响海洋货物运输保险费率的因素有很多，主要有以下方面：(1) 货物的种类、性质、特点和包装。(2) 运输工具、运输线路和港口情况。(3) 运输方式。(4) 保险险别。(5) 从人因素。(6) 其他因素，如政治、金融等。

保险费的计算＝保险金额×保险费率＝到岸价×(1＋加成比例)×保险费率。

被保险人索赔时，应提供必要的资料和单证，包括：保险单或保险凭证正本、运输合同、发票、重量单、向承运人或第三者责任方请求赔偿的函电和其他单证文件、检验报告、海事报告和海事申明书、货损、货差证明、索赔清单、索赔授权书等。赔偿金应分为两部分：一部分补偿货物损失；一部分补偿相关费用，如施救费、共同海损等。

货物损失的金额以保险金额为基础，通过计算损失比例得出。损失比例因保单协议、货物种类与损失性质的不同有不同的计算方法，主要有数量损失计算法、质量损失计算方法、免赔率计算以及加成投保的计算方法。

而费用损失赔偿的计算以不超过保险金额为限，如果保险金额低于保险价值，保险人按比例赔偿损失费用。

（二）陆上货物运输保险、航空货物运输保险、邮包运输保险

陆上货物运输保险、航空货物运输保险、邮包运输保险和海上货物运输保险同属于国际货物运输保险，四者保险合同的内容基本相似。

陆上货物运输保险分为陆运险和陆运一切险。陆运险的保险责任与海上货物运输保险的水渍险相同；陆运一切险的保险责任与海上货物运输保险的一切险相同。保险责任起讫期限为自被保险货物运离起运地发货人仓库时起，包括正常陆运和与其有关的水上驳运在内直至运抵目的地，经收货人提取运抵其仓库时为止。但被保险货物到达目的地车站（或外运公司）仓库的保险责任以 30 天为限。

航空货物运输保险分为航空运输险和航空运输一切险。航空运输险的保险责任与海上货物运输保险的水渍险相同；航运一切险的保险责任与海上货物运输保险的一切险相同。航空货物运输保险的保险责任起讫期限为自被保险货物送交航空公司收讫并签发航空货运单时起，直到货物运抵目的地，经收货人提取运抵其仓库时为止。但被保险货物到达目的地航空公司仓库的保险责任以 30 天为限。

邮包运输保险分为邮包险和邮包一切险。邮包险的保险责任与海上货物运输保险的水渍险相同，邮包一切险的保险责任与海上运输货物保险的一切险相同。邮包运输保险的保险责任起讫期限为自被保险货物经邮局收讫并签发邮包收据时起，直至该项货物到达目的地邮局交收件人为止。但被保险货物到达目的地后在邮局保管的，保险责任以 15 天为限。

（三）国内水陆、陆路货物运输保险

1. 保险责任

国内水陆、陆路货物运输保险按保险责任不同可以分为基本险和综合险。

基本险的保险责任范围包括：（1）因火灾、爆炸、雷电、冰雹、暴风、暴雨、洪水、地震、海啸、地陷、崖崩、滑坡、泥石流造成的损失。（2）由于运输工具发生碰撞、搁浅、触礁、倾覆、沉没、出轨或隧道、码头坍塌所造成的损失。（3）在装货、卸货或转载时，因遭受不属于包装质量不善或装卸人违反操作规范进行操作所造成的损失。（4）按国家规定或一般惯例应分摊的共同海损的费用。（5）在发生火灾事故时，因纷乱而造成的货物散失以及因施救或保护货物所支付的直接和合理的费用。

综合险的保险责任范围除了包括基本险的 5 项外，还包括：（6）因受震动、碰撞、挤压而造成破碎、凹瘪、折断、开裂或包装破裂，致使货物散失的损失。（7）液体货物因受震动、碰撞或挤压致使所用容器（包括封口）损坏而渗漏的损失，或用液体保藏的货物因液体渗漏而造成的保藏货物腐烂变质的损失。（8）遭受盗窃或承运人责任造成的整件提货不着的损失。（9）符合安全运输规定而遭受雨淋所致的损失。

2. 除外责任

包括：（1）战争或军事行为。（2）核事件或核爆炸。（3）被保险货物本身的缺陷或自然损耗以及由于包装不善所致的损失。（4）被保险人的故意行为或过失。（5）其他不属于保险责任范围的损失。

3. 保险期限

保险责任的起讫期限为：自签发保险凭证和被保险货物运离起运地发货人的最后一个仓库或储存处所时起，至该保险凭证所载该货物的目的地收货人在当地的第一个仓库或存储处所时终止。但被保险货物运抵目的地后，如果收货人未及时提货，则保险责任以收货人接到"到货通知单"后 15 日为限（以邮戳日期为准）。

保险责任开始的标志是：保险人或其代理人"签发了"保险凭证，以及被保险货物运离起运地发货人的最后一个仓库或储存处所。两个条件必须同时具备，否则，保险责任不能生效。

4. 保险金额

采用定值保险的方式，保险金额由合同双方以被保险货物的实际价值为基础进行议定，通常采用目的地成本价或目的地市场价。

5. 保险费

影响保险费的因素主要有：（1）运输方式，如直运、联运、集装箱运输等。（2）运输区域，如江河、沿海等。（3）运输工具，如船舶、汽车、火车等。（4）货物性质，如一般货物、一般易损货物、易损货物、特别易损货物和危险品等。（5）运输过程，分为省内和省外，以250 公里为界。（6）保险险别。

6. 赔偿处理

（1）被保险人索赔。应向保险人提供的资料和单证包括：保险单、货运单、提货单、发票、承运人签发的货运记录、普通记录、交接验收记录、鉴定书、收货人的入库记录、检验报告、损失清单，以及施救、保护货物所支付的直接费用的单据。

（2）赔偿金额。足额投保时，赔偿金额以实际价格计算赔偿，以不超过保险金额为限；在计价时，计价方法与保险金额的计价方法保持一致。在不足额投保时，根据保险金额与货价的比例计算赔偿。

根据法律规定，在保险责任的损失范围内，对于应由承运人或其他第三方负责赔偿的部分或全部损失，被保险人应首先向承运人或其他第三方提出书面索赔。被保险人若放弃对第三方的索赔，保险人不承担赔偿责任；如果被保险人要求保险人先予赔偿，则被保险人应签发权益转让书，并协助保险人实行代位追偿。

被保险人的索赔时效为两年，从被保险人得知或应当得知保险事故的次日起开始计算。

（四）国内航空货物运输保险

国内航空货物运输保险的承保内容基本上与国内水、陆路货物运输保险相似，这里仅就有差别的地方加以介绍。

1. 保险责任

国内航空货物运输保险的承保范围基本和国内水、陆路货物运输保险的综合险相似，区别在于：承保的自然灾害，减少了在航空运输中不可能发生的泥石流和滑坡；承保的意外事故中，有碰撞、倾覆、坠落、失踪、卸载、抛弃行为。

2. 除外责任

与国内水、陆路货物运输保险的除外责任相比，国内航空货物运输保险没有核武器或核爆炸这项除外责任，而包括：（1）战争或军事行为。（2）被保险货物本身的缺陷或自然损耗以及由于包装不善所致的损失。（3）被保险人的故意行为或过失。（4）其他不属于保险责任范围的损失。

3. 保险期限

国内航空货物运输保险的责任起讫期限与一般的货物运输保险不同，它不是采用"仓至仓"条款，而是以承运人收讫被保险货物并签发航空货运单、注明保险时作为保险责任的开始，以被保险货物空运至目的地收货人当地的仓库或储存处所时作为保险责任的终止。

［实务知识］

航天保险为人类"航天梦"的实现保驾护航

从 20 世纪 50 年代第一颗人造卫星进入太空开始，人类迄今已经向浩瀚无际的太空发射了数千颗人造卫星，并有一百多个国家投资于宇航技术，使得航天技术迅速发展。2004 年，中国"神舟五号"载人飞行的成功、欧盟和美国前赴后继的火星探索，又在世界范围内掀起了新一拨"航天热"。这意味着人类的"航天梦"不断走向更高的境地。

当然，航天活动也是价格昂贵、风险巨大的科技工程，一旦发射失败或者发生意外，其经济损失必然十分巨大。因此，人类也将具有分散风险功能的保险引入了航天领域。首次产生的航天保险当推 1965 年国际卫星通信组织将"国际通信卫星 1A"向劳合社投保的航天保险。航天保险就是保险人对火箭和各种航天器在制造、发射与在轨运行中可能出现的各种风险造成的财产损失和人身伤亡承担保险责任，可以起到"保驾护航"的作用。

1984 年 11 月，劳合社雇请美国宇航局从太空中将两颗失控的卫星捕获，经修复后予以售出，创造了航天保险的壮举；1986 年 1 月 28 日，在美国的佛罗里达州卡纳维拉尔角发射升空的"挑战者"号航天飞机，升空后不到 30 秒钟起火爆炸，导致价值 12 亿美元的航天飞机及其携带的价值 5 亿美元的通信卫星尽皆损失，7 名机组人员全部罹难。但是，由于"挑战者"号没有投保航天保险，7 名机组人员中，除了中学女教师麦考利夫以外，其余 6 名宇航员均没有购买保险，并签署了买保险的弃权书。该航天空难在世界保险界引起巨大反响。而 1995 年 1 月 26 日，中国长城公司发射的"亚太 2 号"通信卫星失败后，承保其航天保险的中国太平洋保险公司进行了保险赔付。上述实例从不同的方面证明了航天保险的保障作用。

▌练习与思考 ▐

1. 如何理解财产损害保险合同的内涵和适用范围？
2. 如何理解工程保险合同的内涵和适用范围？
3. 如何理解农业保险合同的内涵和适用范围？
4. 如何理解交通运输工具保险合同的内涵和适用范围？
5. 如何理解货物运输保险合同的内涵和适用范围？

第十章

责任保险合同

 本章概要

　　责任保险合同的保障作用极为独特，是针对各类民事侵权责任而适用的，以保障遭受民事侵害之第三人的合法权益为最终目标的。在现代的保险实践中，责任保险的适用范围，涉及各个行业、社会的方方面面，关系到社会经济制度的稳定发展和社会安定团结。尤其是不断进步的社会环境，需要日臻完备的责任保险发挥保障作用。学习本章的目的，就是把握责任保险的概念和法律特征，理解责任保险制度与其安全责任制度相互之间的适用关系，正确思考责任保险具有的积极的制度价值，并能够界定和区别各类责任保险的特定内容与各自的适用范围。

重点知识

　　责任保险的概念、分类和特征
　　责任保险制度与侵权责任制度的适用关系
　　责任保险的保险标的和赔偿限额
　　交通运输工具第三者责任保险的特定内容和适用范围
　　公众责任保险和产品责任保险的特定内容与适用范围
　　雇主责任保险和职业责任保险的特定内容与适用范围
　　责任保险在我国的发展走向

第一节　责任保险合同的概念、分类和特征

一、责任保险合同的概念

　　责任保险合同是指以被保险人依法应当对第三人承担的民事赔偿责任为保险标的，由被保险人向保险人支付保险费，保险人承诺在被保险人向第三人负赔偿责任时，按照保险合同的约定向被保险人或者直接向第三人给付保险赔偿金的保险。[①] 我国《保险法》第 65 条第 4 款规定："责任保险是指以被保险人对第三者依法应负的赔偿责任为保险标的的保险。"

二、责任保险合同的分类

　　根据责任保险的保险标的——被保险人对第三人的民事赔偿责任的种类不同，可以将责任

---

　　① 参见王保树：《中国商事法》，580 页，北京，人民法院出版社，1996。

保险分为商业机动车第三者责任保险（简称"三责险"）、"交强险"、产品责任保险、公众责任保险、雇主责任保险、职业责任保险等。

根据保险标的的归责原则基础不同，可以把责任保险分为过失责任保险和无过失责任保险。过失责任保险是指基于过失侵权，承保被保险人因疏忽或过失行为对他人造成损害时依法应承担的赔偿责任的保险。它主要包括交通事故"三责险"、职业责任保险、公众责任保险等等。无过失责任保险是指承保被保险人无论有无过失，凡致使他人人身伤害、财产损失或利益丧失都要承担的赔偿责任的保险。无过失责任保险一般都是基于法律的明确规定。它主要包括"交强险"、雇主责任保险、产品责任保险等。

根据责任保险投保方式的不同，可以将责任保险分为自愿责任保险和强制责任保险两大种类。自愿责任保险（voluntary liability insurance）是一种纯粹商业化的责任保险模式，是指责任保险的投保人和保险人在平等自愿的基础上，通过自由协商而订立保险合同或者自愿组合来建立起保险合同法律关系。[①] 自愿责任保险仍然是责任保险的主要形式，在经济生活中发挥着不可替代的作用。而强制责任保险（mandatory liability insurance），又称法定责任保险（legal liability insurance），是指为了贯彻某种社会公共政策和保护广大社会公众的目的，国家通过专门的立法强制规定某些类型的投保人（被保险人）必须与保险公司订立某种责任保险。这是一种半商业化或准公益性的责任保险模式。当今世界，强制责任保险主要有"交强险"、雇主责任保险、职业责任保险等。我国现阶段推行的强制责任保险仅有交强险、民用航空器地面第三人责任强制险以及环境强制责任保险等。

根据责任保险人的承保方式——保险人承担保险金给付责任的基础的不同，可以将责任保险分为事故型责任保险和索赔型责任保险。事故型责任保险是指责任保险人承诺只对于发生在保险单有效期内的保险责任事故承担保险金给付责任。[②] 索赔型责任保险是指保险人以受害第三人向被保险人提出索赔请求的事实发生在保险单的有效期间内作为向被保险人给付保险金的条件，而不论被保险人对第三人的责任事故是否发生在保险合同的有效期间内。[③]

三、责任保险合同的特征

[保险实例]

2001 年 5 月 1 日，某国驻上海总领事馆在上海甲酒店设宴招待来沪访问的本国代表团。当晚 10 点 30 分左右，一行人走出酒店返回驻地，其中，副总领事上车时，被停车场上的一个长 260 厘米、宽 80 厘米、高 20 厘米的水泥平台绊倒，重重地撞在车门上，随即被送进医院。经检查，该先生的肋骨压迫性骨折，住院治疗。对此，某国总领事馆向甲酒店递交了索赔函，要求甲酒店承担 80% 的赔偿责任，理由是受伤者虽有一定的疏忽，但是，酒店的水泥平台设置不当是导致该事故的主要原因。于是，甲酒店立即依据其于 2000 年 12 月 15 日与乙保险公司签订的保险期限为 1 年的公众责任保险合同，将索赔函转交给乙保险公司。乙保险公司依据中国有关法律，认为受伤者的疏忽和甲酒店在停车场上建设水泥平台不合理，都是造成此伤害事

---

① 参见丁凤楚：《保险法：理论、实务、案例》，195 页，上海，立信会计出版社，2008。

② See Semin Park，*The Duty of Disclosure in Insurance Contract Law*，Dartmouth Publishing Company，1996.

③ See "Attorney's Professional Liability Insurance Terms Glossary Dictionary"，at http：//www. eandinsurance. com/insurance glossary.

故的原因，所以，提出赔偿医疗费用和工资损失的 50%。双方经协商后，达成了保险赔款协议。

对比本实例，可以充分理解责任保险的诸多特点，也就能够进一步体会责任保险合同的特有内容以及与其他财产保险合同的区别。

责任保险合同的本旨在于填补被保险人因为承担赔偿责任所受到的损失，且被保险人不能获得高于其承担的赔偿责任的保险赔偿，因此，责任保险在相当程度上仍为填补损害的保险，属于财产保险的一种。但是，责任保险与一般的财产保险在保险标的、保险金额、保险功能上有很大的不同。责任保险属于特殊的财产保险，具有如下法律特点。

（一）保险标的的抽象性

责任保险合同的保险标的与一般的财产保险的保险标的不同，它具有高度的抽象性。责任保险既不是以被保险人的特定财产为保险标的，也不是以被保险人的身体、生命或健康为保险标的，而是以被保险人对保险合同之外的第三人——保险事故的受害人（简称受害第三人）依法应负的民事损害赔偿责任（简称赔偿责任）为保险标的，而这种赔偿责任的实质是一个抽象的法律概念，其具体对象和数额的多少需要等到保险合同生效之后被保险人对某个受害第三人实施了具体的加害行为（通常是指被保险人对受害第三人的某种违约或侵权行为）并依法被裁定要承担某种民事赔偿责任（通常是某种违约责任或侵权责任）之后才能准确地确定下来。[1]因此，责任保险合同的保险标的具有高度的抽象性和概念性。而普通的财产保险的保险标的就是特定的房屋、车辆或其他形式的财物，它们的价值和损失的最大限度在订立保险合同的时候是可以确定或预见的。

（二）保险金额的限定性

普通的财产保险合同的保险金额不需要在订立保险合同的时候明确约定，因为，普通财产保险合同的保险金额可以在保险事故发生之后对保险标的物的实际损失大小加以评估和确定。然而，责任保险合同是被保险人将其对受害第三人的赔偿责任风险转移给保险公司，而这种赔偿责任风险的大小与被保险人的财产损失风险相比具有很大的不确定性：它不仅取决于被保险人给第三人造成多大的财产或人身损害，还取决于相应的民事赔偿法律制度关于被保险人的赔偿责任的有无和大小的具体规定，而这些都是保险人在与被保险人订立责任保险合同的时候无法预见的。因此，责任保险合同中在订立的时候大多约定具体的保险责任的最高限额，以平衡责任保险合同双方当事人之间的权利与义务，防止保险人承担不可预见的巨大损失。

（三）保险目的的利他性

普通的财产保险合同保障的对象是被保险人本人，而责任保险与普通的财产保险最大的不同点在于，责任保险保障的对象并不是被保险人本人，而是保险合同之外的第三人——被保险人的侵权或违约等行为的受害人。一般的财产保险是为了被保险人自身的利益而订立保险合同，而责任保险是为了受害第三人的利益订立保险合同，受害第三人对被保险人的赔偿请求权是责任保险得以成立、存续和履行的根本依据，没有第三人的损失，也就没有被保险人的赔偿责任，责任保险合同也就无从成立，责任保险合同的履行更是无从谈起。

因此，责任保险合同是为合同当事人之外的第三人的利益而存在的，性质上是"为第三人

---

[1] 参见丁凤楚：《再保险合同是责任保险合同吗》，载《政治与法律》，2006（2）。

保险"①，并由此产生了保险人对受害第三人的相应义务：当被保险人已经向第三人给付了全部损害赔偿金时，保险人应当将保险单约定的保险赔偿金支付给被保险人；而若被保险人尚未对第三人给付全部赔偿金，保险人在给付保险赔偿金时，应当为第三人的利益尽到相应的注意义务②；甚至在某些强制责任保险合同中，国家通过立法专门规定，受害第三人对责任保险的保险金有直接请求权，也就是说，保险人有义务将保险金直接给付给受害第三人而非被保险人。③

第二节　责任保险合同的保险标的和赔偿限额

一、责任保险合同的保险标的

责任保险的保险标的是被保险人对受害第三人依法应负的民事赔偿责任，而不是特定的动产与不动产。被保险人通过责任保险合同将其对受害第三人的民事赔偿责任转化为保险人的保险金给付义务，从而合法地转移和分散了其特定的法律责任风险。

值得注意的是，被保险人对第三人的民事损害赔偿责任之外的行政责任、刑事责任不是一种经济赔偿责任，因此不能作为责任保险的保险标的而转移给保险公司。同理，赔礼道歉等民事责任因不具有经济补偿功能也无法作为责任保险的保险标的。而依据我国现行民事责任法律制度的规定，可以作为责任保险的保险标的的民事损害赔偿责任只能是侵权责任、违约责任、不当得利之债、无因管理之债和物上请求权。但是，在责任保险实务中，很少发生以无因管理之债、不当得利之债、物上请求权作为责任保险合同的标的的情形。因此，责任保险的保险标的主要是指侵权或违约行为产生的民事赔偿责任，也就是说，责任保险的保险标的只能是违约责任与侵权责任。

需要说明的是，作为责任保险的保险标的的违约责任并非一般的合同之债。一般的合同之债如果没有出现违约行为并经过法院或仲裁机构裁决需由被保险人对第三人承担违约法律责任，则不能作为责任保险的保险标的。这是责任保险的根本性质所决定的，即责任保险只承保被保险人对第三人的民事赔偿责任，故而在被保险人与第三人的合同之债并没有转化为被保险人对第三人的法律赔偿责任——"违约责任"之前是不能作为责任保险的保险标的的。明确了这一点，有助于正确地区分责任保险与再保险的差别，也有利于防范责任保险的道德风险。④

同样需要说明的是，作为责任保险的保险标的的侵权责任不包括被保险人故意侵权行为导致的其对第三人的赔偿责任。各国保险合同法都将被保险人故意侵权行为导致的民事赔偿责任作为责任保险的保险人的免责事由，这是为了防范责任保险的道德风险。

---

① 邹海林：《责任保险论》，30页，北京，法律出版社，1999。

② 现行《保险法》第65条对责任保险作了更细致的规定，进一步明确了责任保险中第三人利益的属性，增加了保险人直接向受害第三人赔付的法定条件条款（第65条第1款）、第三人的直接请求权条款（第65条第2款）以及保险人对保险金的留置义务条款（第65条第3款）。这些条款的细致规定，使得第三人的利益能够得到更充分的保障。

③ 《道路交通安全法》第76条规定："机动车发生交通事故造成人身伤亡、财产损失的，由保险公司在机动车第三者责任强制保险责任限额范围内予以赔偿。"这一规定确认了"交强险"中的第三人法定的保险金直接赔偿请求权，也就是说，强制责任保险中的受害第三人，在其人身或财产因为被保险人的行为而遭受损失时，享有法定的无条件的直接赔偿请求权。

④ 参见丁凤楚：《再保险合同是责任保险合同吗》，载《政治与法律》，2006（2）。

综上所述，责任保险的保险标的包括被保险人依法应当承担的非故意侵权损害赔偿责任和违约赔偿责任。

二、责任保险合同的赔偿限额

责任保险人的责任限额，也称"保单限额"，是指责任保险合同中约定的责任保险的保险人承担保险责任的最高金额，如果被保险人对受害第三人的赔偿责任超过该限额，则由被保险人自行负责赔偿受害人。保险合同约定责任限额不仅有利于限制保险人承保风险，还便于责任保险人厘定责任保险的费率和计算保险费，因而它是责任保险合同的重要内容之一。[①]

责任保险的赔偿限额通常有以下几种类型。

（1）规定每次意外事故（包括同一原因引起的一系列事故）的赔偿限额，而不规定累计限额。也即只对每次保险事故的赔偿责任有限制，而对整个保险合同有效期限内的总的赔偿责任没有设置限制。保险人以每次事故责任限额为限，承担保险给付责任，若其后又发生事故致使被保险人应当承担赔偿责任的，保险人仍在每次保险事故的赔偿限额内以保险单约定的每次事故责任限额为限，承担保险给付责任。这种规定每次意外事故赔偿限额包括规定每次意外事故受害第三人的财产损失赔偿限额和人身伤害赔偿限额，或者规定每次意外事故中的受害第三人的财产损失和人身伤害的混合赔偿限额。

（2）规定保险期内的累计赔偿限额。也即在保险单有效期间内，被保险人致人损害而发生赔偿责任不止一次的，保险人对所有的人身伤亡、财产损失所承担的赔偿责任，以保险单约定的最高累计责任限额为限。当累计给付的保险赔偿金已达保险期间的最高累计责任限额时，责任保险单的效力终止。累计赔偿限额又可以分为累计的财产损失赔偿限额、累计的人身伤害赔偿限额以及累计的混合损失赔偿限额。

在我国责任保险实务中，责任保险单通常约定累计责任限额和每次事故责任限额两种，有的又将每次事故造成损害的赔偿限额分为财产损失和人身伤害两部分。在保险期间内，保险人的累计赔偿金额不得超过保险单明细表中列明的累计责任限额。在实务中，由于责任保险类型不同，确定责任限额的方式亦有所不同，但通常为上述的一种方式或者几种方式的结合。

（3）规定免赔额。在责任保险的经营实践中，保险人除了通过赔偿限额来明确自身的承保责任外，通常还采用免赔额的规定，以促使被保险人谨慎行事。一般责任保险的免赔额采用绝对免赔额的形式，即无论受害人财产损失程度是否超出了免赔额的规定，在免赔额以内的损失保险人都不负责。不过，免赔额一般适用于对受害第三人的财产损失的赔偿。

第三节 交通运输工具第三者责任保险合同

一、机动车交通事故责任强制保险（"交强险"）

（一）"交强险"的概念

"交强险"是一种具有社会公益性质的法定的责任保险，是指法律强制规定所有的机动车所有人、管理者或驾驶人（简称"机动车一方"）将其对车祸受害人的赔偿责任通过保险合同

[①] 参见樊启荣：《责任保险与索赔理赔》，208 页，北京，人民法院出版社，2002。

转移给保险公司，待发生保险事故后，由保险公司在法定的保险责任限额内将保险金直接给付给受害第三人。

（二）"交强险"的特征

1. 合同订立的强制性

有学者指出，"交强险"的强制性集中表现在投保和承保的环节上，即强制投保和强制承保。[①] 强制投保是指由法律直接加以强制性规定，所有机动车的所有人、管理人都必须参加保险，而不是当事人自愿购买保险。实行"交强险"的国家或地区，均是以国家立法机关或者权力机关颁布的法律、法规作为依据，机动车所有人在领用牌照或驾驶执照前必须投保"交强险"，在机动车年检时也必须提供责任保险凭证，否则，不予办理相应的手续，并对没有办理"交强险"而发生交通事故的机动车所有人或驾驶员给予一定的惩罚。而承保的强制性是指保险公司对于符合法定条件的投保人有义务予以承保，无法定理由不得拒保或解除该保险合同。

2. 保险标的的特殊性

一般的责任保险的保险标的大多是"过失责任"，而"交强险"的保险标的——机动车交通事故赔偿责任——是一种不考虑事故加害人的主观过错的特殊侵权责任即无过错责任，而这种特殊侵权责任不以事故加害人主观"过失"为事故责任的归责原则和认定依据。也就是说，只要是机动车在使用过程中造成了第三人的人身伤亡或财产损失，不论驾驶人是否有主观上的"过失"均承担事故责任。

3. 保险功能的公益性

"交强险"具有的公益性是与营利性相对而言的，要求保险公司在经营该项业务时，把社会效益而不是经济效益放到首要位置，严格遵守国家有关保险费率、投保期限、保险合同的解除等强制性规定，遵循"不亏损也不赢利"原则，对"交强险"业务单独管理、单独核算。

4. 对第三人的救助性

"交强险"制度的立法目的是使交通事故受害人得到便捷、及时的经济补偿。因此，在"交强险"制度设计中，车祸受害人的权利得到了最大限度的扩张。尽管车祸受害人并不是"交强险"合同当事人，但是在"交强险"中，该受害第三人的法律地位甚至超过了被保险人，成为"交强险"中的两大主角之一，而被保险人从主角之一变成了配角。"交强险"中的受害第三人不但拥有越过被保险人而直接向保险人请求赔付保险金的法定权利，而且，在特殊情况下拥有向社会救助基金求助的法定权利。[②] 这些都是对"债权相对性"原则的突破，是国家立法基于公共政策的目的而对"私法自治"原则的限制。这在其他非强制性的责任保险中是不可想象的。

（三）"交强险"的保险责任

《机动车交通事故责任强制保险条例》（2019 年修订）第 21 条第 1 款规定："被保险机动车发生道路交通事故造成本车人员、被保险人以外的受害人人身伤亡、财产损失的，由保险公司依法在机动车交通事故责任强制保险责任限额范围内予以赔偿。"不过，根据"交强险"制度的立法宗旨，并不是被保险人给车祸受害人造成的所有损失都应纳入保险人的承保责任范围

---

① 参见贾林青：《如何理解机动车第三者责任险的强制性》，载《检察日报》，2005-03-17。

② 参见丁凤楚：《机动车交通事故侵权责任强制保险制度》，12 页，北京，中国人民公安大学出版社，2007。

的，而是要注意以下问题。

（1）"交强险"一般不应对车祸受害人的间接损失负赔偿责任，也不宜包括精神抚慰金。因为，精神损害赔偿在某种程度上带有惩罚侵权责任人的性质，从而与"交强险"所确立的"对受害第三人的及时、合理的补偿"的立法宗旨有所冲突。而且，在我国现行侵权法体系下，精神抚慰金的支付很难实现类型化和标准化，故在保险精算上无法确定预期损失，从而难以确定纯保险费水平。

（2）"交强险"中的保险人的责任范围是承保的车辆发生"意外事故"而给受害第三人造成的损失。这里的"意外事故"是对受害第三人而言的，这样，即使是被保险人的故意所致受害人的损害，对受害人而言仍属意外，保险人仍应负赔偿之责。但是，保险人在赔付了车祸受害人之后，可以向故意制造保险事故的驾驶人员追偿。[①]

（3）按照责任保险的通行做法，对于被保险人因被受害第三人控诉或请求损害赔偿而支出的必要的抗辩或和解费用，以及其他必要的诉讼费用，保险人应在保险金额的范围内另行补偿，但因事故产生的善后工作，由被保险人自己负责处理。

（四）"交强险"的除外责任

（1）"交强险"基于原因的除外责任主要有：1）驾驶人未取得驾驶资格而驾车并造成交通事故的；2）驾驶人醉酒驾车造成交通事故的；3）被保险机动车被盗抢期间肇事的；4）被保险人故意制造交通事故的；5）交通事故受害人故意制造交通事故的，例如自杀行为。

（2）"交强险"基于损失的除外责任有：一是被保险人所有的财产及被保险机动车上的财产遭受的损失；二是被保险机动车发生交通事故，致使受害人停业、停驶、停电、停水、停气、停产、通信或者网络中断、数据丢失、电压变化等造成的损失，以及受害人的财产因市场价格变动造成的贬值、修理后因价值降低造成的损失等其他各种间接损失；三是因交通事故产生的仲裁或者诉讼费用以及其他相关费用。

（五）"交强险"的赔偿限额

《机动车交通事故责任强制保险条例》（2019 年修订）第 23 条第 1 款规定："机动车交通事故责任强制保险在全国范围内实行统一的责任限额。责任限额分为死亡伤残赔偿限额、医疗费用赔偿限额、财产损失赔偿限额以及被保险人在道路交通事故中无责任的赔偿限额。"也就是说，我国的"交强险"实行分项限额赔付制度，具体分为被保险人有责赔偿和被保险人无责赔偿两种情况，所对应的最高赔付金额是不一样的。根据相关规定，如果被保险人承担责任，则死亡、伤残赔偿限额为 110 000 元，医疗费用赔偿限额为 10 000 元，财产损失赔偿限额为 2 000 元；如果被保险人无责任，则死亡、伤残赔偿限额为 11 000 元，医疗费用赔偿限额为 1 000元，财产损失赔偿限额为 100 元。

（六）"交强险"的承保方式

"交强险"的承保方式属于"期内事故发生式"，即作为"交强险"的责任事故的交通事故发生后，保险公司的理赔人员应当在接到交管部门的通知后立即赶到事故现场，参与事故的认定和处理。在"交强险"的责任限额内先赔车祸受害人的人身伤亡，再赔其财产损失，而其中人身伤亡赔偿要优先用于垫付抢救费用。在理赔结算时，经被保险人或受害人要求，保险公司

---

① 参见丁凤楚：《论机动车交通事故强制责任保险制度的完善》，载《江西财经大学学报》，2007（1）。

可直接将保险金直接支付给受害人。

二、商业机动车第三者责任险（"三责险"）

(一)"三责险"的概念

"三责险"是指被保险人或其允许的驾驶人员在使用保险车辆过程中发生意外事故，致使第三者遭受人身伤亡或财产直接损毁，依法应当由被保险人承担的经济赔偿责任通过责任保险的形式转由保险公司负责赔偿。为了与"交强险"相互区别，它又被称为"商业三责险"。

"三责险"是自愿投保的责任保险，它客观上是对"交强险"的一种补充。车辆所有方在"交强险"责任限额之外可以根据车辆的具体情况通过自愿购买"三责险"的方式增强应对交通事故责任风险的能力。

(二)"三责险"的特征

"三责险"和"交强险"都属于责任保险的范畴，且都是保障交通事故的受害人获得及时赔偿的商业性责任保险。但"三责险"与"交强险"的区别还是很明显的，其具有如下法律特征。

1. 保险人的纯营利性

"交强险"的根本目的在于，保证交通事故受害人能够尽快获得赔偿，而不仅是转移被保险人的风险；而"三责险"仅仅是一种普通的商业保险，其根本目的在于分散风险，保护被保险人的利益。根本目的的不同也使得两者的经营理念有所区别："交强险"虽然由保险公司经营，但该保险并不以营利为目的；而"三责险"的保险人完全以营利为目的。

2. 保险条款的协商性

首先，"交强险"合同的主要条款基本上是法律、法规所确定的，当事人双方都不能任意更改；而"三责险"合同的主要条款一般由保险公司事先拟定，投保人也具有一定的选择权。其次，"交强险"实行全国统一的保险条款和基础费率，中国保监会按照"交强险"业务总体上"不盈不亏"的原则审批"交强险"的费率；而"三责险"的保险费率由各保险公司根据客户的需求和本公司的营利预期加以自主设计，而非由国家统一规定。

3. 合同履行的相对性

"交强险"为了使车祸受害人能够及时地得到救济，突破了合同的相对性，规定车祸受害人对"交强险"保险金享有直接请求权。而"三责险"，囿于合同的相对性，只有被保险人才有权向保险公司提出保险金请求权，保险合同之外的受害第三人一般无权直接向保险公司提出赔偿请求。

(三)"三责险"的保险责任

被保险人或其允许的驾驶人员在使用保险车辆过程中发生意外事故，致使第三者遭受人身伤亡或财产直接损毁，依法应当由被保险人承担的经济赔偿责任，属于"三责险"的保险责任范围。此外，经保险人书面同意，应由被保险人支付的与事故责任认定和处理相关的仲裁或者诉讼费用以及其他费用，由保险人负责赔偿，但其数额在保险单载明的责任限额以外另行计算，最高不超过责任限额的30%。

对于"三责险"的责任范围的确定，在实务中还有几点值得注意。

(1) 我国道路交通事故责任是由公安部门认定的，但责任保险人并不完全按照公安部门的认定结论来确定其应承担赔偿责任，因为制约保险合同双方的直接法律依据应当是保险合同。因此，最终要看这种赔偿责任是否符合保险合同中所规定的保险责任范围。在保险人的理赔中，应当在被保险人依法应当支付的赔款中扣除保险合同中规定的不理赔部分或可以免除责任的部分。

（2）在确认保险责任时还应注意的是，损害事故必须是由被保险人或其允许的"合格"的驾驶人员引起的，包括被保险人自己或雇请的，以及将车辆借给他人使用的"合格"驾驶员，这里的"合格"是指"驾车人必须持有驾驶执照或曾经有过执照，现在仍未被取消持有、取得这种执照的资格"。

（3）损害事故必须是非故意行为所导致的意外事故，即被保险人的非故意行为和第三人的非故意行为导致的意外事故。

（4）损害事故必须发生在保险车辆"使用"过程中。不过，保险对"车辆使用"这一概念应当作扩大解释：只要与汽车的使用和操作有关系，不一定是为了运输，都可以解释为使用汽车。

美国的责任保险对"车辆使用"这一概念的扩大解释值得我国保险实务界借鉴。在依夫林·沃特金斯一案中，沃特金斯为其汽车投保了责任险，她的朋友查利的汽车不能发动，于是沃特金斯便将自己的汽车停在查利的车旁，将两车的电池连接起来，为查利的车充电。在充电过程中，电池突然发生爆炸，将查利炸伤。查利向沃特金斯投保的保险公司请求赔偿，保险公司以汽车并不在使用中为由拒绝赔偿。法院判决保险公司应该负责赔偿，认为存在汽车的使用。[①]

（四）"三责险"的除外责任

1. 基于"受害第三人"的除外责任

一般来说，对于保险车辆造成的下列人身伤亡或财产损失，不论在法律上是否应当由被保险人承担赔偿责任，保险人均不负责赔付保险金：（1）被保险人及其家庭成员的人身伤亡、所有或代管的财产的损失；（2）本车驾驶人员及其家庭成员的人身伤亡、所有或代管的财产的损失；（3）本车上其他人员的人身伤亡或财产损失。

2. 基于原因的除外责任

下列情况下，不论任何原因造成的对第三者的经济赔偿责任，保险人均不负责赔偿：（1）地震、战争、军事冲突、恐怖活动、暴乱、扣押、罚没、政府征用；（2）竞赛、测试，在营业性维修场所修理、养护期间；（3）利用保险车辆从事违法活动；（4）驾驶人员饮酒、吸食或注射毒品、被药物麻醉后使用保险车辆；（5）保险车辆肇事逃逸；（6）驾驶人员无驾驶证或驾驶车辆与驾驶证准驾车型不相符或者其他属于无有效驾驶证的情况下驾车；（7）非被保险人允许的驾驶人员使用保险车辆；（8）保险车辆不具备有效行驶证件；（9）保险车辆拖带未投保"三责险"的车辆（含挂车）或被未投保"三责险"的其他车辆拖带。

3. 基于损失的除外责任

下列损失和费用，保险人不负责赔偿：（1）保险车辆发生意外事故，致使第三者停业、停驶、停电、停水、停气、停产、通信中断的损失以及其他各种间接损失；（2）精神损害赔偿；

① 参见罗俊明：《美国民商法与冲突法》，200页，北京，人民法院出版社，1997。

（3）因污染（含放射性污染）造成的损失；（4）第三者的财产因市场价格变动造成的贬值、修理后因价值降低引起的损失；（5）保险车辆被盗窃、抢劫、抢夺造成第三者人身伤亡或财产损失；（6）被保险人或驾驶人员的故意行为造成的损失。（7）其他不属于保险责任范围内的损失和费用。

（五）"三责险"的责任限额和免赔率

1. "三责险"的责任限额

每次事故的责任限额，由投保人和保险人在签订保险合同时按 5 万元、10 万元、20 万元、50 万元、100 万元和 100 万元以上、不超过 1 000 万元的档次协商确定。

主车与挂车连接时发生保险事故，保险人在主车的责任限额内承担赔偿责任。

2. "三责险"的免赔率

根据保险车辆驾驶人员在事故中所负责任，保险人在保险单载明的责任限额内，按下列免赔率免赔：（1）负全部责任的免赔率为 20%，负主要责任的免赔率为 15%，负同等责任的免赔率为 10%，负次要责任的免赔率为 5%；（2）违反安全装载规定的，增加免赔率 10%。

（六）"三责险"的承保方式

"三责险"的承保方式与"交强险"一样，为"期内事故发生式"，即在"三责险"合同的有效期间内，如果被保险人发生交通事故造成第三者的人身伤亡或财产损失，保险公司在被保险人赔偿了受害第三人的损失之后，应当在合同约定的保险限额内赔付保险金给被保险人，或者经被保险人的授权，保险公司可直接将保险金直接支付给受害人。

除另有约定外，"三责险"的保险期限为 1 年，以保险单载明的起讫时间为准。

［实务知识］

"交强险"在中国的适用

我国《道路交通安全法》第 17 条规定："国家实行机动车第三者责任强制保险制度，设立道路交通事故社会救助基金。"可见，该保险是国家为保障在交通事故中受到伤害的行人的经济权益而实施的强制保险，具有强制适用的法律约束力。

2006 年 7 月 1 日，国务院颁布了《机动车交通事故责任强制保险条例》，正式将机动车第三者责任强制保险作出具有中国特色的命名，简称为交强险，成为我国第一个在全国范围内统一适用的强制保险险种，用以取代此前各地区用地方性法规强制适用的"机动车第三者责任保险"。相比较而言，"交强险"与"三责险"同属于责任保险，它们的保险内容基本相似，但是又存在明显的区别。首先，两者的保障范围不同。"交强险"的保险范围基本涵盖所有的道路交通风险，且免赔额较小。其次，两者的经营目的不同。"交强险"不以盈利为目的。"三责险"属于商业保险业务。再次，责任限额的类型也不同。"三责险"适用总责任限额制；而"交强险"依法实行分项责任限额制，即各个单项损失会在相应的单项限额内进行赔偿。最后，赔付的顺位不同。在赔付时，由"交强险"按照分项责任先行赔付，不足时，再由"三责险"理赔。

总结"交强险"在我国适用 14 年以来的经验，可以说是毁誉参半。一方面，"交强险"的适用对于落实国家的道路安全政策，维持正常的道路交通秩序，保护社会公众的合法权益发挥明显的作用。中国银保监会提供的数据显示，2006 年 7 月交强险条例实施后，交强险快速发展，2018 年我国交强险保费收入为 2 034.38 亿元，同比增长 8.9%。目前占车险总保费收入的 25% 左右。但近年来因其投保率已处于相对饱和状态，增速有所放缓。另一方面，"交强险"

又是我国《道路交通安全法》自 2004 年 5 月 1 日实施至今，在全社会不断引起讨论和争议的一个保险领域。究其原因，一是随着我国社会经济的迅速发展，社会公众的汽车保有量呈现明显的上升趋势而逐步进入汽车时代，因此，凡是涉及机动车的国家政策当然要引起重大的社会反响；二是广大社会公众对"交强险"的性质、法律特点和制度内容都不太了解，政府以及保险业对该强制责任保险的宣传十分缺乏。理论界和实务界对于现行"交强险"存在诸多的争议，更表现出该强制责任保险亟待完善，因此，修改和完善"交强险"制度的呼声日益强烈。

第四节　公众责任保险和产品责任保险

一、公众责任保险

（一）公众责任保险的概念

公众责任保险（general public liability insurance）是以被保险人在特定的场所从事生产、生活等活动时发生意外事故致使过往的群众的人身或财产遭受损害而依法应负的赔偿责任为保险标的的责任保险。公众责任险包括餐饮业综合保险、火灾公众责任保险、物业责任保险，等等。

（二）公众责任险的特征

1. 保障对象的广泛性

公众责任保险是责任保险中适用范围最广泛的类别，企事业单位、机关团体、个体工商户、其他经济组织以及自然人，均可为其所有或经营管理的工厂、商店、办公楼、旅馆、医院、学校、影剧院、体育馆等各种公众活动的场所投保该险种。

2. 下属险种的丰富性

公众责任险又包括普通责任、综合责任、场所责任、电梯责任、承包人责任等多个险种，呈现出下属险种的丰富性。因此，其保险保障范围相当广泛，该险种可适用于工厂、办公楼、旅馆、住宅、商店、医院、学校、影剧院、体育馆等各种公众活动的场所。

3. 投保方式的强制性

由于保险公司承保公众责任险的赔偿概率较大，而一般的保险消费者对其认识程度又低，所以，该责任保险的推广需要各国政府的扶持。[①] 我国政府已经在煤炭开采等行业推行强制性的公众责任保险试点，并逐步在高危行业、公众聚集场所、境内外旅游等方面推广。

（三）公众责任险的责任范围

公众责任保险的保险责任必须是被保险人在保险单中列明地点因经营业务发生意外导致第三人人身伤亡或财产损失而依法应负的民事赔偿责任以及诉讼等法律费用，以及被保险人为缩小或减少保险事故而支出的经保险人书面同意的必要的、合理的其他费用。

（四）公众责任险的除外责任

1. 基于原因的除外责任

（1）被保险人的故意或重大过失行为；（2）正为被保险人服务的任何人所遭受的伤害；（3）未载入保险单表列而属于被保险人的或其所占有的或以其名义使用的任何牲口、脚踏车、

---

① 参见丁凤楚：《现代事故赔偿责任的客观化和社会化》，载《社会科学》，2006（7）。

车辆、火车头、各类船只、飞机、电梯、升降机、自动梯、起重机、吊车或其他升降装置；（4）火灾、地震、爆炸、洪水、烟熏；（5）有缺陷的卫生装置或任何类型的中毒或任何不洁或有害的食物或饮料；（6）由于震动、移动或减弱支撑引起任何土地或财产或房屋的损坏责任；（7）由战争、入侵、外敌行动、敌对行为（不论宣战与否）、内战、叛乱、革命、起义、军事行动或篡权行为直接或间接引起的任何后果所致的责任。

2. 基于损失的除外责任

（1）第三人因保险事故而遭受的财产损失；（2）第三人因保险事故而遭受的精神损害；（3）被保险人及第三人的停产、停业等造成的一切间接损失和罚款、罚金或惩罚性赔款。

需要注意的是，除了上述责任保险人绝对不赔的免责事由之外，还有一些相对不赔的除外责任，即不能在公众责任保险中承保但可以在其他保险中承保的风险，以及一些可以附加承保的除外责任，即经过加具批单、增加保险费才能承保的风险。

（五）公众责任险的责任限额

公众责任保险下属的险种很多，但制定公众责任保险的赔偿限额的方法不外乎以下两种：一是规定每次保险事故或事件的保险单赔偿限额，而不对整个保险期间内的总的赔偿责任作出限制；二是先规定每次保险事故赔偿限额，再规定该保险单在一次有效期内（通常为1年）能够负责的累计最高赔偿限额。而无论采用上述哪一种方式，其中的人身伤亡和财产损失既可以分别规定限额，也可以混合规定限额。公众责任保险的赔偿限额的高低由保险双方根据可能发生的赔偿责任风险的大小协商确定。

除此之外，公众责任保险通常有免赔额的规定，在免赔额以内的损失均由被保险人自行承担。不过，与大多数责任保险不同，公众责任保险对第三人的人身伤亡无免赔额的规定，但对第三人的财产损失一般都会规定每次保险事故的绝对免赔额。免赔额的大小一般与保险标的的风险大小成正比例关系，并在保险单中注明。

（六）公众责任险的承保方式

公众责任保险合同的保险期限以双方约定的时间为始终。其承保方式采用事故发生制，即只要保险事故发生在保险合同有效期间，即使损害事实是在合同终止日后才被发现的，保险人仍须承担保险金的赔付责任。

二、产品责任保险

（一）产品责任保险的概念

产品责任保险（product liability insurance）是指保险人以被保险人的产品责任为保险标的的责任保险。而产品责任是指产品在使用过程中因其缺陷而造成用户、消费者或公众的人身伤亡或财产损失时，依法应当由产品供给方（包括制造者、销售者、修理者等）承担的民事损害赔偿责任。换言之，产品责任保险是由保险人承保产品制造者、销售者、维修者等因产品缺陷致使第三人人身伤亡或财产损失而应承担的民事赔偿责任的责任保险。

（二）产品责任保险的特征

1. 保险标的的侵权性

产品责任保险的保险标的是产品侵权责任而非产品质量责任。尽管产品侵权责任往往是由于产品质量存在缺陷造成的，但是，产品侵权责任特指由于产品质量问题而在责任人与受害人之间形成的是一种侵权关系，需要通过"产品责任法"来确定侵权责任的具体划分和赔偿的数额与方式。[①] 因此，产品责任保险最大的特点就在于其并不承担产品本身的损失，而是承担产品责任风险。

2. 投保方式的连续性

产品往往是连续地生产和销售的，因此，产品责任保险的保险期限虽然与大多数责任保险差不多，都为一年期，但是，产品责任保险实务中往往强调续保的连贯性和保险行为的长期性。

3. 合同双方的协作性

产品责任保险注重保险人与被保险人之间的相互协作和信息交流。随着产品的更新换代加快，制造商会不断改进自己的产品以满足市场需求。这一特征决定了产品责任保险人须随时把握被保险人的产品变化情况，并根据产品的变化来评估风险。在其他责任保险中，保险人与被保险人之间沟通相对较少，在保险事故发生后，保险人调查、核实情况即可理赔。

4. 赔偿程序的特殊性

产品责任保险中赔偿责任的确定，必须经过一定的法律程序：由利益受损的第三人提出赔偿请求，由仲裁机构裁定或由司法机关判决责任的归属及大小。保险人最终支付保险金要以裁定或判决作为依据。

（三）产品责任保险的保险责任

产品责任保险的保险责任一般包括以下两项。

（1）被保险人生产、销售、分配或修理的产品发生意外事故，造成用户、消费者或其他人的人身伤害（包括疾病、伤残、死亡）或财产损失，依法应由被保险人承担的损害赔偿责任，保险人在保险单规定的赔偿限额内予以赔偿。不过，上述保险责任还要受以下两个条件的制约：第一，造成用户损害的事故，必须具有"意外""偶然"的性质，而不是被保险人事先所能预料的。保险人所承保的是偶然的而不是必然的产品缺陷引起的索赔。第二，保险事故必须发生在制造或销售场所以外的地方，而且产品的所有权已转移至用户。如果造成伤亡、损失的有缺陷产品仍在被保险人的生产场地内，则不属于产品责任险的赔偿范围。[②]

（2）被保险人为产品责任事故支付的诉讼、辩护等法律费用及为减少事故损失而支出的必要而合理的费用，经保险人书面同意的，也属于保险责任范围，在保险责任限额以外另行计算和赔付。

产品责任保险的保险期限通常为1年，期满可以续保。对于使用年限较长的商品，也可以投保3年、5年期的产品责任保险，但保险费仍逐年结算。

（四）产品责任保险的除外责任

产品责任保险将以下这些责任或损失列为除外责任：

（1）被保险人承担的合同责任，除非这种合同责任已经变成违约赔偿责任。

（2）被保险人故意违法生产、销售的产品发生的责任事故损失。

（3）不按照被保险产品说明书要求安装使用或在非正常状态下使用造成的责任事故损失。

---

① 参见刘金章、刘连生、张晔：《责任保险》，313页，成都，西南财经大学出版社，2007。
② 参见樊启荣编著：《责任保险与索赔理赔》，238页，北京，人民法院出版社，2002。

（4）被保险产品或商品仍在制造或销售场所，其所有权转移至用户或消费者之前的责任事故损失（这种损失应由公众责任保险承保）。

（5）被保险人根据劳工法或雇佣合同对其雇员及有关人员应承担的损害赔偿责任（这种责任应由劳工保险或雇主责任保险承保）。

（6）被保险产品或商品本身的损失及被保险人因收回有缺陷产品造成的费用及损失（这种损失应由产品保证保险承保）。

（7）被保险人所有、管理或控制下的财产的损失（这种损失应由财产保险承保）。

（五）产品责任保险的责任限额

产品责任保险一般有两种赔偿限额方式：一是每次事故的赔偿限额，二是保单有效期间内累计的赔偿限额。不过，由于产品大多是批量生产的，如产品出现缺陷，造成的损失往往也是巨大的，累计责任限额的设定更体现了该险种的风险状况。当然，每次事故赔偿限额的设定也是有意义的，一般情况下保险人会分别就财产损失和人身伤亡设定责任限额，两者之和等于每次事故赔偿限额。同时，若附加"批次（Batch）条款"①，则将所致损失限制在每次事故责任限额之内，有效地控制了风险。

（六）产品责任保险的承保方式

产品责任保险的承保方式通常有两种：一是"期内事故发生式"，二是"期内索赔式"。

（1）"期内事故发生式"是指只要产品责任事故是在保险合同有效期内的（即使产品在是保险合同生效之前生产或销售的），不论被保险人何时提出索赔，保险人均负赔偿责任。不过，保险人为了控制风险，一般附加"日落条款"，即保险人仅接受保险期限后约定时间点之前的被保险人索赔。之所以如此，是为了避免产品责任保险"长尾巴"情形。在实务中，一般约定为"本保险合同所约定的双方权利、义务至某年某月某日归于无效"，应属于约定除斥期间。

（2）"期内索赔式"是指不管产品责任保险的保险事故发生在保险期限内还是在保险期限之前，只要被保险人在保险期限内请求赔偿，保险人即予负责。但是，这种模式使许多年前的事故都有可能归入现保单中进行处理，从而加重了现保单的保险人的负担，所以，保险人一般都会规定一定的追溯期，保险事故必须发生在保单规定的追溯日以后、保单期满之前，且事故发生后应在保单期限内通知保险公司，对保险人的索赔也应在保险期限内提出。现今各国多采用这种方式作为产品责任保险的承保方式。

究竟采用何种方式作为承保基础，应根据产品的具体情况而定。凡保险事故发生后能够立即得知或发现的，宜采用"期内事故发生式"；反之，如果事故的发生不能立即得知或发现的，宜采用"期内索赔式"。例如，某些具有缺陷"潜伏期"的产品如药品投保产品责任险，适合采取"期内索赔式"。我国大多数的产品责任保险采取"期内索赔式"承保方式。

近年来，由于食品安全问题因食品安全事件一再困扰广大社会公众的正常生活而日渐突出，保险实务界和理论界有关设置食品安全责任保险的呼声越来越强烈。不过，对于食品安全责任保险的性质和适用范围却存在不同见解。不少人提出应当建立食品安全强制责任保险，即

---

① 所谓批次，是指将同一原因引起的系列事故视作同一事故。

"通过立法建立并推动食品安全强制责任保险制度"①。有一种代表性观点认为"不能笼统地将所有食品安全责任纳入强制责任保险"②。也有学者提出，用新的食品安全责任保险取代现有的产品责任保险，以便发挥各保险公司经营产品责任保险的成果、资源和经验而取得事半功倍的效果；并且，关于食品安全责任保险在我国保险市场的适用路径，应当选择强制险（适用于法定范围的食品和药品，如儿童食品、老年人食品等）和自愿险（适用强制险承保范围以外的一般食品）并用的模式。③ 这意味着食品安全责任保险在我国的发展是必要的、可行的，也有待进一步研究。

第五节　雇主责任保险和职业责任保险

一、雇主责任保险

（一）雇主责任保险的概念

雇主责任保险（employer's liability insurance）起源于劳工补偿制度，是以雇主责任为保险标的的责任保险，是指以承保被保险人（雇主）因其雇员在受雇期间执行任务中遭受人身意外导致伤残、死亡或患有职业病而依法应承担的经济赔偿责任为标的的保险合同。

（二）雇主责任保险的特征

与其他责任保险险种相比，雇主责任保险具有以下特点。

1. 发展历史的悠久性

雇主责任保险是世界上最早出现的责任保险产品。首先问世的是英国的雇主责任保险：1880年，英国颁布的《雇主责任法》规定，雇主在经营业务中因过失致使雇员受到伤害时要负赔偿责任，同年，专门经营雇主责任保险的保险公司成立。

2. 投保方式的强制性

在发达国家，为了保护雇员的合法权益，都在劳工法或雇主责任法中明确规定，雇主必须投保此保险。这既解决了政府在安全事故方面的后顾之忧，又使雇主能够转嫁经济上的赔偿责任与压力，还能确保雇员在事故发生后能够从保险公司得到及时与可靠的赔偿，使他们的基本权益得到了保障。不过，我国目前只有少数地区规定非公有制企业的雇主必须投保雇主责任保险。

3. 承保对象的广泛性

在欧美一些保险业发达的国家，雇主责任保险在责任保险中的比重相当高。即使在我国的

---

① 李华：《论我国食品安全强制责任保险制度的构建》，载贾林青、冷尚鸿、郭春海主编：《海商法保险法评论》，第5卷，北京，知识产权出版社，2012；潘红艳：《食品安全强制责任保险的几点思考》，载贾林青、冷尚鸿、郭春海主编：《海商法保险法评论》，第5卷，北京，知识产权出版社，2012；卢燕：《构建食品安全强制责任保险的必要性和可行性》，载《商业时代》，2008（32）；段胜：《构建我国食品安全强制责任保险之我见》，载《上海保险》，2009（11）；刘俊海：《建立强制性食品安全责任保险制度的紧迫性及制度设计建议》，姚庆海：《我国食品安全责任保险现状分析及政策建议》，均为2014年"责任保险制度建设国际研讨会论文；等等。

② 李新天、印通：《食品安全责任保险若干问题探析》，载贾林青、冷尚鸿、郭春海主编：《海商法保险法评论》，第5卷，北京，知识产权出版社，2012。

③ 参见贾林青：《关于以食品安全责任保险取代产品质量责任保险的思考》，载贾林青、冷尚鸿、郭春海主编：《海商法保险法评论》，第5卷，北京，知识产权出版社，2012。

香港地区，雇主责任保险也占整个财产保险的23.4%。[①] 从保障对象来看，许多国家的雇主责任保险不仅适用于企业、个体工商户，还适用于其他各种社会团体，承保对象非常宽泛。

4. 保险功能的社会性

雇主责任保险制度虽然是由商业性保险公司经营的，但是，它在很多国家是和工伤保险等社会保险制度并存的，具有保障雇工权益的社会性质。如日本允许在得到工伤赔偿之后，再通过诉讼追究雇主的侵权责任，以弥补不足部分的补偿。德国、英国和俄罗斯等国家多采用两种制度并存的类型，同时还规定，如果工伤事故是由于雇主严重违反安全法规造成的，要对雇主进行罚款并支付给工伤职工或其家属，还要求雇主对事故预防、职业康复、伤残职工再就业等负有社会责任。

（三）雇主责任保险的保险范围

雇主责任保险承保雇主的下列过失责任：（1）雇主提供危险的工作地点、机器工具或工作程序；（2）雇主提供的是不称职的管理人员；（3）雇主本人直接的疏忽或过失行为，如对有害工种未提供相应的、合格的劳动保护用品等。

凡属于上述雇主的过失责任造成的雇员人身伤害，雇主应负经济赔偿责任，从而属于雇主责任保险的保险责任范围包括雇主对雇员依法应负的医疗费用、其他经济赔偿责任以及相关的诉讼费用等。[②]

值得注意的是，在明确保险的责任范围时，还须注意对以下限制条件的正确理解与适用：

（1）雇主责任保险中的受害第三人必须是雇主"雇用的员工"，即：接受被保险人给付薪金工资而提供劳务、年满16周岁的人员及其他按国家法律和规定途径审批的特殊人员，均在"雇员"范畴之内；不仅包括长期雇佣工，还应包括短期工、临时工、季节工及学徒。

（2）雇主责任保险的保险事故必须发生在"雇佣期间"。而"雇佣期间"不仅包括受雇人明示或默示地根据雇主的授权作为的期间，而且包括受雇人以未经雇主授权的方式完成经雇主授权的工作的期间。英国法院审理的此类案件可以帮助我们正确理解"雇佣期间"。

[保险实例]

被告ITW公司雇用原告凯作为公司的仓管员，凯的职责包括驾驶一辆铲车。一次，他发现铲车的通道被一辆为第三人所有的卡车所阻挡，出于热心，他尽力想将卡车移开以为其铲车开辟一条能够自由出入的通道，但在移动卡车时发生了事故并使凯受到了损害。凯向法院提起诉讼，要求被告对其损害承担赔偿责任（根据英国《雇主责任法》，不论雇主是否有过错，均应对其雇员在工作期间的伤害予以赔偿），被告则以原告所作的移动卡车行为并非被告所授权，

---

① 参见章金萍：《雇主责任保险的国际比较与借鉴》，载《浙江金融》，2005（4）。

② 如具有代表性的中国人民财产保险股份有限公司雇主责任险条款（2015版）第3条"责任范围"即规定："在保险责任期间内，被保险人的雇员因从事保险单载明的业务工作而遭受意外，包括但不限于下列情形，导致负伤、残疾或死亡，依法由被保险人承担的经济赔偿责任，保险人按照本保险约定负责赔偿：（一）在工作时间和工作场所内，因工作原因受到事故伤害；（二）工作时间后在工作场所内，从事与工作有关的预备性或者收尾性工作受到事故伤害；（三）在工作时间和工作场所内，因履行工作职责受到暴力等意外伤害；（四）因工作外出期间，由于工作原因受到伤害或者发生事故下落不明；（五）在上下班途中，受到非本人主要责任的交通事故或者城市轨道交通、客运轮渡、火车事故伤害；（六）在工作时间和工作岗位，突发疾病死亡或者在48小时之内经抢救无效死亡；（七）在抢救灾害维护国家利益、公共利益活动中受到伤害；（八）原在军队服役，因战、因公负伤致残，已取得革命伤残军人证，到用人单位后旧伤复发；（九）法律、行政法规规定应当认定为工伤的其他情形。"

因而原告移动卡车的这段期间并非雇佣期间，原告在此期间并非被告的雇员为由进行抗辩。法院判决：原告所受损害系在雇佣期间内发生，在此期间原告应为被告的雇员，被告作为雇主应对其雇员在雇佣期间内所受损害承担赔偿责任。

在该案中，原告凯移动卡车的行为虽未经 ITW 公司授权，但其移动卡车并非为了满足个人的目的和要求，而是为了更好地完成其工作。只要采用此方式的目的——驾驶铲车，凯移动卡车的行为即系"以未经授权的方式完成经授权的工作的行为"，其为此行为的期间应为在"雇佣期间"，被告对原告在此期间内所受损害应负赔偿责任。[①]

（四）雇主责任保险的除外责任

1. 基于原因的除外责任

保险人对下列原因导致的雇主责任保险事故通常不保：一是战争、暴动、罢工、核风险等引起雇员的人身伤害，二是被保险人的故意行为或重大过失行为，三是被保险人对其承包商所雇佣的雇员所负的经济赔偿责任，四是被保险人的合同项下的责任，五是被保险人的雇员因自己的故意行为导致的伤害，六是被保险人的雇员由于疾病、传染病、分娩、流产以及由此而施行的内、外科手术所致的伤害等。

2. 基于损失的除外责任

雇主责任保险的赔偿责任只涉及人员伤亡，不包括被保险人的雇员的财产损失。

（五）雇主责任保险的责任限额

一些国家的雇主责任保险的赔偿限额分为死亡和伤残两种。伤残赔偿限额又分三种情况：永久丧失全部工作能力的，按保单规定的最高赔偿额度办理；永久丧失部分工作能力的，按受伤部位及受伤程度，参照保单所规定的赔偿比例乘以保单规定的赔偿额度确定，其计算公式为：赔偿金额＝该雇员的赔偿限额×适用的赔偿额度比例；暂时丧失工作能力超过 5 天的，经医生证明，按被雇佣人员的工资给予赔偿。雇员的死亡赔偿限额为保单规定的最高赔偿额度。对于部分残疾或一般性伤害，严格按照事先规定的赔偿额度表进行计算。

目前我国的雇主责任保险赔偿限额还没有法律规定的标准，在实务中，一般由保险人根据雇佣合同的要求，依雇员若干个月的工资额制定赔偿限额。比如，可以将死亡的赔偿限额选定为雇员的 36 个月的工资，将伤残的赔偿限额选定为雇员的 48 个月的工资。

（六）雇主责任保险的承保方式

由于某些疾病如职业病、癌症等发生索赔较晚，无法确定损失发生的准确时间，或寻找过去的保险单较为困难，因而现在国际上多采用"期内索赔式"承保雇主责任保险。又由于构成雇主责任的前提条件是雇主与雇员之间存在着直接的雇佣关系，因而在处理雇主责任保险索赔时，保险人首先须确定受害人与被保险人之间是否存在雇佣关系。[②] 不过，由于雇主责任保险的赔偿只涉及第三人的人身伤亡，不涉及财产损失，因而其索赔与理赔工作相对简单。如果保险责任事故是第三人造成的，保险人在赔偿时仍然适用权益转让原则，即在赔偿后可以代位追偿。

---

① 参见张燕：《从英国判例看雇主责任保险中相关概念的认定》，载《上海保险》，1998（7）。

② 现今国际上大致存在四种确定雇佣关系的标准：一是雇主具有选择受雇人的权力，二是由雇主支付工资或其他报酬，三是雇主掌握工作方法的控制权，四是雇主具有终止或解雇受雇人的权力。其中，雇主选择与解雇雇员的权力被看成是最重要的标准。受害人与被保险人的雇佣关系的认定，是雇主责任保险保险人承担赔偿责任的基础。

（七）雇主责任保险的附加险

雇主责任保险中的保险责任主要是由于各种意外的工伤事故和职业病引起的雇主对其雇员应负的赔偿责任。除此之外，为满足不同雇主的投保需求，保险人推出了若干超越雇主责任保险范围的附加险种，如附加第三者责任险、附加雇员第三者责任险、附加医药费保险。

1. 附加第三者责任保险

该项附加险承保被保险人（雇主）因其疏忽或过失行为导致雇员以外的他人人身伤害或财产损失的法律赔偿责任，它实质上属于公众责任保险范围，但如果雇主在投保雇主责任保险时要求加保，保险人可以扩展承保。

2. 附加雇员第三者责任保险

该项附加保险承保被保险人（雇主）的雇员在执行公务时因其过失或疏忽行为造成的对第三者伤害且依法应由雇主承担的经济赔偿责任。

3. 附加医药费保险

该项附加险种承保被保险人（雇主）的雇员在保险期限内，因患有疾病等所需的医疗费用的保险，它实质上属于普通人身保险或健康医疗保险的范畴。

此外，雇主责任保险还可以附加战争等危险的保险和附加疾病引起的雇员人身伤亡的保险。

二、职业责任保险

（一）职业责任保险的概念

职业责任保险（professional liability insurance）是指承保各种专业技术人员因在从事职业技术工作时的疏忽或过失造成其业务委托人或相关第三人的人身伤害或财产损失而依法应负的赔偿责任，由保险公司在责任限额内予以赔偿的责任保险。[①]

目前国外开办了会计师、医生、药剂师、律师、设计师、工程设计师等上百个职业责任保险险种，这些职业责任保险通常分为三类：（1）医师责任保险类，包括医生和药剂师的责任保险等。（2）专业责任保险类，包括律师、会计师责任保险等。（3）工程技术责任保险类，包括建筑师和工程师责任保险等。

我国的职业责任保险起步于1999年。中国人民保险公司陆续制定并经过保险监督管理机构核准、备案的新的"建设工程设计责任保险条款""医疗责任保险条款""律师职业责任保险条款""会计师职业责任保险条款"，初步形成了职业责任保险体系。随着我国《侵权责任法》的颁布，各种专业技术人员面临的职业损害赔偿责任日益增加，各种职业责任保险会很快发展起来。

（二）职业责任保险的特点

1. 保险标的的竞合性

职业责任保险的保险标的是各类专业技术人员对其委托人或者委托人之外相关受害人的民

[①] 专业技术人员是指掌握了某一领域的专业知识和技能，并以提供技能或知识服务为业的人员，如律师、建筑师、医师、注册会计师等。一般来说，这些人员具有以下四个特征：工作性质具有高度的专门性，多为精神的、脑力的非体力的工作；与其顾客即委托人之间存在着特殊的信赖关系，这依赖于职业工作者高度的职业道德；具有从事专业服务的资格，并以职业团体所维持的相当业务水平开展业务；一般具有较高的社会地位，与之相应而具有较高的收入水准。

事赔偿责任，而这种民事赔偿责任从法律性质上看，既可以是违约责任，也可以是侵权责任，也可以是违约与侵权责任的竞合。违约责任与侵权责任的竞合并不意味着一方需同时对另一方承担以上两种赔偿责任，而是应该由另一方根据法律规定自由选择其一。不过，从职业责任保险的实务角度来看，该民事赔偿责任作为责任保险的保险标的，不宜将侵权责任所占比例设置过大。这是因为，被保险人——专业技术人员或其所在的机构对其委托人之外的相关第三人的侵权赔偿责任在订立保险合同之时很难事先预料。如果责任保险合同中过多地将这种侵权责任划入保险责任范围，将打击保险公司承保的积极性，不利于职业责任保险的发展。因而，职业责任保险的保险标的应是以违约责任为主。

2. 投保方式的连续性

职业技术服务的连续性要求职业责任保险服务也具有连续性，因而职业责任保险的承保对象不仅包括被保险人及其雇员，而且包括被保险人的前任与雇员的前任。这是其他责任保险所不具有的特色。

3. 保险理赔的专业性

职业责任保险的保险标的是医师、律师、会计师、工程技术人员等各类专业技术人员对其委托人等的民事赔偿责任，简称"专家责任"，而这种专家责任认定大多需要相关专业知识和技术条件。因此，承保这类责任保险需要具备相应的专业技术条件：一是保险公司的理赔人员除了要了解《保险法》《民法通则》《侵权责任法》，还必须熟练地掌握该专业技术领域的法律制度，如《律师法》《注册会计师法》《医疗事故处理办法》，等等。二是这类责任保险的保险事故的认定和处理大多需要借助权威鉴定机构。由于职业责任与专业技术有关，被保险人与受害人之间的责任纠纷，必须有权威的事故鉴定才能作出合理划分。

4. 保险功能的二元性

一般的责任保险的主要功能是将被保险人的民事赔偿责任风险通过保险合同转移给保险公司，而职业责任保险的被保险人投保除了具有一般的责任保险的被保险人的投保目的即转移和分散赔偿责任之外，还有一项更为重要的投保需求：将被保险人与委托人之间损害赔偿纠纷的处理工作一并转移给了责任保险的保险人，使被保险人免受诉讼拖累，进而促使被保险人安心地从事专业技术服务。①

（三）职业责任保险的保险责任

职业责任保险的保险责任是指以各种专业技术人员在从事职业技术工作时因疏忽或过失造成合同对方或他人的人身伤害或财产损失所导致的经济赔偿责任为承保风险的责任保险。具体而言，各类职业责任保险的保险责任大致如下：

1. 医师责任保险的保险责任

医师责任保险的保险责任是医师责任，也叫"医疗过失责任"，是指医务人员或其前任由于医疗责任事故而致病人死亡或伤残、病情加剧、痛苦增加等，受害者或其家属要求赔偿且依法应当由医疗方负责的经济赔偿责任。其责任范围具体包括以下内容。

（1）因医疗机构及其工作人员的医疗过失造成患者人身伤亡而对患者应承担的损害赔偿责任，包括医疗费、误工费、住院伙食补助费、陪护费、残疾生活补助费、残疾用具费、丧葬

---

① 参见丁凤楚：《论强制保险人介入医疗纠纷处理制度》，载《河北法学》，2009（10）。

费、被抚养人生活费、交通费、住宿费、精神损害抚慰金，以及参与医疗事故处理的患者近亲属所需交通费、误工费、住宿费。值得注意的是，只有那些在保险单上提到的医疗手段才属于医疗责任保险的责任范围。

（2）因被保险人供应的药物、医疗器械有问题并造成对患者的伤害而应承担的损害赔偿责任，但只限于与医疗服务有直接关系的，并且只是使患者受到伤害。

（3）因赔偿引起纠纷的仲裁或诉讼费用（案件受理费、勘验费、鉴定费、律师费等）及其他事先经保险人同意支付的费用。

（4）被保险人为缩小或减少对患者人身伤亡的赔偿责任所支付的必要的、合理的费用，保险人也负责赔偿。①

2. 律师责任保险的保险责任

律师责任保险的保险责任是律师责任，是指执业律师在职业服务中发生的一切疏忽行为、错误或遗漏过失行为所导致的法律赔偿责任。其责任范围包括：

（1）被保险人因保险事故发生而造成的保险金额内的损害赔偿责任，包括：因承办律师的过失而致超过诉讼期限，使委托人丧失诉讼权，或者向无管辖权的人民法院起诉而给委托人造成直接经济损失的；因承办律师的过错致使没有实施授权范围内的诉讼或非诉讼代理业务，或超越代理权限给委托人造成直接经济损失的；承办律师遗失委托人提供的证据或因保管不善而使证据失效，给委托人造成直接经济损失的；承办律师在有条件的情况下应当收集证据而未收集，致使证据湮灭或无法取证给委托人造成直接经济损失的；承办律师在接受委托人委托后，因过失导致延误或未完全履行职责而给委托人造成直接经济损失的。

（2）保险公司与被保险人事先协商范围内的诉讼费用。

（3）被保险人为减少或降低保险事故造成的损失所支付的经保险人书面同意的合理的、必要的费用。

3. 注册会计师责任保险的保险责任

注册会计师责任保险的保险责任是注册会计师责任，是指注册会计师或其前任或相关人员，因违反会计业务上应尽的责任及注意义务，而使他人遭受损失，依法应负的经济赔偿责任，但不包括身体伤害、死亡及实质财产的损毁。其责任范围具体包括：

（1）在列明的追溯期开始后，被保险人的注册会计师在代表被保险人承办国内注册会计师审计业务过程中，因过失行为未能履行其业务上应尽的责任和义务，造成委托人及其利害关系人的直接经济损失，委托人及利害关系人在保险期限内，向被保险人提出索赔，依法应由被保险人承担的赔偿责任，由保险人根据保险责任条款的有关规定，在约定的赔偿限额内负责赔偿。

（2）在发生保险事故时，被保险人事先经保险人书面同意支付的有关诉讼费用。

（3）被保险人为减少或降低保险事故损失而支出必要的、合理的费用，保险人在合同约定的赔偿限额内负责赔偿。

4. 建筑工程技术人员职业责任保险的保险责任

建筑工程技术人员职业责任保险的保险责任就是建筑、工程技术人员职业责任，是指建筑

---

① 参见丁凤楚：《对我国会计师责任保险的初步探讨》，载《财经理论与实践》，2000（4）。

工程的安装、勘察、设计、检验、管理人员等因其过失而造成其委托人或他人的财产损失与人身伤害并由此导致经济赔偿责任。该责任的范围一般包括以下内容。

（1）建筑工程的安装、勘察、设计、检验、管理单位对于造成建设工程损失、第三人财产或人身伤亡依法应承担的赔偿责任；

（2）事先经保险人同意的保险责任事故的鉴定费用；

（3）事先经保险人同意的被保险人为解决其与受害第三人之间的民事赔偿纠纷的仲裁费用、诉讼费用、律师费用等；

（4）发生保险责任事故后，建筑工程的安装、勘察、设计、检验、管理单位为缩小和减轻事故损失而支付的事先经保险人同意的必要的、合理的费用。

（四）职业责任保险的除外责任

1. 包括医师、律师、会计师、工程设计师等职业责任保险在内所有的职业责任保险都不保的除外责任

（1）被保险人或其下属专业技术人员的故意侵权行为导致的委托人或其他人的损失；

（2）被保险人或其下属专业技术人员的非执业行为造成的委托人的经济损失；

（3）因被保险人或其下属的专业技术人员的行为引起的委托人或其他人的精神损失或罚款、罚金、惩罚性赔偿金，以及基于能引起罚款、罚金或者惩罚性赔偿的行为而提起的索赔或诉讼费用；

（4）被保险人及其下属工作人员所受到的人身伤亡和财产损失，只能投其他的保险，而不能投保责任保险；

（5）因战争、敌对行为、军事行动、武装冲突、恐怖活动、罢工、骚乱、暴动、盗窃、抢劫、核反应、核放射性污染（但医疗过程中使用放射器材治疗发生的赔偿责任不在此限）、地震、雷击、暴雨、洪水等自然灾害及火灾、爆炸等意外事故导致的委托人的损失。

2. 医师责任保险特有的除外责任

（1）非医疗损害而导致的赔偿，即，未经国家有关部门认定合格的医务人员进行的诊疗护理工作；不以治疗为目的的诊疗护理活动造成患者的人身损害；被保险人或其医务人员从事未经国家有关部门许可的诊疗护理工作；被保险人或其医务人员被吊销执业许可证或被取消执业资格以及受停业、停职处分后仍继续诊疗护理工作。

（2）非医疗行为导致的损害赔偿，即，被保险人或其医务人员使用伪劣药品、医疗器械或被感染的血液制品；被保险人或其医务人员使用未经国家有关部门批准使用的药品、消毒药剂和医疗器械，但经国家有关部门批准进行临床实验所使用的药品、消毒药剂、医疗器械不在此限；被保险人或其医务人员在正当的诊断、治疗范围外使用麻醉药品、医疗用毒性药品、精神药品和放射性药品。

（3）医务人员在酒醉或药剂麻醉状态下进行诊疗护理工作。

3. 律师责任保险特有的除外责任

（1）律师未经律师事务所同意私自接受业务引起的责任；（2）律师在执业过程中与对方当事人或对方律师恶意串通，损害委托人利益，或者被保险的欺诈、欺骗或犯罪行为造成委托人经济损失的；（3）非注册执业律师办理的委托业务；（4）注册执业律师对他人诽谤或恶意中伤，经法院判决指控成立的；（5）在保险期限开始前已经离开被保险律师事务所的注册律师办理的

委托业务，或注册律师加入被保险律师事务所之前办理的委托业务；（6）被保险人在保险单生效之前已经知道或可以合理预见的责任事故。

4. 注册会计师责任保险特有的除外责任

（1）因被保险人的隐瞒或欺诈行为引起的索赔；（2）因被保险人故意伤害他人的行为引起的索赔；（3）被保险人被控对他人进行诽谤或中伤而引起的索赔。[①]

5. 建筑工程的安装、勘察、设计、检验、管理责任保险特有的除外责任

（1）违约中断建筑工程的安装、勘察、设计、检验、管理合同的履行，从而给业主造成的损失；（2）超越委托权限指令承包商作业，导致工程质量达不到要求或工期延误或费用增加，从而导致的业主损失；（3）违反国家法律、法规的规定而导致业主或第三方的损失，以及因此需要承担的经济处罚。

（五）职业责任保险的保险限额

各类职业责任保险的保险限额分为赔偿金限额与相关诉讼费用限额两种。其中，保险人对赔偿金通常有一个累计的赔偿限额，相关诉讼费用则在赔偿金之外另行计算；但若保险人的赔偿金仅为被保险人应给付受害人的总赔偿金的一部分，则相关诉讼费用应按两者的比例分摊，用公式可表示为：保险人应分摊费用＝保险单的赔偿限额/被保险人应负担的赔偿金额。

由于建筑、工程技术人员职业责任保险大多分为综合年度保险、单项工程保险和多项工程保险三种，所以该职业责任保险的保险限额比其他职业责任保险特殊。综合年度保险为以工程勘察、设计单位一年内完成的全部工程项目可能发生的对受害人的赔偿责任作为保险标的的勘察设计保险，其年累计赔偿限额由勘察设计项目所遇风险和出险概率来确定，保险期限一般为1年。单项工程保险是指以建设工程勘察，设计单位完成的一项工程勘察设计项目可能发生的对受害人的赔偿责任作为保险标的的勘察设计保险；单项工程保险的累计赔偿限额一般与该项工程总造价相同，保险期限具体约定。多项工程保险是指以工程勘察、设计单位完成的数项工程勘察、设计项目可能发生的对受害人的赔偿责任作为保险标的的勘察设计保险，其累计赔偿限额一般为数个工程项目造价之和或数个工程项目的总造价之和的一定比例，保险期限具体约定。

（六）职业责任保险的承保方式

国外的职业责任保险多采用"期内索赔式"承保方式，采用"期内事故发生制"承保方式的职业责任保险业务要少些。我国的医师责任保险、律师责任保险、注册会计师责任保险和工程技术人员责任保险也大多采用这种承保方式。这意味着若医疗单位、律师事务所、会计师事务所和建筑工程的安装、勘察、设计、检验、管理单位要连续投保，保险公司将连续计算追溯至第一期保险期限起始日，并承担追溯期内的保险责任。[②]

[实务知识]

发展我国强制责任保险，应当量需而行

2014年8月13日，国务院发布的《关于加快发展现代保险服务业的若干意见》（保险业界

---

① 参见王颖：《论注册会计师责任保险》，载《保险研究》，2001（1）。
② 参见周歆：《注册会计师执业责任保险》，载《湖北审计》，2001（1）。

称"新国十条"）提出，到 2020 年基本建成保障全面、功能完善、安全稳健、诚信规范，具有较强服务能力、创新能力和国际竞争力，与我国经济、社会发展需求相适应的现代保险服务业，实现由保险大国向保险强国的转变。其中，以环境污染、食品安全、医疗责任等领域为重点，开展强制责任保险的试点，已经纳入我国保险业的整体发展战略之中，它将为中国保险市场的深化发展注入新的内容。不过，要想充分发挥责任保险应有的法律功能，还需要在适用强制责任保险的过程中妥善处理相关问题。

（1）恰当地确认强制责任保险的适用范围，处理好其与自愿责任保险的适用关系。强制责任保险是相对于自愿责任保险而言的概念，是对商业保险的一种分类，其与自愿责任保险之间存在着普遍性与特定性的适用关系，决定于保险市场的运行需要。因此，一般的保险产品必须是以迎合社会公众需要的自愿保险为基本形式，而强制保险只能适用于社会生活的特定领域。正是在此意义上，"新国十条"中布置开展强制责任保险试点任务时，特别限定在环境污染、食品安全、医疗责任等特定领域。所以，落实强制责任保险试点工作过程中，首先必须认真、慎重地考虑相应的社会领域是否存在适用强制责任保险的实际需要，应当量需而行地发展强制责任保险，不要动辄就用强制责任保险来解决问题，以免出现无度地滥用强制责任保险的情况。

（2）准确地理解强制责任保险的法律功能，切实发挥其自身的社会管理价值。为了充分发挥强制责任保险的法律功能，把握强制责任保险的适用标准和正确运用强制责任保险达到预期效果是有重要意义的。

首先，正确理解强制责任保险特有的社会公益性。各国保险实务经验说明，当今的强制责任保险不同于早期责任保险的特点之一，就是其适用的最终目标已经由保护被保险人利益转向保护受害第三人的合法权益。因此，其适用的法律价值在于，落实国家的有关政策，维持特定范围内的社会关系正常稳定与和睦发展。此类的责任保险一旦被纳入相关立法而具有在特定范围内强制适用的法律效力，便构成强制责任保险，表明强制责任保险的社会公益性，例如，"新国十条"特别列举的"环境污染、食品安全、医疗责任等特定领域"。

其次，理解强制责任保险的法定性。强制责任保险的上述判断条件应当上升为立法规则，才能够确立为强制责任保险的适用依据。因此，在开展强制责任保险试点过程中，国家的有关主管部门应当充分重视强制责任保险立法工作的引导作用，及时地用立法引导试点工作的进程，随时总结强制责任保险试点中的经验、教训，并就试点中发现的问题及时采取调整措施，为强制责任保险立法工作的及时跟进创造条件。

最后，准确理解强制责任保险的强制性，处理好相关立法与责任保险合同约定的关系。按照其法律内涵，强制责任保险的适用不以当事人的意愿为准，而是以有关的规定为根据。不过，最初的强制性局限于投保与承保环节，即法定范围内负有投保义务的社会群体必须投保该责任保险，而保险公司必须接受该投保，用以强制推行该责任保险的适用。但是，随着强制责任保险的社会公益性日渐突出，强制责任保险的强制范围亦逐渐扩大到投保与承保之外，其立法内容已经涉及当事人之间的实体权利、义务，诸如，立法上对于强制责任保险的保险标的范围、保险费率等作出统一规定，并强制予以适用。我国现阶段所适用的强制责任保险自然也要与时俱进，将强制的范围扩大到投保与承保的范围之外。现行的"交强险"就是最好例证，《机动车交通事故责任强制保险条例》不仅强制投保和承保，更统一规定了保险标的、保险费率等。

练习与思考

1. 什么是责任保险？它区别于其他财产保险的特征是什么？
2. 如何把握和处理责任保险制度与侵权责任制度的适用关系？
3. 如何认定责任保险的保险标的？
4. 如何运用责任保险的赔偿限额？
5. 界定交通运输工具第三者责任保险的特定内容和适用范围。
6. 界定公众责任保险和产品责任保险的特定内容与适用范围。
7. 界定雇主责任保险和职业责任保险的特定内容与适用范围。
8. 思考责任保险在我国的发展走向。

第十一章

信用保险合同和保证保险合同

 本章概要

　　信用保险和保证保险是针对市场经济领域的各种商事交易活动所涉及的信用风险和履约风险而提供保险保障的保险合同类型，并以其自身的诸多特点而区别于其他财产保险。尽管如此，对于信用保险合同和保证保险合同的法律属性，在我国保险实务界和理论界仍存在着争议。学习本章的首要任务，就是探讨信用保险合同和保证保险合同的性质，掌握信用保险和保证保险的分类、各自的法律特征和基本的条款内容。

 重点知识

　　信用保险合同的概念、特征和适用范围

　　保证保险合同的概念、特征和适用范围

　　信用保险合同与保证保险合同的区别

　　保证保险合同的法律性质

第一节　信用保险合同和保证保险合同概述

一、信用保险合同和保证保险合同的概念与法律特征

（一）信用保险合同和保证保险合同的概念和法律性质

　　保证保险合同和信用保险合同都是以市场经济活动中的信用风险作为保险标的的财产保险合同，只是根据承保方式的不同划分为两种合同。简言之，保证保险合同是指债务人向保险人投保自己信用的保险合同；信用保险合同是指债权人向保险人投保，要求保险人为被保险人的信用提供保险保障的保险合同。例如，商品交易活动中的卖方担心买方不能如期付款而要求保险人提供保险保障，在买方不按时付款而发生信用危险事故并受到损失时，由保险人履行保险赔偿责任，属于信用保险合同；反之，商品交易活动的买方也可以向保险人投保，要求保险人为他的付款能力向卖方提供保险保障，则属于保证保险合同。

　　现代商品经济社会是建立在信用基础之上的。信用就是在商品交易活动中能够履行约定义务而取得他人的信任。商品交易当事人通过信用可以获得一定的款项、货物、技术或劳务服务，实现其从事商品交换的目的。可以说，信用在现代社会中无所不在，其规模和种类都达到了空前的程度。商品经营者之间在商品交易活动中采取的赊销商品、预付货款，银行的存款、贴现、分期付款、消费借贷等经营方式，均是向对方提供的信用。如果债务人在这些信用活动

中不能按规定履行其义务，表明其不讲信用，则债权人的经济利益就会丧失。这种信用风险的存在，使得信用保险合同和保证保险合同的产生成为必然。虽然信用保险合同和保证保险合同都是自19世纪晚期产生于美国，其历史并不长，却发展迅速，在欧美各国的保险市场中居于重要的地位。

但是，对于信用保险合同和保证保险合同的性质存在不同的看法，其中，占主导地位的观点认为，二者都具有担保合同的性质，是保险人在债务人不履行债务时提供的一种担保，因此，又将二者合称为广义的保证保险合同。也有学者认为：信用保险合同的本质是一种纯粹的保险业务，并非担保。至于保证保险合同，则是一种担保业务。① 也有学者提出：保证保险合同和信用保险合同不具有担保的性质，都属于独立的保险业务。笔者赞同此观点，理由是：(1) 信用保险合同和保证保险合同均是商品交易活动的债权人或者债务人作为被保险人，将其面临的信用风险——债权人因债务人不守信用而造成的债权损失，转嫁给保险人，从而，构成独立的保险活动。(2) 尤其是保证保险合同，并非从属于商品交易关系的保证合同，而是以商品交易活动中的债务履行所涉及的信用作为保险标的而建立的独立的保险合同关系，与保证合同的从属地位截然不同。(3) 保证保险合同的内容是按照保险原理形成的双务、有偿的合同关系，不同于单务、无偿的保证合同。(4) 保证保险合同所确认的是保险商品交换关系，适用保险的运作机制，不同于保证合同仅以担保为己任，并适用担保规则。

（二）信用保险合同和保证保险合同的适用范围

保证保险合同和信用保险合同承保的保险责任针对的是债务人的信用风险，而信用风险涉及自然原因和社会、经济、政治等各种社会原因，因此，保证保险合同和信用保险合同的适用范围广泛，已经成为各国保险市场的重要组成部分，被普遍地适用于国内商品交换和国际贸易活动。

（三）信用保险合同和保证保险合同的法律特征

保证保险合同和信用保险合同与一般的财产保险合同相比，具有自身的法律特点。

信用保险合同和保证保险合同的首要特点是其所承保的保险标的为商品交易中债务人的信用，这是一种无形的经济利益，因此，该两类保险合同属于无形财产保险合同的具体类型。

信用保险合同和保证保险合同的第二个特点在于其主体构成。其中，保证保险合同存在着三方当事人：保险人、投保人（债务人）和被保险人（债权人）。而信用保险合同则是由保险人和被保险人（债权人）两方当事人所构成。

信用保险合同和保证保险合同的第三个特点是其承保风险的不规律性。相比较而言，一般的财产保险合同各自承保的风险都可以在运用大数法则计算的科学基础上掌握其发生的规律性。而信用保险合同和保证保险合同的承保风险，包括各种主、客观原因，诸如，债务人不履行债务的原因，或者是出于主观过错，或者是战争、政府征用等客观原因，这些原因无规律性可言，不适用大数法则，而是依靠市场信息资料，从而，使得该两类保险合同的承保风险是不规律的。

[保险实例]

2017年9月，某销售商与购车人签订了汽车销售合同，约定购车人以分期付款方式向销售商购车，并由保险公司为购车人提供分期付款保证保险。购车合同签订后，购车人未能按期

---

① 参见徐卫东、杨勤活、王剑钊编著：《保险法》，336页，长春，吉林人民出版社，1994。

支付购车款。于是，销售商诉至人民法院，向购车人追索欠款，并将提供分期付款保证保险合同的保险公司列为第三人，要求保险公司向其履行保证责任。人民法院驳回了销售商对于保险公司的诉讼请求，理由是：保险公司与购车人之间的保证保险合同和销售商与购车人之间的购车合同彼此独立，不存在从属关系，销售商应当另行提起保险合同之诉。

本案例充分体现了保证保险合同的法律属性，表明保证保险合同是一种独立的保险法律关系。借助保证保险合同，保险人就商品交换活动的债权、债务关系中债务人的信用，向债权人提供保险保障。

二、信用保险合同和保证保险合同的产生与发展

信用保险合同和保证保险合同适应着信用交易的扩展而解决商品交易涉及的信用危机的客观需要得以产生和发展。尽管其历史并不悠久，但其几经坎坷的经历却是财产保险领域中少有的：在各种信用发展最早的欧洲，最初都是由银行和商人承担信用风险，特别是商业信用风险，卖方往往从买方银行得到担保。1850 年法国出现私人保险公司经营的商业信用保险业务，不久，均遭失败。最早成功地经营信用保险业务的当推 1893 年成立的专门经营商业信用保险业务的美国信用保险公司（American Credit Inc.）。在英国，1893 年全英地方受托资产公司（the National Provincial Trustees and Assets Corporation）开始承保澳大利亚贸易风险。随后，商业联盟保险公司也打进了贸易担保领域。1911 年，海上事故保证公司办理了顾客营业额的定期信托保险。1918 年，贸易保险公司在英国政府授意下接受了信托风险承保业务。但是，这些公司经营的信用保险业务均不涉足贸易活动中的政治风险。1919 年，英国政府成立出口信托保证部，建立了一套完整的信用保险制度，对外贸出口实行担保，创立了政府经营出口信用保险业务的先河。

第一次世界大战后，信用保险得到了迅速发展，欧美等国出现了众多的商业信用保险公司，或者私人保险公司之间联合成立专门承保出口信用保险的机构。1929 年至 1933 年，世界性经济危机的爆发，在世界范围内造成空前的信用危机，各国信用保险业务受到致命冲击，大批经营商业信用的保险公司纷纷破产。不过，此次世界性信用危机，促进了信用保险制度的完善，其典型表现就是许多西方国家纷纷效仿英国的经验，成立了专门经营信用风险的政府机构或者国营保险公司。

保证保险的发展几乎是同步的，原因是许多经营信用保险业务的保险公司一并经营保证保险业务。1852 年至 1853 年间，英国的若干家保险公司试图涉足契约担保业务，欲从此前已有的由个人、贸易商或者银行主要为从事建筑和公共事业的订约人提供履约担保（Contract Guarantee）领域内分得一份羹，但是，终因缺乏足够规模的资本额而告吹。1901 年，美国马里兰州的诚实存款公司在英国首次提供契约担保，并于 1914 年从欧洲撤回后，几家英国保险公司填补了该真空，开辟了欧洲保证保险业务市场。发达国家商业信用的普遍化和道德风险、信用风险的增加，使得保证保险获得了充分发展的空间。

1934 年，英国、法国、意大利、西班牙等国家的信用保险机构在瑞士伯尔尼联合成立国际信贷和投资保险人协会①，标志着信用保险和保证保险进入国际保险市场。此后，各国的信

---

① 我国的中国人民保险公司于 1996 年 10 月以观察员的身份加入该协会，并于 1998 年 10 月成为正式会员。

用保险业务逐步进入稳定发展阶段，至今已在国际保险市场上形成完善的信用保险制度和固定的信用保险机构。据统计，仅 1992 年至 1996 年的 5 年间，国际信贷和投资保险人协会向全球出口贸易提供了 50 000 亿美元的信贷保险。[①]

我国社会主义市场经济的迅速发展，为信用保险和保证保险的适用提供了广大的空间。这体现在为了适应对外开放、发展国际贸易的需要，中国人民保险公司于 1988 年 9 月 1 日成立出口信用保险部开始办理出口信用保险业务，2001 年 11 月成立的政策性的中国出口信用保险公司，专门经营出口信用保险、投资保险等业务；同时，其他各家经营财产保险业务的保险公司也陆续开办了产品质量保证保险、工程履约保险、雇员忠诚担保保险等业务。

第二节 信用保险合同

一、信用保险合同的概念和特点

信用保险合同是以信用风险作为保险标的的财产保险合同，保险人接受商品交易活动的债权人的投保，承保其在商品交易中面临的信用风险，对于被保险人（债权人）因债务人不履行债务而遭受的经济损失承担保险赔偿责任。

信用保险合同以信用风险作为保险标的，既不同于其他财产保险合同，也因以下特点而区别于保证保险合同：（1）信用保险合同的投保人和被保险人是同一民事主体（债权人），而债务人未参与信用保险合同关系。（2）保险人在信用保险合同中承保的是保险合同以外的第三人（债务人）不履行义务的信用风险。（3）被保险人（债权人）通过信用保险合同转嫁给保险人的信用风险，是指债务人不履行债务而造成的债权人的实际损失。（4）保险人具有特定性。在各国保险市场上，并非所有的保险组织都能够经营信用保险，或者是政府机构直接办理（政策性）信用保险业务，例如英国的出口信用保险部，或者是政府出资参股的保险公司办理出口信用保险，例如加拿大的出口发展公司，或者是政府授权商业保险公司经营信用保险业务，例如德国的赫尔梅斯保险公司。

[保险实例]

2002 年 5 月 25 日，出口信用保险合同的被保险人甲食品进出口公司向乙出口信用保险公司报告：由于从中国进口的鸭肉产品中检测出禽流感病毒，日本政府突然对中国出口的禽肉产品实施封关，致使甲食品进出口公司向日本出运的 43 个货柜、价值 799 480 美元的肉鸡产品被迫运回国内；并且，提交了日本农林水产省的新闻公报。乙出口信用保险公司在尽快核实损因的同时，指示被保险人甲食品进出口公司及时处理保险标的。鉴于本案涉及的冷冻肉鸡产品受到保质期的限制，被保险人甲食品进出口公司经过与海关、商检等主管机关协调，并联络国内买家，处理完毕了上述保险标的后，相应地提出索赔申请。乙出口信用保险公司经过核赔，在确认保险赔付责任后，迅速发出了"赔付通知书"。最终，乙出口信用保险公司按总损失金额的 90% 向甲食品进出口公司履行了保险责任。

本案是典型的政治风险导致的信用保险合同索赔案，充分体现出信用保险合同在保障我国

[①] 参见胡援成主编：《财产保险》，292 页，大连，东北财经大学出版社，1999。

出口企业的经济利益、提高出口竞争实力方面具有的重要作用。

二、信用保险合同的险种分类

在保险实务中，信用保险合同根据保险人承保的信用风险的内容，分为出口信用保险合同、投资保险合同、国内商业信用保险合同和雇员忠诚保险合同。

1. 出口信用保险合同

出口信用保险合同是保险人与出口商之间达成的，保险人承保出口商因其债务人不履行合同义务所遭受经济损失的保险合同。

出口信用保险合同不同于其他商业性合同：它一般由国家政府资助参与业务管理，目的是保障本国出口商的利益，鼓励对外出口，维护出口商的收汇权益。在保险实践中，出口信用保险又分为：（1）出运风险保险。（2）短期出口信用保险（一般是指信用期不超过180天的合同，通常适用于初级产品和消费品的出口）。（3）中长期出口信用保险（承保信用期限在两年以上、金额巨大的合同，适用于诸如建筑工程、造船业等贸易项目。海外工程承包和技术服务项下的费用结算收汇风险也可承保）。（4）延长期出口信用保险（承保信用期限在180天到两年之间的合同，主要是用于诸如汽车、机械工具、生产线等货物的出口，此种合同也可视为短期出口信用保险合同的延续）。（5）特定出口信用保险（承保特定合同项下的风险，承保对象一般是复杂的、大型项目，如大型转口贸易、出口成套设备及其他保险公司认为风险程度较大的项目）等等。

我国于1988年8月正式开办出口信用保险业务，目前，主要以短期险为主，适用于信用期不超过180天的出口贸易合同。

2. 投资保险合同

投资保险合同，又称政治风险保险合同，是指承保被保险人（本国投资者）在外国投资期间因投资国的政治原因造成的投资损失，例如因投资国实行国有化、没收、征用、战争、外汇管制等政治原因而不能收回投资和利润。

由于此类保险涉及国家政治风险，故都由政府专门机构（如英国贸易部的出口信贷担保局、美国联邦事务部的海外私人投资公司）或政府指定的机构（如法国的外贸保险公司和外贸银行）办理投资保险业务。

我国的保险公司从1979年起开办了投资保险，但是，其特点在于接受外国来华投资者的投保，承保中国的政治风险，即对于因中国的政治风险给外国投资者造成的投资损失，在保险金额范围内承担保险赔偿责任。

3. 国内商业信用保险合同

国内商业信用保险合同所承保的是国内工商企业（卖方）因买方不履行义务造成损失的信用风险。它是适应现代市场经济条件下商业赊销方式的广泛适用而发展起来的一种信用保险，目的是促进本国商业信用的发展。

常见的国内商业信用保险合同是放款信用保险和消费信用保险。其中，放款信用保险承保借款人（债务人）不能偿还或者不偿还贷款或者不支付利息给贷款人（债权人）造成的经济损失。消费信用保险承保买方违背分期付款或延期付款的约定，不如期付款给卖方造成的损失。

4. 雇员忠诚保险合同

雇员忠诚保险合同又称诚实担保保险合同，其内容是保险人根据雇主的投保要求，承保雇主因其雇员的欺诈、伪造、隐匿、盗窃、违背职守等不诚实行为所遭受的经济损失。进一步讲就是，雇员忠诚保险合同又包括承保投保单位的特定雇员的失职行为的"指名忠诚保险合同"、承保投保单位的多数雇员的失职行为的"团体忠诚保险合同"、承保投保单位的所有雇员的失职行为的"总括忠诚保险合同"和承保投保单位的特定职位的雇员的不忠诚行为的"职位忠诚保险合同"等具体种类。

第三节　保证保险合同

一、保证保险合同的概念和特点

保证保险合同是指由商品交易活动的债务人向保险人投保，而保险人以债权人作为被保险人向其提供保险保障，即被保险人（债权人）在保险期限内因债务人实施违法或者违约行为而遭受经济损失的，保险人承担保险赔偿责任。

作为独立的财产保险合同类型，保证保险合同以其自身的特点区别于其他一般财产保险合同，也不同于信用保险合同。

（1）保证保险合同的主体构成不同。保证保险合同涉及债权人、债务人和保险人三方当事人。其中，投保人和被保险人两种身份是相互分离状态的，债务人是投保人，而债权人是被保险人，保险人根据债务人的要求就其信用向债权人提供保险保障。

（2）保证保险合同的保险标的是基于债务人的信用风险而形成的经济利益，具体表现为，三方当事人在保险合同中的权利、义务是以债务人不履行债务而给债权人造成的经济损失为对象的。

（3）保证保险合同承保的信用危险具有特殊性，即债务人出于主观过错而不履行债务的行为。故保险人在订立保证保险合同时，应当调查债务人（被保证人）的资信情况，包括被保证人在各国的政治经济状况、被保证人的资金财务状况、信誉状况、经营范围、经营能力等方面内容。只有经过可靠的资信调查，确认有把握的，才能承保，并且，据此决定所应适用的保险费率。当然，保证保险合同一般将债务人因不可抗力而不能履行债务的情况列为责任免除事项。

（4）保证保险合同的保险人在向被保险人（债权人）履行了保险赔偿责任后，适用代位求偿制度。保险人在向债权人进行保险赔偿之后，债权人应当将其享有的向债务人的追偿权转让给保险人，由保险人代位向债务人追偿。

（5）保证保险合同强调损失的共担。承保风险的特殊性，使得保证保险合同的风险范围很难估算和控制，因此，在保险实务中，保证保险合同一般采取保险人与被保险人共担损失的办法，各自依约负担一定比例的损失责任。

二、保证保险合同的种类

目前，各国保险市场上开办的保证保险合同业务，主要有履约保证保险和产品保证保险两大类。

1. 履约保证保险合同

履约保证保险合同是指承保债务人不履行合同规定的债务而给债权人造成的经济损失的保

险合同。

2. 产品保证保险合同

产品保证保险合同是指承保产品的生产商或销售商制造或者销售的产品存在质量缺陷而给用户造成的经济损失的保险合同，其承保范围包括有缺陷的产品本身的损失及由此引起的间接损失和费用。

[实务知识]

专营出口信用保险的中国出口信用保险公司

中国出口信用保险公司是我国唯一承办政策性出口信用保险业务的金融机构，2001年12月18日成立并揭牌运营，已形成覆盖全国的服务网络，并在英国伦敦设有代表处。

中国出口信用保险公司的主要任务是配合国家外交、外贸、产业、财政和金融等政策，通过政策性出口信用保险手段，支持货物、技术和服务等出口，特别是高科技、附加值大的机电产品等资本性货物出口；支持中国企业向海外投资，为企业开拓海外市场提供收汇风险保障。

该公司的主要产品包括短期出口信用保险、中长期出口信用保险、投资保险、国内贸易信用保险、担保业务；主要服务有融资便利、应收账款管理及商账追收、资信评估服务以及国家风险、买家风险和行业风险评估分析等。该公司并向市场推出了具有多重服务功能的电子商务平台——"信保通"，使广大客户享受到更加快捷、高效的网上服务。

该公司成立以来，坚持以"履行政策性职能，服务高水平开放"为己任，有效服务于国家战略，精准支持企业发展，确保财务可持续，积极扩大出口信用保险覆盖面，在服务共建"一带一路"、全力促进外贸稳中提质、培育国际经济合作和竞争新优势、推动经济结构优化等方面发挥着不可替代的作用。其经营的出口信用保险对我国外经贸的支持作用日益显现。尤其是国际金融危机期间，出口信用保险充分发挥了稳定外需、促进出口成效的杠杆作用，帮助数千家企业破解了"有单不敢接""有单无力接"的难题，在"抢订单、保市场"方面发挥了重要作用。目前，其累计支持的国内外贸易和投资的规模约3 274亿美元，为上万家出口企业提供了出口信用保险服务，为数百个中长期项目包括高科技出口项目、大型机电产品和成套设备出口项目、大型对外工程承包项目等提供了保险支持。同时，还带动117家银行为出口企业融资超过6 000亿元人民币。

截至2019年年末，该公司累计支持的国内外贸易和投资规模超过4.6万亿美元，为超过16万家企业提供了信用保险及相关服务，累计向企业支付赔款141.6亿美元，累计带动200多家银行为出口企业融资超过3.6万亿人民币。根据国际伯尔尼协会统计，2015年以来，中国出口信用保险公司的业务总规模连续在全球同业机构中排名第一。

练习与思考

1. 什么是保证保险合同？它有哪些特征？
2. 什么是信用保险合同？它有哪些特征？
3. 比较保证保险合同与信用保险合同的法律区别。
4. 思考保证保险合同的法律构成和适用范围。
5. 思考信用保险合同的法律构成和适用范围。

第十二章

海上保险合同

📖 **本章概要**

海上保险是对海上活动领域内的保险关系的统称，是保险制度的必要组成部分，而且，海上保险的历史悠久，是现代保险制度的源头。海上保险通过其特有的经济补偿职能，成为海上运输领域中普遍适用的风险转移手段，是维持正常的海上运输程序的"稳压器"，又是海商法不可或缺的组成部分。各国普遍将海上保险列入海商法之中，而海上保险合同就是海上保险的法律表现形式。学习本章之目的是，掌握海上保险合同的法律属性和法律构成，订立、解除和转让海上保险合同的法律程序，海上保险合同的条款内容，各方当事人的权利和义务，等等。

📚 **重点知识**

海上保险的特性和地位

海上保险合同的概念和构成

海上保险合同的订立、解除和转让

海上保险合同的种类

海上保险合同的基本条款

委付的适用条件

第一节　海上保险的特性和地位

一、海上保险制度的特性

海上保险属于财产保险的范畴，是指保险人对于承保财产因海上风险所造成的损失给予经济补偿的制度。

理解海上保险的本质，应当立足于保险市场的整体。在此意义上讲，海上保险是一种商品交换关系。由于海上航运面临着复杂多样的海上风险，海上航运经营者或者货物所有人需要寻求一种专门的保险保障，以便保护其自身的经济利益。相应地，专门经营海上保险的保险人也就设计了适合投保人需求的海上保险险种，通过与投保人签订海上保险合同，收取保险费而向被保险人提供保险保障，这一保险保障就是双方当事人在海上保险中予以交换的劳务商品，其中，保险人针对海上保险合同约定的海上风险提供的保险保障是该保险商品的使用价值，而投保人所应缴纳的保险费是该保险商品所包含的交换价值的货币化形式。海上保险作为一种保险商品交换的方式，意味着海上航运的经营者或者货物所有人将其在海上航运中所面临的海上风险集中到了海上保险人名下，在船舶或者货物因海上保险事故的发生而遭受损害时，由保险人按照海上保险合同的约定向其支付保险赔偿金来弥补其经济损失。这实质上是将该被保险人本应单独承受的海上风险通过保险人的保险经营行为，转移给各个被保险人共同分担。由此可见，海上保险是转移和分散海上风险、降低损害后果的有效手段。

同时，海上保险作为保险的具体类型之一，基于自身的特定内容又形成了如下特有属性。

（一）承保风险的综合性和复杂性

海上保险是针对一定危险发生的可能性提供保险保障的，但是，海上保险主要是以航海事故——航海中所遇到的自然灾害和意外事故作为对象的，而海上地理环境和自然条件的特殊性，使得航海风险大于陆上风险，致损原因也更为复杂：它可能来自台风、海啸等自然灾害；也可能因为船舶本身的缺陷导致船舶碰撞、触礁、搁浅、沉没等；甚至航海事故可以起因于海盗、船员的不法行为或者有关当局对船舶扣押等人为灾难。海上保险的承保风险不仅有复杂性，而且以综合性为特点，因为，它所承保的风险不限于在海上发生，也包括与海上航行有关的发生于内河或者陆上的事故。比如，海上运输货物保险中，保险人的保险责任为"仓至仓"，责任就包括对海上运输前后的陆上风险予以承担。随着国际多式联运和集装箱综合保险的发展，海上保险承保风险的综合性特点更为突出。

（二）承保标的的多样性和流动性

保险标的是保险法律关系的组成部分，为各个保险合同的必备内容。然而，大多数保险合同中，保险标的是单一的。相比之下，海上保险合同的保险标的具有多样性。根据投保人向保险人投保的情况，海上保险合同所规定的保险标的经常是有形财产和无形财产并存，法律责任、经济权益可以与财产并存于同一海上保险合同之中，具体包括船舶、货物、运费、法律责任（诸如船舶碰撞或漏油污染等事件引起的赔偿责任）及相关的经济权益等均可成为海上保险合同的保险标的。同时，海上保险合同的保险标的又是以流动性为特色的。海上保险合同主要是围绕着船舶和运输的货物，为海上运输活动提供保障，而这些船舶或运输货物往往是处于流动状态的。这就使得海上保险合同有别于陆上以固定财产为保险标的的保险合同。

（三）承保内容的多变性和国际性

海上保险是与海上货物运输紧密相连的，从而要受海上运输活动的影响。在海上运输经营中会出于贸易经营的需要而转让提单、转让或出售船舶、将船舶予以抵押等，相应地，也就引起海上保险合同的依法转让或背书转让。这对于保险人来说，意味着承保对象（保险单持有人）的变化。它反映出海上保险与海上运输之间的密切关系，体现了海上保险的又一特点。与此同理，海上运输是为国际贸易提供服务的，从而决定了海上保险合同的国际性。海上运输存在于各个港口之间，必然涉及不同国家、不同水域，承运人、托运人、收货人的国籍也不相同。因此，海上保险合同的适用当然要遇到各国的法律、国际公约、国际惯例，在处理海事纠纷时有关的海上保险合同也就不可避免地涉及仲裁、诉讼、管辖权等一系列法律问题。而国际再保险的日益扩大，也使得海上保险合同的国际性特点更为突出。

二、海上保险的地位

在保险领域，海上保险是起源最早、历史最久的一种。这取决于航海贸易对保险保障的需要。早在公元前2000年左右，地中海的海上贸易活动较为发达，但由于船舶简陋，抵御海上风险的能力薄弱，海上贸易便成为一种冒险。为此，产生了补偿海上事故损失的共同海损分摊制度和船舶抵押借贷制度，成为海上保险的萌芽。而现代形式的海上保险产生于 14 世纪的意大利。随着 11 世纪末的"十字军"东征，意大利商人控制了东方与西欧的中介贸易，使当时意大利的伦巴德、佛罗伦萨、热那亚等沿海城市成了海上贸易中心。相应地，意大利商人逐步地采用与现代形式相似的海上保险合同保护其经济利益。这可以热那亚商人乔治·勒克维伦于 1347 年 10 月 23 日为承保"圣·克勒拉"号从热那亚至马乔卡的航运所出具的船舶航程保险单作为例证。

现代海上保险的发展是在英国。17 世纪的资产阶级革命为英国资本主义的发展开辟了道路，使英国成为在世界贸易和航运业中占据垄断地位的殖民地国家。这为海上保险的完善和发展提供了有利条件，出现了经营海上保险的垄断组织和较完备的海上保险合同文本。其中影响最大的首推英国劳埃德保险合同社及其制作的劳氏保险单，至今仍在国际海上保险业中占有举足轻重的地位。同时，英国政府也不断完善其海上保险立法，于 1906 年制定了《海上保险法》，用法律形式将海上保险予以固定，创立了海上保险发展的新阶段。该法对于海上保险乃至整个保险业的发展都具有重要意义。

由此可见，海上保险合同是现代保险合同的最初渊源。它所确立的基本原则和基本条款被各类保险合同所采纳、吸收。所以说，海上保险是保险法的重要组成部分。

海上保险又是各国海商法的基本内容之一。纵观各国海运业发展的实践，海上保险是与海上运输不可分离的。由于在现代科学技术条件下，人类预测和消除海上灾难事故的水平仍然有限，加之因各种政治、经济因素的影响而发生的人为灾难普遍存在，所以，在海上运输中发生各种事故损失是客观的。为此，必然要借助海上保险来补偿相应的损失，维持海上运输活动的稳定和发展。海上保险的核心作用在于，将海上运输的参与者——承运人、货主及有关各方所承担的海运风险转移给保险人。

因此，海上保险合同作为一种典型的补偿合同，与海上运输活动的性质迥然不同，但却由它所具有的风险转移作用，而被普遍适用于海上运输当中，成为海商法的一个重要法律制度。

海上保险在我国的发展是自中华人民共和国成立之后。随着中国保险事业独立自主地发展、壮大，海上保险也日臻完善。1949 年 10 月 20 日中国人民保险公司开业之初，为适应对外贸易和国际经济交往的需要，陆续开办了出口货物运输保险、远洋船舶保险等海上保险业务，并制定了独立的海洋货物运输保险条款、船舶保险条款。1979 年以来的改革开放浪潮又促进了我国海上保险业务的迅猛发展。中国人民保险公司新开办了保赔保险、海上石油开发等海上保险险种；同时，根据当代海上运输业的新特点，参照英国伦敦协会制定的海上保险条款（伦敦条款），颁布了新的海洋运输货物保险条款。如今，在太平洋保险公司、平安保险公司相继开办海上保险业务的形势下，我国的海上保险业务必将日益扩大，海上保险合同也一定更加完善。

上述海上保险的地位决定了其适用范围是以海上运输为中心。正如我国《海商法》第 216 条所规定的，保险人在海上保险合同中承担赔偿责任所涉及的保险事故，"是指保险人与被保险人约定的任何海上事故"。这首先就是针对所投保的船舶、货物、运费等在海上运输过程中遭受的各种危险。不过，随着世界各国政治、经济形势的变化，海上运输业的发展及海上资源开发利用的扩大，海上保险合同的适用也处于不断的发展、变化之中。

首先，海上保险所承保的危险范围日益扩大，不仅仅限于海上危险。在实践中，由于"仓至仓"交货制度的兴起，以及国际多式联运中采用了"门至门"交货制度，海上保险合同承保危险的范围，已经从海上扩大到内河、陆上及航空运输的全过程，而且，还包括各种联运工具所引起的法律责任等。为适应这种客观需要，我国《海商法》第 216 条第 2 款明确规定，保险事故"包括与海上航行有关的发生于内河或者陆上的事故"。

其次，海上保险合同所承保的标的范围不断扩大，保险险种日益增加。随着国际海运业的发展和人类对海洋资源开发利用的扩大，遭受海上风险危及的物质内容和经济利益自然也会增多，使得社会成员寻求保险保障的范围相应扩大。为此，海上保险合同承保的保险标的已由传统的船舶、货物、运费，扩展到建造中的船舶、海上作业、海上资源开发、被保险人对第三者应负的责任及由于发生保险事故可能受到损失的其他财产、责任、费用等。与此相适应，海上保险的险种也在增加，出现了许多新险种，诸如船舶建造保险、污染保险、海上石油开发保险、集装箱保险等。我国《海商法》第 218 条所规定的保险标的范围以及我国保险公司经营海上保险的实践均反映了海上保险的这一趋势。

[实务知识]

海上保险制度的雏形——海上船舶抵押借贷（海上冒险借贷）

有关海上保险的起源存在多种说法，比较普遍的是，海上船舶借贷是近现代海上保险的雏形。海上船舶借贷作为古代借贷的变形，表现为，借款人以出海航行的船舶和船载货物作为抵押向放款人借款，约定高于普通借贷的利率（甚至高出 1 倍）。如果船舶安全抵达目的地，借款人应当向放款人如数偿还借款的本金加上利息；如果船舶以及货物在航行途中遭遇海上风险而蒙受损失，借款人根据受损程度，免除全部或者部分借款债务的偿还责任。可见，该类船舶抵押贷款实质上是一种风险转移手段，不过，其高额利息意味着盈利与风险责任的比例悬殊，致使双方都承受着很大的风险，故素有"海上冒险借贷"之称。

船舶抵押贷款最早出现在地中海地区。一般认为，公元前 2500 年的《汉谟拉比法典》中有关海上冒险借贷的规定是最早的保险法律规定。公元 533 年，罗马国王查士丁尼颁布法典承认了海上冒险借贷，但这只是简单的保险法律萌芽，因为，其确认的海上冒险借贷具备了保险的基本特征，放款人相当于保险人，借款人相当于被保险人，被抵押的船舶以及货物是保险标的，所收取的高于一般借贷的利息部分就是保险费。直至中世纪，海上冒险借贷在意大利和地中海沿岸的海运各国十分盛行，于是，被 12 世纪适用于地中海沿岸的《康苏拉度海事法例》吸收。不仅如此，1973 年，学者罗伯特·戈希（Robert Goshay）和理查德·桑德尔（Richard Sandor）正是基于海上冒险借贷所包含的远期信用风险的理念，提出将再保险风险转移到资本市场，借助保险证券化来解决再保险市场承保能力不足之问题的方法，引发一系列保险证券化的尝试[①]，以适应保险业发展的需要。

---

① 例如，1992 年，美国芝加哥交易所推出巨灾风险期货，开创了保险风险转移到资本市场的先例。1993 年和 1995 年，该交易所相继推出巨灾风险买权价差和财产赔偿服务巨灾选择权，标志着期货市场开始关注保险证券化业务。1997 年 11 月，百慕大商品交易所推出巨灾指数选择权，向避险者提供又一种避险工具。同时，保险证券化概念也开始出现在柜台市场：1994 年，德国汉诺威再保险公司就成功发行巨灾债券。1997 年，纽约设立巨灾风险交易所，为其会员在网上进行各种巨灾风险的交换、各种传统保险和再保险的买卖以及非传统风险转移工具的买卖提供服务。

第二节　海上保险合同的概念和构成

一、海上保险合同的概念

根据我国《海商法》第216条第1款的规定，海上保险合同是指保险人按照约定，对被保险人遭受保险事故造成保险标的的损失和产生的责任负责赔偿，而由被保险人支付保险费的合同。

二、海上保险合同的构成

海上保险合同所确立的是存在于当事人之间的海上保险法律关系，因此，构成海上保险合同的主体和客体也具有特点。

（一）海上保险合同的主体

海上保险合同的主体，是指参与海上保险合同的各方当事人，具体包括海上保险人和投保人、被保险人。

1. 海上保险人

在海上保险合同中，海上保险人是指按照合同约定收取保险费、承担赔偿责任的一方当事人。

根据各国海上保险业的实际情况，海上保险人是经营保险业务的经济组织或个人，其具体组织形式包括股份有限公司、相互保险公司、保险合作社、个人保险人等。依照各国法律规定，不论哪种形式的保险组织，要成为海上保险合同的保险人，其条件有两个：一是必须经过政府机构的批准，取得保险人资格；二是应当具有经营海上保险业务的资格。在我国获准经营海上保险的财产保险公司，可以成为海上保险合同的保险人。

2. 投保人

投保人又称要保人，是指经申请与保险人订立海上保险合同，负有缴纳保险费义务的一方当事人。

从法律上说，海上保险合同的投保人可以是自然人或法人。投保人可以是为自己的利益，也可以是为他人的利益或两者兼有而订立海上保险合同。不过，作为海上保险合同一方当事人的投保人应当具备如下条件。

第一，应当具有民事行为能力。订立海上保险合同是一种民事法律行为，会引起相应的法律后果，因此，要求投保人必须具有民事行为能力，能够正确地分析、判断其投保海上保险的性质和后果。

第二，应当具有保险利益。作为海上保险合同一方当事人的投保人应当与保险标的之间存在着某种切身利害关系。无保险利益的自然人或法人不能向保险公司投保，也就不会成为海上保险合同的投保人。如果依此条件确认投保人资格的话，具体包括：船舶所有人（船东）对其拥有的船舶具有保险利益（但是，涉及光船租船合同时，法律一般认定租船人为船东，对其所租船舶具有保险利益，可以向保险人投保）；货物所有人对其享有所有权的货物具有保险利益；运费所有人（到付运费时的承运人或预付运费时的货主）对相应的运费具有保险利益；租船合同中的出租人对其应得的租金具有保险利益；船舶抵押中的抵押人（船东）对其抵押的船舶或抵押权人（银行或金融机构）对其支出的抵押贷款均有保险利益。上述民事主体都可以向保险公司投保而成为海上保险合同的投保人。

3. 被保险人

海上保险合同的被保险人，是指承受保险事故所造成保险标的损失的后果，并有权请求赔偿的一方当事人。由此可见，被保险人是在海上保险合同中获取保险保障的直接承受者。所以，作为海上保险合同中的被保险人也应具备两个条件：一是与保险标的之间有切身利害关系，即具有保险利益。二是在保险事故发生时将直接承受损害后果。就大多数国家的海上保险实践而言，若投保人为自身利益投保海上保险合同，则投保人与被保险人是同一个当事人；若投保人为他人利益投保，则被保险人就是另一个当事人。但是，根据我国《海商法》关于海上保险合同的规定，被保险人就是投保人，两种主体身份不得分离。

（二）海上保险合同的客体

海上保险合同的客体，是指当事人的权利、义务所指向的事物，即通过保险人在海上保险合同中获得保险保障的对象。

可见，海上保险合同所保障的，并非保险标的——在海上保险合同中所投保的船舶、货物、运费等，而是保险利益——在保险标的因保险事故致损时，由保险人予以赔偿来保障相应的保险利益。所以说，海上保险合同的客体是保险利益。

所谓保险利益，是指投保人（或被保险人）与保险标的之间存在的切身利害关系，诸如对保险标的具有的所有权利益、共有利益、经营管理利益、承担法律责任或费用引起的利益等。这些经济利益是客观存在的，可以由保险人加以保障，故又称为可保利益。

作为海上保险合同客体的保险利益必须具备以下三个条件。

第一，保险利益必须是合法的，否则，即使存在着利害关系，也会因其不合法而不能成为海上保险合同的客体。

第二，保险利益一般应是确定的、能够实现的经济利益。不论是现实存在的（如运营的船舶）还是可期待利益（如运费、租金、利润等），均应符合这一条件。因此，仅靠推论可能获得的利益就不能成为保险利益。

第三，保险利益必须具有经济价值，即可以用货币加以衡量和计算。所以，不能用货币衡量的损害后果就不具有保险利益。

保险利益在海上保险合同中的范围，一般是由法律规定或合同约定。以英国 1906 年《海上保险法》为例，该法第 5 条规定："依本法规定，凡对于航海冒险发生利益关系的人，均有保险利益。"具体包括在航海冒险中保险的任何财产，根据法律而有合法关系的人，因其财产的安全或及时到达而获利。我国的《海商法》在"海上保险合同"一章未对保险利益予以规定。而按照我国《保险法》的规定，被保险人（投保人）"对保险标的具有法律上承认的利益"就是保险利益。

[保险实例]

2013 年 6 月，甲航运有限公司将其管理的"霞光"轮向乙保险公司投保了船东保障和赔偿责任保险，但是，该航运有限公司并未将其是"霞光"轮的管理人以及该船舶的注册船东、光船承租人的情况向乙保险公司进行陈述。同年 11 月，被保险的"霞光"轮在海上航行过程中，因操作不当而与另一运输原油的油轮发生碰撞，致使船舶严重受损，并导致被撞油轮运载的原油外泄，形成主航道的海洋污染。为此，甲航运有限公司对于被保险"霞光"轮由此发生的船舶碰撞责任、油污责任以及清理油污费用等，依照"船东保障和赔偿责任保险条款"向乙保险公司递交索赔申请书。

乙保险公司受理后，在理赔过程中发现，甲航运有限公司仅仅是被保险"霞光"轮的管理人，于是，作出了拒赔决定，理由是：被保险人甲航运有限公司在投保本保赔保险时，既不是被保险"霞光"轮的船舶所有人，也不是该船舶的光船承租人，其对该船舶不具有保险利益。甲航运有限公司表示不能接受乙保险公司的拒赔决定，理由是："船东保障和赔偿责任保险条款"并未明文将被保险人限定为船舶所有人和光船承租人，而甲航运有限公司作为被保险"霞光"轮的管理人，基于该管理权对该船舶依法具有保险利益。

借助本案例，可以了解海上保险关系的构成特色应当是以现代国际海运市场的多样性为基础的，从而，船舶所有人、光船承租人、船舶经营人、船舶管理人等均与船舶之间具有保险利益，也都可以就各自的保险利益而投保海上保险，并与保险人之间建立海上保险合同关系。不仅如此，海上保险法律关系还因各自提供的保险保障内容的区别而形成不同的保险种类。例如，本案例就属于海上保险领域内的船东保障和赔偿责任保险，与海上运输货物保险相互独立、相互区别，形成各自特定的保险保障范围。

第三节　海上保险合同的有效条件和海上保险单

一、海上保险合同的有效条件

海上保险合同作为对海上航运提供保险保障的法律手段，于国际贸易和海上航运具有重大意义。为此，海上保险合同需要具备相应的有效条件：

（一）当事人应当具备法定资格

从法律角度来讲，具有法定资格的社会成员才能订立海上保险合同，否则，所签订的海上保险合同无效。这一资格条件对于保险人和被保险人（投保人）均有法律约束力。

对于保险人而言，其资格是须经政府机构批准，取得保险人身份，并且，有经营海上保险业务的内容。

与此相对应，被保险人的法定资格表现在，应具有民事行为能力，而且，与保险标的之间存在着保险利益。在海上保险实践中，船东、货主（发货人或收货人）、船舶的承租人、提供贷款而享有抵押权的银行、承运人甚至保险代理人等，可以作为被保险人订立海上保险合同。

（二）当事人的意思表示真实一致

这是合同法对各类合同的基本要求，同样适用于海上保险合同，即保险人和被保险人在订立海上保险合同的过程中，表达各自的真实意思，经过协商，达成一致协议。以此确保所订立的海上保险合同代表双方当事人的真实意思，切实发挥其应有的保险保障职能。

基于最大诚信原则，当事人意思表示真实一致作为海上保险合同的有效条件，着重强调当事人应当履行如实告知的义务。根据我国《海商法》第222条第1款的规定，海上保险合同订立之前，"被保险人应当将其知道的或者在通常业务中应当知道的有关影响保险人据以确定保险费率或者确定是否同意承保的重要情况，如实告知保险人"。可见，我国《海商法》具体限定了重要情况的范围，这有利于当事人在订立海上保险合同时予以执行，也便于审查该合同的有效性。

（三）当事人所订立海上保险合同的内容合法

此即当事人所订立的海上保险合同的内容应当符合有关国家法律的规定，符合有关国际贸易、海上航运、海上保险的国际公约和国际惯例。

海上保险合同的内容合法体现在保险条款上。比如，各国法律均禁止赌博性海上保险合同。再有，海上保险合同的保险标的，依据有关国家的法律规定，必须是合法财产，而且属于法定的海上保险合同的承保范围。海上保险合同所涉及的保险利益，必须是被保险人与保险标的之间存在的合法的经济利害关系。

（四）海上保险合同的形式符合法律规定

保险合同标准化是当今保险业的发展趋势，尤以海上保险合同最为典型，各个经营海上保险的保险人纷纷格式化合同，并在此基础上逐步形成了若干个标准合同。同时，各国法律均对海上保险合同的形式予以规定，构成相应的形式要件。

概括各国的海上保险实践，海上保险合同一般表现为保险单形式。我国《海商法》借鉴了这些国家关于海上保险合同形式的规定，没有硬性要求海上保险合同必须用书面形式。因为，根据该法第 221 条的规定，保险人和被保险人只要就海上保险合同的条款达成协议后，合同即告成立。这显然包含了书面形式和口头形式。但是，保险人依法应当及时向被保险人签发保险单或者其他单证。

二、海上保险单

海上保险单是体现海上保险合同的内容、证明海上保险合同存在的法律凭证。

首先，海上保险单是体现海上保险合同内容的法律文件。我国《海商法》明确要求，保险人应当在其签发的保险单中载明当事人双方约定的合同内容，作为双方当事人的履约依据。在海上保险实务中，保险合同的基本条款是由保险人事先统一印制的。如果被保险人对基本条款有所修改和补充，应在保险单中注明。如果被保险人所填写的投保单有遗漏，也可在保险单中进行增补。

一般情况下，海上保险单记载了如下海上保险合同内容。

第一，声明事项。这是被保险人为订立海上保险合同所需提供的基本资料，诸如被保险人的名称，保险标的的名称、种类及其他事项（如被保险船舶的船龄、国籍等），保险金额，保险期限，保险费的数额和支付时间、方式，被保险人所作的保证或承诺事项等。

第二，保险责任事项，即保险人在本海上保险合同中应承担的保险责任。

第三，除外责任事项。这是对保险人承担的保险责任所加的限制或修改，一般写明了因非承保危险所引起的保险标的损失，保险人不负保险责任。

第四，条件事项，即海上保险合同各方当事人所享有的权利和承担的义务，诸如被保险人的各项义务，索赔的手续、时效，保险合同或保险单的变更、转让、注销，代位求偿权的转移，争议的处理等。

其次，海上保险单是证明海上保险合同的法律凭证。按照海上保险的惯例，海上保险合同都是以保险单（或其他保险凭证）来表现。被保险人持有保险单，就在法律上具有保险权益，也就成为认定海上保险合同关系的证明。

此外，海上保险单还兼有有价证券的属性，被称为"保险证券"。比如，在海上货物运输保险合同中，指示式或无记名式的保险单，可由被保险人背书后，随同货物转让给第三人，受让人依据保险单取得保险权益。又如，在国际贸易中，经卖方投保海上保险后，海上保险单是进行国际结算的必要条件。

第四节　海上保险合同的解除和转让

一、海上保险合同的解除与解除权

海上保险合同的解除，是指一方当事人依法行使解除权，而使合同自始无效的单方法律行为。

解除海上保险合同的法律后果集中表现在，它使海上保险合同的法律效力消失，回复到订立合同以前的原有状态。因此，海上保险合同的解除具有溯及既往的效力，即保险人要返还相应的保险费，并且，不承担相应的保险责任。

海上保险合同的解除取决于一方当事人行使解除权。所谓解除权，就是法律赋予海上保险合同的当事人在合同成立之后，基于法定事由解除合同的权利。此项解除权可以由保险人行使，也可以由被保险人行使（又称"退保"）。

二、海上保险合同解除的原因及处理

根据我国《海商法》的规定和海上保险的实践，有如下几种解除海上保险合同的情形。

（1）由于被保险人违反如实告知义务，保险人解除海上保险合同。然而，对其处理方法因被保险人的主观恶性不同而有所区别。

按照我国《海商法》第 223 条第 1 款的规定，被保险人出于故意违反如实告知义务，未将法律规定的重要情况如实告知保险人的，保险人有权解除合同，并不退还保险费。而且，保险人对于合同解除前发生保险事故造成的损失，不负赔偿责任。

与此不同，对于被保险人非故意地违反如实告知义务的，该条第 2 款规定，保险人有权解除合同，也可以不解除合同而要求增加相应的保险费。如果解除海上保险合同，除非未告知或者错误告知的重要情况对保险事故的发生有影响的，保险人对于合同解除前发生保险事故造成的损失，应当负赔偿责任。

（2）被保险人违反保证条件的，保险人有权解除海上保险合同。为此，我国《海商法》第 235 条要求被保险人应当立即书面通知保险人。保险人在收到通知后，可以解除合同。不过，于被保险人未通知的情况，保险人在得知对方违反保证条件时，能否解除合同法律却未予以规定。

（3）在保险责任开始前，被保险人可以要求解除合同。此时，如何处理？我国《海商法》第 226 条明确规定，保险人应当退还所收取的保险费，但是，被保险人应当向保险人支付手续费。

（4）除货物运输保险和船舶的航次保险以外，根据合同约定，被保险人或保险人可以在保险责任开始后要求解除合同。而且，我国《海商法》第 227 条相应规定了处理方法：如果被保险人要求解除合同的，保险人有权收取自保险责任开始之日起至合同解除之日止的保险费，剩

余部分予以退还。如果保险人要求解除合同的，应当将自合同解除之日起至保险期间届满之日止的保险费退还给被保险人。

（5）未经保险人同意，因船舶转让而转让船舶保险合同的，该合同自船舶转让之时起解除，船舶转让发生在航次之中的，船舶保险合同至航次终了时解除。我国《海商法》第230条第1款的这一规定，保护了保险人的权益。因为保险人不能控制这种转让行为，就会损害其权益。当然，该条第2款还规定了处理方法——在合同解除后，保险人应当将自合同解除之日起至保险期间届满之日止的保险费退还给被保险人。

［保险实例］

甲海运公司于2013年4月2日为其下属的"晨光"轮向乙保险公司投保船舶保险，保险期限为1年。在办理投保过程中，投保人需要填写保险人所提供的"船舶保险申请表"，其中，在回答保险人各项提问项目时，于"前三年总赔付金额及平均赔付率"一栏，甲海运公司没有填写任何内容，而乙保险公司在核保和承保时，对此没有提出任何异议，并向甲海运公司签发了保险单。

2014年1月，被保险船舶"晨光"轮在航行中因发生舵机失灵而搁浅于航道之上。此后，该船舶被拖至A港口进行修理，甲海运公司因此需向港口公司、修船人以及货主等支付拖船费、修理费、港口规费和货损赔偿费各项，共计一百余万元。为此，甲海运公司向乙保险公司提出书面的索赔申请。但是，乙保险公司在理赔调查过程中发现，该"晨光"轮在2012年8月曾因与其他船舶发生海损事故而获得赔偿70万元，而甲海运公司在上述"船舶保险申请表"中"前三年总赔付金额及平均赔付率"一栏未填写任何内容，实质上是未向乙保险公司告知被保险船舶在投保本船舶保险之前已经发生海损并获赔的情况。于是，乙保险公司以甲海运公司违反如实告知义务为由作出拒赔决定，并通知甲海运公司：因其未依法履行如实告知义务而解除双方所订立的船舶保险合同，并对于此前发生的海损事故不承担保险赔偿责任。于是，双方形成了保险纠纷。

借助本案件可以看到，投保人在实施投保行为过程中承担和履行如实告知义务具有重要意义，它关系到保险人进行风险评估和是否予以承保的决策。在海上保险实务中，投保人不履行如实告知义务，经常是保险人决定拒赔并解除海上保险合同的理由。

三、海上保险合同的转让

海上保险合同的转让，一般是指被保险人将其合同让与第三人，而由受让人取代被保险人地位的法律行为。由此可见，海上保险合同的转让实质是合同主体（被保险人）的变更。

在实践中，海上保险合同的转让往往是由于买卖、赠予、继承等法律行为导致保险标的权益的转移而引起的。但是，海上保险合同不是保险标的的附属物，不能随保险标的的权益的转移而必然转让。所以，应当把保险标的的转移与海上保险合同的转让区分开来。

根据国际海上保险的惯例和各国法律的规定，允许海上保险合同的转让。不过，海上货物运输保险合同和船舶保险合同的转让条件是不一样的。我国《海商法》第229条和第230条第1款就是吸收这一精神，分别规定了海上货物运输保险合同和船舶保险合同的转让条件。

（一）海上货物运输保险合同的转让

海上货物运输的范围广泛，流动性大，货物在运输途中发生物权的转移时有发生，从而货物在运输保险合同中的保险利益也随之易主。如果对此要求必须经保险人同意才能转让保险合同，必然会给货物买卖双方和保险人带来不便，影响商品流转，不利于国际贸易。

因此，各国法律多采取便利各方利益的原则，允许海上货物运输保险合同不需征得保险人同意即可转让，以使其与货物提单的转让同步进行。相应地，海上货物运输保险合同使用记名和不记名两种保险单。记名保险单经被保险人背书后转让给受让人，而不记名保险单自被保险人交付给受让人之时转让。我国《海商法》第 229 条中规定："海上货物运输保险合同可以由被保险人背书或者以其他方式转让，合同的权利、义务随之转移。"

如果在海上货物运输保险合同转让时，还有未支付的保险费，各国法律多规定由合同受让人予以支付。但是，我国《海商法》第 229 条规定："合同转让时尚未支付保险费的，被保险人和合同受让人负连带支付责任。"这可用以加重被保险人的责任，提高其认真、负责的态度。

（二）船舶保险合同的转让

各国法律关于船舶保险合同的转让规定十分严格，原因是船舶所有权转移有可能改变船舶的管理状况，从而影响到保险人的承保风险及保险费率的确定。所以，各国法律一般都规定船舶保险合同的转让，须经保险人同意。保险人也须在船舶保险合同中规定"所有权变更条款"，约定，在保险人书面同意前，船舶保险合同从船舶所有权转移之时起自动终止效力。我国《海商法》第 230 条第 1 款明确规定："因船舶转让而转让船舶保险合同的，应当取得保险人同意。"具体方法是由保险人在保险单上批注或附贴批单，确认合同的转让，否则，"未经保险人同意，船舶保险合同从船舶转让时起解除"。因为原被保险人从此时起，对所转让的船舶丧失了所有权，也就不存在保险利益。

[保险实例]

A 进出口公司需将其以单价 1 900 元人民币购进的 2 500 吨饲料，从 S 港经由水路运至 T 港，2015 年 9 月 10 日，A 进出口公司将该批饲料运抵 S 港。由于 S 港接受 B 保险公司的委托代办货物运输保险事宜，故 S 港的业务人员当日在为 A 进出口公司办理货运手续时，在"水路货物承运登记单"上一并加盖了保险印章，A 进出口公司当即按照每吨 1 200 元的标准，缴纳了全部保险费。但是，在装船过程中遭遇连天大雨，而承运船舶第五舱的船盖因液压管爆裂无法关闭，导致 400 件货物被雨淋湿，A 进出口公司立即通知了 B 保险公司。承运人在 9 月 20 日装船完毕之时向 A 进出口公司出具了记载有"400 件货物被雨淋湿"内容的货运记录。9 月 25 日，B 保险公司向 A 进出口公司出具了"国内水路、陆路货物运输保险单"。10 日后，该船抵达 T 港，卸货时发现部分雨淋饲料有霉变现象。B 保险公司派员查验后，A 进出口公司根据 B 保险公司的有关尽快处理受损货物、减少损失的要求，以 500 元的低价变卖了受损的饲料，共计损失 38 万元。针对 A 进出口公司提出的保险索赔要求，B 保险公司以货损发生在出具保险单之前、保险合同尚未成立为由，拒绝承担保险责任。

由本案可见，保险合同的成立时间，是处理该海上货物运输保险合同纠纷的关键。根据我国《海商法》第 221 条和《保险法》第 12 条的规定，投保人和保险人双方就保险合同条款达成协议时，保险合同成立。至于保险人签发保险单，是保险人在保险合同成立之后所实施的义务，并非保险合同成立的前提条件。以此为标准，S 港作为 B 保险公司的代理人于 9 月 10 日在"水路货物承运登记单"上加盖保险印章，意味着 B 保险公司已经同意承保，双方已经达成协议，则保险合同应当自此成立。对于此后装货过程中造成的货损，保险人应当承担保险责任。

第五节　海上保险合同的种类和基本条款

一、海上保险合同的种类

海上保险合同的种类是海上保险险种在法律上的表现形式。

首先，在海上保险实务中，按照海上保险合同涉及的保险标的，可以分为船舶保险合同、货物运输保险合同、运费和其他期得利益保险合同、海上责任保险合同、保赔保险合同、海上石油勘探、开发保险合同等。

第一，船舶保险合同。这是以各类船舶作为保险标的的海上保险。在此，"船舶"包括船体、船机和船舶属具。各种海上作业船，如钻井平台、挖泥船、趸船、浮船坞、浮吊、水上仓库等，也归入此类予以承保。在国际海上保险市场上，船舶保险不仅承保营运船舶，还承保建造的船舶、修理的船舶、停航的船舶等，同时，往往兼保船舶碰撞责任和费用。从各国海上保险实践来看，船舶所有人或光船租船人可以把船体、船机和船舶属具分别投保，但在我国，通常是把船体、船机和船舶属具作为一个保险标的来投保。

第二，货物运输保险合同。这是以海上运输的货物作为保险标的的海上保险。所谓货物，在海上保险中主要是指具有商品性质的贸易货物；当然，物品、展品、援助物资、旅客行李等经特别约定，亦在此列。就现代国际海上保险来说，上述货物由各种运输工具包括海船、火车、汽车邮运或联运的，均可投保货物运输保险合同。

第三，运费和其他期待利益保险合同。此类海上保险是以运费和其他期待利益作为保险标的。运费和其他期得利益不同于船舶和货物等有形物，而是保险人承保的一种无形利益。

在海上货物运输中，运费的支付有预付和到付之分，以其作为保险标的投保时情况是不同的：运费预付时，不论货物是否到达目的地，预付运费一般不退还，从而，承担该风险的货主可将运费单独投保。但在实践中，货主更多的是将运费列入货价一并投保货物运输保险。而运费到付的风险是由船东或承运人承担，则承运人可以就其向保险人投保。当然，保险人只是在载货船舶或货物全部灭失（全损），运费收取权全部丧失时，才予以赔偿的。

与此相同，租船合同中的租船人对预付的租金，或船东对到付的租金也可投保此类海上保险。

期待利益主要是指货主对于货物预期的利润。它从属于货物，对其享有保险利益的是货主，所以，货主可以此为保险标的单独投保，或将其以 CIF 发票价格的 10%～30% 列入保险金额来投保。

第四，海上责任保险合同。这是以被保险人所承担的法律责任作为保险标的的海上保险。在此，法律责任是指船东、货主或其他利害关系人在海上航行或海上生产作业中因发生危险事故而对第三人承担的赔偿责任，比如船舶碰撞中的损害赔偿责任、海洋污染责任等。依法承担上述责任的当事人（船东、货主）或其他利害关系人可以将其向保险人投保。

第五，保赔保险合同。其全称为"保障与赔偿责任保险"，其保险标的是船东在营运过程中因意外事故所引起的损失、费用及依法承担的法律责任。其特点在于，一般是船舶保险所规定的保险责任范围以外的风险，诸如保险人在船舶保险中不予承保的碰撞责任、货损货差责任、人身伤亡赔偿责任、油污责任及清除费用、航道清理费用、船员遣返费用等。船东可以将其向船东保赔协会投保此类海上保险。近十多年来，保险公司也开始单独办理此类海上保险。

第六，海上石油勘探、开发保险合同。此类海上保险的保险标的是综合性的，包括用于海上石油勘探、开发的作业船舶、平台、设备、费用、对第三者的责任、工程建造等。勘探、开发者可以进行投保，签订保险合同。

其次，海上保险合同按确定保险价值的方式划分，有定值保险合同与不定值保险合同两种。

第一，定值保险合同。其特点是，保险人和被保险人按照约定的固定价值在保险合同中规定保险金额。定值保险的海上保险合同是以约定的保险价值作为收取保险费和计算赔偿数额的依据，而不论保险标的的实际价值高于或低于约定的保险价值。依此保险价值所规定的保险金额是保险人承担保险责任的最高限额。海上保险中的船舶保险和货物运输保险大多采用这种保险合同。

第二，不定值保险合同。其特点是，保险人和被保险人只在保险合同中规定保险金额，却不约定保险价值。当保险标的发生保险责任范围的保险事故而遭受损失时，保险人按标的损失之时的实际价值（市价）确定保险价值，并以此为根据计算赔偿数额：如果保险价值低于保险金额，则按保险价值赔偿；如果保险价值高于保险金额，则按两者之间的比例计算赔偿金额。由于海上保险的标的流动性很大，确定保险标的致损时的实际价值比较困难，故很少采用此种保险。

最后，按海上保险合同的承保期间划分为航程保险合同、定期保险合同、混合保险合同、停泊保险合同、船舶建造保险合同、预约保险合同等。

第一，航程保险合同。这是以船舶航程为单位确定保险期间的海上保险合同，即保险人仅按合同约定的港口之间的一次航程、往返航程或多次航程确定保险责任起止期间。在保险实践中，海上货物运输保险较多采用此种保险，海上运费保险根据运费的性质也可投保航程保险，而船舶保险较少采用，只是用于接受新船等特殊情况。

第二，定期保险合同。这是以保险人和被保险人所约定的某一时间过程为保险期间的海上保险合同，如3个月、6个月或1年。船舶保险多采用此类保险。

第三，混合保险合同。这是指航程保险与定期保险结合于一个海上保险中。在实践中，此类海上保险合同是以航程为主，又用具体时间加以限制，并规定以何者先发生为准。

第四，停泊保险合同。这类海上保险合同主要适用于船舶保险。具体来说，它是以投保船舶在约定港内停泊时间作为保险责任起止根据的。因此，凡是在船舶不营业或进行维修而需要在港内长期停留时，可以投保此类海上保险，保险人对于船舶在港内停泊或在港内移泊过程中遭受意外损失的，承担保险责任。

第五，船舶建造保险合同。这是以船舶建造过程为根据确定保险期间的海上保险合同，因此，保险人的保险责任始于船舶建造开工或上船之时，终止于船舶建成下水或交付之时。

第六，预约保险合同。预约保险是一种事先约定承保范围、保险险种、保险费结算办法、每次保险的最高保险金额的保险形式。它实际上是被保险人与保险人之间约定长期保险业务的协议，没有期限限制。

预约保险可以长期使用，主要适用于海上货物运输保险和再保险。我国《海商法》第231条确认了这种保险形式："被保险人在一定期间分批装运或者接受货物的，可以与保险人订立预约保险合同。"

预约保险在海上保险中的适用方法不同于其他保险险种：被保险人只需将每批保险标的（如货物）向保险人申报（一般采取起运通知书或定期填报起运登记表的办法），作为保险人结算根据即可，保险标的一经起运，保险责任自动产生。所以，被保险人不需逐笔与保险人签订保险合同。但是，由于预约保险具有概括性，各国法律往往要求保险人应当根据被保险人的需要分别签发保险单。我国《海商法》第231条就明确要求："预约保险合同应当由保险人签发预约保险单证加以确认。"

二、海上保险合同的基本条款

从法律上说，海上保险合同的内容是各方当事人所享有权利和承担义务的总和。当然，这些权利、义务是通过海上保险合同的条款予以表现的。

根据我国《海商法》第217条的规定，海上保险合同的内容，主要包括下列各项条款。

（一）保险人名称条款

此条款应写明保险人名称的全称，作为确定保险人身份、承担保险责任的依据。在海上保险实践中，由于采用格式合同，所以，保险人名称一般是事先印制的。

（二）被保险人名称条款

该条款是由当事人在签订海上保险合同时进行填写的。为了确保保险合同的有效性，明确权利和义务关系，应当注意填写被保险人的法定名称的全称。如果被保险人为多数时，需要逐一写明。

在海上货物运输合同中，为便于海上货物运输保险单随货物的转移而转让给第三人，在适用指示式保险单时，除了要写明被保险人名称，还要有"或其指定人"的字样。我国《海商法》第229条允许被保险人以背书或其他方式转让海上货物运输合同，所以，在签约时应注意上述问题。

（三）保险标的条款

保险标的是投保人向保险人投保的对象，也是海上保险合同客体——保险利益的载体。海上保险合同保险标的的范围，决定于法律和具体海上保险合同条款的规定，一般包括有形财产（船舶、货物等）、法律责任和经济权益三大类。根据我国《海商法》第218条的规定，海上保险合同之保险标的包括：

（1）船舶。按照我国《海商法》第3条的规定，船舶是指除了用于军事的、政府公务的船舶和20总吨以下的小型船艇以外的海船和其他海上移动式装置。就我国海上保险实践而言，船舶保险的保险标的的还包括建造中的船舶。而且，受保权益的范围不限于船体，船舶属具（船上设备及用具等）亦在此列。

（2）货物。包括各种进行海上运输的货物。

（3）船舶营运收入，包括运费、租金、旅客票款。其中，运费作为海上保险合同的保险标的是比较复杂的。因运费的收取方式存在到付和预付的区别，承受运费风险的当事人不同（承运人或货主），从而，承担风险的一方当事人可以该运费作为保险标的，投保海上货物运输保险合同。此外，在海上货物运输实践中还存在一种船东的贸易运费，即船东用自己的船运自己的货，将其运费计算在货物成本内，待贸易过程中向买方收取。对此贸易运费，船东可以作为保险标的单独投保。

（4）货物预期利润。这是货主的期待利益，即待海上运输航程结束时，在目的地出售或转卖货物可能获得的利润。货主可以其为保险标的的单独投保。但海上保险的实践中，一般采用投保加成——将 CIF 发票价格的 10%～30%加进货物保险金额之内——的方法予以处理。

（5）船员工资和其他报酬。

（6）对第三人的责任。这是指海上保险合同的被保险人因保险事故发生，致第三人的财产或人身损害而承担的法律责任，比如，船东因船舶碰撞而向他人承担的赔偿责任、油污责任等。

（7）由于发生保险事故可能受到损失的其他财产和产生的责任、费用。

（四）保险价值条款

保险价值是指保险标的所具有的实际价值。法律要求被保险人向保险人投保之时，应当申明保险标的的保险价值。因受各种因素的影响，准确认定保险标的的实际价值很困难，比如，船舶的价值受国际市场影响而变化不定，运杂费因所运货物品种不同、运输方式和运输路线不同而难以准确计算，所以，海上保险合同保险标的的保险价值，一般是由被保险人和保险人协商约定。当事人没有约定的，则要按照法律规定来确认保险标的的保险价值。保险价值一经确定，应写入合同条款。

我国《海商法》第 219 条确认了上述认定保险标的的保险价值的方法，同时，明确规定了计算保险价值的法定方法：（1）船舶的保险价值，是保险责任开始时船舶的价值，包括船壳、机器、设备的价值，以及船上燃料、物料、索具、给养、淡水的价值和保险费的总和。（2）货物的保险价值，是保险责任开始时货物在起运地的发票价格或者非贸易商品在起运地的实际价值以及运费和保险费和总和。（3）运费的保险价值，是保险责任开始时承运人应收运费总额和保险费的总和。（4）其他保险标的的保险价值，是保险责任开始时保险标的的实际价值和保险费的总和。

（五）保险金额条款

保险金额是被保险人向保险人实际投保的货币数额，它在海上保险合同中具有重要意义：一方面，保险金额是被保险人享有保险利益的货币表现，成为被保险人获取保险保障的法律标准。另一方面，它是保险人计收保险费的依据和承担赔偿责任的最大限额。

保险金额与保险价值直接相连。在海上保险合同中，如果被保险人投保的保险金额与保险标的的保险价值相一致，构成"全额保险"；如果被保险人只将保险标的的保险价值的一部分予以投保，就为"不足额保险"。具体方式由被保险人与保险人协商约定，但法律禁止保险金额超过保险价值的海上保险合同。对此，我国《海商法》第 220 条中规定："保险金额不得超过保险价值；超过保险价值的，超过部分无效。"

（六）保险责任和除外责任条款

1. 保险责任条款

保险责任是指保险人按照海上保险合同的约定所应承担的损害赔偿责任。它是保险人在海上保险合同中所承担的基本义务。在合同条款约定的责任范围内发生海上事故造成保险标的的损失时，保险人负责予以赔偿。保险责任可分为基本责任、附加责任和特约责任。

（1）基本责任。

基本责任是指保险人按照事先制定的海上保险合同基本条款的规定，向被保险人承担的赔偿责任。基本责任所涉及的赔偿范围，一般是非个人行为引起的、人类难以防止的自然灾害和意外事故。

至于被保险人及其代理人的过错行为所致损害是否属于基本责任，依法律和有关海上保险的约定。在我国海上保险实务中，1986 年修订的《船舶保险条款》将船长、船员和引水员、修船人员及租船人的疏忽行为列入全损险的责任范围。而我国 1981 年修订的"海洋货物运输保险条款"将过失行为排除在基本责任之外。同时，我国《海商法》第 242 条明确规定，对于被保险人故意造成的损失，保险人不负赔偿责任。

应当注意的是，虽然从 1983 年起，英国伦敦保险市场在海上保险领域开始使用新的以 A、B、C 命名的协会货物保险条款取代原来长期使用的大名鼎鼎的"劳氏 S. G. 保险单"，我国"海洋货物运输保险条款"仍然沿用传统的平安险、水渍险和一切险的称谓，与上述的 A、B、C 条款相对应，用来确定各自的基本责任范围。而我国的船舶保险的基本责任，具体表现在船舶基本险——全损险和一切险之中。

（2）附加责任。

附加责任是指保险人在承担主险的基本责任之外，就被保险人加保的附加险约定的附加风险承担的赔偿责任。例如，保险人在海上货物运输保险合同中承担基本责任的同时，对加保的钩损险、锈损险、提货不着险承担相应的附加责任。

在我国的海上保险实践中，海上货物运输保险的附加责任，包括普通附加险、特别附加险和特殊附加险三类，而船舶保险的附加责任限于船舶战争险和罢工险。

海上保险中的附加险必须与主险同时承保，不得单独投保，因此，保险人承担的附加责任必须附属于主险的基本责任，不能独立存在。当然，附加责任是针对具体附加险的特定风险而适用的，故不能与基本责任混为一谈。

（3）特约责任。

特约责任是指根据被保险人的特殊需要，经双方协商约定，在保险责任范围外另行增加的承保责任。

特约责任往往适用于保险人一般不予承保或者在现有保险条款中列入除外责任的风险，因被保险人有特殊需要而另行注明的情况，其条件是必须经保险人同意。可见，特约责任实际上是对保险人之赔偿责任的扩大，以适应海上保险的客观需要。

2. 除外责任条款

除外责任，与保险责任相对应，即保险人在海上保险合同中不承担赔偿责任的范围。按照海上保险的惯例，保险人的责任免除一般采用列举方法加以规定，也有的用不列举方法，即海上保险合同未列入承保范围的灾害和意外事故均属除外责任。法律和海上保险合同明确规定除外责任，有助于明确保险人和被保险人的权利与义务，保证被保险人依法获取充分的保险赔偿，防止道德风险的出现，实现海上保险的宗旨。

我国《海商法》第 243 条和第 244 条，根据中国海上保险实践，采用列举方法分别规定了货物损失和船舶损失的除外责任，作为海上保险合同的法律依据。

（1）海上保险合同中货物损失的除外责任。

除合同另有约定外，保险人因下列原因之一造成的货物损失，不负赔偿责任：第一，航行迟延、交货迟延或者行市变化；第二，货物的自然损耗、本身的缺陷和自然特征；第三，包装不当。

（2）海上保险合同中船舶损失的除外责任。

除合同另有约定外，保险人对于下列原因之一造成被保险船舶的损失，不承担赔偿责任：第一，船舶开航时不适航，但是在船舶定期保险中被保险人不知道的除外；第二，船舶自然磨损或者锈蚀。

同时，保险人对于海上保险中运费损失的赔偿责任，也适用《海商法》第244条规定的除外责任。

[保险实例]

A海上救助打捞局于2015年12月28日将其下属的两艘拖轮向B保险公司投保船舶保险合同，保险期间为2016年1月1日至12月31日。2016年5月17日，该两艘拖轮之一的"吉祥"轮，因海上锚泊的"珠江"号遇险而奉命对其实施拖带救助。在拖带过程中，由于海上风浪过大，"珠江"号触碰在锚地锚泊的另一艘船舶"江海"号。事后，"江海"号的船舶所有人因其船舶受损而向A海上救助打捞局要求予以赔偿。于是，A海上救助打捞局就"吉祥"号拖轮拖带"珠江"号过程中导致"珠江"号触碰"江海"号一事所产生的海事赔偿责任，要求B保险公司履行保险责任。但是，B保险公司却以其与A海上救助打捞局所签船舶保险合同的标的物"吉祥"号并未发生碰撞为由拒绝予以保险赔付。

本案的焦点在于，本案所涉及的船舶保险合同的保险标的物的范围及由此确定的保险责任范围。应当说，A海上救助打捞局投保的包含"吉祥"号在内的两艘拖轮与"吉祥"号拖带救助的"珠江"号是完全不同的两个概念。B保险公司对于"吉祥"号造成的船舶碰撞应当承担保险责任。但是，被拖带的"珠江"号并非船舶保险合同的保险标的物，对于其碰撞造成的损害所涉及的海事赔偿责任，B保险公司无须承担保险责任。

（七）保险期间条款

保险期间是指保险人所承担保险责任的存续时间，即保险责任从开始到终止的时间。在此期间内发生保险事故致保险标的损害的，保险人承担保险责任；否则，保险人不予赔偿。因此，海上保险合同必须明确规定保险期间。

不同的保险合同计算保险期间的方法是不一样的，具体到海上保险合同，主要有定期保险和航程保险两种情况。

定期保险多适用于船舶保险，具体方法是按时间计算，即保险责任从当事人约定的起始日零时开始到约定终止日的24时止，习惯上包括起始日和终止日。由于海上运输活动的国际性特点，在签订海上保险合同时，应把起始时间按照有关的时区注明当地的标准时间，以免发生计算上的异议。

航程保险多适用于海上货物运输保险，它是按照运输航程来计算保险期间的，即从货物起运地至运送目的地的时间过程为保险期间。

（八）保险费条款

保险费是指被保险人按约定向保险人缴纳的货币金额。它是被保险人从保险人处获取保险保障所应支出的对价。

保险费是根据保险费率计算出来的。海上保险合同应当写明被保险人所应支付的保险费数额，并根据当事人的约定明确保险费的缴纳方式。

第六节　适用于海上保险合同的委付制度

一、委付的概念和适用范围

委付是海上保险独有的法制制度，成为海上保险的具体赔偿方式。它是指在发生保险事故造成保险标的推定全损时，被保险人明确表示将该保险标的的一切权利转移给保险人，而有权请求保险人赔偿全部保险金额。

委付在海上保险中的适用由来已久：最初它是海上保险合同的一个条款，规定为"船舶航行方向不明而无任何消息时，视同船舶的丧失"。此后，与海上航运贸易的特殊性相适应，委付逐步发展成为被保险人让渡保险标的物而取得保险赔偿的制度。至15世纪和16世纪，委付已为海上保险所广泛采用。现在，各国法律也普遍确认了委付制度。

由委付的概念可知，委付专门适用于海上保险标的的推定全损。因为，保险标的的实际全损时，保险人必然要按保险金额来全额赔偿，而在保险标的的部分损失时，被保险人仅能要求在保险金额之内就实际损失实际赔偿。只有在保险标的的依法确定为推定全损的，被保险人才得以请求全额赔偿，并委弃其物于保险人。

在现代国际海上保险市场中，适用委付的情况包括以下几种。

（1）船舶沉没。它是指船舶不能起浮的沉没，包括经济上的不能起浮（起浮所需费用巨大的沉没）。

但是，对于易于起浮的沉没和由保险人免责的事由造成的沉没，被保险人不得适用委付。

（2）船舶失踪。它是指船舶行踪不明达到法定或合同约定的时间长度，一般是6个月，而我国《海商法》第248条规定为2个月。

如果船舶失踪期间超过了保险期限的，被保险人也可以申请委付。但是，在查证船舶于保险期限内没有失踪时，委付无效。

（3）船舶不能修复。对于委付来说，所谓船舶不能修复，专指船舶在经济上的不能修复，即估计船舶的损失、救助费、修理费和其他必要支出的费用的总和将超过被保险船舶的保险价值。

但是，在船舶不能修复的情况下，船长毫不迟疑地用其他船舶继续运输货物时，该货物不能适用委付。

（4）船舶或货物被捕获或扣押。这是指船舶或货物被敌对国的军舰捕获或被官方处分而扣押6个月未释放，不能再归被保险人所有，可适用委付。

（5）被保险货物推定全损。这是指被保险货物遭受保险事故后，认为实际全损已不能避免，或者所需恢复费用、施救费用、续运到目的地的费用等，其每项或总和超过该货物到达目的地价值时，可适用委付。

二、委付的成立条件

委付制度在海上保险中，既是被保险人处理保险标的的损失的一种手段，又是保险人进行保险赔偿的具体方式。因其关系到各方当事人的经济利益，须具备法定条件，才能有效成立。

（1）委付是以保险标的推定全损为条件的。由于委付包含全额赔偿和转移保险标的的一切权利这两重内容，所以，要求必须是在保险标的的推定全损时才能适用。

（2）委付必须适用于保险标的的整体，具有不可分性。这就是说被保险人要求委付，必须是针对推定全损的保险标的的整体，比如，推定全损的一艘船舶、一批货物。不得仅就保险标的的一部分（受损部分）申请委付，而对另一部分不适用委付。

当然，如果同一保险单上载有若干种保险标的，其中之一产生委付原因时，则就该种保险标的适用委付。

（3）被保险人应当在法定时间内向保险人提出书面的委付申请。这一条件要求被保险人为进行委付，必须提出申请，即向保险人发出委付书。按照国际海上保险的惯例，委付书可以是书面的，也可以是口头的，应向保险人或其授权的保险经纪人提出。而在我国海上保险实践中，必须用书面形式，直接向保险人提出，并且是在法定时间内。对此，有的法律规定为3个月（《日本商法典》第836条），有的法律规定为"在得知受损的可靠情报后的适当期限内"（英国1906年《海上保险法》第62条第3款）。我国《海商法》对此未作明确规定。

如果被保险人不在法定时间内提出委付申请，则保险人对于推定全损的保险标的的按部分损失赔付。

（4）被保险人必须将保险标的的一切权利转移给保险人，不得附加条件。在保险标的的推定全损的情况下，被保险人要获取全额赔偿的对价条件就是，转移保险标的的一切权利归保险人。而且，被保险人不得附加任何条件。例如，被保险人对船舶失踪申请委付，但要求船舶有着落时返还其所有，这是法律所禁止的。

（5）委付必须经保险人承诺接受才能生效。委付是否成立和履行，还取决于保险人的意志。"保险人可以接受委付，也可以不接受委付"（我国《海商法》第249条第1款）。

如果保险人接受委付，则委付成立。我国《海商法》明确规定，"委付一经保险人接受，不得撤回"（第249条第2款）。如果保险人不接受委付，则委付不成立，但这并不影响被保险人的其他权利。

保险人承诺接受委付的方式，在国际保险市场中，包括书面形式，或用行动来表明，或默示接受。我国《海商法》明确规定，保险人"应当在合理的时间内将接受委付或者不接受委付的决定通知被保险人"（第249条第1款）。这表明不承认默示方式。

三、委付的法律效力

委付依法成立，即对保险人和被保险人产生法律约束力。这一效力表现在以下三个方面。

（1）被保险人在委付成立时，有权要求保险人按照海上保险合同约定的保险金额向其进行全额赔付。

（2）被保险人必须将保险标的的一切权利，诸如所有权、担保物权、债权等，转移给保险人。其转移的时间始自于委付原因产生之日。因此，保险人处理保险标的所得的利益（不论是否超过全额赔偿数额）均归其享有，比如，处理保险标的的残值的所得、船舶应获得的运费、共同海损分摊请求权等。而且，被保险人基于保险标的，对有责任的第三人享有的追偿权也随保险标的的一并转移给保险人，由保险人直接向第三人追偿。但这不同于保险人在一般赔付后取得的代位求偿权。

（3）有关保险标的的义务也由保险人承担，比如，因船舶沉没在航道而进行清除所需支出的费用。正如我国《海商法》第 250 条规定的，"保险人接受委付的，被保险人对委付财产的全部权利和义务转移给保险人"。

[实务知识]

海上保险领域中最具影响力的英国 1906 年《海上保险法》

1906 年 12 月 21 日，英国政府颁布了《海上保险法》，于 1907 年 1 月 1 日施行，并命名为 1906 年《海上保险法》。该法是对此前普通法领域内有关海上保险规则的完整总结。由于其立法体系的严密和定义的准确，该法对国际海上保险界产生了巨大的影响，被各国视为海上保险的范本而纷纷仿效或者援用。因此，该法虽然是英国的国内法，但是具有国际意义，是国际海上保险界处理海上保险事宜的重要依据。

英国 1906 年《海上保险法》共计 94 条，分为 17 个部分，主要内容是对海上保险的定义、基本原则、保险内容和赔偿标准等予以准确的规定和详尽的解释。具体而言，该法第 1 条至第 3 条明确规定了海上保险的定义；第 4 条至第 15 条全面解释了可保利益的内涵和外延；第 16 条规定了保险价值的计算问题；第 17 条至第 21 条确立了海上保险所应当遵循的最大诚信原则以及告知和陈述规则；第 22 条至第 31 条全面阐述了海上保险单的作用和内容；第 32 条专门规定了双重保险的定义和处理规则；第 33 条至第 41 条对于海上保险所涉及的保证的定义、种类以及各自的适用规则加以规定；第 42 条至第 49 条规定的是有关航程保险单中的航程问题；第 50 条和第 51 条分别规定了海上保险单的转让和禁止转让；有关保险费的规定，则是第 52 条至第 54 条的内容；第 55 条至第 63 条全面阐述了海上保险的损失种类以及实际全损、推定全损的定义和委付的适用规则；而第 64 条至第 66 条分别规定了海上保险所涉及的单独海损、救助费用和共同海损问题；第 67 条至第 78 条具体规定了各类损失的赔偿方法和计算数额；第 79 条至第 81 条规定的是保险人在赔偿后的权利；第 82 条至第 84 条则规定了保险费的退还问题；第 85 条专门规定了相互保险的定义和适用规则；第 86 条至第 94 条作为补充条款，分别对有关的术语、生效、保留、撤销等问题加以规定。

英国 1906 年《海上保险法》的贡献是，在总结实践中形成的海事规则的基础上，对海上保险的主要概念和基本制度予以准确、科学的定义和规则，构建了完善的海上保险法律体系。这主要表现在：（1）明确规定了海上保险合同的定义，是"保险人按照约定的方式或者金额，对被保险人遭受的与航海冒险有关的海事损失负赔偿责任"的合同。（2）明确规定了可保利益的定义，尤其是明文规定用作赌博的海上保险合同无效。（3）分别规定了船舶保险、运费保险和货物保险的可保价值及其计算规则。（4）确立了最大诚信原则，并在此基础上规定了告知、陈述和保证的适用规则。（5）详细规定了海上保险单的内容和分类。（6）明确规定了重复保险的定义和处理方法。（7）规定了海上保险单的转让规则。（8）全面规定了海上保险的损失种类及其适用规则。（9）规定了委付制度的适用规则。（10）规定了保险人履行海上保险的赔付责任后的代位求偿权问题。

此外，英国 1906 年《海上保险法》还附有"劳氏船货保险单"作为立法者推荐使用的海上保险单的范本，使后者在国际海上保险市场产生了近百年的影响。

练习与思考

1. 如何理解海上保险合同的特性?
2. 什么是海上保险合同的概念?
3. 海上保险合同构成要素有哪些?
4. 海上保险合同的分类有哪些?
5. 如何理解委付的有效条件和适用对象?

第四编

21 世纪通用法学系列教材

21 shiji tongyong faxue xilie jiaocai

保险法

保险合同分论（下）

第十三章

人身保险合同概述

 本章概要

    人身保险合同作为与财产保险合同并列的又一类基本保险，具有不同于财产保险合同的诸多法律特点，相应地，人身保险合同的订立和履行均存在特殊之处，对社会经济秩序和生活秩序具有重要作用。学习本章的目的在于，掌握人身保险合同的特点、分类、合同条款以及适用中的特殊性。

重点知识

    人身保险合同的概念

    人身保险合同的特征

    人身保险合同的分类

    人身保险合同的常见条款

第一节　人身保险合同的概念和特征

一、人身保险合同的概念

    我国《保险法》第12条第3款规定："人身保险是以人的寿命和身体为保险标的的保险。"人身保险合同是指以投保人按与保险人的约定缴纳保险费为生效条件，当被保险人在保险期间内因保险事故发生而导致死亡、伤残、疾病，或者生存到约定的年龄、期限时，保险人向被保险人或受益人承担给付保险金义务的合同。

    关于其具体的保险责任：死亡保险责任是当被保险人死亡时，保险人按约定给付死亡保险金；生存保险责任是当被保险人生存至约定的年龄、期限时，保险人按约定给付生存保险金。类似的还有伤残保险责任、医疗保险责任和收入损失保险责任等。

二、人身保险合同的主要特征

    除了具备保险合同共有的特征，人身保险合同，尤其是人寿保险合同，还具有以下主要特点。

1. 人身保险合同的保险标的是被保险人的寿命或身体

    人身保险合同的保险标的为人的生命或身体，人的生命或身体遭受保险事故造成的后果，可以是生命的丧失，可以是身体的伤残、疾病引发的医疗费用，也可以是因丧失劳动能力或其他原因而产生收入损失或经济需要，亦可以是精神上的痛苦，使其后果无法用货币进行衡量。

2. 人身保险合同是定额给付性合同

人身保险合同的保险标的为人的生命或身体，而人的生命或身体本身不是商品，是不宜用货币来衡量的，故人身保险合同不存在保险价值，其保险金额不是以保险标的的价值为依据，而是由保险人与投保人协商约定来确定。

区别于财产保险的补偿性，人身保险合同提供的是一种对人身风险的保障，是对被保险人或受益人提供的经济上的帮助和支持，而并非以实际损失为限。只要发生保险事故造成被保险人死亡、伤残或者疾病，或者被保险人生存至合同约定年龄、期限，保险人就要按约定给付保险金。

3. 人身保险合同不存在代位求偿权

被保险人因第三者行为而发生死亡、伤残或者疾病等保险事故时，被保险人或者受益人可以在保险人给付保险金后，保留对第三者请求赔偿的权力。

4. 人身保险合同是以长期合同为主的保险合同

大多数人身保险合同（人寿保险合同）都是长期性的，历经几年、几十年甚至终身。原因在于，被保险人的年龄越大，其寻求保险保障的需要越大，而其交费能力却在下降，而人身保险合同采取长期保险形式，有利于降低保险费用、增强保障作用。这区别于财产保险合同多以1年为期。

5. 人身保险合同具有储蓄性质、返还性

人身保险合同主要是将投保人多次缴纳的保险费集中起来，构成人身保险责任准备金，并最终以保险金的形式返还给被保险人或受益人。因此，人身保险合同具有储蓄性质。人身保险合同保险期限届满后保险人返还的保险金相当于保险费总和加上一定比例的利息。投保人和被保险人可以享有储蓄方面的权利，诸如抵押贷款权、中途解除人身保险合同要求返还合同现金价值（责任准备金）的权利等。这区别于财产保险合同的补偿性。

6. 人身保险合同的适用是以生命表作为承保基础

生命表又称"死亡表"，是一个国家或一个区域的人口生存死亡规律的统计表，反映相应地区的社会成员生存或死亡的规律。人身保险合同的适用正是以生命表为依据的，保险人在经营人身保险业务过程中，根据生命表计算所应收取的保险费、所能形成的责任准备金及退保金的数额，保证人身保险经营的科学性和稳定性。这区别于财产保险合同以危险事故发生的规律性作为承保依据。

7. 人身保险合同的保险费不得诉讼请求

《保险法》第38条规定："保险人对人寿保险的保险费，不得用诉讼方式要求投保人支付。"无论投保人是趸交还是分期交纳保险费，保险人不得强制投保人交纳保险费。若选择分期交纳保险费，投保人超过约定的期限或宽限期内未交付当期保险费的，保险合同效力中止，或者由保险人按照约定减少保险金额，保险人不得诉讼投保人支付保险费。

[保险实例]

甲中学组织初一年级学生春游，学生们乘坐的校车在行驶中，为躲避迎面驶来的卡车，司机猛打方向盘，导致校车冲出马路，撞上路边的一栋房屋。车上50名学生中，8名死亡，18名重伤，10名轻伤。因为学校已经代乙保险公司向在校学生收取了保险费，集中办理了每名学生保险金额为 3 000 元的学生平安保险合同，所以，上述学生的家长在获得学校的民事赔偿之后，向保险公司提出了保险索赔。对此保险索赔，存在不同看法：（1）伤亡学生应当得到保险赔偿；（2）伤亡学生不应当获得双倍赔偿，故在获得学校赔偿后，应将保险索赔权益转移给学校；（3）学校支付的民事赔偿，不影响伤亡学生向保险公司的保险索赔权。[①]

学习本实例，不仅能理解人身保险合同的法律特性，更能够进一步区分民事损害赔偿责任与人身保险合同的不同。由于人身保险合同是给付性，而非损失补偿性质，所以学生的家长可以向乙保险公司提出索赔，取得相应的民事赔偿费与保险金，而不存在所谓双倍赔偿的说法。

第二节 人身保险合同的分类

按照不同标准，人身保险合同有多种分类。

1. 按保障范围分为人寿保险、健康保险和意外伤害保险

人寿保险合同是指以被保险人的生命作为保险标的，以被保险人的生存或死亡作为保险事故，并在保险期间内发生保险事故时，依照保险合同给付一定保险金额的人身保险合同。根据约定的保险事故，又分为死亡保险、生存保险和生死两全保险。

健康保险合同是指以被保险人患病、分娩或因此所致死亡或残疾作为给付保险金条件的人身保险合同。

意外伤害保险合同是指被保险人在保险期限内因遭受意外伤害而导致伤害、残疾或死亡时，保险人依约给付保险金的合同。

2. 按被保险人的人数分为个人人身保险合同和团体人身保险合同

个人人身保险合同是单独一人为被保险人的人身保险合同，而团体人身保险合同是以两个或两个以上的自然人为被保险人的人身保险合同。

3. 按保险产生的根据分为自愿保险合同和强制保险合同

当保险合同由投保人与保险人自愿订立时，是自愿保险合同；当保险合同是依据法律、法规规定，强制投保人与保险人订立时，为强制保险合同，其在西方发达国家较常见。

第三节 人身保险合同的常见条款

一、不可抗辩条款

不可抗辩条款又称不可争辩条款，是指在投保人与保险人订立合同后，存在一个不可争辩期，一般为两年。若在该期限内被保险人没有发生保险事故，即使在保险合同订立时投保人未履行如实告知义务的，依然认为保险合同有效，保险人不得以投保人误告或隐瞒事实为由主张保险合同无效或拒绝给付保险金。也即人身保险合同过了一定期限后，其效力具有不可争辩性，除非因投保人不缴纳保险费而效力中止。

设立该条款的现实必要性在于，人身保险合同的标的是人的生命或身体，而且大多数期限较长，保险标的的身体状况容易发生变化，即使投保人未履行如实告知义务，在 2 年的期限中

---

① 参见贾林青：《保险法》，3 版，226 页，北京，中国人民大学出版社，2009。

若未发生保险事故，也不足以增加保险人对被保险人风险测量的评估；而且在 2 年之后，若要再次确认两年前被保险人的身体状况，也存在技术上的困难。

该条款的意义在于，一方面，存在可抗辩期，保险人在可抗辩期内存在宣告保险合同无效的权力，这就要求投保人不得投机取巧，而要履行如实告知的义务；另一方面，在过了一定期限后，保险合同的效力变得不可争辩，有利于保护被保险人的利益，实现人身保险的风险保障作用。可见，该条款兼顾了双方的利益和公平性。

我国《保险法》第 16 条第 3 款中规定，自合同成立之日起超过两年的，保险人不得解除合同；发生保险事故的，保险人应当承担赔偿或者给付保险金的责任。

二、年龄误告条款

年龄误告条款是指当被保险人的年龄出现误告时，应对此进行更改。保险人有权在抗辩期内依法解除保险合同并无息退还保险费，或要求补交所欠保险费，或在给付保险金时按照投保人实付保险费与应付保险费的比例支付。

该条款产生的原因在于：在订立保险合同时，基于最大诚信原则，一般不对被保险人的年龄进行严格审查。但对于人身保险合同而言，被保险人的年龄等身体状况会对于保险人是否承保以及保险费率的高低产生影响。如果该事实在抗辩期后发现，根据不可抗辩条款，保险合同的效力具有不可争议性，会损害保险人的利益，故设计该条款以保证保险合同的公平性。

按照我国《保险法》第 32 条，具体有以下处理方法：（1）投保人申报的被保险人年龄不真实，并且其真实年龄不符合合同约定的年龄限制的，保险人可以解除合同，并按照合同约定退还保险单的现金价值。（2）投保人申报的被保险人年龄不真实，致使投保人支付的保险费少于应付保险费的，保险人有权更正并要求投保人补交保险费，或者在给付保险金时按照实付保险费与应付保险费的比例支付。（3）投保人申报的被保险人年龄不真实，致使投保人支付的保险费多于应付保险费的，保险人应当将多收的保险费退还投保人。

三、宽限期条款

宽限期条款是指存在一个较短的期限，一般为 30 天或 60 天，对于投保人而言，从应缴保险费之日起，在该期限内若因资金周转困难等原因未及时缴纳保险费的，保险合同仍然有效，发生保险事故时，保险人应当给付保险金，但超过了宽限期则保险合同失效。

该条款产生是因为人身保险合同大多是长期保险合同，且一般分期缴纳保险费，而在较长的时间中，投保人的资金状况存在不确定性，也可能因其他事务耽误缴费时机。如果严格按照应缴保险费日是否缴纳当期保险费，则往往容易使被保险人失去保险保障，达不到保险合同的订立初衷，故引入宽限期条款。

我国《保险法》第 36 条规定：合同约定分期支付保险费，投保人支付首期保险费后，除合同另有约定外，投保人自保险人催告之日起超过 30 日未支付当期保险费，或者超过约定的期限 60 日未支付当期保险费的，合同效力中止，或者由保险人按照合同约定的条件减少保险金额。被保险人在前款规定期限内发生保险事故的，保险人应当按照合同约定给付保险金，但可以扣减欠交的保险费。

四、复效条款

复效条款是指在保单失效后的 2 年内，若投保人与保险人协商达成一致并补交保险合同失效期的保险费及利息，则保险合同可以恢复效力。

该条款的产生是因为人身保险合同存在长期性，投保人有时因未能及时缴纳保险费而使保险合同失效，但是投保人仍然想获得保险保障。采用保险合同复效的方式比重新订立保险合同更为简单易行，尤其是当被保险人年龄已经超过承保年龄限制时，只能通过复效方式来继续获得保险保障。

我国《保险法》第 37 条规定：合同效力依照本法第 36 条规定中止的，经保险人与投保人协商并达成协议，在投保人补交保险费后，合同效力恢复。但是，自合同效力中止之日起满 2 年双方未达成协议的，保险人有权解除合同。保险人依照前款规定解除合同的，应当按照合同约定退还保险单的现金价值。

五、贷款条款

贷款条款是指保单生效一年或两年后，投保人出现资金周转困难等问题时，可以向保险人提出以保单作为抵押的贷款，其贷款金额应低于该保单项下积累的责任准备金或保单现金价值，投保人应按期归还贷款本息。对于此期间发生的保险事故，保险人有权从保险金中扣除贷款本息。如果贷款本息超过了责任准备金或保单现金价值，则保险合同无效。

基于人身保险单具有的有价证券性质，此条款是为了满足投保人在较长的保险费缴纳期限中因突发资金困难而产生的获取款项需要。投保人急需款项时就可能办理退保业务，这对于保险人是一种业务上的损失，而且当投保人恢复资金周转时，如若要再次获得保险保障，需要与保险人再次订立保险合同，这十分不便，故采用以保单作抵押的贷款手段来协调保险人与投保人的利益关系。

另外，我国《保险法》第 34 条第 2 款规定，按照以死亡为给付保险金条件的合同所签发的保险单，未经被保险人书面同意，不得转让或者质押。

六、自杀条款

自杀条款是指在保险合同生效或复效之日起两年内，若被保险人故意自杀身亡的，保险人不承担保险责任，但无民事行为能力人除外。合同生效两年以上的，一般来说保险人应当承担保险责任。

那么，如何认定责任免除的自杀范围？人身保险合同中作为责任免除事由的自杀，一般仅指被保险人基于自杀意图而实施的自杀，而不包括因意外事故（如失足落水、误服毒药）或心态失常导致的过失自杀，故人身保险合同的自杀条款往往使用"故意自杀"一词。我国《保险法》第 44 条只是一般性表述为"被保险人自杀的"，此处"自杀"一词的含义有待明确。

设立自杀条款，对于故意自杀行为规定责任免除，同时也约定免责期限，一方面是为了避免被保险人通过自杀为其遗属获取巨额保险金而产生道德风险，另一方面也是为了保障受益人的合法权益。因为被保险人自杀可能出于多方面的原因，不一定就是为了获取保险金，更何况自杀致死毕竟会导致其遗属生活受到负面影响，若不给付保险金，则购买保险保障受益人利益的初衷就会被损害。当无法判断被保险人的自杀原因时，若保险合同已经生效两年，则认为不是故意自杀，仍然给付保险金。但证明被保险人在自杀时为无行为能力人的责任依法应由受益人或者被保险人的继承人来承担，即"受益人或者被保险人的继承人以被保险人自杀时无民事行为能力为由抗辩的，由其承担举证责任"[《解释（三）》第21条第2款]。

我国《保险法》第44条规定：以被保险人死亡为给付保险金条件的合同，自合同成立或者合同效力恢复之日起2年内，被保险人自杀的，保险人不承担给付保险金的责任，但被保险人自杀时为无民事行为能力人的除外。保险人依照前款规定不承担给付保险金责任的，应当按照合同约定退还保险单的现金价值。不过，要产生免除保险责任之后果，保险人一方需用证据来证明，也就是"保险人以被保险人自杀为由拒绝给付保险金的，由保险人承担举证责任"[《解释（三）》第21条第1款]。

七、受益人条款

受益人条款是针对保险合同中受益人的指定、变更而确立的一系列条款。一般而言，在保险合同订立时即确定的受益人为原始受益人，在被保险人发生保险事故后有权向保险人请求保险金给付。

对于受益人的指定，我国《保险法》第39条规定：人身保险的受益人由被保险人或者投保人指定。投保人指定受益人时须经被保险人同意。投保人为与其有劳动关系的劳动者投保人身保险，不得指定被保险人及其近亲属以外的人为受益人。被保险人为无民事行为能力人或者限制民事行为能力人的，可以由其监护人指定受益人。同时，被保险人或投保人可以指定一人或数人为受益人，若受益人为数人，则被保险人或投保人可以确定受益顺序和受益份额；未确定受益份额的，受益人平均享有保险金。

关于受益权的分配，《保险法》第40条第1款规定："被保险人或者投保人可以指定一人或者数人为受益人。"如果"受益人为数人的，被保险人或者投保人可以确定受益顺序和受益份额；未确定受益份额的，受益人按照相等份额享有受益权"。实践中投保人或者被保险人指定数人为受益人，其中的部分受益人在保险事故发生前死亡、放弃收益权或者依法丧失收益权的，涉及该受益人应得的受益份额的处理问题。对此，保险合同有约定的，应当按照约定处理；保险合同没有约定或者约定不明的，该受益人应得的受益份额就应当按照法律规定来处理，正如《解释（三）》第12条规定了分别处理的四种情形："（一）未约定受益顺序及受益份额的，由其他受益人平均享有；（二）未约定受益顺序但约定受益份额的，由其他受益人按照相应比例享有；（三）约定受益顺序但未约定受益份额的，由同顺序的其他受益人平均享有；同一顺序没有其他受益人的，由后一顺序的受益人平均享有；（四）约定受益顺序和受益份额的，由同顺序的其他受益人按照比例享有，同一顺序没有其他受益人的，由后一顺序的受益人按照相应比例享有。"

关于受益人的变更，我国《保险法》第41条第1款规定：被保险人或者投保人可以变更受益人并书面通知保险人。保险人收到变更受益人的书面通知后，应当在保险单或者其他保险凭证上批注或者附贴批单。

若受益人先于被保险人死亡，或者保险合同未指定受益人，或者受益人依法丧失或放弃受益权的，那么当被保险人死后，保险金作为被保险人的遗产由其继承人所有。

八、保单转让条款

人身保险合同大多是长期性合同，具有储蓄性，这使得保单具有一定的现金价值，类似于有价证券。在合法的情况下，允许投保人与保险人约定转让保单给其他人。

该转让分两种情况：一种是绝对转让，即在被保险人死亡后，保险金将给付受让人而不是原受益人。此种情况要求被保险人健在且必须经被保险人书面同意。另一种是质押转让，把一份具有现金价值的保单作为被保险人的信用担保，质押给银行或其他金融机构（受让人），当被保险人死亡时，受让人得到已转让权益的那一部分保险金，其余仍归受益人所有。

实质上，人身保险单的转让就是投保人的变更，因此，根据我国《保险法》第 34 条第 2 款的规定，按照以死亡为给付保险金条件的合同所签发的保险单，未经被保险人书面同意，不得转让。至于约定其他给付条件的人身保险单的转让及其条件，取决于当事人的约定。

此外，受益人享有的受益权作为一种保险金给付请求权，属于债权的具体类型，同样可以由该受益人自行予以处置，转让给他人，除非根据合同性质、当事人约定或者法律规定不得转让。而且受益人转让该受益权，可以是在保险事故发生之前，也可以是在保险事故发生之后、保险人给付保险金之前，所以，《解释（三）》规定，"保险事故发生后，受益人将与本次保险事故相对应的全部或者部分保险金请求权转让给第三人，当事人主张该转让行为有效的，人民法院应予支持"（第 13 条）。

九、不丧失价值选择条款

不丧失价值选择条款是指人身保险合同由于积累的责任准备金而具有一定的现金价值，投保人有权请求保险人返还保单的现金价值，而不论保险合同的效力是否发生变化。

具体而言，保险人返还保单现金价值有以下几种做法：一是保险人给付现金，为投保人办理退保手续；二是投保人将保单现金价值作为新的保险合同的趸交保险费，而新的保险合同与原保险合同相比，可能是保险期间及险种不变，但保额发生相应变化，也可能是保额不变，但保险期间相应变化。

十、战争条款

战争条款是指保险人将战争导致的人身伤亡列为除外责任，在此期间被保险人因战争发生死伤的，保险人不承担给付保险金的责任。

设计该条款是由于战争这一风险事故导致的损失极有可能无法估计，在战争中无论是军人还是一般民众，都容易发生大规模伤亡，在这种情况下容易出现投保人的逆向选择，从而严重影响保险公司的正常经营。

[保险实例]

2017 年 8 月，甲、乙夫妇为正在上中学的儿子投了学生平安保险。几个月后的某一天，甲、乙夫妇忽然发现儿子有自杀倾向。经医院检查发现，甲、乙夫妇的儿子患上了严重的精神抑郁症。尽管甲、乙夫妇想尽办法，还是没能拦住死神的到来。2018 年 6 月，儿子趁家人没注意，自缢身亡。

处理好儿子的丧事后，甲、乙夫妇于 2018 年 7 月向保险公司提交了索赔材料。保险公司却以"被保险人属于自杀"为由拒赔。于是，甲、乙夫妇俩一纸诉状将保险公司诉至法院。

甲、乙夫妇诉称：其为儿子投保的学生平安险包括保额为 2 万元的平安学生意外伤害保险、保额为 0.6 万元的附加学生意外伤害医疗保险和保额为 8 万元的平安学生幼儿住院医疗保险，保险期限为 2017 年 9 月 1 日起至 2018 年 8 月 31 日止。儿子患有精神抑郁症，自杀是由抑郁症引起的一次意外事故，因此属于意外伤害险保险责任范围。根据保险合同的约定，保险公司应赔偿其 2 万元的意外伤害保险金和 2.864 万元的住院医疗保险金。

对此，保险公司依据"投保确认书"中责任免除条款明确约定"被保险人自致伤害或自杀，保险人不承担给付保险金责任"认为：意外伤害是指遭受外来的、非本意的、突发的、非疾病引起的伤害。而本案中，甲、乙夫妇之子属于自杀身亡，不属于意外伤害保险的理赔范围。

法院经审理认为：甲、乙夫妇之子的自杀行为系其患精神疾病导致，不符合甲、乙夫妇为其投保的意外伤害保险之意外伤害范围，保险公司无须在平安学生意外伤害保险、附加学生意外伤害医疗保险责任范围内承担赔偿责任。但，抑郁症是一种持久的以心境低落为特征的精神疾病，自杀是抑郁症者病理情绪导致的直接后果。甲、乙夫妇之子的自杀身亡不属于主动剥夺自己生命的行为，不具有骗取保险金的目的，所以保险公司应在平安学生幼儿住院医疗保险范围内承担赔偿责任。

据此，法院根据保险给付表中载明的各个级距的支付比例，判决保险公司赔偿甲、乙夫妇之子自杀后发生的住院医疗费用。

本案例涉及两大问题：一是被保险人因抑郁症自杀是否属于有效的除外责任；二是若该自杀行为不属于除外责任，其损失应当归于哪些保险合同的保障范围。这是在学习本实例时应当予以考虑的重点。

[实务知识]

第一张生命表与哈雷

一提起哈雷，大家自然想到以其名字命名的哈雷彗星。其实，英国人埃德蒙·哈雷（1656—1742）不仅是天文学家，更是著名的数学家。哈雷的一生成就非凡，尤其是具有处理和归算大量数据的杰出才能。1693 年，哈雷应用数学推理方法，根据德国不列斯城居民在 1687 年—1691 年 5 年间的死亡和出生情况，按不同年龄和性别分类编制了世界上第一张生命表，被后人称作"哈雷生命表"。

"哈雷生命表"首次探讨了死亡率与年龄的关系，揭示了死亡率随着人的年龄增长而升高的客观规律（婴儿的死亡率除外），并且，证明了死亡率可以通过数学上的大数法则进行科学计算。"哈雷生命表"计算所得到的生存数、死亡数、生存率、死亡率和平均余命等成为计算人身保险费率的数理基础，也是计算保险责任准备金和给付保险金的必要依据。

可见，哈雷编制的第一张生命表为现代人身保险业的发展奠定了重要的科学基础。但是，由于"哈雷生命表"发表时，人身保险尚未在英国形成，所以，未能引起重视，更不能直接运用于保险实践。直到"哈雷生命表"发表 27 年后，才第一次被伦敦保险公司采用，成为确定保险费的计算根据。此后，"哈雷生命表"逐步被广泛应用到人身保险业务中。如今，"哈雷生命表"已是保险公司经营人身保险业务的组成部分。

中国自 1982 年恢复人寿保险业务以来，因缺乏人寿保险的经验，在寿险业务中的保险费率计算和责任准备金的提取方面，一直主要参考日本的寿险业生命表。然而我国人民的寿命的生死规律与日本人的存在差异：一是我国寿险的被保险人主要来源于城市人口，而我国城市人口的死亡率明显地低于日本全社会的死亡率。二是我国地域辽阔，人口众多，各地的经济发展水平和自然条件差异很大，各地人口的死亡率也有很大差异，需要在生命表上加以修匀。这就需要我国寿险业适用自己编制的中国寿险业经验生命表作为寿险经营的科学依据，于是，中国人民保险公司人身保险部设立精算部门，借助 1982 年第二次全国人口普查所得到的完整的生命表资料，于 1995 年年底制定出中国人寿保险业的第一张经验生命表（1990—1993）。

此后，我国人民的寿命因生活水平、医疗水平的提高而呈现出延长的趋势，使我国人口死亡率发生了明显变化，也促进了中国寿险业的发展。为此，在中国保监会的领导和组织下，2003 年 8 月新生命表的编制工作正式启动。第二张经验生命表编制完成后，通过了专家评审会的评审，由中国保监会于 2005 年 12 月以《中国人寿保险业经验生命表（2000—2003）》的名称正式发布，并于 2006 年 1 月 1 日起生效使用。

关于对新生命表的评价，正如中国保监会人身险部负责人所总结的：（1）其编制水平已达国际先进水平，并广泛应用于寿险产品定价、现金价值计算、准备金评估、风险管理等各个方面，有利于防范、化解风险。（2）新生命表是以全行业经营数据（尤其是中国人寿、平安、太平洋、新华、泰康、友邦 6 家公司提供的 1 亿多条保单记录）为依据，更加科学，有利于寿险产品的创新。（3）新生命表的发布和实施是我国寿险费率市场化的重要一步，因为，定价权交给了寿险公司，各家公司可以根据产品不同、地域不同、受保人群不同，制定不同的市场策略，采用不同的生命表。同时，消费者也可根据保险公司的不同报价，选择寿险产品。

2016 年 12 月 28 日，中国保监会又正式发布了第三张《中国人寿保险业经验生命表（2010—2013）》，以便反映新阶段的中国人均寿命状况，为人身保险产品的定价，尤其是长期寿险产品的定价，提供基础性参考。

练习与思考

1. 如何理解人身保险合同的内涵？
2. 人身保险合同具有哪些法律特点？
3. 人身保险合同的常见条款有哪些？

第十四章

人寿保险合同

 本章概要

人寿保险合同作为人身保险的具体类型，是人身保险的诸多特点的集中表现。其在人身保险市场上存在历史最长、适用范围最为广泛，以至于各国保险实务中形成了寿险业务与非寿险业务的划分。学习本章应当充分认识人寿保险的制度价值，掌握人寿保险的概念、特征、适用范围和险种划分，了解人寿保险合同的基本条款。

重点知识

人寿保险合同的概念

人寿保险合同的特性

人寿保险合同的种类

人寿保险合同的保险责任

第一节　人寿保险合同的概念和特性

一、人寿保险合同的概念

人寿保险合同是指投保人与保险人订立并缴纳保险费给保险人的，以被保险人的生命作为保险标的的，当被保险人在保险期间内发生死亡，或者生存至保险期届满，由保险人承担给付死亡或生存保险金的保险合同。

二、人寿保险合同的特性

人寿保险合同（以下简称寿险合同）是人身保险合同的典型代表，表现出自身特征。

（1）寿险合同以人的生命为保险标的。当被保险人死亡时，其丧葬费用、间接的收入损失，甚至对其家人的精神损失均构成风险；而当被保险人生存至一定年龄时，其收入来源可能发生变化，由此使生活费用也成为一种风险，人寿保险正是基于这类风险而产生的。

（2）寿险合同是给付性合同，而非赔偿性合同，这一点与财产保险合同以及人身险合同中的意外伤害险合同、健康险合同不同。这是由寿险合同标的的价值无法用金钱衡量的情况来决定的。

（3）寿险合同是定额合同。关于保险金的给付，投保人与保险人已经在保险合同订立时就确定了保险金的数额，而不存在根据实际损失的多少来确定保险金数额。

（4）寿险合同不存在重复保险和代为求偿权。财产保险是根据投保人对财产的保险利益来确定保险金额，不能重复保险。但人的价值无法用金钱衡量，这使得寿险合同不存在重复保险问题。

我国《保险法》第 46 条规定，被保险人因第三者的行为而发生死亡、伤残或者疾病等保险事故的，保险人向被保险人或者受益人给付保险金后，不享有向第三者追偿的权利，但被保险人或者受益人仍有权向第三者请求赔偿。

（5）寿险合同具有长期性。正因为寿险合同以人的生命为标的，而人的生命往往是跨越几十年期限的，所以寿险合同的保险期间往往是长期的。

（6）寿险合同具有一定的现金价值。保险人要针对保险事故的风险长期提取保险责任准备金，并且投保人有权根据其需要请求解除保险合同而获得退保金，故可将寿险合同视作具有现金价值的有价证券。

[保险实例]

张先生于 2010 年 2 月 10 日为自己投保了一份终身死亡保险，保额为 30 万元。2017 年 5 月 29 日，张先生因车祸身亡。此后，其妻子李某向保险公司提出索赔，遭到拒赔，理由是张先生系醉酒驾驶。

经调查核实，交管部门认定张先生系"酒驾"，且应负主要责任。保险公司认为，醉酒驾驶发生交通事故不具有偶发性，属不可保风险，无法理赔。李某称，在订立保险合同时，保险公司并未对其免责条款进行说明，该免责内容无效。故提起诉讼。

法院判决认为，张先生应当知晓"酒驾"是违法行为，不仅使自己的人身安全陷入高度危险之中，还对社会公共利益造成严重影响，具有较为明显的过错，保险公司可以拒赔，但应退还保单的现金价值。

本例涉及寿险合同的保险责任与责任免除问题，对于理解寿险合同的特性和适用实践均有借鉴价值。一般情况下，死亡属于寿险合同的保障范围，并且保险人需要向被保险人如实说明合同的除外责任，否则，除外责任无效。但是在本案例中，被保险人是因违法行为导致了保险事故的发生，所以不论保险人是否有尽到如实告知的义务，被保险人均要以自己的行为过错对自己负责，保险公司有理由拒赔。

同时，我国《保险法》第 45 条规定：因被保险人故意犯罪或者抗拒依法采取的刑事强制措施导致其伤残或者死亡的，保险人不承担给付保险金的责任。投保人已交足两年以上保险费的，保险人应当按照合同约定退还保险单的现金价值。

第二节 寿险合同的分类

一、死亡保险合同、生存保险合同、生死两全保险合同

根据保险事故的性质，可以将寿险合同分为死亡保险合同、生存保险合同、生死两全保险合同。

死亡保险合同是指以被保险人的死亡为标的，当被保险人死亡时，保险人承担给付保险金责任的保险合同。其保险期限又有定期和终身的区分：前者在保险合同中约定了一定的期限，

即在该保险期限内，被保险人死亡时，保险人才承担责任；若被保险人在此期间未死亡，则保险人不给付保险金。该种保险合同适用于在特殊时期，被保险人因为工作等原因而面临较大生命风险时订立。而于后者，被保险人的死亡一定会触发保险人的保险金给付，因此，该种保险通常保险费高于前者。

生存保险合同是指当被保险人生存至合同约定的年限时，保险人承担保险金给付责任的保险合同。该种保险合同是为了给被保险人提供在因年老等情况下生活收入减少等困难的风险保障。

生死两全保险合同是对以上两种合同进行融合，约定在一定期限内被保险人死亡，或被保险人生存至约定年限，保险人均给付保险金。正是同时考虑了死亡和生存的风险，使得该种保险合同比较受投保人欢迎。

二、资金保险合同和年金保险合同

这是根据保险金的给付方式进行的分类。

资金保险合同是指保险金在保险事故发生时一次性支付给被保险人或受益人的保险合同。

年金保险合同是指将保险金分期支付给被保险人或受益人的保险合同，因而此种保险通常是针对生存保险或生死两全保险，是以被保险人生存为保险金给付条件。根据保险金给付期限的不同，年金保险合同通常又分为：（1）终身年金保险合同，即保险金从给付时起，一直持续到被保险人死亡时，期限是终身。（2）定期年金保险合同：保险人约定于一定时间开始给付保险金，并且该给付有约定的期限，若被保险人在此期限内死亡，则停止给付保险金，否则，保险金给付至保险期限结束。按照保险金给付开始时间的不同，又分为：（1）即期年金保险：保险金的给付始于保险合同成立之时。（2）延期年金保险合同：保险金的给付是在保险合同成立一定时间之后。

三、单独寿险合同、联合寿险合同和团体寿险合同

根据被保险人的数目，又分为单独寿险合同、联合寿险合同和团体寿险合同。

单独寿险合同的被保险人仅有一人，且为自然人。

联合寿险合同的被保险人多于一人，以两人居多，且被保险人之间存在一定的利害关系，如夫妻、父母子女、兄弟姐妹或合伙人等。在联合寿险合同中，被保险人中的第一人死亡，则保险人将保险金给付给其他生存者，若所有被保险人生存至保险期限届满，则保险金给付给所有被保险人或其指定的受益人。

团体寿险合同一般是某一团体（如政府机关、企业、社会团体等）针对团体内的所有或大多数成员而投保，且其受益人由被保险人各自指定，通常为其亲属。此时，保险公司仅签发一张总保单，每位被保险人均持有相关的保险凭证。团体寿险的合同期限一般为 1 年，其保险金额可以针对被保险人的不同情况制定。

四、普通寿险合同和特种寿险合同

根据承保技术又分为普通寿险合同和特种寿险合同。

普通寿险合同以个人为投保人和被保险人，是运用一般的技术方法，经营生、老、病、死

等基本风险事故的保险。

伴随着人身保险的发展，其风险保障的范围逐渐由被保险人死亡、疾病等扩展到一系列特殊事故，如儿童的成长教育、子女的婚姻、妇女的怀孕等。特种寿险合同是在普通寿险合同的基础上派生而来的，是指普通寿险合同以外的寿险合同。如美国的寿险公司所开办的寿险合同中，除了普通寿险合同以外，还有团体寿险合同、简易寿险合同和信用寿险合同等。我国的保险公司目前开办的人寿保险中，以个人养老金保险作为普通人寿保险，团体养老金保险和简易人身保险属于特种人寿保险。[①]

五、红利分配寿险合同和无红利分配寿险合同

按照保险合同有无红利分配，分为红利分配寿险合同和无红利分配寿险合同。

在红利分配寿险合同中，保险人将会按约定的时间将保险经营的盈利以红利的方式分配给被保险人，从而使得被保险人除了获得保险保障，还可以享受保险人的经营成果。通常红利的分配有多种形式，如现金分红、提高保额、冲抵保险费等。但对于红利的分配，为了保障保险公司的正常经营，也出于对投保人正当权益的维护，通常对于其最高限额和超额分红情况、公平性、可操作性、稳定性等条件进行相应规定。

第三节 寿险合同的保险责任和保险金给付

一、寿险合同的保险责任

寿险合同是以人的寿命为保险标的的合同，因此，其保险责任是被保险人的生存或者死亡。在寿险合同中，一般约定当被保险人在保险期间内死亡，或者生存至保险期届满时，保险人给付保险金给被保险人或受益人。

正是因为寿险合同以人的生命作为标的，且往往有道德风险的存在，所以我国保险法对其有一系列规定。

（1）关于被保险人效力的确定：被保险人是保险标的的承载体，所以被保险人是否合法关系到保险人保险责任的承担问题。

我国《保险法》第33条规定：投保人不得为无民事行为能力人投保以死亡为给付保险金条件的人身保险，保险人也不得承保。父母为其未成年子女投保的人身保险，不受前款规定限制。但是，因被保险人死亡给付的保险金总和不得超过国务院保险监督管理机构规定的限额。我国《保险法》第34条规定：以死亡为给付保险金条件的合同，未经被保险人同意并认可保险金额的，合同无效。父母为其未成年子女投保的人身保险，不受本条第1款规定限制。

（2）关于保险责任免除的认定。我国《保险法》第44条规定：以被保险人死亡为给付保险金条件的合同，自合同成立或者合同效力恢复之日起2年内，被保险人自杀的，保险人不承担给付保险金的责任，但被保险人自杀时为无民事行为能力人的除外。保险人依照前款规定不承担给付保险金责任的，应当按照合同约定退还保险单的现金价值。

我国《保险法》第45条规定：因被保险人故意犯罪或者抗拒依法采取的刑事强制措施导

---

① 参见贾林青：《保险法》，3版，245页，北京，中国人民大学出版社，2009。

致其伤残或者死亡的，保险人不承担给付保险金的责任。投保人已交足 2 年以上保险费的，保险人应当按照合同约定退还保险单的现金价值。

我国《保险法》第 43 条规定：投保人故意造成被保险人死亡、伤残或者疾病的，保险人不承担给付保险金的责任。投保人已交足 2 年以上保险费的，保险人应当按照合同约定向其他权利人退还保险单的现金价值。受益人故意造成被保险人死亡、伤残、疾病的，或者故意杀害被保险人未遂的，该受益人丧失受益权。

［保险实例］

李某出生后不到半年，其母亲就因病去世。因其父亲长期在外地从事建筑工作，李某从小住在外婆家里，其父亲每月按时支付他的生活费。李某 8 岁时，父亲再婚，李某便与父亲和继母生活在一起，并转学到该地读小学。在李某离开原住地前，外婆为其在某人寿保险公司买了一份少儿安康保险，保险金额为 1 万元，并指定外婆自己为受益人。此后的一天，李某上学途中突遇交通事故而亡。事故发生后，其外婆持少儿安康保险单向保险公司报案，并要求按保险合同约定给付保险金。保险公司经审查后认为，李某的外婆对其外孙李某不具有保险利益，保险合同无效，保险公司不承担给付责任。李某的外婆不服，向法院提起诉讼。

法院经审理认为，李某的外婆和李某之间是委托监护人与被监护人的关系。李某的外婆作为委托监护人对李某不具有保险利益，该保险合同无效，保险公司不应承担给付保险金的责任。在审理中双方达成调解协议，由保险公司退还李某的外婆已交纳的保险费。

本案的争论焦点在于，李某的外婆为李某投保含死亡给付条件且指定自己为受益人的保险合同是否有效。用我国《保险法》加以衡量，本案中的李某属于无民事行为能力人，其外婆对其投保含死亡给付条件的保险有违该法第 33 条的规定；同时，从保险利益角度分析，对于本案中的李某，其生父健在且有抚养能力并提供了生活费用，则外婆与李某之间不存在抚养关系，对李某没有《婚姻法》赋予的法定抚养义务，故而不存在对李某的保险利益。综上所述，本案的保险合同不具有效力。显然，本实例有助于把握寿险合同之效力的认定。

二、寿险合同的保险金给付

当被保险人在保险期内死亡，或生存至保险期满，保险人依法承担给付保险金责任，按约定给付保险金。

按照保险金的给付方式，可以分为一次性给付和分期给付。其中，一次性给付多适用于死亡保险合同，分期给付一般适用于生存保险合同或者年金合同。

寿险合同的保险金给付对象是合同中约定的被保险人或受益人。对于以死亡为保险责任的保险，保险金给付给受益人。但不同的是，根据我国《保险法》第 42 条的规定，被保险人死亡后，有下列情形之一的，保险金作为被保险人的遗产，由保险人依照《中华人民共和国继承法》的规定履行给付保险金的义务：（1）没有指定受益人，或者受益人指定不明，无法确定的；（2）受益人先于被保险人死亡，没有其他受益人的；（3）受益人依法丧失受益权或者放弃受益权，没有其他受益人的。受益人与被保险人在同一事件中死亡，且不能确定死亡先后顺序的，推定受益人死亡在先。

需要注意的是，由于寿险合同通常是长期合同，投保人可能因财务状况变化而未能按时足额缴纳保险费，此时保险合同的效力或者保险金额会随之变化，从而影响保险金的给付。

我国《保险法》第 36 条规定：合同约定分期支付保险费，投保人支付首期保险费后，除合同另有约定外，投保人自保险人催告之日起超过 30 日未支付当期保险费，或者超过约定的期限 60 日未支付当期保险费的，合同效力中止，或者由保险人按照合同约定的条件减少保险金额。被保险人在此期限内发生保险事故的，保险人应当按照合同约定给付保险金，但可以扣减欠交的保险费。

当然，保险人向受益人支付了保险金后，其保险责任即履行完毕。如果该人身保险金根据《保险法》第 42 条的规定成为被保险人之遗产，"被保险人的继承人要求保险人给付保险金，保险人以其已向持有保险单的被保险人的其他继承人给付保险金为由抗辩的，人民法院应予支持"［《解释（三）》第 14 条］。

［保险实例］

2007 年 9 月，赵甲为自己投保了商业养老保险及附加意外伤害保险，保险金额为 10 万元，受益人为其丈夫张乙。2018 年 3 月的一天，赵甲与其丈夫张乙驾车外出旅游，途中与一大货车相撞，两人当场死亡，并无法鉴定死亡先后顺序。因赵甲与丈夫张乙尚未生育，二人死后，张乙的父母以受益人之继承人的身份要求保险公司给付 10 万元保险金，赵甲的父母则以被保险人的继承人的身份要求保险公司给付 10 万元保险金。双方就保险金的给付发生了争议。

显然，学习本实例，可以直观地理解受益人取得人身保险金的实务情况。在本例中，被保险人赵甲与受益人张乙在同一保险事故中身亡，且无法鉴定死亡顺序。按上述条款，推定受益人死亡在先，则保险金归属于被保险人，作为被保险人的遗产由其继承人继承。由于赵甲的父母是赵甲的法定第一顺序继承人，故该 10 万元保险金应当作为被保险人赵甲的遗产，由其父母继承。

［实务知识］

适用于人身保险领域的分红保单与分红方法

作为人身保险的具体险种，分红保险的法律表现形式就是分红保单。因此，持有分红保单意味着投保人依据分红保险合同享有要求保险人定期或者不定期将保险经营所得的盈利（红利）予以给付，可以说，这是人身保险不断发展的客观表现。人类最早使用分红保单的历史，可以追溯到 1776 年英国的 Old Equitable 寿险公司，此后，各家寿险公司纷纷予以仿效。

当然，为了保护投保人的经济利益，保险经营的大部分盈利应当按照分红保单约定的分红方法向投保人进行分配，但是，又必须维持保险人的正常经营秩序。因此，各国的保险立法对于保险人用于保单分红提取的分红准备金，既规定了保险人保留盈利的最高限额，又明文禁止超额分红。具体而言，在确定分红保单的分红方法和分红数额时，保险人应当考虑以下条件：（1）分红的公平性，即从公平的角度出发，应当将各种人身保险合同对于保险盈利的贡献大小作为分配红利的标准。（2）分红的计算方法应当便于广大投保人以及社会公众理解和接受。（3）分红的方法应当简便，易于操作。（4）分红水平应当趋于平衡和弹性，就是说在确定具体的分红数额时，既要考虑社会实际需要，又要考虑分红数额的相对稳定性，切忌仅以单一年度的盈利多寡决定本年度的分红数额。

至于红利的分发方法，是多种多样的，包括现金分配、冲抵（未到期）保险费、提高保险金额、存储分红（存储于保险人处，届时一并给付积存）等。

在我国人身保险市场急速发展的过程中，保险公司出于维持市场份额、增加经营收益和丰富市场保险产品种类、提高保险服务水平的需要，在传统人身保险产品的基础上，进行保险产品创新就是必然的。诸如分红保险和具有投资功能的投连险等，对于促进人身保险市场和资本市场的繁荣和发展，扩大保险公司积聚资金的规模和专业化发展都具有重要价值。

练习与思考

1. 什么是寿险合同？如何认定它的适用范围？
2. 寿险合同有哪些法律特性？
3. 寿险合同的种类有哪些？
4. 如何认定保险公司在寿险合同中的保险责任？
5. 人寿保险金的给付程序和方法是哪些？

第十五章

意外伤害保险合同和健康保险合同

本章概要

　　意外伤害保险合同和健康保险合同作为人身保险领域的两类独立种类，各有其特定的保障功能和相应独立的适用范围，而与寿险合同并存，甚至被确认为财产保险和人寿保险以外的"第三类保险"。学习本章的目的在于，掌握意外伤害保险合同和健康保险合同的概念、特征、分类和适用范围，了解各自的条款内容。

 重点知识

　　意外伤害保险合同和健康保险合同的概念
　　意外伤害保险合同和健康保险合同的特性
　　意外伤害保险合同的分类
　　意外伤害保险合同的适用范围
　　健康保险合同的分类
　　健康保险合同的适用范围

第一节　意外伤害保险合同和健康保险合同的概念与特性

一、意外伤害保险合同的概念和特性

（一）意外伤害保险合同的概念

　　意外伤害保险合同是指以被保险人的身体为保险标的，投保人与保险人约定当发生意外事故导致被保险人身体受到伤害及残疾、死亡时，保险人给付约定的保险金给被保险人或受益人的保险合同。

（二）意外伤害保险合同的特性

　　（1）意外伤害保险合同针对的是人的身体及由此产生的医疗费用。只有被保险人自然人体的损伤才属于意外伤害保险保障范畴。

　　（2）意外伤害保险合同的保险责任必须是由意外事故引起。这类意外事故必须是外来的、不可预料的，并且是突然发生的，如果是因为年老、疾病而引起的残疾、死亡，则不由意外伤害保险合同保障，而应由寿险合同或健康保险合同承保。

　　（3）意外伤害保险的保险费率厘定通常不是基于被保险人的年龄、性别等身体状况，而是根据被保险人所从事的活动、职业的危险程度来确定，不适用生命表。

（4）意外伤害保险合同通常是短期合同，一般以 1 年为保险期限，或者约定特定的诸如旅游、乘坐交通工具活动的期间作为保险期限。

（5）意外伤害保险合同是定额给付合同，但不具备储蓄性。在保险合同订立时，投保人与保险人就已经约定了保险事故发生时保险人的给付金额，不根据具体的损失程度来变化给付的保险金额度。

二、健康保险合同的概念与特性

（一）健康保险合同的概念

健康保险合同是指以人的身体为保险标的，当发生被保险人因疾病、分娩或意外伤害等原因而致伤残、死亡，以及由此产生医疗费用开支，或引发收入损失等情况时，由保险人承担给付保险金责任的保险合同。关于其具体界定不同国家略有区别，但大体上一般把人身保险中不属于人寿保险、意外伤害保险的保险归类于健康保险。

（二）健康保险合同的特性

（1）健康保险合同以人的身体健康为保险标的。虽然人身保险合同均是对"人"进行风险保障，但是健康保险合同的标的不等同于寿险合同及意外伤害险合同中的保险标的。当被保险人发生身体不健康，表现为疾病、伤残或死亡，以及由此带来相关损失时，保险人对其承担保险责任。并且健康保险合同一般以被保险人生存为条件，其主要目的是为被保险人因身体不健康而导致的医药费用损失、经济收入损失进行补偿，不具备储蓄性质。但是在寿险合同的生存保险中，被保险人生存至约定年龄时，保险人给付保险金。这里的"生存"仅仅是约定了生命的存在，并没有对被保险人的健康状况进行约定，被保险人是否患有疾病，均不影响其保险金的获得，故此类保险具有储蓄性质。而意外伤害保险合同仅对于意外的、外来的事故所致被保险人伤残、死亡进行定额给付，对于被保险人因疾病等内在原因导致的损失并不赔偿。

（2）健康保险是一类综合保险。根据健康保险的保险事故，健康保险也可分为几类：一是以疾病为给付保险金条件的疾病保险；二是以医疗费用为给付保险金条件的医疗保险；三是对疾病、分娩或意外伤害所致收入损失的收入保障保险。因此，健康保险是一种综合保险，而且在实务中也通常与其他险种综合经营，比如在寿险合同中的附加疾病、分娩保险条款，在意外伤害保险合同中的附加医疗保险等。

（3）健康保险兼具损失补偿与定额给付特征。健康保险中以医疗费用为保险责任的险种，其保险金的给付是以实际发生的医疗费用为依据的，是对疾病、分娩等原因导致医药费用开支的一种补偿，因此，此类健康保险具有补偿性。类似的还有收入损失保险。此外，由于健康保险的保障范围也涵盖了疾病、分娩等原因所导致的残疾、死亡，即因为约定的疾病、分娩等原因，被保险人残疾、死亡时，保险人应按照约定，给付确定的保险金给受益人，此时健康保险具有定额给付特征。

（4）健康保险采取各种方式进行成本分摊。为了减少道德风险，健康保险特别是其中的医疗费用保险一般采取规定免赔额、给付比例、给付限额等成本分摊方式。这与其他人身保险合同不同。

[保险实例]

2018 年 8 月 21 日，李甲从所在城市搭乘乙航空公司的飞机前往外地出差。在机场，李甲向丙保险公司购买了航空旅客意外伤害保险，保险金额为 20 万元。飞行途中，飞机由于遭雷电袭击，一机翼部分受损，飞机紧急迫降在途经的 A 市机场。在迫降过程中，飞机失去平衡，机身剧烈抖动，导致李甲心理紧张，突发脑出血，虽经医院抢救脱离了生命危险，但全身瘫痪。事故发生后，李甲委托其家属向丙保险公司报案并提出索赔，要求丙保险公司给付自己医疗费、护理费、残疾补助费等共计 25 万元。

保险公司经理赔核实，李甲没有投保附加医疗费用保险，且护理费不在保险责任范围内，确认只给付 18 万元的残疾保险金，对超过部分不予给付。

通过本实例，可以充分认识意外伤害保险合同与健康保险合同的区别，其中的焦点在于，意外伤害保险合同只承保外来的、突发的、意外的事故，并且是给付在性保险（给付在意外伤害保险合同订立时已经约定的给付金额），而医疗费、护理费等医疗费用不属于意外伤害保险的承保范畴，应由健康保险中医疗费用保险等相关保险予以承保。

第二节　意外伤害保险合同的分类和适用范围

一、意外伤害保险合同的分类

（一）普通意外伤害保险合同和特种意外伤害保险合同

根据保险标的的不同，分为普通意外伤害保险合同和特种意外伤害保险合同。普通意外伤害保险又称一般伤害保险，是指当被保险人在保险期限内因遭受普通的一般意外事故而导致身体遭受伤害时，由保险人给付保险金的保险。该保险合同通常期限较短，以一年居多。中小学生平安保险即属于此险种。

于特种意外伤害保险合同，其保险责任范围仅限于某种特殊原因造成的意外伤害，比如交通事故意外伤害保险合同、旅行意外伤害保险合同。

（二）个人意外伤害保险合同和团体意外伤害保险合同

根据投保方式的不同，分为个人意外伤害保险合同和团体意外伤害保险合同。个人意外伤害保险合同是指自然人本人投保或由有关单位代为办理的人身意外伤害保险合同。

团体意外伤害保险合同，一般是指由有关企事业单位等团体针对其职员等有保险利益关系的群体统一向保险公司投保的保险合同。

（三）自愿意外伤害保险合同和强制意外伤害保险合同

根据购买保险的意愿类型，又分为自愿意外伤害保险合同和强制意外伤害保险合同。自愿意外伤害保险合同是指由投保人自愿购买，保险人自愿承保的保险合同。而强制意外伤害保险合同是指根据相关法律、法规，投保人必须购买签订的保险合同，是否投保、承保与投保人、保险人的意愿无关。

二、意外伤害保险合同的适用范围

意外伤害保险承保的是外来的、突发的、意外的事故所致被保险人身体伤害的风险，其目的是帮助被保险人分摊其因伤害导致的各项损失，维系其正常的生活。由于风险的无处不在，该险种在各国的保险市场上均有长足发展。

但是需要注意的是，意外伤害保险和其他人身保险虽然都可以将残疾、死亡等列入保险责任，但是意外伤害保险承保的残疾、死亡风险必须是意外事故造成的，若被保险人因疾病、年老原因残疾或死亡，则不属于意外伤害保险承保范围。

我国最初在 20 世纪中叶办理过建筑工人意外伤害保险、电梯乘客意外伤害保险、汽车司机意外伤害保险等意外伤害险种。从 1982 年中国人民保险公司恢复办理人身保险业务以来，又相继开办了多种意外伤害保险、特别是适用于特定范围的保险产品，如以旅客、乘客为保险对象的公路旅客意外伤害保险、轮船或轮渡旅客意外伤害保险、飞机旅客意外伤害保险，以及以游泳场、游乐场等公共场所的游客为对象的各种意外伤害保险。对于这些特种意外伤害保险，只有符合相应承保条件的成员才能承保。[①]

[实务知识]

量身订衣所生的人身保险合同

对于那些依靠身体的特定器官或特征作为生存手段的人而言，为其特有的器官或特征寻求相应的保险保障便成为其重要的选择。因此，国际保险市场上出现了五花八门的以特定的身体器官或者身体特征作为保险标的的人身保险合同，其适用范围涉及人体的所有"零部件"。生就一双美丽眼睛的好莱坞明星伊丽莎白·泰勒和有一双紫色眼睛的滑稽演员本·特尔平就分别为各自"倾国倾城"的眼睛投保了 100 万美元和 50 万美元的人身保险合同；法兰克福市的法国人彼得利克亦将其辨别声音的精确性高于声学测量仪器的耳朵投保了 150 万法郎的人身保险合同；在法国化妆行业号称"香水巨星"的艾佛里温则为其赖以辨别人体气味而设计、调配不同类型香水的神奇鼻子投保了 500 万美元的人身保险合同；曾因一曲《秋日私语》而在中国风靡一时的"钢琴王子"理查德·克莱德曼的双手和手指、被誉为"金嗓子"的美国纽约歌剧院明星赖斯·史蒂文斯的嗓子、世界著名小号手米利斯·戴维斯的双唇、曾经在全欧洲胡子比赛中获得冠军的土耳其人艾尤普·托普丘长达 75 厘米的胡子、闻名全世界的"肚皮舞皇后"逊娅·班加敏的肚脐、在《巴黎圣母院》中有上佳表演的意大利电影明星吉娜·洛劳布利吉塔的牙齿，甚至是女演员的腰围和臀围、戏剧演员的记忆等，都成为人身保险合同的保险标的。在伤害风险颇高的体育领域，此类保险更为普遍。例如，荷兰足球名将克鲁伊夫、德国球星鲁梅尼格的双腿都曾经成为保险金额为 1 000 万法郎和 150 万马克的承保对象。

此类人身保险合同的特点非常明显。这不仅表现在其保险标的和保险责任的特定性上，而且，其保险合同不适用一般的格式条款，是由双方当事人根据保险标的的实际情况和所保风险的大小而协商约定的，尤其是保险金额和保险费的数额均大大高于一般水平。至于大家视其为趣闻而津津乐道的原因，恐怕主要在于被保险人的知名度。

第三节　意外伤害保险合同的保险标的和承保范围

一、意外伤害保险合同的保险标的

意外伤害保险是以被保险人的身体作为保险标的的。在此，被保险人的身体是指人的自然躯体，而不包括人体的非天然部分，如假肢、义齿、义眼、心脏起搏器等人工安装、移置的部

---

① 参见贾林青：《保险法》，3 版，248 页，北京，中国人民大学出版社，2009。

分。这些非天然部分虽与人体密不可分，但是属于人为活动所产生的，具有商品价值，因而不是人体的天然组成部分。因此，当这些人工装置遭受破坏时应列入被保险人的财产损失，不属于意外伤害保险的保险标的。

以被保险人的身体作为保险标的，还应当注意相应的意外伤害保险合同规定的承保条件。从共性角度来讲，意外伤害保险合同的承保条件，涉及承保年龄和身体健康状况。

（一）承保年龄

由于意外伤害的危险程度与被保险人的年龄大小并无必然的因果关系，因而，意外伤害保险合同对被保险人年龄的要求并不像寿险合同那样严格。但是，被保险人的年龄仍然关系到其因意外伤害而造成残疾或死亡后，对其本人或亲属等正常生活的影响，所以，意外伤害保险合同也要考虑被保险人的年龄。如果具体的意外伤害保险合同对被保险人的年龄有所要求，投保该险种的被保险人就应当符合此条件。例如，我国保险公司开办的人身意外伤害满期还本保险规定，被保险人应当为年满 16 周岁至 65 周岁的城乡居民。

（二）身体健康

由于意外伤害保险合同仅承保意外伤害的责任，并不负责被保险人因其他原因造成的残疾或死亡，不需要被保险人进行身体检查。但是，这并不意味着健康与否和被保险人发生意外事故的可能性毫无关系。因为，身体不健康的人在从事工作和劳动过程中，比健康人遭受意外事故伤害的可能性更大，所以，很多意外伤害保险合同也把身体健康作为承保条件之一。例如我国保险公司开办的团体（个人）人身意外伤害保险合同要求"凡参加保险的人必须身体健康，能正常工作和劳动"，因此，投保该险种的人就应当根据保险人的要求，提供相应的证明文件。

二、意外伤害保险合同的承保范围和保险责任

（一）意外伤害保险合同的承保范围

尽管意外伤害保险合同与健康保险合同都是以被保险人的身体作为保险标的，均承保因保险事故导致的被保险人身体的伤害及因此而致残、致死，但是，它们各自承保的保险事故范围不尽相同。

在此，意外伤害保险合同承保的保险事故特指意外事故，即外来的、明显或剧烈的、偶然的突发事故。其构成条件包括以下几种。

（1）意外事故是为外来原因所造成，具有客观性。保险法将此条件界定为直接外来因素造成的外表可见的（包括经身体解剖、X 光透视、CT 检查等手段发现的颅脑、内脏、骨骼）且与其内在疾病无关的伤害。如机械性的碰撞、摔打、烫、烧、冻、电击、光辐射等物理原因，酸、碱、煤气、毒剂等化学作用，以及动物叮、咬等属于被伤害人自身之外的原因，而非其本身的内在原因。基于其内在原因（病症）作用引起的伤害应属于健康保险合同的承保范围，例如，高血压、脑血栓引起跌倒所受伤害不为意外伤害。

（2）意外事故必须是明显的、剧烈的，即人的身体因遭受猛烈而突然的侵袭所形成的伤害。一般来说，这一伤害后果与意外事故之间存在着直接的、瞬间的因果关系。如交通事故中运输工具的碰撞、天空坠落物体的砸伤、飞机坠毁、突发性中毒等都是突发事故，由此立即发生的损害后果和过后造成的伤害，均属于意外伤害。但是，它排除了长期的自然原因导致的身体伤害，如长期涉水作业或长期在有毒气体环境中工作造成的职业性损害就不属于意外伤害保

险合同的承保范围。

（3）意外事故是非当事人所预见的、不可预期的、不可避免的不可抗力事故。它包括自然灾害和过失行为引起的偶然事故，排除了当事人因故意行为造成的伤害。如被保险人的自杀、自残行为，甚至其明知可能发生而仍冒险所引起的伤害不属于意外伤害。

一般来说，意外伤害保险合同规定下述危险属于责任免除范围。

第一，自杀。出于被保险人的主观故意所为的自杀，包括自杀未遂所致残疾，不属意外事故，保险人不承担保险责任。

第二，疾病（包括因传染病而致死亡）。因其来自被保险人身体内部的原因，不属外来因素，故不在意外伤害保险合同的承保范围内，保险人不承担保险责任。但是，因意外伤害引起的化脓性感染致残、致死的，属于意外伤害的范畴。

第三，故意犯罪或其他违法行为。它包括被保险人因犯罪而受法律制裁或在实施犯罪过程中被他人正当防卫致残、致死的，保险人免除保险责任。至于因违反民事、行政法律而伤残、死亡的，保险人是否承担保险责任，应依合同约定。

第四，不必要的冒险行为。这是指被保险人本可以避免的危险，但仍有意识地置自己于该危险中导致伤残、死亡的，不属意外事故，保险人不承担保险责任。当然，有利于维护法律秩序或为社会公共利益、道德规范所提倡的冒险行为，如抢险救灾、见义勇为等行为引起的伤害、死亡不在此限，保险人仍应承担保险责任。

第五，服毒，包括服用、吸食或者注射毒品。对于被保险人故意服毒或接触毒品所致伤残、死亡，依保险合同约定是否免除责任。不过，被保险人意外中毒的，尤其是因他人原因而中毒导致伤残、死亡的，不为服毒，保险人要负保险责任。

第六，煤气中毒。因其与自杀不易区分，故保险合同中一般均列明不论意外与否，均为责任免除。

第七，酗酒。如果被保险人因饮酒过量而失去常态或理智不清导致自身伤残、死亡的，保险人不承担保险责任。但被保险人基于酗酒而失去自制力或反应能力而被他人打残或死亡的，保险人是否承担保险责任依合同约定。

此外，一般的意外伤害保险条款限于承保能力或难以界定保险责任的情况，往往将一些危险性极高的活动期间涉及的特殊风险纳入责任免除之列，保险人对于被保险人在从事这些活动期间内发生的事故损害后果不承担保险责任，例如，（1）被保险人从事潜水、滑冰、滑雪、登山、江河漂流、驾驶滑翔机及跳伞期间；（2）被保险人从事摔跤、空手道、柔道、马术、拳击、特技表演等运动期间；（3）被保险人从事汽车、自行车的竞赛或表演期间。

（二）意外伤害保险合同的保险责任

该保险责任是指被保险人因意外事故而致伤残、死亡，或由此所支付的医疗费用，保险人承担保险责任。认定该保险责任，一般应具备以下三个条件。

（1）被保险人在保险期间内遭受到意外事故。这是构成意外伤害保险合同之保险责任的首要条件。

（2）被保险人在保险期间内因意外事故而伤残、死亡，或支付了医疗费用等。在意外伤害保险合同中，保险期间特指自被保险人遭受意外事故之日起的一定时间，通常约定为 90 天或 180 天。若在该期间内，被保险人因意外事故而伤残、死亡或支付了医疗费用，构成保险责任；若在该期间届满后，被保险人因意外事故导致的伤残程度尚不能最终确定的，则推定正常功能永远丧失，据此确定伤残后果，并给付保险金。

（3）上述意外事故是造成上述后果的直接原因（近因）。这意味着意外事故与被保险人的伤残、死亡或支付医疗费用等后果之间存在因果关系，是认定保险责任的法律前提。因此，并非被保险人在保险期间内的伤残、死亡或支付的医疗费用均属于保险责任，只有认定系意外事故直接引起的上述后果，才构成保险责任。

三、意外伤害保险金的给付

被保险人基于承保范围内的意外事故而伤残、死亡时，保险人承担保险责任的，要经医疗机构证明其伤残程度，以便确定按伤残标准给付保险金的数额。如果被保险人因意外事故而被依法宣告失踪或死亡的，保险人应给付保险金。但是，此后发现被保险人生存而经人民法院撤销失踪或死亡宣告的，保险人有权追索所支付的死亡保险金。

意外伤害保险合同属于定额保险，故保险人在给付保险金时，应当考虑双方当事人约定的保险金额。且意外伤害保险合同具有补偿性质，保险人又要以其实际损失为根据。为此，意外伤害保险合同的保险金给付分为两种：第一，普通意外伤害的保险金主要是不定额的补偿方法。普通意外伤害保险的给付条件限于被保险人的身体因意外事故而伤害，因此，保险人以补偿被保险人的实际损失为目的支付的保险金，通常包括实际支出的医药费、住院费、护理费、营养费、误工费等。第二，因意外伤害致残、致死的保险金给付属于定额给付，保险人一般是依保险合同约定的数额或比例来定额给付保险金。

第四节　健康保险合同的分类和适用范围

一、健康保险合同的分类

（一）按保险保障内容分类

2011 年公布、2015 年修订的人身保险公司保险条款和保险费率管理办法第 11 条规定："……健康保险分为疾病保险、护理保险、失能收入损失保险。"

疾病保险是指以保险合同约定的疾病发生为给付保险金条件的健康保险。为减少道德风险，疾病保险通常约定 6 个月或 180 天的观察期，并且保险期限较长。

医疗保险是指以保险合同约定的医疗行为发生为给付保险金条件，按约定对被保险人接受诊疗期间的医疗费用支出提供保障的健康保险。该医疗费用包括手术费、药费、住院费、护理费等，通常是各项医疗费用的组合。常见的医疗保险有普通医疗保险、住院保险、手术保险、综合医疗保险、高额医疗费用保险等。

失能收入损失保险是指以保险合同约定的疾病或意外伤害导致工作能力丧失为给付保险金条件，按约定对被保险人在一定时期内收入减少或中断提供保障的健康保险。该合同的保险金给付以被保险人工作能力丧失为条件，给付具有一定期限且是被保险人工资的某一比例。

护理保险是指以保险合同约定的日常生活能力障碍引发护理需要为给付保险金条件，按约定对被保险人的护理支出提供保障的健康保险。

（二）按投保对象分类

按投保对象，健康保险合同分为个人健康保险合同与团体健康保险合同。个人健康保险合同由保单所有人与保险公司签订，只对某一人或某几个人承保。团体健康保险由团体保单持有人（如雇主）与保险公司签订，为与投保人具有保险利益的一个团体投保。

由于承保对象的差异以及经营管理的不同，团体健康保险通常具有保险费率低、核保标准宽松、给付条件优厚的优点。

（三）按续效方式分类

按续效方式，健康保险合同分为不可撤销健康保险合同、保证续约健康保险合同、有条件续约健康保险合同、保险公司选择续约健康保险合同、无续保条款健康保险合同、可撤销健康保险合同。[①]

二、健康保险合同的适用范围

（一）健康保险合同适用的投保主体

由于健康保险合同直接针对人的身体健康风险提供保障，而身体健康状况又是复杂多变的，所以居民存在很大的健康风险保障需求。健康保险合同适用的投保主体也是相当广泛的，个人和团体均可投保健康保险。

实务中健康保险常常以团体健康保险合同的形式存在，一般由政府机关、企事业单位等组织为其职员等团体投保。此外，也有针对中小学生等群体的健康保险合同，如"青少年、幼儿团体疾病住院医疗保险"。对于个人而言，健康保险有"大额疾病医疗保险"等险种。

（二）健康保险合同的保险责任

健康保险承保因疾病、分娩等导致的伤残、死亡及医疗费用损失、收入损失风险。其中，疾病保险所承保的是被保险人因身体内在原因导致的疾病、分娩所致死亡或残疾的保险责任；而医疗保险是化解被保险人医药费用的开支而补偿被保险人因疾病风险造成的经济损失的保险；收入损失保险则针对的是被保险人因"失能"而无法获得收入的风险，即被保险人由于罹患疾病导致失去的收入或减少收入的保险责任。而意外伤害保险与此不同，仅仅承保因为意外伤害导致的伤残、死亡风险。所以健康保险合同，特别是其中的医疗保险合同，具有损失补偿性质。

而在投保时被保险人已经患病或者怀孕，或因非法堕胎、被保险人故意自杀导致身体损伤等情况存在时，保险人不承担保险责任。

（三）保险期间

健康保险合同多为短期合同，一般为一年，且一般设有一个等待观察期间，在此期间内不承担保险责任。投保人也可与保险人约定长期的健康保险保障期间，一般作为人寿保险合同的附加条款出现。

第五节　健康保险合同的主要条款

由于健康保险承保的风险具有变动性和不易预测性，故健康保险除了具备一些人身保险合

---

① 参见张洪涛、庄作瑾：《人身保险》，2版，182页，北京，中国人民大学出版社，2008。

同的一般条款外，还有相应的特殊条款。

一、个人健康保险的特殊条件

（一）体检条款

该条款允许保险人指定相关医生对提出索赔的被保险人的身体健康状况进行体格检查，以使保险人对索赔的有效性作出鉴定。该条款适用于疾病保险和收入损失保险等。

（二）观察期条款

为有效避免道德风险，剔除投保人带病投保的情况，通常在健康保险合同中约定一定期限为观察期，通常为半年。对于在此期限中被保险人患有的疾病及其导致的医药费用、收入损失，保险人不承担保险责任，在观察期过后，保险人才依照合同正式提供保险保障。若在观察期间，被保险人死亡的，则保险合同终止，保险人在扣除手续费后退还保险费。如果被保险人未死亡，则保险人可以根据被保险人的身体状况决定是否续保。

（三）免赔额条款

健康保险合同，特别是其中的医疗保险合同，通常对被保险人的医药费用规定一个免赔额，具体来说有绝对免赔、相对免赔两种方式。绝对免赔是指不论被保险人的损失多大，保险人都要在扣除免赔额之后才支付保险金；相对免赔是指在免赔额度以下的损失金额由被保险人自己承担，若损失超过免赔额，则由保险人全部赔偿。采用免赔额条款的意义在于，可以促进被保险人主动保护自身身体健康，减少道德风险；也可以在一定程度上减少保险人大量的理赔工作。

（四）比例给付条款

该条款是指被保险人发生损失后，保险人按损失的一定比例给付保险金给被保险人，即保险人与投保人双方均要承担一定的风险因素，但保险人承担主要风险责任，比如，保险人给付医药费用的 80%，被保险人承担医药费用的 20%。这类条款可以在分摊被保险人经济损失的同时有效避免道德风险，控制被保险人的医疗费用。

（五）给付限额条款

由于健康保险所承保风险的特殊性，特别是某些疾病风险将导致高额的医药费用赔偿，这不利于健康保险的长期稳健经营，也会损失大多数被保险人的利益，所以在补偿性质的健康保险合同中，通常约定了保险人的最高给付限额，如单项疾病给付限额、住院费用给付限额、手术费用给付限额、门诊费用给付限额等。

［保险实例］

王先生于 2018 年 4 月向甲保险公司购买了终生寿险并附加重大疾病保险、医疗费用保险。经过体检，甲保险公司予以承保。2018 年 6 月，王先生突然感到身体不适，检查结果是其罹患淋巴恶性肿瘤，王先生随即住院接受治疗，并向甲保险公司提出对其身患重病进行赔付。

甲保险公司经过理赔申请后最终认定，被保险人所患的疾病属于其购买的重大疾病保险条款约定的"重大疾病"。但王先生的患病时间恰巧发生在保单生效 90 天的观察期内，按条款约定，他无法获得重大疾病保险金，但甲保险公司退还相应的保险费。

同时，王先生所投保的附加医疗费用保险条款约定的观察期为 30 天，于是，保险公司认定符合承担保险责任的条件，应当赔付医疗费用保险金。

该实例主要针对健康保险合同，尤其是其间的观察期条款而言。为了规避道德风险，通常，健康保险合同中都有明确的"观察期"，该观察期属于保险公司与投保人对合同效力约定的附加期限，属于我国《保险法》第13条规定的"投保人和保险人可以对合同的效力约定附条件或者附期限"。具体而言，健康保险合同约定的短期健康险的观察期一般不超过90天，长期健康险的观察期不超过一年。在观察期内时，即使发生保险事故，被保险人也不能获得保险赔偿。

（六）可续保条款

可续保条款是指针对保险人续保意愿及是否解除保险合同的条件等的一系列规定。

（1）定期条款。它是指合同约定有效期限，在该期限内保险人不能解除或变更合同内容。

（2）可取消条款。它是指保险人可以在任何期间以任何理由解除保险合同、变更保险费或责任范围。但是对于已经发生、尚未理赔的保险事故，保险人须遵照原合同规定履行义务。

（3）续保条款。该条款约定在特定年龄之前，只要投保人按约定缴费，保险合同就一直有效。具体按照有无特殊约定条件，又分为条件性续保条款、保证性续保条款。对于条件性续保条款，保险人只能因约定条件（一般是被保险人的职业状况，而非身体健康状况）成就而拒绝续保。

（七）既存状况条款

为减少道德风险，该条款规定，在保险合同有效期限内，被保险人因既往症况引发的医疗费用，保险人并不承担给付保险金责任，但保单生效两年以后除外。既往症是指在保单签发前就已经存在，但被保险人未如实告知的伤残或疾病。

该条款主要针对未如实告知的非重大事实，如关节痛、有时厌食等。对于未如实告知的重大事实，保险人可以根据不可抗辩条款，在保单生效两年内解除保险合同。

（八）职业变更条款

被保险人的职业变更通常会导致其职业危险程度发生改变，这会影响保险事故的发生几率，因而保险人有权据此在不变更保险费的前提下，对保险金额进行调整，如当被保险人职业危险增加时，可以在不调整保险费率的条件下，降低其保险金额。

（九）超额保险条款

为防止被保险人因保险事故发生获得的保险金给付超出实际损失而获利，当发生超额保险情况时，保险人可以减少保险金额但应退还超额保险部分的保险费给投保人。

（十）防卫原因时间限制条款

该条款规定，在保险生效一段时间后，保险人不得以投保人未如实告知的重大事实为由拒绝承担保险责任。它与不可抗辩条款的区别在于，对于欺诈性的不实告知，保险公司可以终止合同。

二、团体健康保险条款

（一）既存状况条款

该条款规定，对于某一既存状况，如果被保险人已经连续3个月未因此接受治疗，或者参加团体保险的时间已经满一年，则该症况不属于既存状况，保险人仍应当承担保险责任。

（二）转换条款

该条款主要针对被保险人脱离团体而需要继续其保险保障的情况设计。当被保险人在脱离团体后可以转为购买个人的医疗保险，此时不需要提供可保证明，但是一般需要交纳较高的保险费，且保险金的给付也有更多限制条件。

（三）协调给付条款

该条款是为防止享有双重团体医疗保险的被保险人获得双重保险金给付的情况发生，规定了优先给付计划和第二给付计划。优先给付计划以其承担的保险责任给付全部保险金，若优先给付计划的保险金不足以补偿被保险人的收入损失，则被保险人可以向第二给付计划索赔，并告知优先给付计划已经给付的金额，由第二给付计划进行协调给付。

第六节　健康保险合同的保险金给付

在健康保险合同中，一般是按照合同约定给付保险金的，其给付的内容包括医疗费、生育费、残疾津贴费、死亡丧葬费、子女教育费等项目，具体范围依相应的险种而定。

从保险金给付方式角度讲，多数健康保险合同（如医疗保险、失能收入损失保险）并非定额保险合同，因为，保险人不是按约定的保险金额给付，而是在合同约定的保险金额最高限度内，扣除约定的免赔额后，补偿被保险人的实际费用支出（或收入损失），或者按约定的比例支付，其余的部分由被保险人自行负担。故健康保险合同区别于人寿保险合同。不过，健康保险中的疾病、分娩致残、致死保险属于定额保险，保险人按约定的保险金额给付保险金。

保险实践中，保险人在履行费用补偿型的医疗费用保险金之给付义务时，涉及如何处理与公费医疗费用或者社会医疗保险费用之关系的问题。基于此类健康保险的补偿性质，保险人在厘定医疗费用保险费率时，已经扣除了相应的公费医疗费用或者社会医疗保险费用部分的，则其给付的保险赔偿金额就不包含这部分费用［《解释（三）》第18条］。而健康保险合同约定按照基本医疗保险的标准核定医疗费用的，则保险人就应当按照基本医疗保险的类别医疗费用标准来履行保险金给付责任，对于超出基本医疗保险同类医疗费用标准的部分，不予给付。因此，保险人仅仅"以被保险人的医疗支出超出基本医疗保险范围为由拒绝给付保险金的，人民法院不予支持"［《解释（三）》第19条］。

[实务知识]

《人身保险伤残评定标准》在中国保险市场开始启用

从2014年1月1日起，中国保险行业协会联合中国法医学研究会此前于2013年6月8日共同发布的《人身保险伤残评定标准》为中国保险市场上的各家保险公司所使用。这是取代原来在商业保险市场上适用的《人身保险残疾程度与保险金给付比例表》（简称"原标准"），作为健康保险和意外伤害保险等业务经营中执行伤残给付的新的行业标准。

究其背景，"原标准"是由中国人民银行于1998年发布、中国保监会成立后于1999年转发的，那么，在肯定"原标准"对于规范意外伤害保险业务的发展、促进保险保障功能的发挥方面的积极作用的同时，也应看到随着我国经济的快速发展和保险业服务覆盖面的不断扩大，特别是国家有关部门相继发布《道路交通事故受伤人员伤残评定》和《劳动能力鉴定——职工工伤与职业病致残等级分级》等新的伤残等级评定标准的情况下，"原标准"所存在的残疾项目分类较为宽泛、给付不足、部分条款的可操作性不强，容易引发保险理赔纠纷的缺点日渐明显，已经不能适应行业发展和保险消费者的需求，迫切需要根据我国实际情况对"原标准"进行全面修订。

为此，中国保险行业协会自 2008 年下半年开始启动对"原标准"的修订准备工作，充分开展行业内外的相关调研，广泛征求各家保险公司对"原标准"使用中存在问题的意见和修订建议；同时，广泛收集和研究国内外相关的残疾标准，陆续形成了多个调研报告。2012 年年初，在中国保监会的指导下，中国保险行业协会结合意外保险市场发展的新实践以及保险消费者的诉求，成立了人身保险残疾给付标准修订项目组，研究、制定新的行业标准。出于确保新标准符合现代医学有关残疾研究的最新进展和技术标准的需要，中国保险行业协会专门从中国法医学会、中国残疾人康复协会残疾分类研究专业委员会、全国知名医院等权威机构聘请专家教授，成立了"中国保险行业协会医学专家咨询委员会"，全程参与新标准的研究、制定工作，提出专业的权威意见。经过多方的共同努力，最终形成了《人身保险残疾评定标准》（以下简称"新标准"）。

相比较而言，"新标准"呈现出三个方面的变化和特点：（1）"新标准"的体例进一步完善，具体表现在：首先是参照国家相关残疾标准使用的称谓方法和社会公众接受的习惯，将"原标准"的名称"人身保险残疾程度与保险金给付比例表"修改为"人身保险伤残评定标准"。其次是"新标准"的全文增加了前言、标准的适用范围、术语定义、全文的内容结构、伤残评定原则以及相关条目的释义等，使得"新标准"具备了完整的逻辑体系，表现出对残疾情况的描述清晰、准确，可操作性强，客观、易用的特点，更便于在保险实务中加以适用。（2）"新标准"扩大了人身保险的残疾覆盖门类、条目和等级。就其覆盖范围来讲，"新标准"改变了"原标准"仅以肢体残疾、关节功能丧失为主的情况，增加了神经、精神和烧伤等残疾，扩大了胸腹脏器损伤、智力障碍等残疾范围，覆盖了包括神经系统、眼耳、发声和言语、呼吸系统、消化系统、泌尿和生殖系统、运动、皮肤的结构和功能共 8 大门类，增加了对心脏、肺、肝、脾、胃、胰等胸腹脏器和肠结构损伤的二十余种残疾状态条目；由于意外事故而造成的烧伤等皮肤残疾也纳入了"新标准"的保障范围。就条目描述来讲，"新标准"删除了"原标准"中广受争议的"中枢神经系统机能或胸、腹部脏器机能极度障碍"等无明确医学界定的模糊描述，增加了智力功能障碍、植物状态等。而在残疾等级设置方面，"新标准"由"原标准"的 7 个伤残等级、34 项残情条目，扩展为 10 个伤残等级、281 项伤残条目，并针对 1～10 的伤残等级明确规定了 100%～10% 的给付比例。尤其是"新标准"增加了"原标准"未包括的 8～10 级的轻度伤残保障，包括了一百余个项目，大幅度提高了对保险消费者的保障程度。（3）"新标准"借鉴了最新国际标准的理论和方法。"新标准"的制定严格遵循科学性、兼容性和严谨性三项原则，积极借鉴和吸收国外的先进经验，特别是科学地引入了世界卫生组织 2001 年颁布的《国际功能、残疾和健康分类标准》（简称 ICF）的相关标准和编码系统，采用了基于 ICF 的功能和残疾分类的理论架构对"新标准"的残情条目作出了国际公认的分类和等级划分，使得"新标准"在残情表述的完整性和系统性方面产生质的飞跃，适应了国际残疾评定系统的发展趋势。

根据中国保监会于 2013 年 6 月 4 日发布的通知的要求，即日起到 2013 年 12 月 31 日为过渡期，各家保险公司为"新标准"的启用完成相关工作，并为"新标准"的推广适用而做好客户的服务工作，并进行跟踪指导。

练习与思考

1. 如何理解意外伤害保险合同的概念？它具有哪些特征？

2. 如何理解健康保险合同的概念？它具有哪些特性？

3. 意外伤害保险合同的分类有哪些？

4. 如何认定意外伤害保险合同的适用范围？

5. 如何确认意外伤害保险合同的保险标的？

6. 如何确认意外伤害保险合同的保险责任？

7. 健康保险合同的分类有哪些？

8. 如何确认健康保险合同的适用范围？

21 世纪通用法学系列教材

21 shiji tongyong faxue xilie jiaocai

保险法

第五编

保险业法

第十六章
保险经营组织

 本章概要

  保险经营组织制度是保险业法的重要组成部分。因为，保险经营组织是保险业的投资者和从业者依据有关保险业法的规定所采取的组织形式，是从事保险经营的主体。它作为各国保险市场的必备要素，既可以向社会公众提供专业性的保险保障，又能够实现追求赢利的目的。各个保险经营组织独立从事保险经营，彼此之间开展公平竞争，又相互依存而联成一体，形成保险市场。学习本章的目的在于，掌握保险经营组织的内涵、类型、组织特点，了解保险公司的设立条件、设立程序，并理解保险公司在经营中可能涉及的变更、解散、破产，以及对保险公司实施的整顿、接管等法律理论。

重点知识

  保险经营组织的类型
  保险公司的设立条件
  保险公司的变更、解散、破产的制度内容
  保险公司整顿的适用条件
  保险公司接管的适用条件
  涉外保险分支机构的内涵和地位

第一节　保险经营组织概述

一、保险经营组织的概念与特征

  保险经营组织是指依法设立而专门从事风险管理的商业机构。保险经营组织，简称保险组织，在我国台湾地区又称保险业；在保险合同中，保险经营组织作为一方当事人，称为保险人。保险经营组织具有如下特征。

  （一）保险经营组织是一种社会组织机构

  保险经营组织是一种机构，是指经营保险业务的主体，是一种团体组织，个人不得经营保险业务。在世界范围内，经营保险业者，除英国之劳合社的成员为个人保险经营者外，均为团体组织。我国《保险法》第6条规定："保险业务由依照本法设立的保险公司以及法律、行政法规规定的其他保险组织经营，其他单位和个人不得经营保险业务。"第10条第3款规定："保险人是指与投保人订立保险合同，并按照合同约定承担赔偿或者给付保险金责任的保险公司。"

由此表明，在我国，保险经营组织也属于团体组织，而非个人。

（二）保险经营组织是依法以风险管理为业的一种社会组织机构

保险一词中的"险"是指风险或危险（risk），在保险法学和保险学上称为可保危险（insurable risk）；"保"是指对面临共同危险的人（被保险人）提供风险保障，即在被保险人因风险发生而遭受损失时提供经济补偿。根据我国《保险法》的规定，保险业务专门由依法设立的保险公司经营，其他任何组织或个人不得从事保险业务。

（三）保险经营组织是经依法核准和登记的一种社会组织机构

保险经营组织的设立不同于《公司法》上的公司，后者采准则主义，无须经过核准，只要具备公司法所规定的条件，即可直接申请登记注册；而前者所从事的保险业是以风险管理为业的特殊行业，其关涉社会每一个行业、每一个单位、每一个家庭和每一个人的生产与生活的持续和稳定，因此，保险经营组织首先必须依照《保险法》的规定报经保险业监督管理机构核准，然后才能依照《公司法》的规定办理登记注册手续，领取营业执照后方可开业。

二、保险经营组织的类型

对保险经营组织从不同的角度可以作出不同的分类。从经营保险的主体来讲，有公营保险组织与民营保险组织之分，前者以政府或其他公共团体为经办主体，后者以私人（包括自然人或私法人）为经营主体。从经营的目的来讲，有营利性保险组织与非营利性保险组织之分，前者包括股份保险公司和个人保险商，后者如相互保险社、交互保险社、相互保险公司以及以公益为目的之社会保险等。从保险业务的角度来讲，有财产保险组织与人身保险组织之分。前述划分有相互交叉之处。但从保险经营组织的人格构成要素、资本来源、责任承担等角度来讲，可以大致分为三种类型：个人保险经营组织、相互合作保险经营组织和公司保险经营组织。

（一）个人保险经营组织

个人保险经营组织是指以自然人为主体而从事保险业务的组织形式，在商法学上属商主体分类中的商个人或个体商人。根据我国法律的规定，不允许个人从事保险业务，因此，在我国不存在这类保险经营组织。世界上大多数国家也不存在个人保险经营组织，通说认为，英国伦敦的劳合社（Lloyd's of London）成员属于此类保险经营组织的典型。

劳合社本身并不承保危险，它只是一个组织个人保险商承保危险的保险市场，即保险商品交易所。劳合社之个人保险商与保险公司、相互合作保险经营组织等团体保险商的最大区别在于：个人保险商对外承担无限责任，个人保险商之间责任独立，彼此不承担连带责任，而团体类保险组织承担有限责任。

（二）相互合作保险经营组织

相互合作保险经营组织，包括相互保险社、交互保险社、保险合作社和相互保险公司4种，其共同点在于：成员既是其所属组织的社员，又是参加保险的投保人，相互间有互助合作关系。

1. 相互保险社

相互保险社（mutual）是保险组织的原始形态，具体是指有同一保险保障需求的个人或单位组织以交纳会费的方式所组成的合作性保险团体。它至今在欧美各国仍相当普遍。其业务或以地方区域或以职业类别为其范围，涉及人寿保险、海上保险、火灾保险等。相互保险社的组织与经营十分简单，其保单持有人就是该组织的成员，当某个成员遭受损失时，由其他成员共同分担。成员所持每张保单的保险金额并无显著高低悬殊，每个成员在选举理事和高级管理人员时有相等的投票权。[①]

2. 交互保险社

交互保险社（reciprocal or interinsurance exchange）是仅存在于美国的一种特殊形态的保险组织。此种保险组织最早创立于 1881 年，由若干商人相互约定共同交付保险费而相互交换保险。其特点在于：一则，投保人以社员为限，社员之间互相交换保险，故而有相互保险公司的性质；一则，各社员以个人资格在一定金额限度内负其责任，故而又具个人保险商的性质。因此，交互保险社是介于相互保险公司与个人保险商之间的一种保险组织。交互保险社的业务由各社员通过委托方式委托代理人经营，由代理人代表全体社员处理社内一切事务，从所收保险费中抽取一部分作为代理人之酬劳及其他费用。

3. 相互保险公司

相互保险公司（mutual insurance company）是保险业特有的一种公司组织形态，是由参加保险的人为自己办理保险而互助合作成立的一种非营利法人组织。其经营方式是，由社员预先缴纳一定的资金，以作为公司的创立费用、业务费用和担保资金。但此等资金称为基金，而非股本，因为该基金为公司的负债，而股本为公司的自有资产。社员须预先缴纳保险费，且以有限责任为限。相互保险公司经营之结果，若有盈余，全由社员共享，或分别摊还，或拨为公积金，而非股利分配。社员兼具投保人与保险人双重身份，其加入公司时，一方面与公司成立保险关系，另一方面取得社员资格，当保险合同终止时，保险关系消灭，同时社员资格也随之终止。

基于以上特性，此种保险组织形式成为多数投保人选择的对象，并逐渐为各国保险业所普遍采行。只是相互保险公司这一组织形式较适合于期限较长、保险关系较稳定的人身保险业务，如美国目前寿险业务量最大的公司 Prudential、Metropolitan 等即采此形式。

4. 保险合作社

保险合作社（co-operative insurance society）是由面对同种危险而有共同保障需求的人，基于意思自治而集股设立的保险组织，属于社团法人。此种保险组织以合作的方式与原则经营保险业务，不以营利为目的，以较低的保险费来满足社员的保险需求，社员与投保人两种身份集于一体。

最早的保险合作组织滥觞于 1867 年英国的合作保险公司，其后逐渐发展，迄今已分布于三十多个国家，其中仍以英国的保险合作社数量最多、范围较大，为世界合作保险的中心。目前，世界上具有影响力的保险合作社有美国的蓝十字（Blue Cross）与蓝盾（Blue Shield）医疗保险组织、保健团体（health maintenance organizations）、加拿大的 co—operators 保险合作社、日本的农业合作社等。

(三) 公司保险经营组织

公司保险经营组织是世界各国最为普遍采用的一种保险组织形式，尤以股份保险公司为典型，我国也不例外。我国现行《保险法》第 6 条规定："保险业务由依照本法设立的保险公司

---

① 参见袁宗蔚：《保险学——危险与保险》，175 页，北京，首都经济贸易大学出版社，2000。

以及法律、行政法规规定的其他保险组织经营，其他单位和个人不得经营保险业务。"在保险实务中，表现为股份有限公司、国有独资公司为限，其他非公司类型的保险经营组织非经法律、法规的特别规定不得设立。

1. 国有独资保险公司

国有独资保险公司是指由国家授权投资的机构或国家授权的部门根据《保险法》和《公司法》设立的经营保险业务的有限责任公司。投资主体的单一性、股东责任的有限性等成为其基本特征。

2. 股份保险有限公司

股份保险有限公司是指公司全部资本划分为等额股份，由法定数额的股东出资设立，股东以其认购的股份为限承担责任，公司以其全部资产承担责任的经营保险业务的公司。公司资本的股份性、公司信用的资合性、股东责任的有限性以及公司组织机构的完整性为其基本特征。

[实务知识]

阳光农业相互保险公司——中国保险经营组织的创新尝试

经国务院同意、中国保监会批准，国家工商总局注册的我国首家相互制保险公司——阳光农业相互保险公司，是在黑龙江垦区 14 年农业风险互助基础上设立的黑龙江省唯一一家相互制保险公司。公司于 2005 年 1 月 11 日正式开业。作为一家全国性专业农业保险公司，公司承担着国家农业保险试点及中国保险制度创新的任务。

公司成立之初就把服务"三农"作为公司发展的基本定位，作为一切工作的出发点和落脚点。按照中国保监会"先农险后商险，先局部后放大"的原则，积极开展农业保险业务。公司主要经营种植业及养殖业保险、财产损失保险、责任保险、法定责任保险、信用保证保险、短期健康保险、意外伤害保险、机动车辆保险、再保险、代理长期寿险、代理健康险及经中国保监会批准的其他业务。

公司建立了以公司统一经营为主导，以保险社互助经营为基础，统分结合、双层治理、双层经营的管理体制，在公司和会员之间建立起利益共享、风险共担的机制，形成了为"三农"服务的保险体系。[①]

虽然阳光农业相互保险公司作为中国首家相互保险公司是中国保险制度的创新，但其自2005 年成立至今已经在中国设立和存在近十五年间的法律依据尚有待商榷。2009 年《保险法》第 6 条虽然取消了旧法中有关保险公司组织形式的限定，为其他组织形式的保险经营组织类型留下存在的空间，但根据商法的商主体严格法定原则，任何欲从事保险业务的组织或个人只能在现行法律规定的保险组织类型之内设立保险经营机构，保险经营组织作为专门经营风险业务的特殊主体，更须遵循商主体严格法定原则。因此，在现行《保险法》以及相关法律、法规在现有保险公司形式以外未规定其他类型保险经营组织的情形下，任何组织或个人是不能在有限责任公司和股份有限公司两种类型以外设立非法定类型的保险经营组织的。可见，虽然阳光农业相互保险公司是经国务院同意、中国保监会批准，并经国家工商总局注册的，但是该相互保险公司或类似保险经营组织的设立是缺乏法律依据的。尤其是阳光农业相互保险公司的经营内容以涉农业务为主，但其现有业务范围已经扩展到各类财产保险业务、再保险，甚至代理长期

---

① 参见百度百科：阳光农业相互保险公司，http://baike.baidu.com/view/2296653.htm。

寿险、健康保险等非农业保险业务，其经营方式也不限于政策性和公益性而兼具营利性。鉴于农业保险的特殊性及较强的政策性，以及阳光农业相互保险公司的成功运作等客观情况，解决其立法缺位的问题，就要尽快用立法形式确立此类保险经营组织形式。

2013 年 3 月 1 日国务院发布的《农业保险条例》正式实施，其第 2 条所规定的经营农业保险的保险机构是"保险公司以及依法设立的农业互助保险等保险组织"，从而，为阳光农业相互保险公司的存在和运行提供了明确的行政法规支持，使其摆脱了此前的法律困境。

第二节　保险公司的设立

保险公司的设立，是保险公司筹办人为促成公司成立并取得保险经营法人主体资格所为的一系列行为的总称。保险公司之设立不同于一般公司，一般公司的设立采准则主义，即只要具备法律规定的条件，申请人可以直接向商业登记机关申请注册登记；而保险公司因其所营业务的特殊性——风险管理，事关社会生产生活的持续和稳定，世界各国几乎一致采核准主义，即经保险监督管理机构核准同意，然后才能向商业登记机关办理注册登记手续，取得执照后方可开业。我国《保险法》第 67 条即规定："设立保险公司应当经国务院保险监督管理机构批准。"显然，这也采用了核准主义。

一、保险公司的设立条件

根据我国《保险法》第 68 条的规定，设立保险公司必须具备如下条件。

（1）主要股东具有持续盈利能力，信誉良好，最近三年内无重大违法、违规记录，净资产不低于人民币 2 亿元。由于保险公司从事的是风险保障业务，责任重大，对被保险人的生产、生活以及整个社会经济生活的稳定均有重要影响，只有各方面条件优异、资信俱佳的商事组织，才能承担这样的责任。

（2）有符合《保险法》和《公司法》规定的章程。公司章程是规范公司组织与行为，规定公司与股东之间、股东与股东之间权利、义务关系的必备法律文件，是以书面形式固定下来的股东共同一致的意思表示。公司章程规定公司的内部组织、外部关系等一切基本事项和重大问题，是公司设立、存续和开展保险业务的规范基础，是公司自身、股东、董事、监事、经理等主体应一体遵循的最高行为准则。

（3）有符合《保险法》规定的注册资本。保险公司的注册资本是公司股东认缴且已实际缴纳并经登记机关登记的出资总额，是公司运营和承担责任的物质基础。《保险法》第 69 条规定："设立保险公司，其注册资本的最低限额为人民币二亿元。""国务院保险监督管理机构根据保险公司的业务范围、经营规模，可以调整其注册资本的最低限额，但不得低于本条第一款规定的限额。""保险公司的注册资本必须为实缴货币资本。"不难看出，《保险法》规定的保险公司注册资本的最低要求远远高于《公司法》就一般公司注册资本的最低要求，且要求实缴货币资本并一次全部缴纳。此皆因保险公司所营业务的特殊性所致。

（4）有具备任职专业知识和业务工作经验的董事、监事和高级管理人员。保险业务的经营具有很强的专业性和技术性，因而需要保险公司的董事、监事和高级管理人员具备扎实的专业知识和丰富的工作经验，这是确保保险公司的业务持续、稳定、健康运作和保障被保险人利益的必要条件。《保险法》第 82 条（在《公司法》第 147 条的基础上）和中国保监会《保险公司董事和高级管理人员任职资格管理规定》（于 2006 年 7 月 12 日发布，同年 9 月 1 日施行；2014 年第一次修正，2018 年第二次修正）对保险公司董事和高级管理人员的任职资格条件作出了具体规定。

（5）有健全的组织机构和管理制度。保险公司的组织机构是其行使决策、执行和监督等公司治理权的机构体系的总称，是保险公司有序运行的组织保证。保险公司作为组织机构体系实行权力分立、权力制衡和监督的运行机制，以此确保公司运行在决策科学民主、执行顺畅高效和监督有理有力的健康轨道上。管理制度是保险公司根据其所营业务的性质和公司自身的状况，依照《保险法》和《公司法》等法律、法规以及公司章程制定的内部组织和行为的基本规则，故健全、科学的管理制度是保险公司正常开展业务的制度保障。

（6）有符合要求的营业场所和与经营业务有关的其他设施。保险公司是专以风险管理为业的商事组织，其经营的物质基础比一般公司要求更高，除了远高于一般公司的最低注册资本的法定要求外，还必须具备符合业务要求的经营场所及其他设施，如办公楼、办公设备，等等。

（7）法律、行政法规和国务院保险监督管理机构规定的其他条件。除上述法定条件外，根据保险公司的具体情况，法律、行政法规和国务院保险监督管理机构可以另行规定保险公司应该具备的其他条件，以因应立法规定的缺漏与不足。

二、保险公司的设立程序

保险公司的设立，除必须具备法定实质条件外，还应遵循法律规定的程序。根据《保险法》、《公司法》和《保险公司管理规定》（保监会［2009］1 号令，2015 年修订）的规定，保险公司的设立要经过如下程序。

（一）设立申请

保险公司的筹办人或发起人应向中国保监会提交设立公司的书面申请。《保险法》第 70 条和《保险公司管理规定》第 8 条规定，筹办申请人应向国务院保险监督管理机构提出书面申请，并应当提交：设立申请书；可行性研究报告；筹建方案；保险公司章程草案；投资人的营业执照或者其他背景资料，经会计师事务所审计的上一年度财务会计报告；投资人认可的筹备组负责人和拟任董事长、经理名单及本人认可证明；国务院保险监督管理机构规定的其他材料。

（二）批准

根据《保险法》第 71 条的规定，国务院保险监督管理机构应当对设立保险公司的申请进行审查，自受理之日起 6 个月内作出批准或者不批准筹建的决定，并书面通知申请人；决定不批准的，应当书面说明理由。

（三）筹建

国务院保险监督管理机构批准保险公司设立的，筹办人即可开始筹建公司，并应在一年内完成筹建工作。筹建期内，筹办人不得从事任何保险经营活动，不得变更主要投资人。

（四）开业申请

根据《保险公司管理规定》的规定，筹建工作完成后，筹办申请人应当向国务院保险监督管理机构提出开业申请，并应当提交：开业申请书；创立大会决议，或全体股东同意申请开业的文件或者决议；公司章程；股东名称及其所持股份或者出资的比例，资信良好的验资机构出具的验资证明，资本金入账原始凭证复印件；国务院保险监督管理机构规定股东应当提交的有关材料；拟任该公司董事、监事和高级管理人员的简历和相关证明材料；公司内部机构设置及人员基本构成；经营场所所有权或使用权的证明文件；按照拟设地的规定提交有关消防证明；拟经营保险险种的规划书、3 年经营规划、再保险计划、中长期资产配置计划，以及业务、财务、合规、风险控制、资产管理、反洗钱等主要制度；信息化建设情况报告；公司名称预先核准通知书；国务院保险监督管理机构规定的其他材料。

（五）注册登记

《保险法》第 77 条规定："经批准设立的保险公司及其分支机构，凭经营保险业务许可证向工商行政管理机关办理登记，领取营业执照。"据此，获准开业的保险公司应当持批准文件及经营保险业务许可证，向市场监督管理机关办理注册登记手续，在领取营业执照后方可开业。

[实务知识]

中国保监会批准筹建首批相互保险社

自 2015 年 6 月，国务院提出"发展相互保险等新业务"以来，中国保监会把引入和发展相互保险作为推动行业供给侧结构性改革的重要内容。这意味着相互保险作为我国保险市场主体的补充而进入，与股份制保险公司相互促进、公平竞争，共同推进保险行业的发展，满足社会公众日益提升的多元化保险需求，扭转我国保险市场上保险组织形式单一的现状，并与国际保险市场接轨。

概括如今的国际保险领域，相互保险已然是主流的保险组织形态之一。根据国际相互合作保险组织联盟的统计，截至 2014 年，相互保险组织的市场份额占全球保险市场总份额的 27.1%，覆盖人口达 9.2 亿人。

在中国保险市场发展迅猛的现阶段，作为保险产品需求方的社会公众的保险需求势必不断扩大和深化，呈现出多元和多层次的状态，而提供保险产品的保险组织不仅要设计类型众多、内容多样化的保险产品体系，也要有丰富多样的保险组织类型。于是，相互保险组织正逢其时而应运产生，成为中国保险业的发展趋势之一。而互联网新技术在我国的迅速发展，也以其开放、协作、共享与分享的理念和运行覆盖范围广泛等特点，为相互保险在广大范围内积聚有同质风险保障需求的人群、实现其所提供的相互保险服务创造了便捷的条件。相互保险的突出特点就在于，它是由具有相同风险保障需求的众多投保人在平等自愿的基础上所组建的，以互相帮助、共摊风险为目标，实行民主管理的、相互之间为自身提供风险保障的保险组织。

2016 年 6 月 22 日，中国保监会批准了首批筹建的相互保险社，包括信美相互保险社、众惠财产相互保险社和汇友建工财产相互保险社，作为试点。资料显示，信美相互保险社的初始运营资金达到 10 亿元人民币，由蚂蚁金服、天弘基金、汤臣倍健等 9 家主要发起会员负责筹集初始运营资金，针对特定群体的养老健康需求，开展养老和健康等长期保障型保险产品，提供普惠保险服务，实现金融的共享性和公益性。众惠财产相互保险社则是由前海金控、永泰能源、键桥通讯、昆吾九鼎等公司以及自然人所发起设立，初始运营资金为 2 亿元人民币，主要针对特定产业链的中小微企业和个体工商户的融资需求，开展信用保证保险等业务。至于汇友建工财产相互保险社，它以建工领域的风险保障需求为对象，创新开展了建筑工程合同履约保证保险业务，实现建筑工程合同履约的全过程风险管理。

需要强调的是，此类相互保险机构应当是不以获取利润为目标的。它与一般的商业保险公司是不同的，因此，不能把相互保险理解为追求盈利的投资行为，也不能假借保险的名义来营销互助计划，将两者相混淆，让消费者误以为互助计划就是保险产品或者所谓"互联网＋保险"的新型产品，避免让不良机构或者个人打着"互助计划"的幌子在微信、微博等互联网平台恶意骗取公众的钱款，扰乱正常的金融市场秩序。

第三节　保险公司的变更、解散和破产

根据《保险公司管理规定》第 26 条的规定，保险公司的变更包括保险公司设立时经国务院保险监督管理机构批准并经市场监督管理登记机关登记的事项的变更以及保险公司成立后人格的变更。其中，前者的情形有：保险公司变更名称、变更注册资本、扩大业务范围、变更营业场所、修改保险公司章程、变更出资额占有限责任公司资本总额 5％ 以上的股东或者变更持有股份有限公司股份 5％ 以上的股东；后者包括：保险公司的合并、分立等。

保险公司有上述情形之一的，均应当经中国保监会批准；未经批准而为上述变更的，属于违法行为，由中国保监会依照法律、行政法规予以处罚，追究责任人的法律责任。

一、保险公司的合并

（一）保险公司合并的概念和方式

保险公司合并是指两个或两个以上的保险公司依照法定程序归并为一个公司或创设一新公司的法律行为。保险公司合并方式有：吸收合并与新设合并。其中，吸收合并是指两个以上的保险公司，其中一公司吸收其他公司，吸收公司人格存续，而被吸收公司人格消灭；新设合并是指参与合并的各保险公司均归解散而丧失主体资格，在此基础上成立一新公司。

相比较而言，吸收合并表现为：A＋B＋C＝A；新设合并表现为：A＋B＋C＝D。

（二）保险公司合并的法律效果

保险公司合并的法律效果体现在以下三个方面。

（1）保险公司人格的消灭、变更和设立。在吸收合并中吸收公司主体资格存续，被吸收公司主体资格消灭；在新设合并中，合并后新设公司成立而取得主体资格，合并的各公司主体资格消灭。

（2）权利、义务的概括移转。因合并而消灭的公司的资产及债权、债务，一并转移至合并后存续的公司或新设的公司，无须经过清算程序。

（3）股东资格的当然承继。合并后消灭的公司的股东自然成为合并后存续公司或新设公司的股东。

二、保险公司的分立

（一）保险公司分立的概念与方式

保险公司的分立是指一个保险公司依法定程序分为两个或两个以上保险公司的法律行为。其中，派生分立又称存续分立，是指由一个保险公司依法分成两个或两个以上保险公司，原保

险公司继续存在，并另产生一个或一个以上新的保险公司；新设分立又称解散分立，是指由一个保险公司依法分成两个或两个以上的保险公司，原保险公司解散并消灭，另产生出两个或两个以上新的保险公司。

相比较而言，派生分立表现为：A＝A＋B＋C；新设分立表现为：A＝B＋C＋D。

（二）保险公司分立的法律效果

保险公司分立是保险公司人格重大变更的法律行为，其法律效果体现在以下三个方面。

（1）保险公司人格的消灭、变更和设立。在派生分立中，原公司人格存续与变更，派生或新设公司人格的设立或取得；在新设分立中，新设公司人格设立或取得，原公司人格消灭。

（2）权利、义务的享有和承担。根据《公司法》的规定，分立前公司的权利由分立后的公司享有，义务由分立后的公司承担连带责任，无须经过清算程序。

（3）股东资格的转换。分立前公司的股东分别成为分立后公司的股东。

三、保险公司的解散

（一）保险公司解散的概念

保险公司的解散是指已成立而取得商事主体资格的保险公司，在存续过程中因法律规定或公司章程规定的事由出现，经国务院保险监督管理机构批准，停止保险业务经营活动并经过清算而消灭其人格的法律事实。保险公司的解散并不意味着其法律人格的立即终止，而是其法律人格终止的原因和必经过程，解散后必须依法经过清算而在清算程序终结并办理注销登记手续后，其法律人格才最终消灭。解散后、清算终结前的保险公司，虽然法律人格存续，但其行为能力受到限制，不能为清算目的以外的业务活动。

（二）保险公司解散的原因

我国《保险法》第89条规定："保险公司因分立、合并需要解散，或者股东会、股东大会决议解散，或者公司章程规定的解散事由出现，经国务院保险监督管理机构批准后解散。""经营有人寿保险业务的保险公司，除因分立、合并或者被依法撤销外，不得解散。""保险公司解散，应当依法成立清算组进行清算。"据此，保险公司解散的原因多种多样，无非归为自愿解散和强制解散两种。

1. 自愿解散

又称任意解散，是指保险公司根据章程的规定或权力机关的决议而解散。保险公司的自愿解散，是保险公司基于意思自治原则对其法律人格的处分。根据《保险法》的规定，经营人寿保险业务的保险公司除因合并、分立而解散外，不得任意解散。

保险公司自愿解散主要有以下几种情形。

第一，公司章程规定。根据《公司法》的规定，解散事由也应是股份保险有限公司章程应当载明的事项之一，因此，当保险公司章程所记载的解散事由出现时，保险公司即应解散，除非权力机关决定公司继续存在。

第二，保险公司权力机关的决议或决定。股份保险有限公司经出席股东大会的股东所持表决权的2/3以上表决通过，国有独资保险公司经国有资产监督管理机构决定，可以解散。

第三，公司合并或分立。前已述及，无论是保险公司的合并还是保险公司的分立，其法律效果中均有因合并或分立而解散的情形存在。保险公司的合并与分立是保险公司基于意思自治的法律行为，因此，合并与分立是保险公司自愿解散的原因。

2. 强制解散

强制解散是指保险公司因国务院保险监督管理机构的命令或法院判决而强制解散的情形。

第一，依法被撤销。根据《保险法》《公司法》等法律和行政法规的规定，保险公司如果存在违反法律、行政法规的违法行为，国务院保险监督管理机构可以依职权将其撤销，强制其解散。

第二，依法院判决解散。根据《公司法》关于公司司法解散的规定和《企业破产法》《保险法》关于公司破产的规定，法院均可以通过司法程序判决保险公司解散。

四、保险公司的破产

（一）保险公司破产的概念

保险公司破产是指因保险公司不能清偿到期债务，经中国保监会同意，保险公司或者其债权人依法向人民法院申请破产，法院依法经审理而宣告保险公司破产并将其财产公平分配给债权人的法律制度。我国现行的《保险法》和《企业破产法》就是规范保险公司破产事宜的法律依据，其中，《保险法》针对保险公司破产的特殊问题作出规定，而《企业破产法》关于企业破产的规定同样适用于保险公司。

（二）《保险法》关于保险公司破产的特别规定

1. 保险公司破产的条件

我国《保险法》第90条规定，保险公司有《中华人民共和国企业破产法》第2条规定情形的，经国务院保险监督管理机构同意，保险公司或者其债权人可以依法向人民法院申请重整、和解或者破产清算；国务院保险监督管理机构也可以依法向人民法院申请对该保险公司进行重整或者破产清算。

这表明保险公司的破产必须具备的条件是：第一，不能清偿到期债务。既有不能履行保险合同项下对被保险人或受益人的保险给付义务的情形，也有不能清偿其他债务的情形。第二，须经中国保监会的同意。保险公司营业的特殊性决定了保险公司的破产必须经保险监督管理机构批准。

2. 人寿保险公司破产的特别规定

《保险法》第92条规定：经营有人寿保险业务的保险公司被依法撤销或者被依法宣告破产的，其持有的人寿保险合同及责任准备金，必须转让给其他经营有人寿保险业务的保险公司；不能同其他保险公司达成转让协议的，由国务院保险监督管理机构指定经营有人寿保险业务的保险公司接受转让。转让或者由国务院保险监督管理机构指定接受转让前述人寿保险合同及责任准备金的，应当维护被保险人、受益人的合法权益。

此规定不同于财产保险公司的破产，皆缘于人寿保险的特殊性：它涉及被保险人之家庭生活的稳定，也对整个社会生活的稳定及社会经济的发展具有保障意义。

3. 保险公司破产清算程序的特别规定

在《企业破产法》有关清算程序的一般规定的基础上，《保险法》就保险公司的破产清算程序作了特别规定。《保险法》第91条规定：破产财产在优先清偿破产费用和共益债务后，按照下列顺序清偿：（1）所欠职工工资和医疗、伤残补助、抚恤费用，所欠应当划入职工个人账户的基本养老保险、基本医疗保险费用，以及法律、行政法规规定应当支付给职工的补偿金；（2）赔偿或者给付保险金；（3）保险公司欠缴的除第1项规定以外的社会保险费用和所欠税款；（4）普通破产债权。破产财产不足以清偿同一顺序的清偿要求的，按照比例分配。破产保险公司的董事、监事和高级管理人员的工资，按照该公司职工的平均工资计算。

与《企业破产法》第113条关于破产财产清偿顺序的规定相比较，《保险法》关于保险公司破产财产清偿顺序的特别之处在于：保险公司对被保险人、受益人所负的赔偿或者给付保险金的债务处于第二顺序，优先于《企业破产法》中"破产人欠缴的社会保险费用和破产人所欠税款"，即对于保险公司来说，其破产财产用于清偿其所欠社会保险费用和破产人所欠税款的债务后于保险公司所负的保险合同债务。[①]

这凸显了《保险法》对被保险人或受益人的特别保护，因为，被保险人或受益人范围广泛、人数众多而属于社会公众范畴，而且人身保险的被保险人的身体和生命又是保险标的，均处于保险人保障的核心地位，再者，被保险人相对于保险人而言处于信息不对称的弱势地位，更应优先得到保护，否则，会给保险事业和保险制度带来信任危机。[②] 因而，各国保险法无不遵循这一原则。

[实务知识]

闻名遐迩的劳合社

英国劳合社全称为"劳合社保险人协会"（Lloyd's Underwriters Association）。其前身为劳埃德保险社，起源于由爱德华·劳埃德（Edward Lloyd）于17世纪末在伦敦泰晤士河畔的塔街经营的一家咖啡馆。劳埃德于1696年9月自办发行了一份小报《劳埃德新闻》，登载顾客们感兴趣的海运消息。这使劳埃德咖啡馆成为传播航运消息和买卖海上保险的重要场所。1771年，因劳埃德咖啡馆场地狭小，179名保险人和经纪人商定每人出资100英镑，另辟新址，成立专营海上保险的劳合社委员会。1774年，该委员会迁入皇家交易所，闻名遐迩的劳合社正式宣告成立。

19世纪初，劳合社适应形势的发展，逐步完善其内部结构和经营方式，形成了独特的组织形式：不仅在伦敦保险市场上执海上保险的牛耳，还将业务范围扩大到各种非水险业务。1871年，英国议会通过《劳合社法》，赋予劳合社以法人资格。劳合社在海上保险中使用的《船舶、货物保险单》亦被列为英国《1906年海上保险法》的附件，成为标准的海上保险单。时至今日，劳合社历经两百多年的风风雨雨，已发展成为信誉卓著、规模巨大的个人保险商组织。在历史上，劳合社设计了第一张盗窃保险单，为第一辆汽车和第一架飞机出立了保单，近年来又是计算机、石油能源保险和卫星保险的先驱。劳合社设计的保险条款和保单格式在世界保险业有广泛的影响，其制定的保险费率也成为世界保险业的风向标。

严格来讲，劳合社本身是由124家保险联合体组成的一个社团，而并非保险公司，也不是

[①] 我国《企业破产法》第113条规定：破产财产在优先清偿破产费用和共益债务后，依照下列顺序清偿：（1）破产人所欠职工的工资和医疗、伤残补助、抚恤费用，所欠的应当划入职工个人账户的基本养老保险、基本医疗保险费用，以及法律、行政法规规定应当支付给职工的补偿金；（2）破产人欠缴的除前项规定以外的社会保险费用和破产人所欠税款；（3）普通破产债权。破产财产不足以清偿同一顺序的清偿要求的，按照比例分配。破产企业的董事、监事和高级管理人员的工资按照该企业职工的平均工资计算。

[②] 参见李玉泉：《保险法学——理论与实务》，2版，359页，北京，高等教育出版社，2010。

合作保险组织。它不直接承保保险业务，而是由众多个人保险商集合而成的保险经营场所，改革后现为由个人会员和公司会员组成的承保社团，实质上是一个类似于交易所的保险交易中心。它向作为其成员的个人保险商提供了从事保险交易的场所和相关服务，其业务范围涉及水险、非水险、航空险和汽车险等。因此，在劳合社中，每个个人保险商均彼此独立、自负盈亏，各自单独承保，并以个人的全部财产对自己承保的部分承担无限的保险责任，但是，对其他个人保险商的承保份额却不负保险责任。

劳合社的组织结构包括五个部分：劳合社会员、会员组合、会员代理人、保险经纪人和管理委员会。其中，会员就是劳合社批准接纳，能够在劳合社范围内以其个人名义和自有财产向被保险人承担保险责任的个人保险商。会员组合即为辛迪加（Syndicate），它是劳合社若干会员为接受保险业务的方便，根据承保业务的种类而自愿组成的小组。各个会员组合的人数不等，均是以会员组合的名义在劳合社市场上接受保险业务，各自编制独立的账单。会员代理人即承保代理人，他们运用会员提供的资金，在相应的会员组合中代理承保业务。保险经纪人则是在劳合社登记注册的、代表客户的利益与个人保险商洽谈投保事宜的中介人。管理委员会是劳合社的管理机构，它由全体会员选举产生的 16 名委员组成，其职权包括审核新会员的入会资格、规定会员组合的承保业务量、审查会员组合的账目、为建立社团基金而向会员征收捐款、监督会员的业务经营情况等。并在 100 多个国家设立了办事处。

劳合社的经营方法较为独特，即客户与承保的个人保险人一般不直接接触，而是由保险经纪人作为中介人完成保险业务。也即保险经纪人根据客户的投保要求，填写承保单，经劳合社的签单部审阅后，交给所选定的适合客户投保要求的会员组合。经洽谈后，先由该会员组合首席会员承保一定的责任份额，保险经纪人再找该会员组合的其他会员承保余下的责任份额，直至保险金额被全部承保。然后，保险经纪人向劳合社签单部换取其代表所有承保人签发的劳合社保险单，保险合同即行成立。可见，劳合社在经营中充分尊重会员的业务自主权，除了采取各种措施保证会员的偿付能力，不具体干涉会员的业务。各个会员自主决定承保的险种、份额比例和承保条件。

劳合社之所以信誉卓著，原因在于其严格的管理制度。劳合社对于会员的资格条件把握得十分严格，诸如，应当具备劳合社要求的个人诚信和个人财产（每名会员至少要具备 10 万英镑资产）；愿意以个人财产承担无限责任；须有两名或两名以上现任会员的提名推荐；提供一定的财产（37 500 英镑）给劳合社作为保证金，由劳合社以信托形式予以管理；接受劳合社的业务监督和偿付能力的审计检查等。同时，劳合社对其保险经纪人的资格管理也极为严格。

进入 20 世纪 90 年代后，劳合社在新的经济形势下和保险市场日益激烈的竞争中经历了一定挫折。于是，劳合社于 1993 年实施"重建更新计划"，大力进行改革。重点措施是引入公司会员。1994 年以前，劳合社的承保人都是个人会员（自然人），1994 年以后，劳合社允许公司资本进入，出现公司会员，致使其个人会员的数量逐年递减。据统计，1996 年劳合社的会员有 34 000 名之多，其中，英国会员 26 500 名，占 90%，外籍会员占 10%，包括美国会员 2 700 名，其他国家为 4 000 名，共组成 200 多个承保组合。而到 1999 年年底，劳合社的个人会员仅为 3 317 名，而公司会员的数目增至 885 名，组成 122 个承保组合。此后，经过兼并变动，现有 71 个承保组合。另一重大改革是允许接受有限责任的法人组织作为会员，并允许个人会员退社或合并转为有限责任的会员，使其个人承保人和无限责任的特色逐渐淡薄。同时，在劳合社登记的经纪公司大约 260 家，还有分布在世界各地的 500 余名保险代理人等提供保险服务。面对着机遇和挑战，劳合社正通过扩大业务范围、开辟新业务、实行多元化经营、从国内市场向国外市场转移过剩承保能力以及减少中间人层次、降低经营成本等手段，维护其在世界保险市场中的重要地位。可以说，劳合社对全球保险业的发展，特别是对海上保险和再保险作出的贡献是世界公认的。要知道，劳合社承保的保险业务是包罗万象的。世界上约有 13% 的海上保险业务是由劳合社承保的，而水险业务约占劳合社总业务的 21%。而非水险业务在劳合社总业务的占比约为 51%，从火灾到暴风雨，从地震到盗窃、抢劫，从产品责任到职业过失，从明星的眼睛、钢琴家的手指到可怕的疾病，只要市场上存在着对风险的保障需求，劳合社的承保人就会设计出相应险种。劳合社的非水险市场也承保短期寿险业务，它所不承保的风险种类只有长期寿险和信用风险。

21 世纪伊始，劳合社也进入中国市场。2000 年 11 月 28 日，劳合社北京代表处在北京设立，表明其对逐渐成为世界重要的保险和再保险中心的中国保险市场的重视。2002 年 7 月 21 日，劳合社正式向中国保监会递交申请，寻求在中国境内获得设立再保险分支机构的许可。2007 年 3 月 14 日，劳合社中国再保险公司拿到开业批复，于 4 月 16 日落户上海，成为劳合社在全球开设的首个分公司。

第四节　保险公司的整顿和接管

一、保险公司的整顿

（一）保险公司整顿的概念

根据我国《保险法》第 139、140 条的规定，保险公司的整顿是指保险公司违反《保险法》的规定，不提取或结转各项准备金，或者不依法办理再保险，或者严重违反《保险法》关于资金运用的规定，被国务院保险监督管理机构责令限期改正而逾期未改正时，由国务院保险监督管理机构决定选派保险专业人员和指定该保险公司的有关人员组成整顿组，对该保险公司进行整顿，以纠正其违法经营行为的监管措施。对保险公司进行整顿的目的是，尽快纠正保险公司的违法行为，维护保险市场秩序，推动保险业健康发展。

国务院证券监督管理机构对保险公司进行整顿，应当制作整顿决定并及时在公共媒体上进行公告，因为，对保险公司进行整顿，不仅涉及该保险公司的利益，更涉及该保险公司的客户及社会公共利益。

（二）保险公司整顿的原因

（1）未按照《保险法》的规定提取或者结转各项准备金。如保险公司未依法提取未到期责任准备金和未决赔款准备金等，包括应当提取而未提取以及未按照《保险法》规定的比例和要求提取等情形。

（2）未按照《保险法》的规定办理再保险，如经营财产保险业务的保险公司当年自留保险费超过其实有资本金加公积金的总和的 4 倍而不办理再保险的；保险公司对于一次保险事故可能造成的最大损失范围所承担的责任超过其实有资本金加公积金总和的 10%，对超过部分没有办理再保险的。

（3）严重违反《保险法》关于保险资金运用的规定的，如保险公司超出《保险法》和国务院证券监督管理机构规定的保险资金运用的范围和比例使用资金。保险资金的运用应当遵循安全性、流动性和收益性的原则，如果保险公司违规运用资金，就可能危及公司的偿付能力。

（三）整顿组的组成及职责

根据《保险法》第141条的规定，整顿组由国务院保险监督管理机构从保险公司以外选派的保险专业人员和指定的被整顿保险公司的有关人员组成。由此表明，整顿组的组成人员来源于两个方面：一是由国务院保险监督管理机构从该保险公司的外部选派，选派的人员必须是保险专业人员，例如其他保险公司的专业人员、从事保险教学研究的人员、保险精算人员、从事保险业务的律师、会计师，保险监督管理机构的专业人员等；二是由国务院保险监督管理机构从该保险公司指定符合条件的人员，当然，该指定人员应当是保险业务专业人员，且与保险公司的违法行为不存在利害关系。

整顿组成员的必备条件是熟悉、精通保险业务，否则，无法保证整顿的效率和整顿的成功。由于立法条文是"国务院保险监督管理机构可以决定选派保险专业人员和指定该保险公司的有关人员组成整顿组，对公司进行整顿"的表述，这意味着整顿组成员不限于由国务院保险监督管理机构选派，该保险公司也可以自己决定整顿组的人选。既然整顿是国务院保险监督管理机构对保险公司行使监督管理职责的一种方式，由其选派或决定整顿组成员比较妥当，不宜由保险公司自身的有关人员单独组成，以便确保整顿效果。

根据《保险法》第142条的规定，保险整顿组的职责是监督被整顿保险公司的日常业务，监督被整顿保险公司负责人行使职权的行为，即帮助被整顿公司纠正违法行为，消除可能危害公司赔付能力和损害被保险人利益的隐患与问题。被整顿保险公司的负责人及有关人员，应当立即纠正公司的违法行为，接受整顿组的日常监督。对于拒绝纠正违法行为的公司负责人及有关人员，整顿组有权建议国务院保险监督管理机构责令调整或更换。

（四）保险公司整顿的终结

1. 保险公司整顿结束的条件

根据《保险法》第143条的规定，保险公司整顿结束的前提条件是：被整顿保险公司经整顿已纠正其违反《保险法》规定的行为，恢复正常经营状况。所谓已纠正违法行为，是指被整顿的保险公司原未依法提取或者结转的各项准备金，已经依法进行了提取或者结转；原未依法办理再保险的，已经依法办理了再保险；违反关于资金运用的规定的，其资金运用的方式及比例已符合保险法及有关法律、行政法规的规定。

所谓恢复正常经营状况，是指保险公司可能危害偿付能力和损害被保险人利益的隐患与问题已得到解决，各项业务已正常开展，各项管理制度已得到执行。当被整顿的保险公司已纠正其违法行为，恢复正常经营状况，无须外部的监督管理就能够正常开展业务时，就有必要结束对该公司的整顿，由该公司的股东及经营管理人员对其业务负责，以保障该公司、客户及股东的权益。

2. 保险公司整顿结束的程序

根据《保险法》第143条的规定，结束对保险公司的整顿应当遵循以下程序。

第一，应当由整顿组提出报告，说明整顿组在整顿过程中所做的工作，被整顿的保险公司纠正违法行为、恢复正常经营状况所采取的措施，整顿后的保险公司的经营状况、财务状况、资金运用状况及偿付能力状况等，并提出结束整顿的申请。

第二，提请国务院保险监督管理机构批准整顿组的报告。国务院保险监督管理机构应当在收到整顿组的报告后，在合理的时间内对被整顿的保险公司纠正违法行为的情况及实际经营状况进行检查，对整顿报告的内容及结论进行审查核实，作出批准或者不批准结束整顿的决定。国务院保险监督管理机构批准结束整顿的，整顿组即可解散，保险公司由其经营管理人员经营管理。

第三，由国务院保险监督管理机构将批准结束整顿的决定予以公告。同国务院保险监督管理机构对保险公司进行整顿的决定依法应当予以公告一样，当对保险公司的整顿结束时，也应对批准结束整顿的决定这一法律事实予以公告。公告属于对于重大商事法律事实的公示，其目的在于，将具有特定法律意义的信息公之于众，以保护社会公众之利益，而期交易之安全，同时也是保护被整顿保险公司自身的利益，以重新树立其良好的信誉。

二、保险公司的接管

(一) 保险公司接管的概念

保险公司的接管是指对于偿付能力严重不足，或者因违反《保险法》的规定，损害社会公共利益，可能严重危及或者已经严重危及公司的偿付能力的保险公司，由国务院保险监督管理机构指派接管组织直接接管保险公司的经营决策和日常经营管理的行政监管措施。相对于对保险公司的整顿，对保险公司的接管是一种更为严厉的监管措施。

根据《保险法》的规定，当保险公司被决定接管时，接管组的组成和接管的实施办法，由国务院保险监督管理机构决定，并予以公告。但是该条并未规定接管组的成员的范围和接管的实施办法，国务院保险监督管理机构对此也没有具体的规定。其中，接管组的成员的选派可以参照关于整顿组的做法。

(二) 保险公司接管的原因

根据《保险法》第144条的规定，国务院保险监督管理机构对保险公司实行接管的原因有以下两项。

(1) 保险公司的偿付能力严重不足，即偿付能力充足率低于100%。[①] 包括：第一，偿付能力充足率低于100%的不足类公司；第二，偿付能力充足率在100%到150%之间的充足Ⅰ类公司；第三，偿付能力充足率高于150%的充足Ⅱ类公司等。而偿付能力充足率低于50%的肯定属于严重不足的情况。

(2) 违反《保险法》的规定，损害社会公共利益，可能严重危及或者已经严重危及公司的偿付能力。这是指保险公司因违反《保险法》的规定，损害社会公共利益而导致可能严重危及或者已经严重危及公司的偿付能力的后果的情况。无论何种原因导致保险公司偿付能力严重不足，均可构成对保险公司接管的原因。

(三) 接管的期限

《保险法》只对保险公司的接管期限的上限作了规定，即最长不超过2年，而未规定接管期限的下限。由于各保险公司被接管时的情况各有差异，具体接管期限交由国务院保险监督管理机构酌情决定，因而这一规定体现了具体问题具体分析和具体对待的灵活做法。如果国务院

---

① 参见《保险公司偿付能力管理规定》第37条。

保险监督管理机构原定的接管期限届满，而被接管的保险公司没有恢复正常的经营状况和偿付能力，国务院保险监督管理机构可以决定延长接管期限，但是如果接管期限延长至两年仍无效果，说明该保险公司已无通过接管而得到挽救的希望，无限期地延长接管期限也无意义。因此，当保险公司经过接管而无效果，并有《企业破产法》第2条规定的情形的，国务院保险监督管理机构可以依法向人民法院申请对该保险公司进行重整或者破产清算。

（四）保险公司接管的终止

《保险法》第147条就终止对保险公司接管的条件也作了明确的规定：接管期限届满，经过接管组的工作，被接管的保险公司确已恢复正常经营能力的，国务院保险监督管理机构可以决定接管终止。被接管的保险公司是否恢复了正常的经营能力，应当按照《保险法》的规定和《保险公司偿付能力管理规定》对保险公司偿付能力的各项规定进行考核。国务院保险监督管理机构决定终止对被接管的保险公司的接管时，应当予以公告。

[保险实例]

中华联合财产保险公司接管案

始建于1986年的中华联合财产保险公司，是国内第四大财产保险公司。尤其在2002年以后的几年里，公司机构扩张过快、经营成本居高不下等原因导致其于2007年、2008年连续巨额亏损达80亿元左右，偿付能力出现缺口、法国安盛集团入股搁浅等。这一系列的问题促使中国保监会和中华联合财产保险公司的大股东新疆生产建设兵团共同组成了内控工作小组于2009年3月份进驻该公司，正式对其进行了接管，以督促公司管理层着手完善规章制度，强化风险管控，堵塞管理漏洞，扭转公司持续亏损的局面。经过半年多的接管，中国保监会的工作小组已经帮助公司梳理出问题，并给出了解决方案。通过增资扩股、引进战略投资者、改进管理结构和风险控制等一系列措施，该公司扭转了亏损局面而逐步走上正轨。因此，中国保监会工作组结束接管。

[实务知识]

适用于保险公司的"风险资本管理方法"[①]

"风险资本管理方法"是美国保险监管体系所采用的新的监管手段。1992年年底，美国全国保险监督官协会提出了一个新概念，即"风险基准资本"，是指以保险公司实际承担的各种风险因素计算其所应具有的资本额度和盈余水平，构成风险资本管理方法。与传统的保险公司的资本和盈余的监管方式相比较，"风险资本管理方法"的突出特点在于，将保险公司的资本监管从静态标准转变为动态标准。因为，按照传统的监管方式，无论各个保险公司的规模大小和所承担风险的性质如何，要求保险公司的资本规模不得低于统一的最低资本限额标准。而"风险资本管理方法"则针对保险公司各自的经营规模和面临的风险情况，分别计算各个保险公司的资本数额。

作为"风险资本管理方法"的内容，美国全国保险监督官协会按照不同的风险系数（财产保险的五个风险系数和人寿保险的四个风险系数），分别制定了财产保险公司和人寿保险公司两类风险资本模型。相应地，在适用风险资本监管时，美国保险监督官协会在保险公司的风险资本与其实际资本之间的比例达到不同的水平时，实施不同的监管措施，具体包含四个层次：

---

① 陈欣：《保险法》，277页，北京，北京大学出版社，2000。

一是财产保险公司的上述比例为100%～200%，人寿保险公司的为75%～100%时，保险公司自我管理，保险监督官协会监督审核；二是财产保险公司的上述比例为100%～150%，人寿保险公司的为50%～75%时，保险监督官协会主动干预，保险公司予以配合；三是财产保险公司的上述比例为70%～100%，人寿保险公司的为35%～50%时，保险监督官协会有权接管保险公司；四是财产保险公司的上述比例为70%以下，人寿保险公司的为35%以下时，保险监督官协会强制接管，保险公司进入重组或清算程序。

练习与思考

1. 保险经营组织的类型有哪些？
2. 阐述各种保险公司的特点。
3. 劳合社对于我国保险业组织的发展有什么借鉴意义？
4. 保险公司的设立条件和设立程序有哪些？
5. 什么是保险公司的变更？
6. 什么是保险公司的解散？
7. 保险公司破产的条件和特殊规则有哪些？
8. 保险公司的整顿与接管有什么不同？

第十七章
保险中介制度

本章概要

保险中介是国际保险市场上普遍适用的制度，甚至在很多国家的保险市场上是不可缺少的组成部分，形成了相对独立的保险中介市场，从而，保险中介法律制度成为保险业法的重要内容之一。概括各国的保险实务，保险中介主要涉及保险代理人、保险经纪人和保险公估人等类型，而且，各国有关各种保险中介人的法律规则不尽相同。学习本章的目的在于，了解保险中介制度的概念以及其在保险业范围内的地位和作用；掌握各类保险中介人的概念和法律特征、地位和分类，尤其是各类保险中介人的执业资格和执业规则；理解保险中介制度的法律价值，比较各国有关保险中介制度的法律特点。

重点知识

保险中介人的概念和地位

保险代理人的概念和特征

保险代理人的地位和分类

保险代理人的从业资格和执业规则

保险经纪人的概念和特征

保险经纪人的地位和分类

保险经纪人的从业资格和执业规则

保险公估人的概念和特征

保险公估人的地位和分类

保险公估人的从业资格和执业规则

第一节 保险中介制度概述

一、保险中介制度的概念和地位

保险中介是指介乎于保险人与投保人、被保险人或者受益人之间，为保险人开展保险经营活动和投保人、被保险人参与保险活动提供以保险业务咨询、展业、代订保险合同、风险管理和评估、损失的鉴定和理算等为内容的专门性中介服务业务的制度。其中，专门从事保险中介业务的单位和个人，就是保险中介组织，又称保险中介人，而有关保险中介人的从业资格、业务活动的法律规则等，构成保险中介制度。

保险中介是适应现代保险市场的发展需要而产生的，并逐渐成为一个独立行业，这是保险市场日渐成熟的标志。如今，凡保险市场发达的国家，保险中介制度就是必要的组成部分，其中的保险中介组织，主要是保险代理人、保险经纪人和保险公估人。各类保险中介组织代表着保险活动中不同当事人的利益，从事各自的中介活动，在保险市场中承担不同的角色，成为沟通保险人和被保险人关系的纽带，对于促成保险关系的建立、实现保险职能具有重要影响。

二、保险中介制度在国际保险市场的发展概况

保险中介制度作为当今保险市场发展的标志，以其向保险市场的各方当事人提供的专业性服务，有效地促进了保险交易。因此，保险中介人已成为各国保险市场的重要组成部分。在各国的保险实务中，凡是保险业发达的国家和地区，都有完善的保险中介制度。当然，各类保险中介人在各自领域内为保险市场中不同的经营主体和消费群体提供不同层次的保险中介服务。其中，保险代理人在多数国家的保险市场中的适用范围最为广泛，而保险经纪人和保险公估人因其具有独特的业务内容而提供着较高层次的中介服务方式和服务内容。当然，由于各国的政治制度、经济条件、文化传统和保险市场的不同，保险中介制度亦不相同。但是，各国均毫无例外地建立起了完善的保险中介人监管体系，以保证保险中介人在保险市场上发挥良好效用。

其中，具有代表意义的是日本保险市场采取了以保险代理人为主体的保险中介人模式。日本法律对代理人等级的划分、代理人的资格认定、代理人的培训等规定，是保险代理人制度正常运转的有力保障。而保险经纪人在日本1999年实施新《保险法》后才正式引进，其作用有限，但法律要求其承担对投保人建议最合适保险商品等义务。

美国保险市场上最为活跃并处于保险中介核心地位的是保险代理人。在保险实务中，其保险代理人主要有两种类型，即可以同时为多家保险公司代理的独立代理制和只能为一家保险公司或保险集团代理的专用代理制。美国法律规定了保险代理人严格的从业资格和较高的业务水平与职业道德。而保险经纪人在美国既不发达也不纯粹：一些州的立法不承认人寿保险经纪人；一些州允许保险经纪人兼营保险代理业务，使得保险经纪人与保险代理人的职责多有重叠。美国的保险公估人包括独立理赔人、理赔事务所、公共理赔人等，其中，独立理赔人和理赔事务所主要受保险公司的委托，公共理赔人往往代表被保险人，故保险人和被保险人都能得到保险公估人的专业服务。

英国的保险经纪人在世界范围内都有重大的影响，成为其进行保险营销的主要途径。基于伦巴第商人在从事保险经营中借助保险经纪人的习惯和劳合社在保险市场的特殊地位，保险经纪人在英国的保险市场上一直很活跃。英国1977年《保险经纪人注册法》和1986年《金融服务法》对保险经纪人的资格审查和行为规范均有严格规定，加上完善的自律管理措施，决定了保险经纪人在英国的保险市场上，尤其是水险和大型综合险的非寿险领域，发挥着重要作用。与此不同，英国的保险代理人主要活跃于寿险市场。

三、保险中介制度在我国的适用及发展趋势

我国保险市场从20世纪90年代形成以后，完整的保险中介体系随之出现。其中，起步最早、规模最大的当数保险代理人，并逐步形成了包括保险代理公司和个人保险代理人在内的专业保险代理与兼业保险代理并存的保险代理人队伍，对于保险展业发挥了重要作用。此后，保险经纪人（保险经纪公司）也在我国保险市场得以确立和发展，为保险市场提供着中介服务。

至于保险公估人，亦在我国保险市场渐露端倪，出现了法律认可的保险公估机构。可见，保险中介制度也已在我国保险市场中逐步完善。此后，各类中介机构呈现出蓬勃发展的局面。截止到 2019 年 12 月，全国的专业保险中介机构共计 2 672 家，其中，5 家保险中介集团，1 794 家专业保险代理公司，498 家保险经纪公司，390 家保险公估公司以及超过 3 万家的兼业保险代理机构和约 900 万名的保险营销员（个人保险代理人）。

但是，保险中介制度在我国的发展结构尚不平衡。（1）各类保险中介人发展不平衡。大量的保险代理人分布在我国保险市场上，而保险经纪人和保险公估人的比重过小。（2）地区发展不平衡。我国现有的保险中介人，尤其是保险经纪公司和保险公估机构，主要集中在少数大城市，它们的经营区域受到限制，经营规模也很小，在保险市场上发挥作用的空间有限，而在内陆地区、边远地区，特别是广大农村，保险中介服务比较薄弱。（3）保险代理制度的发展也不平衡，表现在个人代理业务和兼业代理业务在保险代理领域总量中的比重过大，而代表着专业化趋势、独立承担法律责任的保险代理公司不仅数量很少，业务量也不大。

显然，我国保险中介制度的发展仍然滞后于保险业的发展要求，并缺少专门法律规范调整保险中介市场，难以形成利于保险中介制度正常发展的法律环境。因此，擅自成立保险代理机构或者企事业单位违法办理或变相办理保险中介业务等违法行为屡禁不止。于是，1991 年当时的保险监督管理机构——中国人民银行在《关于对保险业务和机构进一步进行清理整顿和加强管理的通知》中首次对保险代理机构的管理提出要求，又于 1992 年 11 月 2 日颁布了《保险代理机构管理暂行办法》。此后，作为贯彻执行 1995 年《保险法》有关保险代理人和保险经纪人规则的步骤，中国人民银行分别于 1997 年 11 月和 1998 年 2 月颁布实施了《保险代理人管理规定（试行）》（已失效）和《保险经纪人管理规定（试行）》（已失效），使我国保险中介制度建设进入新的发展时期。

进入 21 世纪以后，针对保险中介业务迅速发展，并逐渐出现了与保险业相互独立的中国保险中介市场的现状，中国保监会用于规范、调整保险中介活动的规范性文件也在不断地完善和专业化。首先，中国保监会分别于 2004 年 12 月 1 日和 15 日、2001 年 11 月 16 日发布了《保险代理机构管理规定》、《保险经纪机构管理规定》和《保险公估机构管理规定》。此后，中国保监会出于规范保险营销员群体从事保险营销活动的需要，专门于 2006 年 3 月 13 日发布了《保险营销员管理规定》，并于 2013 年 1 月 6 日加以修改，更名为"保险销售从业人员监管办法"予以公布。相应地，中国保监会于 2009 年 9 月 25 日发布了《保险专业代理机构监管规定》，用于调整保险代理公司的保险代理业务活动，并于 2013 年 4 月 27 日修订后重新发布、施行。同时，中国保监会于 2009 年 9 月 25 日公布了《保险经纪机构监管规定》和《保险公估机构监管规定》，取代原有的管理规定。2018 年 2 月 1 日，中国保监会再颁布新的《保险经纪人监管规定》和《保险公估人监管规定》。由此，对保险中介市场较为科学的监管体系形成。

第二节　保险代理人

一、保险代理人的概念和法律特征

（一）保险代理人的概念

保险代理人是保险中介人的一种，具体是指根据保险人的委托，向保险人收取佣金，在保险人的授权范围内，以保险人的名义代为办理与投保人签订保险合同等保险业务的人。我国《保险法》将其归纳为"根据保险人的委托，向保险人收取佣金，并在保险人授权的范围内代为办理保险业务的机构或者个人"（第117条）。这表明，保险代理人的主要职责是代表保险人承接保险业务，代为保险人签发保险单（或批单）。保险代理人的保险代理活动所产生的法律后果，由保险人承担，保险人因此向其支付代理报酬。

可见，保险代理人实质上是代表保险人进行保险经营活动，尤其是在投保人投保的过程中，保险代理人处于与投保人相对应的地位。根据各国的保险传统，保险领域的代理制度特指保险人的代理人，直称其为保险代理人，其代理职责包括代为保险人承接保险业务，代理签发保险单或批单，代收保险费，直至代为检验理赔。如今，保险代理人制度已为世界上绝大部分保险人所采用，其代理范围涉及保险业务的各个环节，成为保险人拓展保险业务的重要手段之一，因此，保险人和投保人均有权委托代理人参与保险合同的协商和签订活动。按照保险业惯例，保险代理人专指保险人的代理人。

（二）保险代理人的法律特征

保险代理人实施的保险代理活动是民事代理制度在保险领域中适用的具体类型。因此，保险代理人在具备民事代理一般法律属性的同时，又有诸多法律特点。

（1）保险代理人实施的保险代理行为是由民法和保险法调整的民事法律行为，属于民商法领域代理制度的组成部分。因此，保险代理既要符合民事立法有关民事代理的规定，又必须遵守保险立法的特殊规则，诸如，在从业资格方面，保险代理人必须具有《保险法》规定的资格条件。

（2）保险代理人的保险代理权来源于保险人的委托授权。保险代理正是产生于保险人的委托授权，因而属于委托代理的具体类型。保险人与保险代理人在诚信基础上产生的此类代理，应通过签订保险代理合同，明确约定权利、义务和授权范围。但保险人在保险代理合同中对保险代理人之代理权的限制，未告知投保人（第三人）的，不得对抗善意的投保人。如果保险代理人超越代理权限从事保险代理活动的，出于稳定社会关系、维持保险经营秩序的需要，对于投保人适用表见代理处理，用以保护"善意"投保人的利益；而就保险人来讲，其得知后既未追认又没有拒绝的，视为授予代理权，保险人不得以其未明示授权为由否认保险代理的效力。这已是各国保险市场的惯例。

（3）保险代理人行为的后果由保险人承受。保险代理人代表保险人从事保险代理活动，基于保险代理而产生的权利、义务及责任，应当归属于保险人。即使保险代理人因其过错在保险代理中弃权或越权进行代理活动，或者未将其知道的情况告知保险人，也应适用"知情转嫁"规则，即保险代理人知道的情况，不论其是否告知保险人，均视为已经告知保险人。对此，保险人应当承担代理后果，不得以其不知情为由拒绝承担保险责任。当然，保险代理人与投保人恶意串通，损害保险人利益的除外。

（4）保险代理人是代表保险人的利益实施保险中介行为。保险代理人之所以能够以被代理人——保险人的名义从事保险中介活动，来源于保险人的授权，保险代理人应当代表保险人的利益。因此，保险代理人在实施保险代理行为时，必须尽到善良管理人的注意义务，以求最大限度地维护和实现保险人的合法利益。这既是保险代理人在保险代理关系中承担的义务，也是保险代理人的职业道德要求，其表现是将保险代理活动的各种情况如实告知保险人，又须立足于保险人的利益，如实地向投保人、被保险人进行保险展业。

二、保险代理人的法律地位和分类

（一）保险代理人的法律地位

正确把握保险代理人的法律地位，关系到能否充分发挥保险代理制度的功能、促进保险市场的发展。全面而言，确认保险代理人的法律地位涉及如下各点。

1. 保险代理人是处于独立法律地位的法律主体

从民商法角度来讲，保险代理是民事代理制度的组成部分。虽然，保险代理仅适用于保险业，但是，保险代理的基本原理并没有脱离民商法的代理制度，是一般商务代理在保险业的应用和发展。因此，保险代理人作为独立商事主体，基于独立的经营地位和经济利益，独立从事保险代理经营活动。可见，不论是个人保险代理人还是保险代理公司，均与被代理的保险人彼此独立。这是正确理解保险代理人法律地位的出发点，也是正确处理保险代理关系的基础。

因此，按照保险代理人上述法律地位的标准来分析我国保险实务中存在的保险营销员的地位，其并非保险人的员工，而是独立的保险代理人。理由在于，保险营销员之所以能够以保险人的名义从事展业活动、推销保单，是基于其与保险人之间签订保险代理合同而形成的保险代理关系，不同于保险人与其员工之间因劳动合同所建立的法律关系。

2. 保险代理人是从事保险代理业务的独立经营主体

保险代理人，尤其是个人保险代理人和专业保险代理人，是以保险代理作为其专营性业务，因此，保险代理人反复、持续地从事保险代理活动，属于商事主体的具体类型。相应地，保险代理人必须依法取得从业资格，持有"经营保险代理业务许可证"，始得开展保险代理活动。且作为经营性业务，保险代理人以营利为目的，故而向被代理的保险人收取报酬。

3. 保险代理人代表保险人的利益

保险代理人在从事保险代理活动过程中代表保险人的利益，因为，保险人可以明示、默示或者习惯性认可等方式，授权保险代理人为其开展业务、营销保单，而保险代理人是为了实现保险人的营利目的而开展保险代理业务的。按照国际保险市场的惯例，只要保险人的保险单是由保险代理人出售给被保险人并收取保险费，即行生效。不论保险代理人是否取得保险人同意，或者是否告知保险人，均应按照保险单的条款规定办事，由保险人承担保险责任。显然，保险代理人作为保险人的代表，其法律地位等同于保险人。

4. 保险代理人不得同时为保险人和投保人的双方代理人

按照民法代理制度规则，双方代理被列入代理权的滥用而属于禁止性行为。该项规则在保险代理中的适用尤为重要，因为，若允许保险代理人在代理保险人进行保险展业时，又同时代理投保人，或者在进行保险代理业务时转变为投保人的代理人，完全有可能损害保险人或者投保人的合法利益。所以，诸如保险代理人在与投保人协商保险合同时，代为投保人签字的，应当视为无效。

5. 保险代理人独立承担法律责任

保险代理人在保险代理活动中所处的独立法律地位，决定了与其独立享有权利相适应，需要独立承担法律责任。当然，在保险代理实践中，保险代理人的法律责任主要表现为向被代理的保险人承担法律责任。

（二）保险代理人的分类

《保险法》根据保险代理的实务，对保险代理人进行了分类。当然，各国法律对保险代理人的分类存在差异。

1. 专业保险代理机构、兼业保险代理机构和个人保险代理人

我国《保险法》按照保险代理经营方式，规定"保险代理机构包括专门从事保险代理业务的保险专业代理机构和兼营保险代理业务的保险兼业代理机构"（第117条第2款）。此外，个人保险代理人也是我国保险市场上存在的独立的保险代理人类型。

第一，保险专业代理机构是指专门从事保险代理业务，具有独立主体资格的保险代理组织。根据我国《保险专业代理机构监管规定》的要求，保险专业代理机构的组织形式包括依法设立的合伙企业、有限责任公司和股份有限公司。这些保险专业代理机构必须具备法律规定的条件，依法经国务院保险监督管理机构审核批准，取得"经营保险代理业务许可证"后才能从事保险代理业务。其业务范围大于个人保险代理人，不仅代理推销保险产品和代收保险费，还可以协助保险公司进行损失的勘查和理赔等。保险专业代理机构的特点是其能够以独立承担民事责任的法人实体身份进入保险市场，参与保险代理业务活动，具有不同于个人保险代理人的从业优势。

第二，保险兼业代理机构是指受保险人委托，在从事自身本职业务的同时，为保险人代办保险业务的单位。保险兼业代理机构必须具备法定条件，并经国务院保险监督管理机构批准，获取"经营保险代理业务许可证（兼业）"后方可从事保险代理业务。不过，保险兼业代理机构只能代理与本行业直接相关且能为投保人提供便利的保险业务，实践中多是特定行业范围内的单位，诸如从事对外贸易、远洋运输、陆上运输、航空运输、旅行业的运输公司、航空公司、铁路部门、教育部门、银行等。因其经营业务与某些保险险种关系密切，保险公司委托其在日常经营中，一并代为承保，收取保险费。应当注意，党政机关及其相关职能部门不得兼业从事保险代理业务。

第三，个人保险代理人是指根据保险人的委托，向保险人收取代理手续费，并在保险人授权范围内以保险人的名义代为办理保险业务的个人。个人保险代理人的从业特点是展业方式灵活，经营成本低廉，从业范围广泛。根据我国的法律规定，个人保险代理人必须符合法定的资格条件，并经过资格考试合格，取得"保险代理人资格证书"和"执业证书"始得执业。在我国，个人保险代理人的业务范围限于代理推销保险产品和代理收取保险费，但不得签发保险单。我国法律禁止任何个人兼职从事个人保险代理业务。我国保险实务中，称个人保险代理人为保险营销员。

2. 普通保险代理人和专属保险代理人

借鉴国际上有关专属代理人与普通代理人的划分，我国《保险法》对于保险代理人的保险代理经营范围作出不同的规定，相应地存在着普通保险代理人和专属保险代理人的分类。

第一，普通保险代理人是指《保险法》对其保险代理范围没有限制性规定的保险代理人。在我国保险实践中，经营人寿保险以外的其他保险代理业务的保险代理人，《保险法》对其保险代理范围没有加以限制，因此，属于国际保险市场上的普通保险代理人，又称为独立保险代理人。

第二，专属保险代理人是指《保险法》对其保险代理范围予以限制的保险代理人。例如，

我国《保险法》第125条明确规定：个人保险代理人在代为办理人寿保险业务时，不得同时接受两个以上保险人的委托。显然，其保险代理业务范围限于一个保险人，属于国际上的专属代理人，又称为独家保险代理人。

3. 展业代理人、检验代理人、理赔代理人

在国际保险市场上，按照其从事的保险代理业务范围，保险代理人分为展业代理人、检验代理人、理赔代理人。其中，展业代理人是指根据保险人的委托，代为从事保险展业，出卖保险单活动的保险代理人。检验代理人是指根据保险人的委托，代为进行事故现场的勘查、检验保险标的受损情况、调查事故原因等工作的保险代理人。而理赔代理人是指根据保险人的委托，代为从事保险理赔工作的保险代理人。当然，在我国目前的国内保险市场上，保险代理人的业务范围，主要集中在代为进行保险展业。不过，随着我国保险市场的发展，保险代理人的代理业务范围必然日益扩大。

4. 总代理人、分代理人、特约代理人

在国际保险市场上，还依保险人的授权范围，将保险代理人分为总代理人、分代理人和特约代理人。其中，总代理人是指保险人授权在一定地域范围内，全面负责保险代理业务的保险代理人。分代理人是指总代理人在其授权范围内，转授权其在相应范围内从事保险代理业务的保险代理人。而特约代理人是指保险人授权其在特定的保险工作环节上或者特定区域，从事保险代理活动的保险代理人。

[知识链接]

上海泛鑫事件带给我国保险中介市场的启示

应当说，2013年发生的上海泛鑫保险代理有限公司的高管卷款"跑路"案件，带给我国保险市场，尤其是保险中介行业如下的启示。

首先，由于保险监管的疏漏和保险代理公司自身唯利是图动机的驱动，恶意地超范围经营是出现此类案件的直接原因。从实务角度看，保险业与银行业均属于大金融领域，却是两个相互独立的金融行业。而保险代理作为保险市场的一个特定概念，专指接受保险公司的委托而代为销售保险产品的中介行为。这意味着保险代理公司的经营范围只限于此，保险代理公司不得从事其他经营活动。在本案中，上海泛鑫保险代理有限公司销售理财产品行为的违法性无可置疑，但是，该违法经营行为的存在并非一日，而且，其官网上就在公开宣传热销的理财产品，甚至波及6家保险公司和4家商业银行。不过，对此，保险监管机构和银行监管机构均未能及时实施监管，予以制止。监管机制的漏洞是显而易见的。因此，笔者建议在加强监管、强化监管职责的同时，以立法形式加大对违法违规从事保险代理活动的行为追究责任的力度，甚至施以撤销代理人主体资格和禁止以后取得执业资格的处罚，后果严重的，还要追究刑事责任。

其次，保险代理过高的佣金与佣金提取方式的疏漏存在过高的风险。按照保险代理业务的惯例，保险公司对于1年期以上的人身保险单是依据年度向保险代理人支付每单的代理佣金的，但实务中有些保险公司提出"手续费前置"概念，将续期佣金一并计算为首期佣金，使其高达首期保费的120%～160%。在此情况下，保单续期率的高低就直接关系到保险代理所涉及的各方的利益风险。如果保单续期率过低，就会失去资金来源，使客户和保险公司遭受风险。因此，笔者建议根据人身保险的存续期间，按年度提取保险代理佣金，特别是严格限制首

年佣金的提取比例，以引导和鼓励人身保险续期率的提高。

最后，保险中介管理的漏洞，给了保险代理公司在保险代理活动中套取保费甚至骗保的可乘之机。虽然中国保监会于2009年已出台了"见费出单"的政策，但由于保险公司与保险代理公司之间的密切联系，很多的保险代理公司在与保险公司签订保险代理协议时，要求延长计算周期，而对保险中介的依赖又使保险公司允许保险代理公司"压保费"。这不能不说是保险代理公司利用延长保费计算周期的"时间差"，将其占用的保费挪作他用的一个重要原因。因此，笔者建议从立法层面明文规定"见费出单"的规则，要求保险公司和保险代理公司从业务管理、财务制度等环节承担执行的责任，并将违反此规则的行为列为追究法律责任的情况。并且，保险监管机构必须将此作为对保险公司和保险代理公司进行监管的内容之一，以维持保险市场的健康发展。

三、保险代理人的从业资格和经营规则

鉴于保险代理人队伍的发展和保险代理活动对于保险市场正常秩序的影响，各国大多建立了相应的保险代理监管制度，其主要内容体现在监管保险代理人的从业资格和规范保险代理经营活动两个方面。

（一）保险代理人的从业资格

保险代理人是代理保险人经营保险业务，其代理行为直接关系到投保人（被保险人）和受益人的切身利益，影响着保险功能的发挥。因此，各国保险立法均明确规定了保险代理人必须具有特定的资格条件。

在我国，保险代理机构的代理从业人员或者个人保险代理人的资格条件一般包括：（1）应当具有民事行为能力，即个人保险代理人应是年满18周岁的中华人民共和国公民。法人作为保险代理人时，应当具有法人资格，而且，作为专业保险代理人的法人必须是依法设立的保险代理公司。而兼业保险代理人应是符合法定条件的单位。（2）应当具备大专学历；（3）不存在金融监管机构宣布的禁止一定期限内进入行业而该期限未届满，或者因犯罪被判处刑罚而执行完毕、未逾法定年限的情况；（4）应接受有关业务培训满足法定时间，并参加中国保监会组织的保险代理人考试合格，依法取得中国保监会颁发的资格证书作为其从事保险代理业务活动的身份标志。因此，我国《保险法》规定，保险代理人"应当具备国务院保险监督管理机构规定的条件，取得保险监督管理机构颁发的"经营保险代理业务许可证（第119条），而且，"应当按照国务院保险监督管理机构的规定缴存保证金或者投保职业责任保险"（第124条）。

至于各个保险代理人的从业资格，还应当按照2013年1月《保险销售从业人员监管办法》来执行。按该办法的要求，各个保险代理人应当符合国务院保险监督管理机构规定的条件，取得其颁发的资格证书，并在执业前取得所在保险公司、保险代理机构发放的执业证书。

（二）保险代理人的经营规则

为了规范保险代理人的行为，维护保险市场的正常秩序，保护保险人和被保险人的合法权益，我国《保险法》及《保险专业代理机构监管规定》、《保险销售从业人员监管办法》对于保险代理人规定了严格的从业规则。

（1）保险代理人的业务范围，包括：第一，代理销售保险产品；第二，代理收取保险费；

第三，代理相关保险业务的损失勘查和理赔；第四，国务院保险监督管理机构规定的其他业务。

（2）除国务院保险监督管理机构另有规定外，保险代理机构的经营范围为其注册地所在的省、自治区或直辖市。保险代理分支机构的业务范围、经营区域不得超出其所属保险代理机构的业务范围、经营区域。保险代理机构及其分支机构从事保险代理业务不得超出被代理保险公司的业务范围和经营区域，从事保险代理业务涉及异地共保、异地承保和统括保单，国务院保险监督管理机构另有规定的，从其规定。而个人保险代理人代为办理人寿保险业务时，不得同时接受两个以上保险人的委托；个人保险代理人也不得办理企业财产保险业务和团体人身保险业务，不得签发保单。任何个人不得兼职从事个人保险代理业务。

（3）保险代理人的告知义务。保险代理机构及其分支机构应当制作规范的客户告知书，并在开展业务时向客户出示。告知的内容包括保险代理机构及其分支机构的名称、住址、业务范围、代理权限、联系方式、法律责任，以及被代理保险公司的名称、住所、联系方式、投保提示等事项，并按客户要求说明代理手续费的收取方式和比例。个人保险代理人在从事保险销售过程中，应当出示执业证书，并且，应当在保险公司的授权范围内从事保险销售，不得欺骗投保人、被保险人或者受益人，不得隐瞒与保险合同有关的重要情况，也不得阻碍投保人履行如实告知义务或者诱导其不履行如实告知义务。

（4）保险代理人的保密义务。保险代理机构及其分支机构对于其在经营过程中知悉的被代理保险公司、投保人、被保险人或受益人的业务和财产情况及个人隐私，负有保密义务。个人保险代理人不得泄露在保险销售中知悉的保险人、投保人、被保险人的商业秘密及个人隐私，不得在客户明确拒绝投保后干扰客户。

（5）建立专门账簿和独立的代收保险费账户的义务。基于独立的法律地位和代为从事保险业务的性质，保险代理机构及其分支机构应当建立专门账簿，记载保险代理业务收支情况，并且开设独立的代收保险费账户，不得挪用该账户的资金或者坐扣代理手续费；而且，应当在委托合同约定期限内将代收的保险费交付给被代理保险公司。个人保险代理人不得挪用、截留、侵占保险费或者保险金，也不得给予或者承诺给予投保人、被保险人或者受益人保险合同约定以外的利益。

（6）保险代理机构及其分支机构不得代替投保人签订保险合同，不得接受投保人、被保险人或者受益人的委托代领保险金或者保险赔款。

（7）保险代理机构对外投资、对外担保，不得违反法律和行政法规的规定，不得挪用保险费、保险金和保险赔款进行投资。

[保险实例]

某保险公司与某县客运公司签订公路旅客意外伤害保险代办协议。约定：由该客运公司代为保险公司向旅客办理承保手续。代为收取2%的保险费计入票价，以车票作为保险凭证。客运公司于每月5日之前将上月收取的保险费交给保险公司。一次，该客运公司的一辆客车发生意外事故，致使乘客中15人死亡、12人受伤。但是，在索赔时，保险公司却以该客运公司连续两个月未向其转交保险费为由拒绝赔付。那么，保险公司的理由是否成立？

通过本案，能正确理解保险代理人与保险人之间的法律关系，尤其是保险代理人在其从事的代理活动中的地位和权利、义务。

第三节 保险经纪人

一、保险经纪人的概念和法律地位

(一) 保险经纪人的概念

保险经纪人，在国际保险市场上是指在投保人和保险人之间联系保险业务，代表投保人与保险人洽商保险合同条款，办理投保事宜，而向保险人收取佣金的保险中介人。我国《保险法》将保险经纪人定义为"基于投保人的利益，为投保人与保险人订立保险合同提供中介服务，并依法收取佣金的机构"(第 118 条)。

显然，保险经纪人所从事的保险经纪活动是基于投保人的利益，代为与保险人协商保险合同条款，办理有关的投保事宜，但是，保险经纪人与保险人之间没有任何的合同关系，其实施的保险经纪行动也不受保险人的约束和控制。因此，保险经纪人是不同于保险代理人的另一类保险中介人，其代表着投保人在保险市场上选择保险人，并与保险人洽谈保险合同内容，代办投保手续。故而，保险经纪人是投保人进行投保的重要途径之一，也成为各国保险市场上保险人招揽保险业务的具体方式。

在各国保险市场上，保险经纪人已是必要组成部分。保险经纪人自 17 世纪出现在英国海上保险市场，至今已有四百多年的历史，在西方发达国家的保险市场上扮演着重要角色。原因在于，保险经纪人的业务活动对于保险市场的发展具有独特的作用，仅以保险经纪人发源地的英国为例：英国在 17、18 世纪为海上贸易大国，当时海上贸易的风险很大，而保险业承保的能力较低，迫切需要具有保险专业知识和丰富投保经验的专业人员作为中介，按照各个保险人的承保能力在它们之间安排承保风险的分摊，保险经纪人因此应运而生。随着保险市场的不断扩大，保险经纪人的运作空间越来越大。如今英国保险市场上大约 60％ 的普通保险业务是由保险经纪人安排的。可见，保险经纪人在各国保险市场，尤其是海上保险中，得到普遍适用。

20 世纪初，我国也出现了保险经纪人，主要集中在大城市，且规模有限。如今，我国《保险法》已确认了保险经纪人制度，相应地，中国保监会发布了《保险经纪机构管理规定》(2004 年 12 月 15 日)，现行的为 2018 年 5 月 1 日施行的《保险经纪人监管规定》。这标志着我国的保险经纪人制度进入了新的发展阶段。如今，我国的保险经纪机构已达 498 家，参加中国保险市场的经纪经营活动。

(二) 保险经纪人的法律特征

(1) 保险经纪人是以自己的独立名义实施保险经纪行为。保险经纪人是具有独立法律地位的经营组织，不依附于其他的法人或自然人，因此，保险经纪人具有一定的组织机构，有一定的资金作保证金，并能以自己的名义享有民事权利、承担民事义务。从而，在进行保险经纪活动时，保险经纪人是以自己的名义与保险人发生交往，并且，承担由此产生的法律后果。如果由于保险经纪人的过错给投保人、被保险人造成损害的，保险经纪人应当自行承担法律责任。在此意义上，保险经纪人类似于行纪人。

(2) 保险经纪人代表作为委托人的投保人、被保险人的利益从事保险经纪活动。一般情况下，保险经纪人都是接受投保人的委托，为其安排投保事宜，因此，保险经纪人在选择保险人，并与保险人洽商保险合同条款的过程中，应当维护投保人、被保险人的利益，达到以最佳条件实现投保人、被保险人获得保险保障的目的。而且，保险经纪人作为商事经营主体，可以同时接受多个投保人的委托，也可以根据客户的要求和具体条件，自行选择向哪个保险人投保。在此意义上，保险经纪人类似于保险代理人，尤其接近于独立保险代理人。

（3）保险经纪人实施的保险经纪行为是以向投保人、被保险人签订保险合同提供帮助为内容的民事法律行为。也就是说，保险经纪人基于其所掌握的市场情况和专业技术知识，与保险人商洽保险合同的条款、投保条件以及有关投保的技术细节后，选择条件最佳的保险人和投保方案介绍给委托人，促使投保人与保险人之间订立保险合同。保险经纪人可以参加双方当事人对保险合同的商谈活动，但是，除非与投保人有特别约定，保险经纪人并不代理投保人订立保险合同。因而，保险经纪人不是保险合同的当事人，也不是任何一方的代理人，而是居于保险合同当事人之间、起媒介作用的中间人。在此意义上，保险经纪人类似于居间人。

（4）保险经纪人是专门从事保险经纪活动的经营实体，属于商事主体的具体类型。因此，保险经纪人从事保险经纪服务，必然按照等价有偿原则收取佣金。多数情况下，保险经纪人按照委托合同的约定，向作为委托人的投保人收取佣金，不过，由于保险人的保险展业在一定程度上有赖于保险经纪人的保险经纪活动，所以，保险经纪人也可以向保险人收取佣金。

（5）保险经纪人从事保险经纪活动的范围，不限于投保环节，而是涉及参加投保谈判、帮助进行保险索赔、设计保险方案、提供保险咨询、担当风险管理顾问等诸多方面。由此可见，保险经纪人的业务范围较之保险代理人，更为广泛。

二、保险经纪人的法律地位和分类

（一）保险经纪人的法律地位

从其业务内容来说，保险经纪人一般情况下是代表投保人的利益进行保险经纪活动。根据委托人的委托，保险经纪人的主要工作内容是代表投保人参与投保活动，与保险人协商保险合同条款，甚至可以分别与多个保险人讨价还价，最后选择最适合投保人需要的保险人订立保险合同。可见，保险经纪人从事保险经纪活动中的法律地位不同于保险代理人的法律地位。

（1）保险经纪人是处于独立法律地位的保险中介人。保险经纪人是独立从事保险经纪活动的经营实体。因此，一方面，保险经纪人必须是具备法定条件、获得从事保险经纪业务资格的经营实体；另一方面，保险经纪人在从事保险经纪活动时，处于独立的执业地位，以其自己的名义，独立进行保险经纪活动，或者是向委托人介绍所选定的保险人和保险方案，或者根据委托人的特别授权代为投保。

（2）保险经纪人在保险经纪活动中代表投保人的利益。保险经纪人所从事的保险经纪活动，大多是为投保人所需进行的投保事宜提供相应的帮助。因此，保险经纪人应当代表投保人的利益从事保险经纪活动。当然，很多国家的保险立法并不禁止保险经纪人从事保险代理活动。但是，在同一项保险业务中，保险经纪人不得同时兼做保险代理人。

（3）保险经纪人是提供专业化保险服务的职业人员。在保险市场上，保险经纪人既是促成投保人与保险人之间建立保险合同的媒介，又是向客户提供保险咨询和保险设计的专家。保险经纪人不仅具备法律要求的保险专业知识，还出于执业需要较为了解保险市场的基本情况，从而，可以为投保人选择合适的保险人，设计最佳投保方案，弥补投保人缺乏保险知识的弱点，实现投保人与保险人之间的公平交易。

（4）保险经纪人就其为客户独立提供的保险经纪服务而收取佣金的途径并非唯一性。保险经纪人不同于保险代理人在收取代理佣金上的唯一性，既可以依据其与委托人（投保人）签订的委托合同向委托人收取报酬，也可以由保险人按其与投保人所签订的保险合同涉及的保险费的一定比例支付佣金给保险经纪人。

（二）保险经纪人的分类

保险经纪人在现代各国保险市场上的适用范围，已经从早期的海上保险扩展到各种保险领域，逐渐形成了保险经纪人的各种类型：

1. 按照从事的业务范围，保险经纪人分为寿险经纪人、非寿险经纪人和再保险经纪人

第一，寿险经纪人，是指在人寿保险市场上，代表投保人选择保险人，商洽寿险合同条款，甚至代办投保手续，并从保险人处收取佣金的保险经纪人。在各国保险市场上，寿险经纪人主要从事公司员工的团体寿险和高收入阶层的养老保险等保险经纪业务。

第二，非寿险经纪人，是指在非寿险范围内，为投保人安排投保事宜，促成非寿险合同签订而向保险人收取佣金的保险经纪人。保险实务中，非寿险经纪业务是保险经纪活动的主要领域，而且，非寿险经纪人从事的保险经纪业务涉及各类财产保险合同以及健康保险合同、意外伤害保险合同。

第三，再保险经纪人，是指促成再保险分出公司（原保险人）与再保险分入公司（再保险人）之间建立再保险合同关系，并且，向再保险分入公司收取佣金的保险经纪人。因再保险业务具有较强的国际性，故再保险经纪人在国际保险市场上的作用极为重要。实践中，再保险经纪人接受再保险分出公司的委托，为其介绍再保险业务，在争取最佳条件的前提下，选择再保险分入公司。

2. 按照保险经纪人的组织形式，可以分为个人保险经纪人、合伙保险经纪组织和保险经纪公司

第一，个人保险经纪人，是指自然人以其个人名义从事保险经纪业务活动。个人保险经纪人在英国、美国、日本等国家是保险经纪人的组成部分，但是，均规定有严格的资格条件，并强制性地要求个人保险经纪人必须依法交纳营业保证金或者投保职业责任保险。

第二，合伙保险经纪组织，是指采取合伙企业形式的保险经纪组织。合伙企业的组织规模较小，合伙人共同出资、共同经营、共享收益、共担风险，较为适合具有专业技术特点的保险经纪人，因此，英国、美国等国家允许保险经纪组织采取合伙形式，但是，要求全部合伙人必须进行保险经纪人注册。

第三，保险经纪公司，是指以有限责任公司形式设立的保险经纪组织。这是各国保险立法均认可的保险经纪人组织形式。我国现行的《保险经纪机构监管规定》确认保险经纪公司是保险经纪人的具体组织形式，包括有限责任公司和股份有限公司两种类型。但是，保险经纪公司必须具备法定条件，才能够取得经营保险经纪业务的资格。

三、保险经纪人的从业资格和经营规则

（一）保险经纪人的从业资格

在我国，作为保险监管制度组成部分的《保险经纪机构监管规定》第 6 条首先确立了保险经纪人的组织形式，仅限于公司形式，包括：（1）有限责任公司，（2）股份有限公司。同时，

该规定亦规定了保险经纪人的资格条件。

设立保险经纪机构，必须具备以下法定条件：（1）其股东、发起人信誉良好，最近3年无重大违法记录；（2）注册资本达到《公司法》和《保险经纪机构监管规定》规定的最低限额，现行的注册资本之法定标准为人民币5 000万元，并且，必须是实缴货币资本，国务院保险监督管理机构另有规定的除外；（3）公司章程符合有关规定，其名称中应当包含"保险经纪"字样，且字号不得与现有的保险中介机构相同；（4）其董事长、执行董事和高级管理人员符合《保险经纪机构监管规定》规定的任职资格条件；（5）具备健全的组织机构和管理制度；（6）有与业务规模相适应的固定住所；（7）有与开展业务相适应的业务、财务等计算机软、硬件设施；（8）法律、行政法规、国务院保险监督管理机构规定的其他条件。投资人拟设立的保险经纪公司具备上述法定的市场准入资格条件的，依法向保险监管机构提出申请，经保险监管机构进行风险提示，就申请设立事宜进行谈话、询问，了解其市场发展战略、业务发展计划、内设制度建设、人员结构等事项，并现场验收合格的，颁发许可证。申请人据此在90日内按照规定办理工商登记、领取营业执照而设立成功。

同时，根据我国《保险法》和《保险经纪机构监管规定》的规定，保险经纪业务人员，必须通过国务院保险监督管理机构组织的保险经纪从业人员资格考试，取得资格证书。凡具有高中以上文化程度的人员，可参加该项资格考试。而考试成绩合格，又具备完全民事行为能力，并品行良好的，由国务院保险监督管理机构颁发"执业资格证书"。

（二）保险经纪人的经营规则

针对保险经纪人从事保险经纪业务，各国适用一系列监管规则，包括保险经纪人的业务范围管理、佣金管理和行为管理等方面。

1. 保险经纪人的业务范围

我国有关保险经纪人从事的业务范围，落实到现行的《保险经纪机构监管规定》之中。经国务院保险监督管理机构批准，保险经纪机构可以经营下列业务：

第一，为投保人拟订投保方案、选择保险公司办理投保手续。社会生产和生活会面临各种各样的风险，社会公众会有各种各样的保险保障需求，而保险业务的专业技术性，又会造成社会公众在选择投保内容和保险人时难以取舍，因此，保险经纪机构可以运用其具有的保险专业知识和投保实务经验，根据投保人的实际需要，为其设计最合理的投保方案，选择最合适的保险人，并代为办理投保手续。

第二，协助被保险人或者受益人进行索赔。为了确保被保险人或受益人在保险事故造成保险标的损害时，及时有效地进行索赔，保险经纪机构可以向其提供中介服务，协助被保险人或受益人办理索赔事宜，依据保险合同的约定及时向保险人行使保险赔偿或者保险金给付请求权，实现被保险人或者受益人的合法权益。

第三，再保险经纪业务。在保险市场中，为了确保保险公司的赔付能力，再保险业务被普遍地适用于各个保险公司之间，而保险经纪机构能够根据其掌握的保险市场经营信息，为保险公司相互安排分出或分入业务，建立再保险业务关系。

第四，为委托人提供防灾、防损或者风险评估、风险管理咨询服务。市场经济活动中复杂多样的财产风险，使得防灾、防损成为每一个市场经营者必不可少的工作。保险经纪人可利用其具有的专业技术知识，根据委托人的实际情况为委托人进行防灾、防损或风险评估、风险管理提供相关的咨询和建议，以便减少或者预防灾害损失的发生。

2. 保险经纪人的佣金管理

保险经纪人作为独立的商事经营者，其从事保险经纪活动的收入源自提供保险经纪业务时收取的佣金。因此，各国都将保险经纪人的佣金列入监管范围，不过，具体的监管标准各有不同。首先，保险经纪佣金必须向持有保险经纪从业执照的保险经纪人支付。其次，保险经纪佣金的支付一般是由保险人按照所收取的保险费的比例或者根据赔付率支付利润分享佣金。最后，保险经纪人的佣金适用公开原则，即保险经纪人应当设立专门账簿，将收取佣金的情况予以记载，以便投保人查阅。

根据我国《保险经纪机构监管规定》的规定，保险经纪机构应当按照与保险合同当事人的约定收取佣金。保险实务中，如果是代办投保手续的，既可向委托人收取佣金，也可向保险人收取佣金，但是，保险经纪机构不得同时向投保人和保险人双方收取佣金；如果是代办索赔的，则应向被保险人收取佣金；如果是办理其他保险经纪业务的，则应向委托人收取佣金。同时，对于保险经纪佣金也实行公开原则，要求保险经纪机构应按照客户要求，明确说明收取佣金的情况。

3. 保险经纪人的行为管理

为了规范保险经纪人从事的保险经纪活动，各国保险业法围绕着保险经纪人的从业行为设立了诸多行之有效的法律规则。我国《保险法》和《保险经纪机构监管规定》借鉴了各国保险业法的经验，亦确立相应的行为规则，作为规范保险经纪人从业行为的法律标准。

第一，按照核定的经营区域从事业务活动的规则。保险经纪机构可以在中华人民共和国境内从事保险经纪活动，保险经纪机构的分支机构的业务范围和经营区域应当由所属保险经济机构授权。而且，保险经纪机构从事的经纪业务不得超出承保公司的业务范围和经营区域；但是，涉及共保、异地承保及统括保单时，国务院保险监督管理机构另有规定的，从其规定。

第二，履行告知义务和保密义务规则。保险经纪公司在开展经纪业务过程中，应当向客户出示告知书，告知其名称、住所、经营场所、业务范围、法律责任等事项。其主要发起人、股东为保险公司的，保险经纪机构及其分支机构应当在客户告知书中说明相关情况，并按客户要求说明佣金的收取方式和比例。同时，保险经纪公司对于其在业务活动中知悉的保险公司、投保人、被保险人或受益人的业务和财产情况及个人隐私应当保密。

第三，账簿专设规则。保险经纪机构及其分支机构应当建立专门账簿，记载保险经纪业务收支情况。同时，应当开设独立的客户资金专用账户，用于存放投保人、被保险人支付给保险公司的保险费，为投保人、被保险人和受益人代领的保险金或退保金。

［保险实例］

2017年10月，私营企业主刘某外出洽谈业务时，在宾馆邂逅了早年的朋友尚某。交谈之中，尚某了解到刘某因业务繁忙，未能投保商业保险，但因商务活动风险太大而有意购买人寿保险。尚某自荐是一名保险经纪人，专门为他人办理投保业务。为了证明其所述不虚，尚某出示了印有保险经纪人头衔的名片，表示可以帮刘某办理投保事宜。刘某随即表示同意。

不久，在尚某的操办下，刘某向保险公司投保了120万元的人寿保险合同，一次复交了全部保险费。数日后，尚某找到刘某，要求刘某按照5%向其支付50 000元佣金。刘某认为此收费过高，便拒绝支付。尚某便一纸诉状将刘某告上法庭，要求刘某给付50 000元保险经纪人佣金。法院经过庭审，查明尚某不具备保险经纪人资格条件、未取得保险经纪人执业证书，故驳回了尚某的诉讼请求。

通过本案，可以直观地了解保险经纪人从事保险经纪业务活动所需的法定资格，以及从事保险经纪业务过程中所应当遵守的法律规则。

第四节　保险公估人

一、保险公估人的概念和法律特征

（一）保险公估人的概念

保险公估人是保险业特有的一种中介人，是指依法设立，接受保险当事人（保险人或投保人、被保险人）委托，专门从事保险标的或者保险事故的评估、勘验、鉴定、估损、理算等业务，并按约定收取报酬的机构。

保险公估人的产生是保险业领域内专业化分工发展的结果，也是保护被保险人权益的客观要求，因为，"公估"一词包含着公正与估价的意义。保险公估人起源于英国，迄今经历了三百多年的历程，目前，已是各国保险中介市场的组成部分之一。保险公估人出现在中国保险市场始于1990年[①]，而2002年1月1日起施行的《保险公估机构管理规定》（已失效）和现行的《保险公估机构监管规定》（2009年10月1日起施行，2013年、2015年两次修订），为我国保险公估人的进一步发展提供了所需的法律环境。

（二）保险公估人的法律特征

保险公估人作为保险中介人的具体类型，具有自身的特点。

（1）保险公估人具有独立性。保险公估人接受保险合同当事人的委托，以自己的名义独立地从事保险公估活动，独立承担法律责任。它既不是保险合同的当事人，也不代表任何一方当事人的利益，不得使用保险合同当事人的名义，从而，区别于保险代理人和保险经纪人。

（2）保险公估人的保险公估行为具有承揽性。保险公估人根据保险合同当事人的要求，实施保险公估行为，属于承揽合同关系。因为，保险合同当事人委托保险公估人的目的是获取保险公估人从事保险公估活动的物化劳动成果——公估报告，而并非孤立的公估行为，所以，保险公估人应当自行承担风险，以自身的知识、技术和设备，完成保险公估工作，交付工作成果。

（3）保险公估人的保险公估行为具有专业性和科学性。保险公估人是具有从事保险公估活动所需专门知识和技术的专业人员，其运用专业特长对保险标的进行查勘、定责、检验、估损、鉴定、理算等工作，使其出具的公估报告具有相应的专业性和科学性。

（4）保险公估人的保险公估行为具有公正性和客观性。保险公估人的独立性决定了其基于自身的信誉，根据客观事实进行保险公估工作，不受保险合同当事人意志的左右。因此，其出具的公估报告具有公正性和客观性，可以起到平衡保护保险合同当事人合法利益的作用。

[①] 1990年，以保险理赔公估技术服务中心在内蒙古自治区的成立为标志，保险公估人成为中国保险市场发展的一个新热点。诸如，上海的东方公估行、大洋公估行及深圳的民太安保险公估有限公司、天津的北方公估行等保险公估机构相继出现在保险中介市场。

二、保险公估人的法律地位和业务范围

(一) 保险公估人的法律地位

保险公估人作为保险中介人，是完全独立于保险合同当事人而从事专业性保险公估服务的专业化组织，其从事公估活动的目的在于促进保险赔付趋于公平、合理，以利于平衡保险合同各方当事人之间的利益。因此，保险公估人不代表任何一方保险合同当事人的利益，也不使用任何一方当事人的名义，而是以自己的独立名义，基于自身的信誉，运用自己的专业知识、技术、设备，从事保险公估工作，用以保证其出具的保险公估报告的公正性和客观性。

当然，保险公估人作为独立的经营实体，提供的是有偿服务，依法收取报酬，因此，保险公估人与委托其提供保险公估服务的保险合同当事人之间形成一种承揽合同关系。保险公估人应该依据委托合同，以自己的专业知识为保险当事人提供保险标的的鉴定、查勘、估损、理算等方面的服务。最后提交的保险公估报告尽管是受保险当事人的委托做成的，但是，它应该以公正、客观的态度作出，不能受委托合同相对人意志和利益的左右。这是维护和平衡保险合同双方当事人利益的需要。

保险公估人的独立性还在于其提供保险公估服务时独立承担法律责任，即保险公估人向委托人提供保险公估服务过程中，因自身的故意和过失给保险当事人造成损失的，应当依法承担民事损害赔偿责任。例如，保险公估人因疏忽大意，未能代表保险当事人的利益主张应有的权利；保险公估人与他人串通，骗取保险金，等等，对此，保险合同当事人可以向其主张权利，追究其法律责任。

(二) 保险公估人的业务范围和分类

保险公估人独特的市场功能，决定了保险公估人的业务范围不同于保险代理人和保险经纪人，主要着眼于受损保险标的的评估、鉴定、查勘、估损、理算等环节。概括国际保险市场的实践，保险公估的主要业务包括火险公估业务、工程保险公估业务、海上保险公估业务和汽车保险公估业务等。于是，保险公估人分成火险公估人、工程保险公估人、海上保险公估人和汽车保险公估人等类型。

1. 火险公估业务

财产保险涉及工商业的各个行业，其保险标的涉及房屋、建筑物、机器设备、仪器仪表、库存产成品、原材料等种类繁多的有形财产，针对这些财产的承保所需的评估或者理赔的定损工作，保险公司难以独立完成，需要委托具有专业技术知识和保险业务经验的保险公估人在独立、公正的立场上，提供相应科学、合理的保险公估服务，为保险承保或者理赔提供正确依据。应当强调，火险公估业务的范围极为广泛，除了海上保险和汽车保险（车身损坏）以外，其他财产保险活动均可以纳入火险公估的范围。

2. 工程保险公估业务

工程保险合同虽是新兴的财产保险险种，但是，由于建筑工程项目造价高、事故多发等原因，工程保险的业务量迅速发展。与此相适应，工程保险公估业务也逐渐地从火险公估业务中分离出来，成为独立的保险公估业务。原因在于，作为工程保险合同保险标的的建设工程项目不仅造价昂贵，而且所涉及技术专业性强、难度较大，易发生各种事故，加之工程保险合同的

适用往往涉及与在建工程项目有关的业主、承包商、分包商、工程设计方、监理方以及供货商、制造商等诸多方面，各自就工程项目均承担着一定的风险，有必要公正地协调、平衡它们相互之间的利益冲突。这些对工程保险合同的承保和理赔提出更高的要求，需要委托保险公估人提供专业性的保险公估服务。

3. 海上保险公估业务

海上保险在保险领域中具有相对独立性，包括船舶保险和货物运输保险。海上保险承保的海运船舶或海上运输货物与国际贸易活动紧密相连，涉及不同国籍的货主、托运人、船东、船舶经营人、船舶承租人等。尤其是海上保险承保的海运船舶或者货物，种类繁多，相互的专业性质和技术要求均有区别。因此，在海上保险实务中，保险人或者被保险人经常委托具有海运经验、船舶设计技术、船务工作知识以及了解相应货物特性的保险公估人对保险的船舶或者货物进行评估、查勘、检验、定损等公估服务，为此形成独立的保险公估业务。

4. 汽车保险公估业务

汽车保险在各国的保险市场上处于重要地位，其突出特点是保险业务量大、事故比例高、赔付率高。因此，借助保险公估人提供的专业性公估服务，有利于降低保险人的经营成本，缓解保险人与被保险人之间的赔付冲突。不过，在国际保险市场上，汽车保险公估业务一般限于受损汽车的定损、检验和理算，而不涉及汽车第三者责任事项。

同样，我国保险立法按照保险公估活动所涉及的保险环节，规定了保险公估业务范围。根据现行《保险公估机构监管规定》第 27 条的规定，经国务院保险监督管理机构批准，保险公估人可以经营以下保险公估业务。

（1）保险标的承保前和承保后的检验、估价以及风险评估。保险人或者投保人、被保险人均可以委托保险公估人对承保的保险标的进行查勘、检验、鉴定，经过科学的分析和计算，客观地估计其现有价值，以便确定合理的保险价值和保险金额。同时，通过保险公估人的公估活动，在投保前对于保险标的面临的风险程度和损害的可能性以及后果进行科学的判断。故又称其为承保公估业务。

（2）保险标的出险后的查勘、检验、估损理算及出险保险标的的残值处理。保险人或者被保险人可以在保险事故造成保险标的的损失后委托保险公估人对于出险后受损的保险标的进行查勘、检验、估损和理算，目的是查明保险事故发生的原因，判定损失责任，同时，确定保险标的的受损程度和受损范围，作为理赔依据。

（3）风险管理咨询。经委托人之托，对其生产经营和生活中有可能面对的各种风险进行评估，制订风险管理和防范方案，提出风险处置措施。

（4）国务院保险监督管理机构规定的其他业务。

三、保险公估人的从业资格和经营规则

（一）保险公估人的从业资格

为了确保保险公估的独立性、公正性，充分发挥保险公估人的专业技术性和科学性特点，促进保险市场的稳定发展，各国均对保险公估业实施监管，以便规范保险公估人的保险公估业务。

保险公估人的从业资格，首先是其采取的组织形式，应当符合有关法律规定和保险惯例的

规则。我国《保险公估机构监管规定》针对我国保险公估业的现状和发展趋势，确认保险公估组织的形式，包括合伙企业、有限责任公司和股份有限公司等，无论选取哪类保险公估组织形式，均应当具备相应的法定条件。

而设立保险公估机构，应当具备如下条件：（1）其股东、发起人或者合伙人信誉良好，最近3年无重大违法记录；（2）公司章程或者合伙协议符合有关规定，其名称中应当包含"保险公估"字样，且字号不得与现有的保险公估机构相同；（3）董事长、执行董事和高级管理人员符合规定的条件；（4）具备健全的组织机构和管理制度；（5）有与业务规模相适应的固定住所；（6）有与开展业务相适应的业务、财务等计算机软硬件设施；（7）法律、行政法规、国务院保险监督管理机构。这些条件是我国法定的保险公估机构的市场准入资格所需要的。投资人拟设立的保险公估机构具备上述条件的，可依法向保险监管机构提出申请，经保险监管机构进行风险提示，就申请设立事宜进行谈话、询问，了解其市场发展战略、业务发展计划、内设制度建设、人员结构等事项，并现场验收合格的，颁发许可证。申请人据此在90日按照规定办理工商登记、领取营业执照而设立成功。

其次是保险公估组织的从业人员必须具备的从业资格。根据我国《保险公估机构监管规定》的要求，保险公估从业人员应当参加并通过由国务院保险监督管理机构组织的保险公估从业人员资格考试。凡具有大学本科以上学历的人员均可报名参加考试，通过考试的，国务院保险监督管理机构向其授予"保险公估从业人员资格证书"。但是，因违反有关法律、行政法规而受到处罚，并被禁止进入保险行业的人员，不得向其颁发该资格证书。

（二）保险公估人的经营规则

保险监管机构对保险公估人监管的重点是保险公估人的经营活动。鉴于我国的保险公估业尚处于起步阶段，现行保险公估监管制度属于严格监管体制，集中体现于《保险公估机构监管规定》之中。涉及保险公估人的经营规则包括以下内容。

1. 保险公估人的经营范围

保险公估机构及其分支机构可以在中华人民共和国境内从事保险公估活动，并且，应当将许可证置于住所或者营业场所显著位置。其从业人员应当符合国务院保险监督管理机构规定的条件，持有国务院保险监督管理机构规定的资格证书。

2. 保险公估人的建立专门账簿和业务档案义务

保险公估机构及其分支机构在从事保险公估业务中应当建立专门账簿，记载保险公估业务收支情况。同时，保险公估机构及其分支机构还应当建立完整、规范的业务档案，该业务档案记载的内容包括：（1）保险公估业务涉及的主要情况，包括保险人、投保人、被保险人和受益人的名称或者姓名，保险标的、事故类型、估损金额等；（2）报酬金额和收取情况；（3）其他业务信息等。保险公估机构的记录应当完整、真实。

3. 保险公估机构的告知义务和回避义务

保险公估机构及其分支机构在开展业务过程中，应当制作规范的客户告知书，并在开展业务时向客户出示。客户告知书应当至少包括保险公估机构及其分支机构的名称、营业场所、联系方式、业务范围等基本事项。至于保险公估机构及其董事、高级管理人员和与公估业务相关的保险公司、保险中介机构存在关联关系的，均应当在客户告知书中说明。保险公估机构、保险公估分支机构及其从业人员在从事保险公估活动中与保险公估活动的一方当事人之间有利害关系的，更应当告知其他当事人。

与此相对应，保险公估活动的当事人有权要求与自身或者其他评估当事人有利害关系的保险公估机构或者保险公估从业人员回避。

4. 保险公估机构的勤勉尽职义务

保险公估机构、保险公估分支机构及其从业人员在开展公估业务过程中，应当履行勤勉尽职责任，其出具的保险公估报告不得存在重大遗漏。特别是保险公估报告中涉及赔款金额的，应当指明该赔款金额所依据的相应保险条款。如果"保险公估机构在办理保险公估业务过程中因过错给保险公司或者被保险人造成损害的，应当依法承担赔偿责任"（规定第5条）。

[实务知识]

保险精算师——保险业的"精算子"

在保险领域，根据保险活动的需要，还存在着一种独立的保险精算业务，从事保险精算活动的人员，称为保险精算师。

所谓保险精算，是指利用精算技能，对于保险经营活动所涉及的数据资料进行分析、处理后予以精确计算，得出量化结果的活动。诸如，保险费率的厘算、责任准备金的提取、风险自留额的确定、偿付能力的测算、现金流量的分析等往往需要保险精算。

保险精算的运用形式，或者是保险公司聘用为本公司员工的保险精算师，或者是独立从事保险精算经营活动的保险精算师事务所。

保险精算师事务所属于保险中介人的具体类型之一，其从业人员应当是依法获得资格认定的注册精算师。按其从事的保险精算业务范围，可以分为寿险精算师和非寿险精算师。保险精算事务所根据客户委托，向客户提供各种保险精算服务，其服务结果表现为符合规定的精算报告。

在国际范围内，保险精算师的资格认定方式有两种：一是考试认可制度，即不分学历和学科，只要通过法定的考试机构组织的考试科目，便取得保险精算师资格。英国、美国、加拿大、日本等国家采取此类资格认定形式。二是学历认可制度，即具备一定的大学精算学历教育和具有一定的精算工作经历的，便获得精算师资格。法国、德国、瑞士等国家即用此方式。

中国保险市场的发展同样需要保险精算师，因此，自1988年开始，中国引进了保险精算教育，并获得了丰硕的成果：一是培养了一批精算人员，二是完成了中国人寿保险业的经验生命表（1990—1993），三是建立了中国精算师考试制度。1999年10月中国精算师协会举行了首次精算师考试，结束了中国保险业没有精算师的历史。

练习与思考

1. 保险中介制度具有哪些作用？
2. 如何理解保险代理人的法律地位？
3. 保险代理人的资格条件有哪些？
4. 保险代理人的执业规则是什么？

5. 如何理解保险经纪人的法律地位?
6. 保险经纪人的资格条件有哪些?
7. 保险经纪人的执业规则是什么?
8. 如何理解保险公估人的法律地位?
9. 保险公估人的资格条件有哪些?
10. 保险公估人的执业规则是什么?

第十八章

保险经营规则

 本章概要

保险经营规则是保险业从容、有序地发展的保证，它是构成各国保险业监督管理制度的基本内容，成为保险监管机构衡量保险公司开展保险经营活动和市场竞争的法律标准。因此，本章作为保险业法部分的重点部分，应当是学习和理解的重点。具体而言，需要分别从保险公司经营范围、风险控制、合规管理、保险合同条款的拟定和管理、偿付能力管理以及保险资金的运用等方面来把握应予遵守的法定规则。

 重点知识

保险公司经营范围的规则

保险公司的风险控制与合规管理规则

保险合同条款的拟订和管理规则

保险公司偿付能力的管理规则

保险资金的运用规则

第一节　保险公司经营范围的规则

保险公司的业务范围，也称保险公司的经营范围，是指由法律规定的对保险公司承保险种的明确限制和界定。这个问题涉及两个方面的内容：一是在保险业内部，同一保险公司可以经营的保险业务的范围，即是否可以同时经营财产保险业务和人身保险业务，即兼营问题；二是经营保险业务的保险公司是否允许兼业，即能否同时经营非保险类业务，尤其是金融业务，或者说经营非保险业务的公司是否可以经营保险业务。

一、保险业务的分类

我国现行《保险法》第95条仍然遵循传统的按保险标的划分保险业务的方法，把保险业务范围分为人身保险业务、财产保险业务和与保险有关的其他业务三种类型：（1）人身保险业务，包括人寿保险、健康保险、意外伤害保险等；（2）财产保险业务，包括财产损失保险、责任保险、信用保险和保证保险等；（3）国务院保险监督管理机构批准的与保险有关的其他业务。

（一）人身保险业务

人身保险业务是指保险人以被保险人的寿命和身体为保险标的而经营的保险业务，具体包括人寿保险、健康保险和意外伤害等保险业务。

此外，根据《保险法》第96条的规定，经营人身保险业务的保险公司经国务院保险监督管理机构批准，可以经营人身保险业务和财产保险业务的再保险业务：（1）分出保险；（2）分入保险。值得注意的是，无论是人身保险业务的再保险业务还是财产保险业务的再保险业务，均属于责任保险业务。

（二）财产保险业务

财产保险业务是指保险人以财产及其有关利益为保险标的而经营的保险业务。具体包括财产损失保险、责任保险、信用保险和保证保险等业务。

此外，根据《保险法》第96条的规定，经营财产保险业务的保险公司经国务院保险监督管理机构批准，可以经营财产保险业务和人身保险业务的再保险业务：（1）分出保险；（2）分入保险。

（三）与保险业务有关的其他业务

现行《保险法》第95条第1款针对保险公司的业务范围规定了兜底条款，即"国务院保险监督管理机构批准的与保险有关的其他业务"。

这一规定适应了我国社会主义市场经济包括金融行业的发展需要：保险公司在经营保险业务的同时，越来越广泛地参与到与保险业务相关的经济活动中，为社会提供与保险相关的各类服务，其中有些业务必然超出传统的商业保险业务范围。2006年6月国务院发布的《关于保险业改革发展的若干意见》明确指出：要充分发挥保险机构在精算、投资、账户管理、养老金支付方面的专业优势，积极参与企业年金业务，拓展、补充养老保险服务领域；要积极探索保险机构参与新型农村合作医疗管理的有效方式，推定新型农村合作医疗的健康发展。为了响应上述政策导向，现行《保险法》从立法层面扩展了保险公司的业务范围。[①]

二、限制保险兼营的规则

保险兼营的限制，又称保险业务分业经营原则，是指同一保险公司不得同时经营人身保险业务和财产保险业务。原因在于技术和经济两个方面。前者是人身保险和财产保险的性质不同，决定了二者在保险费率的厘定、保险费的计算基础、承保的手续，以及理赔或保险金的给付方法等方面截然不同。后者是同一保险人兼营人身保险和财产保险业务，势必使其业务过于庞杂，其偿付能力会因此减弱，尤其是难以避免用人寿保险的资金来支付财产保险的赔偿金而不利于投保人、被保险人或受益人的利益以及社会公众利益。故而，绝大多数国家立法为了保护众多被保险人的利益和保障保险人稳健经营而作了分业经营、限制兼营的规定。鉴于此，我国现行《保险法》参考国际通行做法，根据我国国情和保险市场状况，原则上确立限制保险兼营规则，同时规定，财产保险公司经国务院保险监督管理机构核定，可以经营短期健康保险业务和意外伤害保险业务。

在保险实务中，每一个保险公司申请并经批准从事的保险业务经营范围并不完全一致，各保险公司经批准的业务范围可能与法律允许的最大业务范围一致，或小于法定业务范围，但绝不能超出保险监督管理机构批准的范围，更不能超出法律许可的最大业务范围，否则，就要依

据《保险法》第 161 条承担相应的责任。

三、禁止保险兼业的规则

禁止保险兼业的内容有两个方面：（1）法律禁止保险人从事银行业、证券业、信托业等其他金融业务；（2）法律禁止非保险业者经营保险或类似保险的业务，即保险业务只能由依法设立的商业保险机构经营的保险专营原则。各国保险法大多规定了兼业禁止原则，以便防范风险，便于政府主管机关监管，有效保护投保人、被保险人和受益人的利益。

我国《保险法》遵循国际通行做法，明确规定了保险兼业禁止原则。《保险法》第 8 条旗帜鲜明地确立分业经营、分业监管的原则，即："保险业和银行业、证券业、信托业实行分业经营、分业管理，保险公司与银行、证券、信托业务机构分别设立。国家另有规定的除外。"第 6 条规定："保险业务由依照本法设立的保险公司以及法律、行政法规规定的其他保险组织经营，其他单位和个人不得经营保险业务。"上述规定构成了完整的保险兼业禁止原则。当然，法律并未禁止保险公司通过设立子公司形式经营非保险金融业务，如中国平安保险集团公司就通过分别设立平安银行、平安信托、平安证券和平安基金等子公司的形式经营银行、信托、证券和基金业务。

第二节　保险公司的风险控制与合规管理规则

一、保险公司的风险控制

保险公司经营的风险来自对保险合同给付义务的承担。如果保险公司签发的保单赔付额过大而超出其偿付能力，为将风险控制在合理范围内，保险监督管理机构一般要求保险公司通过再保险的形式将其承担的风险责任分出一部分于其他保险公司。对于分出业务的保险公司来说，实质是向再保险公司投保责任险。通过这种方式，保险公司的经营风险一部分留给自己承担，即自留风险，另一部分由接受分保的再保险公司承担，即为分出风险。因此，保险公司经营风险的控制规则包括对自留风险的控制规则和对再保险风险责任的控制规则。

（一）自留风险控制规则

自留风险责任，简称自留额，是指保险公司承保责任中由自己承担的赔付责任限额。保险公司在确定自留风险责任时，应当考虑自身是否有足够的偿付能力。如果自留额过高，就会超过其偿付能力而导致入不敷出，甚至破产；反之，自留额过低就会因保险费分出过多而使自身的盈利水平下降，也不利于公司的生存与发展。法律、法规和规章对保险公司自留额过高的情况作出限制性规定，防止其超出保险公司的偿付能力而导致被保险人的利益无法得到补偿。

法律的限制一般是通过限制保险公司自留保险费的办法加以规制的。虽然保险公司的未来风险责任不易确定，但保险费的多少容易确定，加上自留责任与自留保险费相对应，因此，保险立法选择通过限制自留保险费的方式来规制自留责任。自留保险费数额与偿付能力有关，偿付能力决定了自留保险费的多少，偿付能力又体现为实有资本与公积金之和，因此，保险立法对最高自留额的规制，也就是在自留保险费和实有资本与公积金之和之间选择一个适当的比例。《保险法》第 102 条规定：经营财产保险业务的保险公司当年自留保险费，不得超过其实有资本金加公积金总和的 4 倍。这就是我国财产保险公司经营财产保险业务时自留保险费的最高限度。但该标准不适用于人身保险业务，因为人身保险的保险事故发生的危险概率的测算较为精确，因而对保险准备金相对要求较少，经营人寿保险业务的风险较小，不需要对此加以限制。

此外，保险立法还确立了危险单位个体最大自留责任的限制规则。所谓"危险单位"，就是可以按照投保单位划分的风险单位，如一辆投保汽车（包括车上货物和车辆本身）被视为一个"危险单位"；还可以将一个具体的保险标的作为"危险单位"，比如，汽车为一"危险单位"，车上货物为一"危险单位"。危险单位个体最大自留责任就是对于一次保险事故可能造成某一危险单位的最大损失范围所承担的责任。我国《保险法》第103条规定：保险公司对每一危险单位，即对一次保险事故可能造成的最大损失范围所承担的责任，不得超过其实有资本金加公积金总和的10%；超过的部分应当办理再保险。也即某一"危险单位"个体最大自留责任为实有资本金加公积金总和的10%。

（二）再保险之风险分出控制规则

通过再保险分出风险给再保险公司，是保险公司风险控制的另一种手段，以此保证保险公司的偿付能力处于较充足状态。我国《保险法》规定了如下再保险分出规则。

（1）保险公司应当依法办理再保险。根据《保险法》的规定，保险公司对每一危险单位，即对于一次保险事故可能造成的最大损失范围所承担的责任，超过其实有资本金加公积金总和的10%的部分应当办理再保险；保险公司对危险单位的划分应当符合中国保监会的规定；保险公司对危险单位的划分方法和巨灾风险安排方案，应当报中国保监会备案；保险公司应当按照中国保监会的规定办理再保险，并审慎选择再保险接受人。

（2）以优先向中国境内的保险公司办理再保险为原则。顺应我国"入世"保险业务对外全面开放，内、外资保险公司相互竞争的形势，2009年《保险法》取消了2004年《保险法》有关"优先向中国境内的保险公司办理"（第103条）和中国保监会"有权限制或者禁止向境外办理再保险分出业务或者接受境外再保险分入业务"（第104条）的规定。但是，依法成立的中外合资保险公司、外资独资保险公司，以及外国保险公司分支机构仍属于在中国境内的保险企业，应当接受中国银保监会监管，遵守中国法律规制。因此，《保险法》第7条关于"在中华人民共和国境内的法人和其他组织需要办理境内保险的，应当向中华人民共和国境内的保险公司投保"的规定仍然含有保险公司将其承保的保险责任的一部分向中国境内保险公司办理再保险的精神。

（三）约定免赔额的风险控制规则

保险公司可以在保险条款中约定一定的免赔额，来控制其承担的风险。也即要求被保险人对保险标的承担必要的防灾防损等保证义务，一旦发生保险事故或事故损失扩大，被保险人也要自担部分损失。此举可以制约被保险人的道德风险，使其行为增加可控度。

二、保险公司的合规管理规则

（一）保险公司合规管理的概念

合规是指保险公司及其员工和营销员的保险经营管理行为应当符合法律、法规、监管机构规定、行业自律规则、公司内部管理制度以及诚实信用的道德准则。

合规管理是保险公司通过设置合规管理部门或者合规岗位、制定和执行合规政策、开展合规监测和合规培训等措施，来预防、识别、评估、报告和应对合规风险的行为。合规管理是保险公司全面风险管理的一项核心内容，也是实施有效内部控制的一项基础性工作。

根据 2016 年 12 月 30 日颁布、2017 年 7 月 1 日开始实施的《保险公司合规管理办法》（以下简称《办法》）的要求，保险公司应当建立、健全合规管理制度，完善合规管理组织架构，明确合规管理责任，构建合规管理体系，有效识别并积极、主动防范、化解合规风险，确保公司稳健运营。

（二）保险公司合规管理的主要内容

1. 合规义务主体及其职责

根据《办法》第 4 条"合规人人有责"的原则，保险公司的合规义务主体为保险公司全体员工和营销员，包括董事会和高级管理人员。国务院保险监督管理机构依法对保险公司合规管理实施监督、检查。

根据《办法》的规定，保险公司以及保险公司的董事会、董事会审计委员会、监事会和总经理分别承担各自的合规职责。①

2. 合规负责人和合规管理部门

（1）合规负责人。根据《办法》第 10 条的规定，保险公司应当设立合规负责人。合规负责人是保险公司法人（总公司）的高级管理人员。合规负责人承担包括对公司的业务和财务的监督职责，因此，其不得兼管公司的业务部门和财务部门。保险公司任命合规负责人，应当根据《保险公司董事、监事和高级管理人员任职资格管理规定》和国务院保险监督管理机构的有关规定申报核准。保险公司解聘合规负责人的，应当在解聘后 10 日内向国务院保险监督管理机构报告并说明原因。

合规负责人作为保险公司的高级管理人员，对总经理和董事会负责，并履行《办法》第 11 条规定的职责。

（2）合规管理部门。根据《办法》第 12 条的规定，保险公司应当在总公司层级设置合规管理部门，并应根据业务规模、组织架构和风险管理工作的需要，在分支机构设置合规管理部门或者合规岗位。

合规管理部门作为专司合规的职能部门，承担对公司业务和财务等方面的监督，因此，根据《办法》第 13 条的规定，合规管理部门和合规岗位相对于业务部门、财务部门和内部审计部门等，具有独立性，保险公司对其实行独立预算和考评；并履行《办法》第 14 条规定的职责。

3. 保险公司内部合规管理规则的具体内容

（1）制定合规政策并报国务院保险监督管理机构备案。根据《办法》第 21 条的要求，保险公司应当制订合规政策，经董事会审议通过后报国务院保险监督管理机构备案。

（2）制定员工和营销员行为准则、岗位合规手册等文件。根据《办法》的要求，保险公司应当制定员工和营销员行为准则、岗位合规手册等文件，落实公司的合规政策，并为员工和营销员执行合规政策提供指引。

（3）明确合规风险报告路线。合规风险报告路线包括：保险公司营销员、公司其他部门及

---

① 详见《办法》第 5、7、8、9 条。

其员工向合规管理部门或者合规岗位的报告路线；各级合规管理部门或者合规岗位的上报路线；公司合规管理部门或者合规岗位和合规负责人向总经理、董事会审计委员会、董事会的报告路线。

（4）识别、评估和监测如下事项的合规风险：第一，保险业务行为，包括广告宣传、产品开发、销售、承保、理赔、保全、反洗钱、客户服务、客户投诉处理等；第二，保险资金运用行为，包括担保、融资、投资等；第三，保险机构设立、变更、合并、撤销以及战略合作等行为；第四，公司内部管理决策行为和规章制度执行行为；第五，其他可能引发合规风险的行为。

（5）内部管理制度和业务规程发布、实施前的合规审查。保险公司重要的内部管理制度和业务规程在发布、实施前应当提交合规管理部门审查，并经合规负责人签字认可，以确保公司重要的内部管理制度、业务规程的合规性。

（6）合规管理部门与公司人力资源部门的协作。根据《办法》的要求，保险公司合规管理部门应当与公司人力资源部门建立协作机制，制订合规培训计划，开发有效的合规培训和教育项目，定期组织合规培训工作。

（7）建立合规考核和问责制度。保险公司应当建立有效的合规考核和问责制度，将合规管理作为公司年度考核的重要指标，对各级管理人员的合规职责履行情况进行考核和评价，并追究违规事件管理人员的责任。

第三节 保险合同条款的拟定和管理规则

一、保险合同条款拟定的概念与特征

保险合同条款的拟定是指保险人根据险种依法制定保险合同条款的行为。

保险合同条款的拟定，不同于保险合同的订立：（1）性质不同。保险合同条款的拟定，是合同条款制定人（保险公司）的单方行为；而合同的订立是体现（保险人和被保险人）双方意思表示的双方法律行为。（2）程序不同。保险合同条款的拟定过程并没有固定的程序，只是若欲将其运用于保险业务经营时，要依法履行向保险监督管理机构申请批准或备案的程序；而保险合同的订立要遵循要约与承诺这一法定程序。（3）法律效果不同。拟定的保险合同条款并不产生权利、义务关系，也不具有拘束力，只有在一个具体合同中经双方协商同意被作为合同条款后，才产生权利、义务关系，对当事人发生拘束力；而合同订立后即依法在双方当事人之间产生权利、义务关系，对当事人产生拘束力，双方应履行合同，否则，应承担违约责任。

保险合同条款拟定具有如下特征：（1）主体的特定性，即保险合同拟定的主体是依法取得保险业务经营许可证的保险公司，而非自然人或非保险类企业；（2）严格的监管性，保险合同条款拟定的目的是在保险业务经营中提高签约效率，但因其涉及保险人与被保险人之间权利、义务关系的确定而受保险监督管理机构的严格监管，尤其是合同条款要报经保险监督管理机构批准或备案。（3）专业性。保险合同条款的拟定是为了用于保险业务的经营，而保险业务经营的高度专业性，决定了保险合同的拟定也具有高度专业性，非一般人所能胜任。（4）技术性，即保险经营要遵循大数法则，尤其是保险费率的拟定需要运用数学和统计学等理论。

二、保险合同条款和保险费率的拟定与管理规则

根据《保险法》、《财产保险公司保险条款和保险费率管理办法》（2010年4月1日起施行）、《人身保险公司保险条款和保险费率管理办法》（2011年12月30日起施行，2015年10月修订）的规定，国务院保险监督管理机构依法对保险公司的保险条款和保险费率实施监督管理。中国保险行业协会应当切实履行保险条款和保险费率的自律管理职能，建立行业自律机制和风险防范机制。中国保险行业协会应当积极推进保险条款和保险费率的通俗化、标准化工作，建立行业基础数据平台及标准产品数据库。各保险公司应当严格执行经中国保监会批准或者备案的保险条款和保险费率，不得违反规定改变保险条款或者保险费率。具体的拟定规则如下。

（一）保险条款和保险费率拟定的要求

保险公司应当建立科学、高效、符合市场需求的保险业务开发管理机制，定期跟踪和分析经营情况，及时发现保险条款、保险费率经营管理中存在的问题并采取相应解决措施。保险公司应当充分发挥核心竞争优势，合理配置公司资源，围绕宏观经济政策、市场需求、公司战略目标开发保险险种。

综合上述《财产保险公司保险条款和保险费率管理办法》和《人身保险公司保险条款和保险费率管理办法》的规定，财产保险和人身保险条款与费率拟定的共同要求如下：保险公司拟定的保险条款应当，（1）符合《保险法》等法律、行政法规和国务院保险监督管理机构的有关规定；（2）保险条款不损害社会公共利益，不侵害投保人、被保险人和受益人的合法权益；（3）保险合同要素完备、文字准确、语言通俗、表述严谨。

（二）保险合同条款和保险费率的审批与备案

根据《保险法》第135条的规定，关系社会公众利益的保险险种、依法实行强制保险的险种和新开发的人寿保险险种等的保险条款和保险费率，应当报国务院保险监督管理机构批准。国务院保险监督管理机构审批时，应当遵循保护社会公众利益和防止不正当竞争的原则。其他保险险种的保险条款和保险费率，应当报国务院保险监督管理机构备案。

第四节 保险公司偿付能力的管理规则

一、偿付能力概述

偿付能力是保险人依照保险合同履行补偿或给付保险金的能力，是保险人资金能力与其所承担的保险给付义务的匹配度。保险人承担着对被保险人遭遇风险后的损失补偿或保险期间届满后的给付责任，而该责任的承担依赖于保险公司的资金状况。因此，为保护被保险人的利益以及维持保险人自身经营的稳健，就必然要求其具有充足的资金和维持最低的偿付能力。

我国《保险法》对保险公司的偿付能力有具体的明确规定。该法第101条对偿付能力作出原则性规定：保险公司应当具有与其业务规模和风险程度相适应的最低偿付能力。保险公司的认可资产减去认可负债的差额不得低于国务院保险监督管理机构规定的数额；低于规定数额的，应当按照国务院保险监督管理机构的要求采取相应措施达到规定的数额。而该法第139条相应地规定，对于偿付能力不足的保险公司，国务院保险监督管理机构应当将其列为重点监管对象，并依具体情形采取一系列相应措施。

中国保监会于 2003 年 3 月 24 日发布的《保险公司偿付能力额度及监管指标管理规定》构筑了对保险公司偿付能力监测的两道防线：一是通过监管指标体系对保险公司偿付能力状态和变化趋势的监测，二是实行强制性的偿付能力额度监管。而其于 2008 年 7 月 10 日公布、2008年 9 月 1 日起施行的《保险公司偿付能力管理规定》不仅取代了上述规定，更在上述监管体系基础上提高了我国保险监管的效能，增强了保险业自我发展和抗风险的能力，对于促进我国保险业发展、改革具有重要意义。

偿付能力充足率或资本充足率，是指保险公司的实际资本与最低资本的比率。保险公司的实际资本，是指认可资产与认可负债的差额。保险公司的最低资本，是指根据保险监督管理机构的要求，保险公司为吸收资产风险、承保风险等有关风险对偿付能力的不利影响而应当具有的资本数额。认可资产是保险公司在评估偿付能力时依据中国保监会的规定所确认的资产；认可资产适用列举法。认可负债是保险公司在评估偿付能力时依据国务院保险监督管理机构的规定所确认的负债。而国务院保险监督管理机构将保险公司的偿付能力状况分为三类：偿付能力充足率低于 100% 的为偿付能力不足；偿付能力充足率在 100% 到 150% 之间；偿付能力充足率高于 150%。保险公司应当具有与其风险和业务规模相适应的资本，确保偿付能力充足率不低于 100%。

根据中国保监会 2012 年 6 月 27 日下发的《关于保险公司加强偿付能力管理有关事项的通知》的要求，保险公司应当建立偿付能力管理机制：(1) 保险公司应建立与其业务规模、业务结构、风险特征相适应的内部偿付能力管理制度，强化资本约束，保证公司偿付能力充足。(2) 保险公司董事会和管理层（包括外国保险公司分公司管理层）对本公司偿付能力管理负责。保险公司应当建立偿付能力管理流程，指定一名高级管理人员负责公司偿付能力管理的具体事务，并将工作任务分解到责任部门和责任人。(3) 保险公司应当按照《保险公司偿付能力管理规定》的要求，加强资产管理、负债管理、匹配管理、资本管理，及时识别、防范和化解资产风险、承保风险、资产负债匹配风险、治理风险、操作风险以及其他各种风险。(4) 保险公司应当建立资本约束机制，在制定发展战略、经营规划、设计产品、资金运用等环节考虑偿付能力的影响。

二、偿付能力管理

保险公司实行综合风险管理，影响公司偿付能力的因素都应当纳入公司的内部偿付能力管理体系。保险公司偿付能力管理体系包括资产管理、负债管理、资产负债匹配管理和资本管理等。根据《保险法》第 86 条的规定，保险公司向国务院保险监督管理机构报送的偿付能力报告必须如实记录保险业务事项，不得有虚假记载、误导性陈述和重大遗漏。保险公司偿付能力报告分年度报告、季度报告和临时报告。保险公司董事会和管理层应当对偿付能力报告内容的真实性、准确性、完整性和合规性负责。

三、偿付能力监管

中国保监会根据保险公司偿付能力状况作出三类划分，实施分类管理：(1) 不足类公司，指偿付能力充足率低于 100% 的保险公司；(2) 充足 I 类公司，指偿付能力充足率在 100% 到150% 之间的保险公司；(3) 充足 II 类公司，指偿付能力充足率高于 150% 的保险公司。

按照《保险法》第138条的规定，国务院保险监督管理机构应当将偿付能力不足的保险公司列为重点监管对象，并可以根据具体情况采取下列措施：（1）责令增加资本金、办理再保险；（2）限制业务范围；（3）限制向股东分红；（4）限制固定资产购置或者经营费用规模；（5）限制资金运用的形式、比例；（6）限制增设分支机构；（7）责令拍卖不良资产、转让保险业务；（8）限制董事、监事、高级管理人员的薪酬水平；（9）限制商业性广告；（10）责令停止接受新业务。

［保险实例］

新华人寿保险公司自1996年成立开始，偿付能力充足率一直在100%以内徘徊。2008年、2009年和2010年3年间，新华人寿保险公司未能及时获得外部融资，使其在这3年间的最低偿付能力充足率，始终低于中国保监会的要求，由此导致公司在开设分支机构、分派股利和投资范围等方面受到一定的限制。根据《保险公司偿付能力管理规定》的相关规定，中国保监会对该公司采取接管、限制高管薪酬水平、限制资金运用渠道、限制增设分支机构等一系列监管措施。

2011年3月30日，新华人寿保险公司年前到账的140亿元股东增资，通过了中国保监会的验资，使该公司的偿付能力终于跨过了监管的红线，从2010年年底的34.99%升至140%左右。偿付能力达标，使新华人寿保险公司摆脱了上市面临的最大困境。

第五节　保险资金的运用规则

一、保险资金的种类

保险资金是指保险公司以本、外币计价的资本金、公积金、未分配利润、各项准备金及其他资金。

（一）资本金

这是保险公司的开业资金，各国政府一般都会对保险公司的开业资本金规定一定的数额。资本金也属于一种备用资金：当发生特大自然灾害，各种准备金不足以支付时，保险公司即可动用资本金来承担保险责任。

（二）保险准备金

这是指保险人为保证其如约履行保险给付义务，根据政府有关法律规定或业务特定需要，从保险费收入或盈余中提取的与其所承担的保险责任相对应的一定数量的基金。为了保证保险公司的正常经营，保护被保险人的利益，各国一般都以立法的形式规定保险公司应提存保险准备金，以确保保险公司具备与其保险业务规模相应的偿付能力。我国《保险法》第98条规定："保险公司应当根据保障被保险人利益、保证偿付能力的原则，提取各项责任准备金。保险公司提取和结转责任准备金的具体办法，由国务院保险监督管理机构制定。"根据保险业务的种类，保险准备金分为非寿险业务准备金和寿险业务准备金；根据准备金的提取依据和用途，可分为未到期责任准备金和未决赔款准备金。保险公司应当根据规定的方法和数额提取各项责任准备金。

（三）公积金

公积金是保险公积金的简称，是指保险公司为满足保险经营业务和发展需要，按照法律和公司章程的规定提取的不作为利润分配而提留备用的部分积累资金，是所有者权益的重要组成部分。根据《保险法》第 99 条的规定，保险公司应当依法提取公积金，包括资本公积金和盈余公积金两种。根据我国《公司法》的规定，公积金可用于弥补公司的亏损，扩大生产经营规模或转增为公司资本；但法定公积金不得用于弥补公司亏损，法定公积金转增为资本时，所留存的部分不得少于公司注册资本的 25%。

（四）保险保障基金管理规则

保险保障基金是按照《保险法》和《保险保障基金管理办法》的规定缴纳形成的，在保险公司被依法撤销或者宣告破产，其清算财产不足以偿付保单利益，或保险公司存在重大风险，可能严重危及社会公共利益和金融稳定时，用以救助被保险人、保单受让公司或者处置保险业风险的非政府性行业风险救助基金。

保险保障基金分为财产保险保障基金和人身保险保障基金，分别由财产保险公司和人身保险公司缴纳形成。

我国《保险法》第 100 条规定，保险公司应当缴纳保险保障基金。保险保障基金应当集中管理，并在下列情形下统筹使用：（1）在保险公司被撤销或者被宣告破产时，向投保人、被保险人或者受益人提供救济；（2）在保险公司被撤销或者被宣告破产时，向依法接受其人寿保险合同的保险公司提供救济；（3）国务院规定的其他情形。保险保障基金筹集、管理和使用的具体办法，由国务院制定。具体来讲，中国保监会、财政部、中国人民银行于 2008 年 9 月 11 日联合发布的《保险保障基金管理办法》（以下简称 2008 年《办法》）明确规定了保险保障基金的性质、管理体制、缴纳基数、缴纳范围和比例，以及投资渠道等。

国家设立国有独资的中国保险保障基金有限责任公司，负责基金的筹集、管理和使用。保险保障基金公司依法独立运作，其董事会对保险保障基金的合法使用以及安全负责。

保险保障基金的来源包括以下几个方面：（1）境内保险公司依法缴纳的保险保障基金；（2）保险保障基金公司依法从破产保险公司清算财产中获得的受偿收入；（3）捐赠；（4）上述资金的投资收益；（5）其他合法收入。保险公司应当按照规定，对其经营的财产保险业务或者人身保险业务缴纳保险保障基金。

保险公司应当及时、足额将保险保障基金缴纳到保险保障基金公司的专门账户，有下列情形之一的，可以暂停缴纳：（1）财产保险公司的保险保障基金余额达到公司总资产 6% 的；（2）人身保险公司的保险保障基金余额达到公司总资产 1% 的。保险公司的保险保障基金余额减少或者总资产增加，其保险保障基金余额占总资产比例不能满足前述要求的，应当自动恢复缴纳保险保障基金。保险保障基金公司应当对每一保险公司缴纳的保险保障基金及其变动情况进行单独核算。保险公司的保险保障基金余额，是指该公司累计缴纳的保险保障基金金额加上分摊的投资收益、扣除各项分摊的费用支出和使用额以后的金额。

根据 2008 年《办法》的规定，可以动用保险保障基金的情形是：（1）保险公司被依法撤销或者依法实施破产，其清算财产不足以偿付保单利益的；（2）中国保监会经商有关部门认定，保险公司存在重大风险，可能严重危及社会公共利益和金融稳定的。动用保险保障基金，由国务院保险监督管理机构拟定风险处置方案和使用办法，报经国务院批准。保险保障基金公司按照风险处置方案和使用办法的规定，负责办理登记、发放、资金划拨等具体事宜。

保险公司被依法撤销或者依法实施破产，其清算财产不足以偿付保单利益的，保险保障基金按照下列规则对非寿险合同的保单持有人提供救助：（1）保单持有人的损失在人民币5万元以内的部分，保险保障基金予以全额救助。（2）保单持有人为个人的，对其损失超过人民币5万元的部分，保险保障基金的救助金额为超过部分金额的90%；保单持有人为机构的，对其损失超过人民币5万元的部分，保险保障基金的救助金额为超过部分金额的80%。保单持有人的损失，是指保单持有人的保单利益与其从清算财产中获得的清偿金额之间的差额。

被依法撤销或者依法实施破产的人寿保险公司的清算资产不足以偿付寿险合同保单利益的，保险保障基金可以按照下列规则向保单受让公司提供救助：（1）保单持有人为个人的，救助金额以转让后保单利益不超过转让前保单利益的90%为限；（2）保单持有人为机构的，救助金额以转让后保单利益不超过转让前保单利益的80%为限。保险保障基金依照前述规定向保单受让公司提供救助的，救助金额应以保护中小保单持有人权益以维护保险市场稳定并根据保险保障基金资金状况为原则确定。

国务院保险监督管理机构依法对保险保障基金公司的业务和保险保障基金的筹集、管理、运作进行监管。财政部负责保险保障基金公司的国有资产管理和财务监督。保险保障基金公司预算、决算方案由保险保障基金公司董事会制定，报财政部审批。

（五）保险保证金管理规则

保险保证金是指国家规定由保险公司成立时向国家交纳的保证金额，可以用现金或其他方式交纳。国家可以通过保证金，掌握保险公司的一部分实有资金，以保证保险公司的变现资金数额。保证金一般按规定上缴国库或指定银行，不予动用。

缴存保险保证金是国家控制保险公司偿付能力的有效办法，世界上多数国家和地区的保险法都有缴存保证金的规定。我国《保险法》第97条规定："保险公司应当按照其注册资本总额的百分之二十提取保证金，存入国务院保险监督管理机构指定的银行，除公司清算时用于清偿债务外，不得动用。"需要指出的是，我国《保险法》对于保险保证金的用途之规定较为严格，即在保险公司清算时用于清偿债务，除此之外，不得动用。其目的是杜绝保证金的缴存流于形式，确保保险公司之偿付能力。

[实务知识]

关于应当进一步扩大保险资金运用范围的一管之见

我国《保险法》出于维持中国保险市场稳定发展，确保保险业偿付能力的目标，一直对保险资金的运用范围予以严格的限制。1995年的《保险法》基于安全性原则，将保险公司运用保险资金的范围仅限于银行存款。虽然经过2002年和2009年两次修改的《保险法》已经逐步扩大了保险资金的运用范围，但是，与我国社会经济的发展需要和深化发展保险市场的要求，仍然存在很大差距。因此，借我国《保险法》即将第三次修改的时机，笔者认为，有必要进一步扩大保险资金的运用范围，起码可以考虑允许保险资金进行如下的投资活动。

首先，允许保险资金"依法发放贷款"。参考中国保监会下发的有关加强和改进保险资金运用比例监管文件等规定，对保险资金运用的种类进行优化分类及完善，包括允许保险资金用于依法发放贷款。之所以建议保险资金的运用形式中增加"依法发放贷款"并明确规定相关条件，原因在于：国务院《关于加快发展现代保险服务业的若干意见》（保险业称之为"新国十条"）要求，"在保证安全性、收益性前提下，创新保险资金运用方式，提高保险资金配置效率"。近年来，我国保险资金运用的形式不断丰富，但与国外相比，保险资金尚不能直接用于发放贷款。笔者建议参照国外经验和国内实践情况，拓展此一保险资金的运用形式。一是参照境外立法。美国、德国、日本保险业法律法规中均规定保险资金可以用于发放贷款。二是我国金融市场对于增加贷款渠道的需求已非常强烈，如住房反向抵押贷款、支农支小贷款、基础设施建设项目贷款等，保险资金能够为这些项目提供贷款将大大推动相关事业的发展。三是保险资金已经可以用于投资保险资产管理公司、信托公司等发行的债权投资计划、债权集合资金信托计划等，其实质便是将保险资金用于向企业贷款，但受到资金运用形式的限制，不得不采用设立金融产品的方式，造成交易结构、交易程序非常复杂，也浪费了大量的交易成本。因此，有必要直接放开保险资金用于贷款，提高保险资金运用的效率，盘活保险资产。四是实践中寿险保单质押贷款已经是我国寿险公司普遍开展的业务内容，截至 2015 年年底，寿险全行业保单质押贷款的规模达到 2 298.6 亿元。将发放贷款纳入保险资金运用形式的范围，仅是基于保单质押贷款业务的实践，对《保险法》相关规定的拓展。

同时，保险资金运用遵守稳健、安全性的原则，参照我国台湾地区"立法"，建议对保险资金用于贷款时的担保要求作出规定，明确须符合以下条件之一：由银行或其他金融机构提供担保；以动产或不动产作为抵押；以有价证券作为质押；以人寿保险单作为质押；符合国务院保险监督管理机构规定的其他担保条件。保险资金用于发放贷款的比例监管、关联交易等问题，建议由中国银保监会出台相关监管规定加以规范。

其次允许保险资金"依法对外担保"。这是出于避免保险资金大量闲置，提高保险资金利用效率，并借助保险资金的进入来提高我国担保业信用水平，促进担保业正常发展需要的考量。但是，基于保险资金运用所需遵循的稳健、安全原则，应当将对外担保纳入保险资产管理公司运用保险资金的范围。同时，保险监管机构对于保险资产管理公司运用保险资金对外提供担保的条件、担保金额、资产范围、资产比例等加以具体规定，使其成为保险资产管理公司管理和运用保险资金的具体内容，以便保险资产管理公司实施对外担保时遵照执行；同时，排除保险公司直接作为担保人介入对外担保活动的可能，形成对外担保与保险业务的明确区别，实现对外担保之风险与保险业务经营的隔离。

再次允许保险资金进行信托投资。在我国的人身保险实务中，当发生保险事故导致被保险人死亡、伤残时，如受益人为未成年人、智力残障人士或年迈老人等，将可能出现受益人无法自行处理保险金的情形，使投保目的得不到充分体现。对此，一些国家以及我国台湾地区建立了保险金信托制度，允许投保人预先与保险公司签订信托合同，由保险公司担任受托人，管理和运用由保险金构成的信托财产，按照信托合同约定的方式，将信托财产分配给受益人，解决受益人难以使用或管理保险金的难题。由于信托具有信托财产独立、受托人管理专业化、避免遗产税等特点，保险金信托实际上使人寿保险产品成为了结合保险保障、延期支付、个人理财和税收筹划等功能的综合性金融服务产品，能同时满足投保人关于保护受益人的利益、推迟保险金给付时间、保险金保值增值以及税收规划等多重需要，最大限度地保障受益人的利益。目前，国内保险市场对于保险金信托已存在较大需求，一些保险公司也推出了保险金信托业务，但基于现行《保险法》的规定，只能由信托公司作为受托人，保险公司不能担任受托人。在资产规模、风险管理水平、专业实力等方面，国内保险公司普遍优于信托公司，并且，按照《信托法》的精神，并非仅有信托公司才能担任受托人，由保险公司担任保险金信托的受托人更有利于保障被保险人和受益人的利益。因此，笔者建议参照其他国家及我国台湾地区的做法，在

《保险法》中规定经营人身保险业务的保险公司可以经营保险金信托业务，担任受托人，以更好地促进保险业务发展，满足投保人的需求。

二、保险投资

（一）保险投资的概念

保险投资是指保险公司在组织经济补偿过程中，将积聚的各种保险资金加以运用，使资金增值的活动。保险投资是保险资金运用的一种主要形式，但并不是保险资金运用的全部形式。[1]

保险公司可用于投资的资金来源于资本金、各项准备金和其他投资资金，其他投资资金包括结算中形成的短期负债、应付税款、未分配利润、公益金、企业债券等，这些资金可根据其期限的不同作相应的投资。保险投资的意义在于：（1）有利于建立雄厚的保险基金，维系良好的偿付能力；（2）有利于不断降低保险费率，提高保户参加保险的积极性，增加保险业务量；（3）有利于扩大社会积累，进一步发挥保险业在国民经济中的作用。

（二）保险投资的规则

保险投资规则是保险投资的依据。[2] 理论界一般认为，保险投资应遵循三大原则：安全性；收益性；流动性。

1. 安全性原则

安全性，意味着资金本身能如期收回，利润或利息能如数收回。保险人可运用的资金，除资本金外，主要是各种保险准备金，它们是资产负债表上的负债项目，是保险信用的承担者。因此，保险投资应以安全为第一条件。为此，必须选择安全性较高的项目，并要分散投资来减少风险。

2. 收益性原则

保险投资的目的是，提高自身的经济效益，使投资收入成为保险公司收入的重要来源，增强赔付能力，降低费率和扩大业务。但在投资中，收益与风险是同增的，收益率高，风险也大，这就要求保险投资将风险限制在一定程度内，以实现收益的最大化。

3. 流动性原则

保险资金用于履行保险给付，受偶然规律支配，因此，要求保险投资在不损失价值的前提下，能把资产立即变为现金，支付赔款或给付保险金。保险投资要设计多种方式，寻求多种渠道，按适当比例投资，从量的方面加以限制。要按不同险种特点，选择方向。如人寿保险一般是长期合同，保险金额给付也较固定，流动性要求可低一些，如国外人寿保险资金投资的相当部分是长期的不动产抵押贷款。财产险和责任险，一般是短期的，理赔迅速，赔付率变动大，应特别强调流动性原则，如国外财产和责任保险资金投资的相当部分是商业票据、短期债券

---

① 参见孙祁祥：《保险学》，309～310 页，北京，北京大学出版社，2009。

② 早在 1862 年，英国经济学家贝利（A. A. Bailey）就提出了寿险业投资的五大原则，即：安全性；最高的实际收益率；一部分资金投资于能迅速变现的证券；另一部分资金可投资于不能迅速变现的证券；投资应有利于寿险事业的发展。随着西方市场经济的发展、金融工具的多样化，以及保险业竞争的加剧，保险投资面临的风险性、收益性也同时增大，投资方式的选择范围更加广泛。1948 年英国精算师佩格勒（J. B. Pegler）修正贝利的观点，提出寿险投资的四大原则：获得最高预期收益；投资应尽量分散；投资结构多样化；投资应当经济效益和社会效益并重。

等。在我国，保险公司的资金运用必须稳健，遵循安全性原则，并保证资产的保值、增值。

（三）保险投资的形式

保险投资的形式就是保险公司将保险资金投放在哪些具体项目上。合理的投资形式，一方面可以保持保险公司财务稳定性和赔付的可靠性、及时性，另一方面可以避免资金的过分集中而影响产业结构的合理性。

我国 2009 年《保险法》在保留原法规定保险资金的投资用于银行存款、买卖政府债券、金融债券和国务院规定的其他资金运用形式的基础上，增加了保险资金投资不动产、买卖股票及证券投资基金份额等有价证券的运用形式。与此相适应，中国保监会先后于 2010 年 2 月 1 日颁布了《保险资金运用管理暂行办法》（被 2018 年《保险资金运用管理办法》废止），于 2010 年 7 月 31 日同时颁行了《保险资金投资股权暂行办法》和《保险资金投资不动产暂行办法》，于 2012 年 10 月 12 日同时颁行了《保险资金参与股指期货交易规定》和《保险资金参与金融衍生产品交易暂行办法》等。可以看出，我国保险资金运用渠道基本上已全面放开并与国际接轨。

1. 银行存款

银行存款是指保险人将保险资金存入银行，以获取利息收入的一种资金运用形式。这一投资形式具有安全性和流动性好等优点，但又因我国银行存款利率偏低而又有收益偏低的缺点。目前，银行存款仍然是我国保险资金投资的主要形式。《保险法》第 97 条规定："保险公司应当按照其注册资本总额的百分之二十提取保证金，存入国务院保险监督管理机构指定的银行，除公司清算时用于清偿债务外，不得动用。"

2. 债券投资

债券是债权的证券化，体现的是债权、债务关系。一般而言，投资债券风险较小，尤其是政府债券。投资公司债券时，要特别注重接受投资的公司的资信和收益的可靠性。2018 年 1 月 24 日发布的《保险资金运用管理办法》第 8 条规定，保险资金投资的债券应当达到国务院保险监督管机构认可的信用评级机构评定的且符合规定要求的信用级别，主要包括政府债券、金融债券、企业（公司）债券、非金融企业债务融资工具以及符合规定的其他债券。

3. 证券投资基金

证券投资基金是一种利益共存、风险共担的集合证券投资方式。2013 年 6 月 3 日中国保监会与中国证监会共同发布的《保险机构销售证券投资基金管理暂行规定》成为规范证券投资基金投资的规范依据。

保险公司投资基金应当遵守法律、法规以及《保险机构销售证券投资基金管理暂行规定》规定的从事投资基金业务的保险公司的资格条件，包括：（1）符合《证券投资基金销售管理办法》第 9 条规定的条件，即：具有健全的治理结构、完善的内部控制和风险管理制度，并得到有效执行；财务状况良好，运作规范稳定；有与基金销售业务相适应的营业场所、安全防范设施和其他设施；有安全、高效的办理基金发售、申购和赎回等业务的技术设施，且符合中国证监会对基金销售业务信息管理平台的有关要求，基金销售业务的技术系统已与基金管理人、中国证券登记结算公司相应的技术系统进行了联网测试，测试结果符合国家规定的标准；制定了完善的资金清算流程，资金管理符合中国证监会对基金销售结算资金管理的有关要求；有评价基金投资人风险承受能力和基金产品风险等级的方法体系；制定了完善的业务流程、销售人员执业操守、应急处理措施等基金销售业务管理制度，符合中国证监会对基金销售机构内部控制的有关要求；有符合法律法规要求的反洗钱内部控制制度等；（2）有专门负责基金销售业务的部门；（3）注册资本不低于 5 亿元人民币；（4）偿付能力充足率符合国务院保险监督管理机构的有关规定；（5）没有因违法违规行为正在被监管机构调查或者正处于整改期间，最近 3 年内没有受到重大行政处罚或者刑事处罚；（6）没有发生已经影响或者可能影响公司正常运作的重大变更或者诉讼、仲裁等重大事项；（7）公司负责基金销售业务的部门取得基金从业资格的人员不低于该部门员工人数的 1/2，负责基金销售业务的部门管理人员取得基金从业资格，熟悉基金销售业务，并具备从事基金业务 2 年以上或者在其他金融相关机构 5 年以上的工作经历；公司主要分支机构基金销售业务负责人均已取得基金从业资格；（8）取得基金从业资格的人员不少于 30 人。

保险经纪公司和保险代理公司申请基金销售业务资格应当具备下列条件包括：（1）符合《证券投资基金销售管理办法》第 9 条规定的条件；（2）有专门负责基金销售业务的部门；（3）注册资本不低于 5 000 万元人民币，且必须为实缴货币资本；（4）公司负责基金销售业务的高级管理人员已取得基金从业资格，熟悉基金销售业务，并具备从事基金业务 2 年以上或者在其他金融相关机构 5 年以上的工作经历；（5）没有因违法违规行为正在被监管机构调查或者正处于整改期间，最近 3 年内没有受到重大行政处罚或者刑事处罚；（6）没有发生已经影响或者可能影响公司正常运作的重大变更或者诉讼、仲裁等重大事项；（7）公司负责基金销售业务的部门取得基金从业资格的人员不低于该部门员工人数的 1/2，负责基金销售业务的部门管理人员取得基金从业资格，熟悉基金销售业务，并具备从事基金业务 2 年以上或者在其他金融相关机构 5 年以上的工作经历；公司主要分支机构基金销售业务负责人均已取得基金从业资格；（8）取得基金从业资格的人员不少于 10 人。

4. 股票

股票是一种高风险和高收益的投资形式。2004 年 10 月中国保监会和中国证监会联合发布《保险机构投资者股票投资管理暂行办法》，允许保险资金在一定条件下投资于股票市场。

其资格条件是，保险资产管理公司具有可以直接投资于股票的资格而无须审批，但其自有资金除外。而保险公司直接或委托保险资产管理公司投资股票的，须事先取得中国保监会批准。入市方式是，保险公司可委托保险资产管理公司进行股票投资或内设资金运用部门进行投资两种方式。采用一级市场申购和二级市场交易两种交易方式。

投资股票的范围和品种限于人民币普通股、可转换公司债券或国务院保险监督管理机构规定的其他品种。不得购买明文禁止投资的股票品种。①

保险机构投资者投资股票比例为，持有一家上市公司的股票不得达到该上市公司人民币普通股票的 30%。保险机构投资者投资股票的具体比例，由国务院保险监督管理机构另行规定。

5. 不动产

2009 年《保险法》第 106 条正式将不动产纳入保险资金投资的范围。基于此，2010 年 9

---

① 禁止购买的股票品种有：被交易所"特别处理"、"警示存在终止上市风险的特别处理"或者已经终止上市的；其价格在过去 12 个月中涨幅超过 100% 的；存在被人为操纵嫌疑的；其上市公司最近一年度内财务报表被会计师事务所出具拒绝表示意见或者保留意见的；其上市公司已披露业绩大幅下滑、严重亏损或者未来将出现严重亏损的；其上市公司已披露正在接受监管部门调查或者最近一年内受到监管部门严重处罚的；国务院保险监督管理机构规定的其他类型股票。

月 3 日中国保监会发布《保险资金投资不动产暂行办法》，对于保险资金投资非基础设施类不动产及相关金融产品作出具体规定。

首先，投资不动产的种类包括基础设施类不动产、非基础设施类不动产及不动产相关金融产品。保险资金投资基础设施类不动产，遵照《保险资金间接投资基础设施项目试点管理办法》及有关规定，投资非基础设施类不动产及不动产相关金融产品，遵照《保险资金投资不动产暂行办法》。

其次，保险公司投资不动产的资格条件是：具有完善的公司治理、管理制度、决策流程和内控机制；实行资产托管机制，资产运作规范、透明；资产管理部门拥有不少于 8 名具有不动产投资和相关经验的专业人员，其中具有 5 年以上相关经验的不少于 3 名，具有 3 年以上相关经验的不少于 3 名；上一会计年度末偿付能力充足率不低于 150%，且投资时上季度末偿付能力充足率不低于 150%；上一会计年度盈利，净资产不低于 1 亿元人民币；具有与所投资不动产及不动产相关金融产品匹配的资金，且来源充足、稳定；最近 3 年未发现重大违法违规行为等审慎性条件。投资不动产相关金融产品的，资产管理部门还应当拥有不少于 2 名具有 3 年以上不动产投资和相关经验的专业人员。

投资的不动产须是已经取得国有土地使用权证和建设用地规划许可证的项目；已经取得国有土地使用权证、建设用地规划许可证、建设工程规划许可证、施工许可证的在建项目；取得国有土地使用权证、建设用地规划许可证、建设工程规划许可证、施工许可证及预售许可证或者销售许可证的可转让项目；取得产权证或者他项权证的项目；符合条件的政府土地储备项目。保险资金投资的不动产，应当产权清晰，无权属争议，相应权证齐全、合法、有效；地处直辖市、省会城市或者计划单列市等具有明显区位优势的城市；管理权属相对集中，能够满足保险资产配置和风险控制要求。

投资的不动产相关金融产品须具备的条件是：经国家有关部门认可，在中国境内发起设立或者发行，由专业团队负责管理；基础资产或者投资的不动产位于中国境内；实行资产托管制度，建立风险隔离机制；具有明确的投资目标、投资方案、后续管理规划、收益分配制度、流动性及清算安排；交易结构清晰，风险提示充分，信息披露真实、完整；具有登记或者簿记安排，能够满足市场交易或者协议转让需要；不动产相关金融产品属于固定收益类的，应当具有中国保监会认可的国内信用评级机构评定的 AA 级或者相当于 AA 级以上的长期信用级别，以及合法、有效的信用增级安排；属于权益类的，应当建立相应的投资权益保护机制。

投资方式包括以股权方式投资、以债权方式投资或以物权方式投资，且限于商业不动产、办公不动产，与保险业务相关的养老、医疗、汽车服务等不动产及自用性不动产。保险资金投资不动产，除政府土地储备项目外，可以采用债权转股权、债权转物权或者股权转物权等方式。投资方式发生变化的，应当依法调整管理方式。保险资金以多种方式投资同一不动产的，应当分别遵守相应的规定。以债权、股权、物权方式投资的不动产，其剩余土地使用年限不得低于 15 年，且自投资协议签署之日起 5 年内不得转让。保险公司内部转让自用性不动产，或者委托投资机构以所持有的不动产为基础资产，发起设立或者发行不动产相关金融产品的除外。

保险公司投资不动产（不含自用性不动产），应当符合以下比例：投资不动产的账面余额不高于本公司上季度末总资产的 10%，投资不动产相关金融产品的账面余额不高于本公司上季度末总资产的 3％；投资不动产及不动产相关金融产品的账面余额，合计不高于本公司上季度末总资产的 10％。投资单一不动产投资计划的账面余额不高于该计划发行规模的 50％，投资其他不动产相关金融产品的，不高于该产品发行规模的 20％。

6. 股权投资

股权是股东基于出资或认购股份而对有限责任公司或股份有限公司享有的权利，包括自益权和共益权。2006 年 9 月 21 日中国保监会发布《关于保险机构投资商业银行股权的通知》（已失效），允许保险集团（控股）公司、保险公司、保险资产管理公司等保险机构投资商业银行股权。虽然现行《保险法》第 106 条未明确将股权纳入保险资金投资范围，但其有关"国务院规定的其他资金运用形式"应该包含有股权投资这一形式。而且，随着中国保监会于 2010 年 9 月 5 日发布《保险资金股权投资暂行办法》，2012 年 11 月 21 日发布《关于废止部分规范性文件的通知》中将前述 2006 年通知予以废止后，保险机构投资商业银行股权的行为被纳入企业股权投资而受到统一管理。

保险资金投资的股权是指在中国境内依法设立和注册登记，且未在中国境内证券交易所公开上市的股份有限公司和有限责任公司的股权（以下简称企业股权），包括保险类企业股权和非保险类企业股权。投资的方式包括直接投资企业股权[①]和间接投资企业股权[②]（以下简称直接投资股权和间接投资股权）。

保险公司直接投资股权，应当符合法定的资质条件：（1）具有完善的公司治理、管理制度、决策流程和内控机制；（2）具有清晰的发展战略和市场定位，开展重大股权投资[③]的，应当具有较强的并购整合能力和跨业管理能力；（3）建立资产托管机制，资产运作规范、透明；（4）资产管理部门拥有不少于 5 名具有 3 年以上股权投资和相关经验的专业人员，开展重大股权投资的，应当拥有熟悉企业经营管理的专业人员；（5）上一会计年度末偿付能力充足率不低于 150％，且投资时上季度末偿付能力充足率不低于 150％；（6）上一会计年度盈利，净资产不低于 10 亿元人民币；（7）最近 3 年未发现重大违法违规行为等审慎性条件。而间接投资股权的保险公司，除符合前述（1）（3）（5）（7）项以外，还要求资产管理部门应当配备不少于 2 名具有 3 年以上股权投资和相关经验的专业人员。保险公司投资保险类企业股权，可不受前述（2）（4）项的限制。

保险公司间接投资股权，应当符合下列条件：（1）具有完善的公司治理、管理制度、决策流程和内控机制；（2）注册资本不低于 1 亿元，已建立风险准备金制度；（3）投资管理适用中国法律、法规及有关政策规定；（4）具有稳定的管理团队，拥有不少于 10 名具有股权投资和相关经验的专业人员，已完成项目不少于 3 个，其中，具有 5 年以上相关经验的不少于 2 名，具有 3 年以上相关经验的不少于 3 名，且高级管理人员中具有 8 年以上相关经验的不少于 1 名；拥有不少于 3 名熟悉企业运营、财务管理、项目融资的专业人员；（5）具有丰富的股权投资经验，管理资产余额不低于 30 亿元，且历史业绩优秀，商业信誉良好；（6）具有健全的项目储备制度、资产托管和风险隔离机制；（7）建立科学的激励约束机制和跟进投资机制，并得

---

① 直接投资股权是指保险公司以出资人名义投资并持有企业股权的行为。
② 间接投资股权是指保险公司投资股权投资管理机构（以下简称投资机构）发起设立的股权投资基金等相关金融产品（以下简称投资基金）的行为。
③ 所谓重大股权投资，是指对拟投资非保险类金融企业或者与保险业务相关企业实施控制的投资行为。

到有效执行；（8）接受中国保监会涉及保险资金投资的质询，并报告有关情况；（9）最近 3 年未发现投资机构及主要人员存在重大违法违规行为等审慎性条件。

保险资金直接或者间接投资股权，该股权所指向的企业（接受投资的企业），应当具备的条件是：（1）依法登记设立，具有法人资格；（2）符合国家产业政策，具备国家有关部门规定的资质条件；（3）股东及高级管理人员诚信记录和商业信誉良好；（4）产业处于成长期、成熟期或者是战略新型产业，或者具有明确的上市意向及较高的并购价值；（5）具有市场、技术、资源、竞争优势和价值提升空间，预期能够产生良好的现金回报，并有确定的分红制度；（6）管理团队的专业知识、行业经验和管理能力与其履行的职责相适应；（7）未涉及重大法律纠纷，资产产权完整、清晰，股权或者所有权不存在法律瑕疵；（8）与保险公司、投资机构和专业机构不存在关联关系，监管规定允许且事先报告和披露的除外等审慎性条件。

保险资金不得投资于不符合国家产业政策、不具有稳定现金流回报预期或者资产增值价值，高污染、高耗能、未达到国家节能和环保标准、技术附加值较低等企业股权；不得投资创业、风险投资基金；不得投资设立或者参股投资机构；保险资金投资保险类企业股权，可不受上述项限制。

投资股权的比例要求是：（1）投资未上市企业股权的账面余额，不高于本公司上季末总资产的 5%；投资股权投资基金等未上市企业股权相关金融产品的账面余额，不高于本公司上季末总资产的 4%，两项合计不高于本公司上季末总资产的 5%；（2）直接投资股权的账面余额，不超过本公司净资产，除重大股权投资外，投资同一企业股权的账面余额，不超过本公司净资产的 30%；（3）投资同一投资基金的账面余额，不超过该基金发行规模的 20%。

7. 金融衍生产品投资

2012 年 10 月 12 日，中国保监会印发《保险资金参与金融衍生产品交易暂行办法》，新增金融衍生产品这一投资渠道。

金融衍生产品是指其价值取决于一种或多种基础资产、指数或特定事件的金融合约，包括远期、期货、期权及掉期（互换）。金融衍生产品交易（以下简称衍生品交易），是境内衍生品的交易（不包括境外衍生品交易），具体交易方式包括直接交易[①]和间接交易[②]两种。保险机构参与衍生品交易，仅限于对冲或规避风险，不得用于投机目的，包括：对冲或规避现有资产、负债或公司整体风险；对冲未来一个月内拟买入资产风险，或锁定其未来交易价格。

保险机构参与金融衍生产品投资的资质条件包括：参与直接交易的要求：（1）董事会知晓相关风险，并承担参与衍生品交易的最终责任；（2）建立符合《保险资金参与金融衍生产品交易暂行办法》规定的衍生品交易业务操作、内部控制和风险管理制度；（3）建立投资交易、会计核算和风险管理等信息系统；（4）配备衍生品交易专业管理人员，包括但不限于分析研究、交易操作、财务处理、风险控制和审计稽核等；（5）其他规定要求。参与间接交易的，除符合直接交易的第（1）项条件外，还应当配备与衍生品交易相适应的监督和评价等专业管理人员。受托参与衍生品交易的受托人应当符合参与直接交易须具备的第（2）项至第（5）项条件。

---

①　直接交易是指保险公司自行参与衍生品交易。

②　间接交易是指保险公司通过委托保险资产管理公司及符合国务院保险监督管理机构规定的其他专业管理机构，在授权范围内参与衍生品交易。

8. 股指期货交易

2012 年 10 月 12 日，中国保监会发布《保险资金参与股指期货交易规定》，成为保险资金参与金融衍生产品交易具体化的第一步。

股指期货是指经国务院保险监督管理机构批准，在中国金融期货交易所上市的以股票价格指数为标的的金融期货合约。上述规定允许在中国境内依法设立的保险集团（控股）公司、保险公司、保险资产管理公司（统称保险机构）参与股指期货交易，但应当根据《保险资金参与金融衍生产品交易暂行办法》的规定，以对冲风险为目的，做好制度、岗位、人员及信息系统安排，遵守管理规范，强化风险管理。

保险机构参与股指期货交易，应当遵守以下规则：（1）以确定的资产组合为基础，分别开立股指期货交易账户，实行账户、资产、交易、核算和风险的独立管理；（2）根据资产配置和风险管理要求，制定合理的交易策略，并履行内部决策程序；（3）根据《保险资金参与金融衍生产品交易暂行办法》的规定，制订风险对冲方案，明确对冲工具、对象、规模、期限以及有效性等内容，并履行内部审批程序，内部审批应当包括风险管理部门意见。

对其交易价值额度有要求：任一资产组合在任何交易日日终所持有的卖出股指期货合约价值，不得超过其对冲标的股票及股票型基金资产的账面价值；保险机构在任何交易日日终持有的买入股指期货合约价值，与股票及股票型基金资产的账面价值，合计不得超过规定的投资比例上限。卖出股指期货合约价值与买入股指期货合约价值，不得合并轧差计算。

[实务知识]

国外保险公司的资金运用模式及资金运用结构概况

国外保险公司的资金运用大致分为三种模式。（1）投资部运作模式，即由保险公司内设的投资部门负责管理公司的投资账户资产，同时对公司所进行的各项投资业务进行监控。保险具有负债特征，其支出流往往会因为外部环境的变化而出现较大的波动，因此，保险公司在进行资金运用时，必须考虑到其负债的结构性特征，以确保资产负债结构的匹配。该模式最大的优点就在于，能方便保险公司资产负债管理，在最大限度上控制流动性风险。（2）第三方专业化投资运作模式，即委托专业化投资管理机构运作。一些再保险公司、财产保险公司和规模较小的寿险公司，除内设投资部自行管理部分资产外，常常还选择将一部分资产委托给独立的专业化的投资机构如基金公司或综合性资产管理公司进行管理。（3）通过全资或控股的投资管理公司运作模式。这是目前大型寿险公司比较普遍采用的模式。如纽约人寿、美国国际金融集团、澳大利亚联邦银行集团等大规模的保险公司不仅拥有一家全资的资产管理子公司，还常常控股或收购其他的基金管理公司，以满足其不同的投资需要。1995 年，摩根士丹利就提出，投资是保险行业的核心任务，没有投资，整个保险业的经营就不能维持，没有投资就等于没有保险行业。

在上述三种模式中，内设投资部门运作模式曾一度是各国保险公司的通行做法。不过，随着金融市场的不断发展、竞争的不断加剧，这种模式已不能适应管理专业化和服务多样化的要求，现已逐渐被另外两种模式取代。

总结 21 世纪以来国外保险公司的资产运用结构经验：目前，发达国家的保险公司在国际金融市场上管理着规模庞大的投资资产，资金运用率超过了 90%，涉及的投资领域包括债券、股票、房地产、抵押或担保贷款、外汇以及各种金融衍生产品等。（1）美国保险公司主要投资品种为债券和股票。其中，寿险公司主要资产的平均投资比重为：债券（68%）、抵押贷款和不动产投资（23%）和股票（5%）；而在财产保险公司的总资产中，债券和股票占据了最主要的份额，分别为70%和18%。特别是债券，可说是美国保险公司最主要的投资渠道。例如，根据美国寿险协会发布的2012年的数据，占美国寿险资产比例50.8%的债券分布情况是公司债券32.8%、抵押债券10.1%、政府债券7.9%。（2）英国的保险业发展时间最长，也最为完善，加之宽松的监管环境，高盈利性的投资产品（如股票、抵押贷款等）在其资产结构中占有重要的份额。英国寿险公司主要资产的平均投资比重为：股票（60%）、债券（25%）、抵押贷款和不动产投资（11%）；财产保险公司的投资结构则为：债券（60%）、股票（32%）以及抵押贷款和不动产投资（9%）。例如，2012年，英国保险资金中总计1.8万亿英镑的投资规模，其投资结构分布是，有价证券（包含股票和债券等）共计71%（政府债券18%、公司债券25%，英国国内有价证券11%，海外有价证券17%），单位信托基金为14%，固定资产比例为5%，其他投资比例为10%。该投资结构的特点有三：一是股票比例很高，二是政府债券投资稳定，三是境外投资品种丰富。（3）日本保险公司相对而言比较注重投资收益，在经济的不同发展阶段，其投资的重点截然不同，到20世纪90年代末，日本寿险公司资金的平均投资比重为：抵押贷款（38%）、股票（27%）和债券（18%）；财产保险公司主要资产的投资比重则为：债券（32%）、抵押贷款（25%）、股票（20%）。例如，2012年，日本生命保险协会的数据显示，日本寿险总资产达344.99万亿日元，其中投资于有价证券的80.8%（政府债券54.5%、海外证券16.2%、公司债券4.8%、本地债券5.3%），贷款占比10.8%，固定资产占2.5%，现金及储蓄存款占1.1%，信托投资占0.7%，其他投资占3%。该投资结构的特点有三：一是配置结构的证券化程度不断提高，从20世纪70年代的约20%快速增长到目前的80.8%；二是贷款比重快速下降，从20世纪80年代的60%左右下降到目前的10.8%；三是境外证券投资比例上升，从20世纪70年代的不足3%涨到目前的16.2%，主要集中于债券类资产。

总括起来，高效和多样化的资金运用给发达国家的保险业带来了丰厚的收益，根据瑞士再保险公司的估计，在进入21世纪后长达20年的一个区间内，发达国家保险资金的投资收益率一般都在8%以上，美国保险业的甚至达到了14%。如此高额的投资回报，使保险公司在直接承保业务连年出现亏损的情况下，仍然获得了较高的综合经营收益。

练习与思考

1. 简述保险公司经营范围的规则内容。
2. 有关保险公司风险控制的管理规则有哪些？
3. 有关保险公司的合规管理规则是什么？
4. 保险合同条款的拟订和管理规则是什么？
5. 关于保险公司偿付能力的管理规则有哪些？
6. 保险资金的法定原则是什么？
7. 保险资金运用的规则是什么？

第十九章
保险业的监督管理制度

 本章概要

保险业法的重点内容是监督管理规则，而且，涉及保险组织的方方面面，诸如，保险企业的组织监管、偿付能力的监管、经营活动的监管以及保险业的自律管理体制等。学习本章的目的在于，了解各项保险监管规则的内容和法律价值，比较各国有关保险监管规则的特点，考察我国保险监管制度的现行规则及其发展趋势。

重点知识

保险业监督管理的法律性质

保险业监督管理的目标

保险业监督管理的方式

保险监管机构及其职责

对保险经营行为的监督管理

对保险业偿付能力的监督管理

保险法律责任

第一节　保险业监督管理的性质、目标和方式

一、保险业监督管理的性质

保险业的监督管理有广义和狭义之分。广义的保险业监督管理是指对保险主体的设立、运营、终止、相关法律责任等方面的监管，具体表现在保险主体的设立需要保险监管机构的批准，保险主体运营中涉及的很多方面有保险监管机构意志的参与，例如条款的审批和备案、偿付能力要求等，保险主体终止时需要保险监管机构的批准等。狭义的保险业监督管理是指《保险法》规定的保险监管制度。本章的保险业监督管理从狭义角度，阐述保险业的监督管理，即保险监管机构运用行政手段对保险行业进行监管。

保险业法是各国保险法的组成部分。综观各国的保险立法实践，保险业法在保险法中的地位日渐突出。随着保险业在当今国民经济中的社会保障作用已成必然，各国对保险业的监督管理趋向于强化，保险业法更加为各国立法者所重视。保险业法着眼于保险市场的整体，通过保险监管机构依法行使国家赋予的监督管理职权，对各个保险人及各类保险中介人在保险市场中从事的保险或者保险中介经营活动予以监督管理，将其纳入合法的轨道之内，以确保保险市场

的规范运作和稳健经营，维持保险市场公平、正当的竞争环境和经营秩序，保护被保险人的合法权益，促进市场经济的发展。

可见，保险业法是对保险组织从事的保险经营活动进行管理和监督的法律规范体系，它从法律层面体现一国政府实施保险监管的目的和方法。因此，保险业法的存在和适用取决于保险市场监管的客观需要。

二、保险业监督管理的目标

在市场经济环境中，市场竞争是基本规则，只有在出现市场失灵的情况①时，才需要政府的干预。因为市场竞争不充分或者存在外部性因素导致市场运行失常②，政府的监管才能够减轻那些与正常的竞争市场相背离的消极因素。世界各国保险业监管的实践证明，保险市场不加监管，消费者就得不到最大化的权益。因为保险人无偿付能力会带来大范围的严重影响；保险买卖双方知识水平和议价能力失衡；保险定价的特殊困难和促进实现社会目标这四个方面的原因需要对保险业进行广泛的管理。③

我国保险业监督管理的目标设定为保险监督管理机构遵循依法、公开、公正的原则，对保险业实施监督管理，维护保险市场秩序，保护投保人、被保险人和受益人的合法权益。该目标具体可体现为我国保险业监督管理的三支柱体系，即偿付能力监管、保险公司治理和市场行为监管。

偿付能力监管是现代保险业监管的核心，2008 年世界金融危机发生后突显偿付能力制度建设的重要性，因此，提高和维持保险公司的偿付能力成为保险业监管活动的核心。我国研究、制定的《中国第二代偿付能力监管制度体系建设规划》(2012)，正在建设第二代偿付能力监管制度体系，并确立了我国偿付能力监管体系建设的目标是：(1) 用 3 至 5 年时间，形成一套既与国际接轨又与我国保险业发展阶段相适应的偿付能力监管制度；(2) 推动保险公司建立、健全全面风险管理制度，提高行业风险管理和资本管理水平；(3) 提升我国偿付能力监管制度体系的国际影响力，提高我国保险业的国际地位。其指导思想是深入贯彻落实科学发展观，紧紧围绕"抓服务、严监管、防风险、促发展"，以保护被保险人利益为根本出发点，以我国国情为基础，借鉴国际经验，坚持风险导向，完善偿付能力监管制度，增强保险业防范、化解风险的能力，促进我国保险业科学发展。

公司治理结构监管的目标是建立股东大会、董事会、监事会和经理层之间规范运作、相互制衡的公司治理结构，为公司内部控制目标的实现提供组织保证。为了实现该目标，中国保监会进行了若干公司治理的制度建设。

市场行为监管的目标是规范保险市场秩序，促进保险市场规范、有序竞争，切实维护投保人、被保险人和受益人的合法权益。市场行为监管就是确保保险公司在所有交易中以公平的方

---

① 市场失灵是指一些不受管制的市场不能有效配置资源。当市场失灵时，公共政策有可能纠正这些问题并提高效率。参见 [美] 曼昆著，梁小民、梁砾译：《经济学原理（微观经济学分册）》，5 版，163 页，北京，北京大学出版社，2009。

② 参见上书，163 页。

③ 参见 [美] Mark S. Dorfman 著，齐瑞宗等译：《当代风险管理与保险教程》，7 版，127 页，北京，清华大学出版社，2002。

式对待消费者。[1]

第二节　保险监管机构及其职责

综观世界各国，保险监管机构的设置决定于保险业监管模式：一是分业经营，分业监管模式，以中国为代表。对我国的银行业、保险业、证券业，分别设立银监会、中国保监会和中国证监会实施监管。其中，我国保险监管机构履行保险监管职责，对保险公司的偿付能力、市场行为等实行全方位监管。二是统一监管模式，以英国、澳大利亚等为代表。例如，英国金融服务局（FSA）[2] 对金融业行使统一的监管权。英国金融服务局是一个独立的非政府组织，根据2000 年《金融服务和市场法》行使法定监管权，是一个"超级监管者"，监管目标是维持市场信心，保持金融稳定，保护消费者权益，减少金融犯罪。

我国的保险监管机构中国保监会成立于 1998 年 11 月 18 日，实现了对独立的保险市场实施监督管理的职责。其根据国务院的授权履行行政管理职能，依照法律、法规统一监督管理全国保险市场，维护保险业的合法、稳健运行。2018 年 3 月 13 日，作为政府机构改革的组成内容之一，国务院的机构改革方案提请第十三届全国人大一次会议进行审议，确定将原有的银监会和保监会的职责予以整合，组建中国银行保险监督管理委员会，集中履行对我国银行业和保险业的监督管理职能，而不再保留原有的银监会和保监会。同年 4 月 8 日，中国银保监会正式挂牌，其主要职责就是监督管理银行业和保险业的经营活动，维持银行业和保险业的正常经营秩序，用以整合国家监管资源，提高对银行和保险等金融行业的监管效率和监管水平，以便适应我国金融市场的发展需要。

中国银保监会出于履行保险业监管职能的需要，主要负有如下职责：

（1）拟订保险业发展的方针政策，制定行业发展战略和规划；起草保险业监管的法律、法规；制定业内规章。

（2）审批保险公司及其分支机构、保险集团公司、保险控股公司的设立；会同有关部门审批保险资产管理公司的设立；审批境外保险机构代表处的设立；审批保险代理公司、保险经纪公司、保险公估公司等保险中介机构及其分支机构的设立；审批境内保险机构和非保险机构在境外设立保险机构；审批保险机构的合并、分立、变更、解散，决定接管和指定接受；参与、组织保险公司的破产、清算。

（3）审查、认定各类保险机构高级管理人员的任职资格；制定保险从业人员的基本资格标准。

（4）审批关系社会公众利益的保险险种、依法实行强制保险的险种和新开发的人寿保险险种等的保险条款和保险费率，对其他保险险种的保险条款和保险费率实施备案管理。

（5）依法监管保险公司的偿付能力和市场行为；负责保险保障基金的管理，监管保险保证金；根据法律和国家对保险资金的运用政策，制定有关规章制度，依法对保险公司的资金运用进行监管。

---

① 参见孟昭亿：《中国保险监管制度研究》，51 页，北京，中国财政经济出版社，2002。

② 参见 www.fsa.gov.uk。

（6）对政策性保险和强制保险进行业务监管；对专属自保、相互保险等组织形式和业务活动进行监管。归口管理保险行业协会、保险学会等行业社团组织。

（7）依法对保险机构和保险从业人员的不正当竞争等违法、违规行为以及非保险机构经营或变相经营保险业务进行调查、处罚。

（8）依法对境内保险及非保险机构在境外设立的保险机构进行监管。

（9）制定保险行业信息化标准；建立保险风险评价、预警和监控体系，跟踪分析、监测、预测保险市场运行状况，负责统一编制全国保险业的数据、报表，抄送中国人民银行，并按照国家有关规定予以发布。

（10）按照中央有关规定和干部管理权限，负责本系统党的建设、纪检和干部管理工作；负责国有保险公司监事会的日常工作等。

[实务知识]

"偿二代"：中国保险业改革新起点

众所周知，偿付能力监管是现代保险监管的核心，它是我国保险监管制度的重点所在。借鉴国外实施以偿付能力监管为核心的现代保险监管的成功经验，2003年，中国保监会实质启动了偿付能力监管制度体系的建设工作，到2007年年底，基本搭建起具有中国特色的第一代偿付能力监管制度体系。它促进了保险公司树立资本管理理念、提高经营管理水平、防范风险，促进了我国保险业科学发展。

随着国际金融保险监管改革的不断深化和我国保险市场快速发展，中国保监会于2012年3月29日印发《中国第二代偿付能力监管制度体系建设规划》，决定启动中国第二代偿付能力监管制度体系（以下简称"偿二代"）的建设工作，以加强偿付能力监管，更加有效地提高保险行业防范风险的能力。按照上述规划的建设计划，用3至5年时间，形成一套既与国际接轨，又与我国保险业发展阶段相适应的偿付能力监管制度，坚持风险导向，增强我国保险业防范化解风险的能力；推动保险公司建立健全全面风险管理制度，提高全行业的风险管理和资本管理水平；提升我国偿付能力监管制度体系的国际影响力，提高我国保险业的国际地位。

第二代的整体框架是：构建第一支柱——资本充足要求（主要是定量监管要求）、第二支柱——风险管理要求（主要是与偿付能力相关的定性监管要求）和第三支柱——信息披露要求（主要是与偿付能力相关的透明度监管要求）。

落实该整体框架的建设工作，要经历五个实施步骤：第一，2012年对2003年以来偿付能力监管工作作全面总结。第二，从2012年开始，用2至3年时间，开展基础性的专项研究，包括：（1）细化整体框架，研究三支柱的具体制度内容。（2）研究制定最低资本标准，特别是考虑风险的相关性，制定产险、寿险的各类风险最低资本标准，并进行必要、充分的定量测试。（3）配合最低资本标准的研究，制定实际资本标准。（4）借鉴IAIS国际保险集团的监管框架，分析我国目前保险集团偿付能力监管存在的问题，研究完善保险集团偿付能力监管标准。（5）从资本要求角度，研究逆周期监管要求，减轻顺周期效应。（6）研究完善第二支柱和第三支柱的相关制度，包括与偿付能力相关的公司治理、内部控制、信息披露等制度要求，研究建立风险管理与资本计量的关联机制。第三，根据上述专项研究成果，提出整体制度方案，到2014年年底之前，形成第二代偿付能力监管制度体系征求意见稿。第四，用1至2年时间，将上述征求意见稿在行业范围内进行全面测试和征求意见。第五，发布"偿二代"，给予一定的过渡期，使监管机构和保险公司做好实施准备工作。

2015 年 2 月，中国保监会发布中国风险导向的偿付能力监管制度体系，标志着我国保险业偿付能力监管进入了"偿二代"过渡期。根据一年过渡期的试运行情况，经国务院同意，中国保监会决定正式实施"偿二代"，自 2016 年 1 月 1 日起施行《保险公司偿付能力监管规则（第 1 号—第 17 号）》。该规则就"偿二代"的 17 项监管规则的实施，分别从关于定量资本要求、关于定性监管要求、关于市场约束机制、关于保险集团等提出具体要求。可见，中国保险业改革进入了新的发展阶段。

第三节　对保险经营行为的监督管理

一、对保险条款和费率的监督管理

绝大多数保险条款通常是由保险公司单方面拟定的。保险公司在制定条款和厘定费率时存在过分保护自己利益的激励。为了防止保险公司利用单方面制定条款的便利侵犯投保人、被保险人或者受益人的利益，例如规定一些不合理的条款限制或者剥夺投保人、被保险人或者受益人的利益，使保险产品与被保险人的合理期待不相符合，需要对保险条款进行监督管理。

在保险市场中公开、开放和完全无控制的价格竞争可能会导致费率不充足，或者导致保险公司的偿付能力不足，因此，很多国家对保险费率实行一定程度的管制。价格管制的方式通常有两种：（1）批准费率，要求保险公司在采用某费率前要经过保险监管机构的批准；（2）自由费率，允许保险公司在将拟定费率以及依据的统计数据向保险监管机构备案后，自由选择费率。[1] 保险费率的自由竞争是实现保险市场经济总剩余最大化的前提，因此，保险费率厘定原则上应该是自由的，只有特别险种的保险费率需要进行批准。美国许多州要求，对某些自愿性保险，保险人必须从州保险署获得许可才可以对不同的客户收取不同的费率或者改变费率。费率管制主要应用于员工赔偿保险、汽车保险、屋主保险和个人健康保险。[2]

根据我国《保险法》的规定，只有关系社会公众利益的保险险种、依法实行强制保险的险种和新开发的人寿保险险种等的保险条款和保险费率，应当报国务院保险监督管理机构批准。国务院保险监督管理机构审批时，应当遵循保护社会公众利益和防止不正当竞争的原则。其他保险险种的保险条款和保险费率，应当报保险监督管理机构备案。

需要国务院保险监督管理机构审批的财产保险险种的保险条款和保险费率包括：（1）机动车辆保险；（2）非寿险投资型保险；（3）保险期间超过一年期的保证保险和信用保险；（4）国务院保险监督管理机构认定的其他关系社会公众利益的保险险种和依照法律、行政法规实行强制保险的险种。需要中国保监会审批的人身保险险种的保险条款和保险费率包括：（1）普通型、分红型、万能型、投资连结型以外的其他类型人寿保险；（2）普通型、分红型、万能型、投资连结型以外的其他类型年金保险；（3）未能按照国务院监督管理机构有关分红保险精算的

---

① 参见［美］Mark S. Dorfman 著，齐瑞宗等译：《当代风险管理与保险教程》，7 版，128 页，北京，清华大学出版社，2002。

② 参见［美］Scott E. Harrington、Gregory R. Niehaus 著，陈秉正、王珺、周伏平译：《风险管理与保险》，2 版，89 页，北京，清华大学出版社，2005。

规定开发的团体分红型人寿保险和团体分红型年金保险。

同时，国务院保险监督管理机构基于对被保险人合理期待的满足，对人寿保险公司开发的不同性质的产品规定了不同的标准，对保险公司的条款使用自由进行约束。例如，国务院保险监督管理机构要求保险公司开发的两全保险应符合以下条件：（1）首次给付生存保险金应当在保单生效满 3 年之后；（2）保险期间不得少于 5 年；（3）投资连结型两全保险和万能型两全保险被保险人为成年人的，在保单签发时的死亡保险金额不得低于已交保险费的 105％或保单账户价值的 105％。其他类型两全保险被保险人为成年人的，在保单签发时的死亡保险金额不得低于已交保险费的 105％；（4）死亡保险至少应当提供疾病身故保障责任和意外身故保障责任。

保险公司使用的保险条款和保险费率违反法律、行政法规或者国务院保险监督管理机构的有关规定的，由国务院保险监督管理机构责令停止使用，限期修改；情节严重的，可以在一定期限内禁止申报新的保险条款和保险费率。为了维护保险条款和费率审批、备案制的权威性，为了维护市场竞争秩序，保险公司变更已经审批或者备案的保险条款和保险费率，改变其保险责任、险种类别或者定价方法的，应当将保险条款和保险费率重新报送审批或者备案。针对部分保险公司通过特约等方式改变保险责任或者改变费率的情况，国务院保险监督管理机构要求严格执行财产保险条款、费率管理有关规定，依法履行条款、费率的审批、备案程序；严禁保险机构对条款、费率报行不一，各公司分支机构不得以各种理由随意扩大或缩小保险责任，不得随意变更总公司统一报批报备的条款、费率，从而进行恶性价格竞争、破坏市场秩序或损害被保险人利益等违规行为，如需修改或变更条款、费率的，必须依法履行报批或报备程序。①

二、对保险公司股东关联交易的监管

关联交易是市场经济中的常见现象，它可以降低交易成本，提高交易效率。但是，关联交易使用不当，又可能导致保险公司向股东进行不公平的利益输送。对保险公司而言，关联交易使用不当可能损害保险公司的利益、其他股东的利益，损害被保险人的利益，最终可能危及保险公司的偿付能力。因此，对于保险公司的股东与保险公司之间的关联交易需要进行严格的监管。

保险公司与股东之间可能在下列交易中发生关联交易：（1）保险公司资金的投资运用和委托管理；（2）固定资产的买卖、租赁和赠与；（3）保险业务和保险代理业务；（4）再保险的分出或者分入业务；（5）为保险公司提供审计、精算、法律、资产评估、广告、职场装修等服务；（6）担保、债权与债务转移、签订许可协议以及其他导致公司利益转移的交易活动。

我国将保险公司关联交易分为重大关联交易和一般关联交易。前者是指保险公司与一个关联方之间单笔交易额占保险公司上一年度末净资产的 1％以上并超过 500 万元，或者一个会计年度内保险公司与一个关联方的累计交易额占保险公司上一年度末净资产 10％以上并超过 5 000 万元的交易。后者是指重大关联交易以外的其他关联交易。保险公司关联交易原则上不得偏离市场独立第三方的价格或者收费标准。保险公司重大关联交易由董事会或股东大会批准，一般关联交易按照保险公司内部授权程序审查。保险公司重大关联交易应当在发生后 15个工作日内报告中国保监会。同时，我国实行关联交易信息披露制度。

①　参见《中国保监会关于进一步规范财产保险市场秩序工作方案》（保监发〔2008〕70 号）。

保险公司的控股股东不得利用关联交易损害公司的利益。保险公司的股东利用关联交易严重损害公司利益，危及公司偿付能力的，由国务院保险监督管理机构责令改正。在按照要求改正前，国务院保险监督管理机构可以限制其股东权利；对于拒不改正的，可以责令其转让所持的保险公司股权。

三、对保险公司董事、监事和高级管理人员的监管

保险公司董事、监事和高级管理人员对所有监管目标的实现具有决定性作用。对保险公司经营行为的监管离不开对保险公司董事、监事和高级管理人员的监管。保险监督管理机构根据履行监督管理职责的需要，可以与保险公司董事、监事和高级管理人员进行监督管理谈话，要求其就公司的业务活动和风险管理的重大事项作出说明。保险公司在整顿、接管、撤销清算期间或者出现重大风险时，保险监督管理机构可以对该公司直接负责的董事、监事、高级管理人员和其他直接责任人员采取以下措施：（1）通知出境管理机构依法阻止其出境；（2）申请司法机关禁止其转移、转让或者以其他方式处分财产，或者在财产上设定其他权利。

为了对保险公司董事、监事和高级管理人员进行有效监管，国务院保险监督管理机构制定了一系列配套的规章和规范性文件，对其任职资格、离任审计、薪酬等进行管理。

第四节　对保险业偿付能力的监督管理

保险公司偿付能力是指保险公司偿还债务的能力，维持保险公司具有充足的偿付能力是保险业监管的核心目标。保险公司应当具有与其风险和业务规模相适应的资本，确保偿付能力充足率不低于100％。总体上来说，消费者希望偿付能力监管能够做到两件事：（1）通过监测和控制，降低无偿付能力的风险；（2）如果保险公司破产，自身的损失可以得到保护。[1]

中国保监会根据《保险法》的规定，出台了《保险公司偿付能力管理规定》，并制定了一系列保险公司偿付能力报告编报规则，对保险公司的偿付能力实施监控。中国保监会根据保险公司偿付能力状况将保险公司分为下列三类，实施分类监管：（1）不足类公司，指偿付能力充足率低于100％的保险公司。（2）充足Ⅰ类公司，指偿付能力充足率在100％到150％之间的保险公司。（3）充足Ⅱ类公司，指偿付能力充足率高于150％的保险公司。

对于偿付能力不足的保险公司，中国银保监会应当将其列为重点监管对象，并可以根据具体情况采取下列措施：（1）责令增加资本金、办理再保险；（2）限制业务范围；（3）限制向股东分红；（4）限制固定资产购置或者经营费用规模；（5）限制资金运用的形式、比例；（6）限制增设分支机构；（7）责令拍卖不良资产、转让保险业务；（8）限制董事、监事、高级管理人员的薪酬水平；（9）限制商业性广告；（10）责令停止接受新业务。

如果保险公司偿付能力严重不足，或者因为违反《保险法》的规定，损害社会公共利益，可能严重危及或者已经严重危及公司的偿付能力的，中国银保监会可以对其实行接管。如果偿付能力低于中国银保监会规定的标准，不予撤销将严重危害保险市场秩序、损害公共利益的，

---

① 参见［美］Scott E. Harrington、Gregory R. Niehaus 著，陈秉正、王珺、周伏平译：《风险管理与保险》，2版，110页，北京，清华大学出版社，2005。

由中国银保监会予以撤销。保险公司的股东利用关联交易严重损害公司利益，危及公司偿付能力的，由中国银保监会责令改正，在按照要求改正前，中国银保监会可以限制其股东权利；拒不改正的，可以责令其转让所持的保险公司股权。

第五节　保险法律责任

一、保险法律责任的概念和特性

保险法律责任是指参与保险活动的单位或者个人对于其实施的违反保险法律、法规的行为，依法应当对国家或者受害人承担的法律后果[1]，是对违反《保险法》强制性法律规范的行为所应承担后果的强制性负面评价。法律责任的实质在于，通过事前的警示和事后的强制追究当事人的过错，补救被损害的权益，以维护国家主权者所追求建立的社会秩序，保障社会整体利益与个体权益。[2]

一般认为，保险法律责任分为民事法律责任、行政法律责任和刑事法律责任。我国《保险法》采用将保险合同法与保险业法合并立法的立法例，其中的第七章专门规定的法律责任主要指参与保险活动的单位或者个人因为违反强制性的行政法律规范而应该承担的行政法律责任。如果违法程度严重，则可能构成刑事法律责任。而民事法律责任是民法中侵权责任或者违约责任在保险业务中的具体化，因此，在《保险法》中一般不具体规定民事法律责任，仅仅笼统规定"违反本法规定，给他人造成损害的，依法承担民事责任"。与《保险法》的立法例特征相符合，本章中保险法律责任即为行政法律责任——行为人违反了行政方面的法律、法规及规章所规定的义务，致使国家、社会或者公民（包括法人）的利益受损害时所应承担的法律后果。[3]

保险法律责任具有如下特征：

（1）主体是限定的，主要包括保险活动参与人，即投保人、被保险人、受益人、保险人、保险中介人等。其他主体也可能是保险法律责任的主体，例如，保险监管机构工作人员以及其他非法设立和非法经营保险业务的主体等。

（2）违法行为侵犯的对象是《保险法》中强制法律规范所保障的保险秩序。

二、投保人、被保险人和受益人的法律责任

投保人、被保险人和受益人的法律责任是指投保人、被保险人或者受益人因为诈骗保险金而应该承担的行政或者刑事法律责任。

我国《保险法》第 176 条规定：投保人、被保险人或者受益人有下列行为之一，进行保险诈骗活动，尚不构成犯罪的，依法给予行政处罚：（1）投保人故意虚构保险标的，骗取保险金的；（2）编造未曾发生的保险事故，或者编造虚假的事故原因或者夸大损失程度，骗取保险金的；（3）故意造成保险事故，骗取保险金的。保险事故的鉴定人、评估人、证明人故意提供虚假的证明文件，为投保人、被保险人或者受益人进行保险诈骗提供条件的，依照前款规定给予处罚。

---

[1]　参见贾林青：《保险法》，3 版，341 页，北京，中国人民大学出版社，2009。

[2]　参见郭道晖：《法理学精义》，237 页，长沙，湖南人民出版社，2005。

[3]　参见上书，242 页。

全国人民代表大会常务委员会《关于惩治破坏金融秩序犯罪的决定》第21条规定：投保人、被保险人或者受益人保险诈骗情节轻微不构成犯罪的，可以由公安机关处15日以下拘留、5 000元以下罚款。如果达到犯罪的程度，根据《中华人民共和国刑法》（2003年）第198条的规定，进行保险诈骗活动，数额较大的，处5年以下有期徒刑或者拘役，并处1万元以上10万元以下罚金；数额巨大或者有其他严重情节的，处5年以上10年以下有期徒刑，并处2万元以上20万元以下罚金；数额特别巨大或者有其他特别严重情节的，处10年以上有期徒刑，并处2万元以上20万元以下罚金或者没收财产。单位犯罪的，对单位判处罚金，并对其直接负责的主管人员和其他直接责任人员，处5年以下有期徒刑或者拘役；数额巨大或者有其他严重情节的，处5年以上10年以下有期徒刑；数额特别巨大或者有其他特别严重情节的，处10年以上有期徒刑。保险事故的鉴定人、证明人、财产评估人故意提供虚假的证明文件，为他人诈骗提供条件的，以保险诈骗的共犯论处。

三、保险人的法律责任

保险人的法律责任是指保险公司在参与保险活动过程中因为违反强制性的保险法律、法规而应该承担的行政或者刑事法律责任。《保险法》中涉及保险公司应该承担法律责任的法律规范非常多。保险公司承担法律责任的形式包括罚款、没收非法所得、限期改正、限制业务范围、停业整顿、吊销业务许可证等。保险人应该承担的法律责任包括以下内容。

（1）保险公司超出批准的业务范围经营的，由保险监督管理机构责令限期改正，没收违法所得，并处违法所得1倍以上5倍以下的罚款；没有违法所得或者违法所得不足10万元的，处10万元以上50万元以下的罚款。逾期不改正或者造成严重后果的，责令停业整顿或者吊销业务许可证。

（2）保险公司有第116条①规定的12类禁止行为之一的，由保险监督管理机构责令改正，处5万元以上30万元以下的罚款；情节严重的，限制其业务范围，责令其停止接受新业务或者吊销业务许可证。

（3）保险公司超额承保，情节严重的，或者为无民事行为能力人承保以死亡为给付保险金条件的保险的，由保险监督管理机构责令改正，处5万元以上30万元以下的罚款。

（4）保险公司违反《保险法》的规定，有下列行为之一的，由保险监督管理机构责令改正，处5万元以上30万元以下的罚款；情节严重的，可以限制其业务范围，责令其停止接受新业务或者吊销业务许可证：1）未按照规定提存保证金或者违反规定动用保证金的；2）未按照规定提取或者结转各项责任准备金的；3）未按照规定缴纳保险保障基金或者提取公积金的；4）未按照规定办理再保险的；5）未按照规定运用保险公司资金的；6）未经批准设立分支机构或者代表机构的；7）未按照规定申请批准保险条款、保险费率的。

（5）保险公司违反《保险法》的规定，聘任不具有任职资格、从业资格的人员的，由保险监督管理机构责令改正，处2万元以上10万元以下的罚款。

（6）保险公司违反《保险法》的规定，有下列行为之一的，由保险监督管理机构责令限期改正；逾期不改正的，处1万元以上10万元以下的罚款：1）未按照规定报送或者保管报告、

---

① 详见《保险法》第116条。

报表、文件、资料的，或者未按照规定提供有关信息、资料的；2）未按照规定报送保险条款、保险费率备案的；3）未按照规定披露信息的。

（7）保险公司违反《保险法》的规定，有下列行为之一的，由保险监督管理机构责令改正，处 10 万元以上 50 万元以下的罚款；情节严重的，可以限制其业务范围、责令停止接受新业务或者吊销业务许可证：1）编制或者提供虚假的报告、报表、文件、资料的；2）拒绝或者妨碍依法监督检查的；3）未按照规定使用经批准或者备案的保险条款、保险费率的。

（8）外国保险机构未经国务院保险监督管理机构批准，擅自在中华人民共和国境内设立代表机构的，由保险监督管理机构予以取缔，处 5 万元以上 30 万元以下的罚款。外国保险机构在中华人民共和国境内设立的代表机构从事保险经营活动的，由保险监督管理机构责令改正，没收违法所得，并处违法所得 1 倍以上 5 倍以下的罚款；没有违法所得或者违法所得不足 20 万元的，处 20 万元以上 100 万元以下的罚款；对其首席代表可以责令撤换；情节严重的，撤销其代表机构。

四、非法从事保险业务者的法律责任

非法从事保险业务者的法律责任，是指未经过批准而擅自设立保险公司、保险资产管理公司或者非法经营商业保险业务，以及未经过批准而擅自设立保险专业代理机构、保险经纪人，或者未取得经营保险代理业务许可证、保险经纪业务许可证而从事保险代理业务、保险经纪业务所应承担的行政或者刑事法律责任。

凡是非法从事保险业务者，保险监督管理机构将予以取缔，没收违法所得，并处违法所得 1 倍以上 5 倍以下的罚款。擅自设立保险机构的，如果没有违法所得或者违法所得不足 20 万元的，处 20 万元以上 100 万元以下的罚款。擅自设立和运营保险中介结构的，如果没有违法所得或者违法所得不足 5 万元的，处 5 万元以上 30 万元以下的罚款。

[保险实例]

保险监督管理机构协同公安机关成功破获"申邦"假保险公司案①

北京保监局于 2008 年 8 月受理一起信访投诉案件后，发现一家在互联网上注册为"申邦财产保险股份有限公司"网站散布虚假信息，私自印制申邦人身意外伤害保险单。北京保监局以暗访售票点的方式取得了"申邦"假保单等证据材料，并依据《行政执法机关移送涉嫌犯罪案件的规定》，制作案件移送书，整理暗访获取的证据材料，及时向北京市公安局移送此案。北京市公安局经过与北京保监局多次沟通案情后认为，犯罪嫌疑人通过网络宣传、快递保单等方式进行交易，犯罪行为具有较强的隐蔽性，仅凭已获取的证据材料，难以将犯罪嫌疑人绳之以法，需要进一步深入调查取证。而信访人本身为一家从事"航意险"销售的代理机构，经常与航空售票点有业务往来，具备进一步查找假保单线索的条件和能力，因此，北京保监局配合北京市公安局经过思想工作，取得了信访人的积极配合。信访人随后在展业过程中取得了假保单来源的重要线索，北京市公安局以此为突破口，先后暗访了三十余家北京航空售票点，访谈了数十名销售"申邦"假保单的业务员，最终于 2008 年 11 月成功破获此案。

北京市朝阳区人民法院经审理认定，行为人杨某、曹某某两人在互联网上注册"申邦财产

---

① 参见 www.circ.gov.cn。

保险股份有限公司"的网站，散布"申邦"保险的虚假信息，私自印制"申邦"人身意外伤害保险单。两名犯罪分子以"张华舵"的名义多次将私自印制的 8 万余份"申邦"人身意外伤害保险单出售给台湾商人林某，获利人民币 109 600 元，构成诈骗罪，分别依法判处各自有期徒刑 5 年、罚金人民币 5 000 元。这是全国首例被公安机关成功侦破并依法追究犯罪分子刑事责任的假保险公司、假保单案件。

此案给我们的启示是，保险监督管理机构对于净化中国保险市场、维持良好市场经营秩序的作用十分明显。借助保险监管机构的日常监管工作，可以及时发现保险市场上的违法、违规行为，并由其依据监管职权及时处理或者与有关主管机关相互配合进行处理，以免保险市场的正常经营秩序遭受破坏。

五、保险中介人的法律责任

保险中介人的法律责任是指保险中介人在参与保险活动过程中因为违反强制性的保险法律、法规而应该承担的行政或者刑事法律责任，具体包括：

（1）保险代理机构、保险经纪人有《保险法》第 131 条①规定的 10 类行为之一的，由保险监督管理机构责令改正，处 5 万元以上 30 万元以下的罚款；情节严重的，吊销业务许可证。

（2）保险代理机构、保险经纪人违反《保险法》的规定，有下列行为之一的，由保险监督管理机构责令改正，处 2 万元以上 10 万元以下的罚款；情节严重的，责令停业整顿或者吊销业务许可证。1）未按照规定缴存保证金或者投保职业责任保险的；2）未按照规定设立专门账簿记载业务收支情况的。

（3）保险专业代理机构、保险经纪人违反《保险法》的规定，未经批准设立分支机构或者变更组织形式的，由保险监督管理机构责令改正，处 1 万元以上 5 万元以下的罚款。

（4）个人保险代理人违反《保险法》规定的，由保险监督管理机构给予警告，可以并处 2 万元以下的罚款；情节严重的，处 2 万元以上 10 万元以下的罚款，并可以吊销其资格证书。未取得合法资格的人员从事个人保险代理活动的，由保险监督管理机构给予警告，可以并处 2 万元以下的罚款；情节严重的，处 2 万元以上 10 万元以下的罚款。

六、保险监督管理机构工作人员的法律责任

保险监督管理机构工作人员的法律责任，是指其在工作过程中因为违反相应的法律规定而应该承担的行政法律责任；如果构成犯罪的，则依法追究其刑事法律责任。根据我国《保险法》的规定，保险监督管理机构工作人员如果有下列情形之一的，将依法给予处分：（1）违反规定批准机构的设立的；（2）违反规定进行保险条款、保险费率审批的；（3）违反规定进行现场检查的；（4）违反规定查询账户或者冻结资金的；（5）泄露其知悉的有关单位和个人的商业秘密的；（6）违反规定实施行政处罚的；（7）滥用职权、玩忽职守的其他行为。

[实务知识]

"日本保险业不倒神话"破灭的警示

回顾日本保险业 1997 年以来的情况，在金融危机冲击之下，用一句话形容就是："日本保

---

① 详见《保险法》第 131 条。

险业不倒神话"破灭了。其间已经有八家寿险公司和一家财险公司破产倒闭。第一家破产的日产生命（人寿）保险公司曾大规模投资房地产、股票和美国国债，而当地产价格和股价持续下跌，美元持续贬值时，其美元资产大幅缩小致使1997年春天被日本大藏省发出停止营业的命令。这意味着其被宣布破产，成为日本第二次世界大战以后50年来的第一桩保险业破产案，打破了日本寿险业持续多年的稳定局面。

此后，日本保险业出现一系列的破产案：东邦生命保险公司、第百生命保险公司、大正生命保险公司、千代田生命保险公司、协荣生命保险公司、东京生命保险公司、大和生命保险公司等人寿保险公司相继破产。其中，日本保险业排名第12位的千代田生命保险公司与排名第11位的协荣生命保险公司的破产相距不过11天。

不仅如此，1999年5月，作为日本保险业中坚力量的第一海上火灾保险公司成为日本财产保险业的首例破产案。

"日本保险业不倒神话"的破灭，有深刻的社会根源，也暴露出日本保险公司经营和保险监管制度的种种弊端。因为，此一期间的日本正值泡沫经济崩溃、日本政府倡导"金融大改革"之时。之所以产生日本保险业破产的"多米诺骨牌"效应，根源于日本保险业普遍存在着盲目扩张、追求规模、缺乏富有竞争优势的管理体制、缺乏透明的财务制度、资金运用失败以及过分依赖政府保护等薄弱环节。

日本保险业的破产危机，对中国保险市场的正常发展具有重要的警示意义，因为，中国保险业目前的情况与日本保险业的情况有诸多相似之处。他山之石，可以攻玉，借鉴日本保险业破产危机的经验教训，可以让中国保险业避免日本保险业的覆辙，具体归纳为三点：第一，不断开发新的保险产品，维持保险业的可持续发展。第二，在适当放宽保险资金运用渠道的同时，正确把握投资在保险公司业务经营中的地位和作用。第三，改善保险监管体制，培育保险公司的市场竞争能力，建立行之有效的市场退出机制。

练习与思考

1. 如何理解保险业监督管理的法律性质？
2. 保险业监督管理的适用目标是什么？
3. 保险业监督管理的方式有哪些？
4. 我国保险监管机构的职责是什么？
5. 对保险经营行为的监督管理的主要内容是什么。
6. 对保险公司偿付能力的监督管理的主要内容是什么。
7. 保险公司违反监督管理规则的保险法律责任有哪些？
8. 保险监督管理机构工作人员的法律责任是什么？

参考文献

1. 李玉泉. 保险法学——理论与实务. 2版. 北京：高等教育出版社，2010

2. 贾林青. 保险法. 3版. 北京：中国人民大学出版社，2009

3. 贾林青. 保险法. 4版. 北京：中国人民大学出版社，2011

4. 温世扬，杨树明，樊启荣. 保险法. 2版. 北京：法律出版社，2007

5. 张洪涛，庄作瑾. 人身保险. 2版. 北京：中国人民大学出版社，2008

6. 邹海林. 责任保险论. 北京：法律出版社，1999

7. 温世扬. 保险法. 北京：法律出版社，2003

8. 樊启荣. 责任保险与索赔理赔. 北京：人民法院出版社，2002

9. 刘金章，刘连生，张晔. 责任保险. 成都：西南财经大学出版社，2007

10. 丁凤楚. 机动车交通事故侵权责任强制保险制度. 北京：中国人民公安大学出版社，2007

11. 科林·史密斯. 责任保险. 陈彩芬，译. 北京：中国金融出版社，1991

12. 孙光德，董克用. 社会保障概论. 北京：中国人民大学出版社，2000

13. 魏华林. 保险法学. 2版. 北京：中国金融出版社，2007

14. 房永斌，孙运英. 保险法规监管. 北京：中国人民大学出版社，2004

15. 孟昭亿. 中国保险监管制度研究. 北京：中国财政经济出版社，2002

16. 庄咏文. 保险法教程. 2版. 北京：法律出版社，1993

17. 徐卫东，杨勤活，王剑钊. 保险法. 长春：吉林人民出版社，1994

18. 李嘉华. 涉外保险法. 北京：法律出版社，1991

19. 关浣非. 保险与保险法. 长春：吉林人民出版社，1990

20. 约翰·T. 斯蒂尔. 保险的原则与实务. 孟兴国，等译. 北京：中国金融出版社，1992

21. S. S. Huebner（休布纳）. 人寿保险经济学. 陈克勤，译. 北京：商务印书馆，1934

22. 约翰·伯茨. 现代保险法. 陈丽洁，译. 郑州：河南人民出版社，1987

23. 詹昊. 新保险法实务热点详释与案例精解. 北京：法律出版社，2010

24. 刘宗荣. 保险法. 台北：三民书局，1995

25. 江朝国. 保险法基础理论. 北京：中国政法大学出版社，2002

26. 陈欣. 保险法. 3版. 北京：法律出版社，2010

27. 所罗门·许布纳等著. 财产和责任保险. 陈欣，等译. 北京：中国人民大学出版社，2002

28. 小罗伯特·H. 杰瑞，道格拉斯·R. 里斯满. 美国保险法精解. 李之彦，译. 北京：

北京大学出版社，2009

29. 桂裕．保险法论．台北：三民书局，1981

30. 施文森．保险法总论．台北：三民书局，1994

31. 韩长印，韩永强．保险法新论．北京：中国政法大学出版社，2010

32. 陈云中．保险学．台北：五南图书出版公司，1985

33. 覃有土．樊启荣．保险法学．北京：高等教育出版社，2003

34. 杨良宜．海上货物保险．北京：法律出版社，2010

35. 王林清．新保险法裁判百例精析．北京：人民法院出版社，2009

36. 奚晓明．中华人民共和国保险法保险合同章条文理解与适用．北京：中国法制出版社，2010

37. 应世昌．新编财产保险．上海：同济大学出版社，2008

38. 叶志伟．保险精解．香港：商务印书馆（香港）有限公司，1991

39. 袁宗蔚．保险学——危险与保险．北京：首都经济贸易大学出版社，2000

40. 孙祁祥．保险学．北京：北京大学出版社，2009

41. 曼昆，经济学原理（微观经济学分册）．梁小民，梁砾，译．5 版．北京：北京大学出版社，2009

42. Mark S. Dorfman. 当代风险管理与保险教程．齐瑞宗，等译．7 版．北京：清华大学出版社，2002

43. Scott E. Harrington, Gregory R. Niehaus. 风险管理与保险．陈秉正，王珺，周伏平，译．2 版．北京：清华大学出版社，2005

44. 中国保险年鉴编辑委员会．中国保险年鉴——2001

45. Malcolm A. Clarke. 保险合同法．何美欢，吴志攀，译．北京：北京大学出版社，2002

46. 徐国栋．诚实信用原则研究．北京：中国人民大学出版社，2002

47. 丁云本，王新建．社会主义市场经济实现论．北京：中共中央党校出版社，1993

48. 范健．商法．北京：高等教育出版社，北京大学出版社，2000

49. 王保树．中国商事法．北京：人民法院出版社，1996

50. 王利明．民法．北京：中国人民大学出版社，2010

51. 史尚宽．民法总论．北京：中国政法大学出版社，2000

52. John F. Dobby. Insurance Law. West Publishing Co. , 1981

53. Raoul Colinvaux. The Law of Insurance. Sweet & Maxwell, 1984

54. 李祝用．保险合同性质新论//贾林青，许涛．海商法保险法评论：第 2 卷．北京：知识产权出版社，2007

55. 贾林青．论异议解释原则的法律取向．保险研究，2007（1）

56. 郭钢锋．收费即承诺——从保险的基金特性论寿险契约之生效．上海保险，1998（6）

57. 樊启荣．人寿保险契约之不可抗辩条款研究．商业经济与管理，2008（3）

58. 李玉泉．论海上保险法中的"保证"制度//中国海商法年刊：第 15 卷

59. 宋云明，张建梅．再保险合同的性质探讨．人民司法，2011（5）

60. 邹海林．试论再保险合同的基本问题．法商研究，1996（5）

61. 王卫国，曾宪杨. 交强险重复投保如何赔付. 上海保险，2011（1）

62. 贾林青. 如何理解机动车第三者责任险的强制性. 检察日报，2005 - 03 - 17

63. 丁凤楚. 论机动车交通事故强制责任保险制度的完善. 江西财经大学学报，2007（1）

64. 段胜. 构建我国食品安全强制责任保险之我见. 上海保险，2009（11）

65. 李新天，印通. 食品安全责任保险若干问题探析//贾林青，冷尚鸿，郭春海. 海商法保险法评论：第 5 卷. 北京：知识产权出版社，2012

66. 贾林青. 关于以食品安全责任保险取代产品质量责任保险的思考//贾林青，冷尚鸿，郭春海. 海商法保险法评论：第 5 卷. 北京：知识产权出版社，2012

67. 章金萍. 雇主责任保险的国际比较与借鉴. 浙江金融，2005（4）

68. 张燕. 从英国判例看雇主责任保险中相关概念的认定. 上海保险，1998（7）

69. 丁凤楚. 论强制保险人介入医疗纠纷处理制度. 河北法学，2009（10）

70. 王颖. 论注册会计师责任保险. 保险研究，2001（1）

71. 再保险理论和实务编写组. 再保险理论和实务. 北京：中国金融出版社，1989

72. 王利明. 民法. 4 版. 北京：中国人民大学出版社，2008

73. 王利明，房绍坤，王轶，合同法. 4 版. 北京：中国人民大学出版社，2013

图书在版编目（CIP）数据

保险法 / 贾林青，朱铭来，罗健主编 . —2 版 . —北京：中国人民大学出版社，2020.6
21 世纪通用法学系列教材
ISBN 978-7-300-28168-1

Ⅰ. ①保⋯　Ⅱ. ①贾⋯②朱⋯③罗⋯　Ⅲ. ①保险法-中国-高等学校-教材　Ⅳ. ①D922.284

中国版本图书馆 CIP 数据核字（2020）第 092588 号

21 世纪通用法学系列教材
保险法（第二版）
主编　贾林青　朱铭来　罗　健
Baoxianfa

出版发行	中国人民大学出版社				
社　　址	北京中关村大街 31 号		**邮政编码**	100080	
电　　话	010 - 62511242（总编室）		010 - 62511770（质管部）		
	010 - 82501766（邮购部）		010 - 62514148（门市部）		
	010 - 62515195（发行公司）		010 - 62515275（盗版举报）		
网　　址	http：//www.crup.com.cn				
经　　销	新华书店				
印　　刷	北京七色印务有限公司		**版　　次**	2015 年 1 月第 1 版	
规　　格	185 mm×260 mm　16 开本			2020 年 6 月第 2 版	
印　　张	22.25　插页 1		**印　　次**	2021 年 1 月第 2 次印刷	
字　　数	531 000		**定　　价**	48.00 元	

《   》※任课教师调查问卷

为了能更好地为您提供优秀的教材及良好的服务，也为了进一步提高我社法学教材出版的质量，希望您能协助我们完成本次小问卷，完成后您可以在我社网站中选择与您教学相关的 1 本教材作为今后的备选教材，我们会及时为您邮寄送达！如果您不方便邮寄，也可以申请加入我社的**法学教师 QQ 群：83961183（申请时请注明法学教师）**，然后下载本问卷填写，并发往我们指定的邮箱（cruplaw@163.com）。

邮寄地址：北京市海淀区中关村大街 31 号中国人民大学出版社 806 室收

邮　　编：100080

再次感谢您在百忙中抽出时间为我们填写这份调查问卷，您的举手之劳，将使我们获益匪浅！

基本信息及联系方式：※

姓名：＿＿＿＿＿＿＿　性别：＿＿＿＿＿＿＿　课程：＿＿＿＿＿＿＿＿＿

任教学校：＿＿＿＿＿＿＿＿＿　院系（所）：＿＿＿＿＿＿＿＿＿

邮寄地址：＿＿＿＿＿＿＿＿＿　邮编：＿＿＿＿＿＿＿＿＿

电话（办公）：＿＿＿＿＿＿　手机：＿＿＿＿＿＿　电子邮件：＿＿＿＿＿＿＿

调查问卷：※

1. 您认为图书的哪类特性对您使用教材最有影响力？（　　　）（可多选，按重要性排序）

　　A. 各级规划教材、获奖教材　　　　B. 知名作者教材

　　C. 完善的配套资源　　　　　　　　D. 自编教材

　　E. 行政命令

2. 在教材配套资源中，您最需要哪些？（　　　）（可多选，按重要性排序）

　　A. 电子教案　　　　　　　　　　　B. 教学案例

　　C. 教学视频　　　　　　　　　　　D. 配套习题、模拟试卷

3. 您对于本书的评价如何？（　　　）

　　A. 该书目前仍符合教学要求，表现不错将继续采用。

　　B. 该书的配套资源需要改进，才会继续使用。

　　C. 该书需要在内容或实例更新再版后才能满足我的教学，才会继续使用。

　　D. 该书与同类教材差距很大，不准备继续采用了。

4. 从您的教学出发，谈谈对本书的改进建议：＿＿＿＿＿＿＿＿＿＿＿＿＿

＿＿＿＿＿＿＿＿＿＿＿＿＿＿＿＿＿＿＿＿＿＿＿＿＿＿＿＿＿＿＿＿＿＿＿＿

选题征集：如果您有好的选题或出版需求，欢迎您联系我们：

联系人：黄　强　**联系电话：**010-62515955

索取样书：书名：＿＿＿＿＿＿＿＿＿＿＿＿＿＿＿＿＿＿＿＿＿

　　　　　　书号：＿＿＿＿＿＿＿＿＿＿＿＿＿＿＿＿＿＿＿＿＿

备注：※ 为必填项。